2판

청각장애학생 교육

권순우 · 권순복 · 김영익 · 유정은 · 팽재숙 · 허세영

창지사

머리말

본서 초판 이후 빠르게 변화하는 학교 교육현장과 교사양성과정에서 현장중심의 교육방향, 2022 개정 특수교육 교육과정, 매년 새롭게 발표되는 특수교육 연차보고서 통계 등으로 새롭게 추가하여 서술할 내용과 수정 · 보완의 필요성이 있어 다시 한번 더 용기를 내어 2판을 집필하게 되었다.

최근 우리나라의 저출산 문제가 큰 이슈로 대두되고 있다. 현대 사회에서 저출산 문제는 국가의 미래를 위협하는 심각한 사회적 문제로, 단순히 인구 수의 감소를 의미하는 것이 아니라, 경제, 사회, 문화, 교육 전반에 걸쳐 큰 파급 효과를 미치게 된다. 이러한 문제를 해결하기 위해서는 다각적인 접근과 장기적인 정책이 필요하다. 2024년 특수교육 연차보고서에 따르면 전체 특수교육대상학생은 115,610명으로 매년 증가하여 10년전 87,278명보다 오히려 증가했다. 그러나 청각장애학생의 수는 저출산 문제와 더불어 2,842명으로 10년전 3,581명 보다 줄어들었다. 특히 청각장애학생의 통합교육 비율이 증가하면서 청각장애 특수학교의 학생 수는 급격히 감소하고 있다. 이러한 상황에서도 청각장애학생에 대한 특수교육은 장애학생 권리의 실제적 보장이라는 질적인 측면에서 학습권 보장을 위해 한 명의 학생도 포기하지 않을 수 없다.

지금 우리가 살아가는 4차 혁명시대는 모든 분야에서 빅데이터 기반, 초고속망 연결, 초학문적 융합, 생성형 인공지능 등의 최첨단 공학기술의 발전으로 실생활에서 접하고 있다. 특히, 최근 청각재활 분야의 의료기술 발전과 공학기술의 융합, 그리고 보건복지부 인공와우 시술비 의료보험 지원의 혜택으로 조기에 인공와우 시술을 받는 청각장애 영 · 유아들이 늘어나고, 그로 인한 청각장애학생들이 통합교육의 기회가 확대되고 있다. 반면에 일부 학생은 중 · 고등부 이후 통합교육에서 1차적인 의사소통의 어려움으로 인하여 2차적인 다양한 요인의 어려움이 발생하여 특수학교로 전학하는 경우가 있어 청각장애학생의 통합교육에 대한 딜레마를 제공하기도 한다.

따라서 청각장애학생에 대한 교육 방향은 이중언어 · 이중문화의 접근과 청각장애학생 본인의 장애에 중심을 두기보다는 청각장애학생을 둘러싼 생태학적 환경과 다양한 지원을 통한 효과적인 의사소통방법 교육에 중점을 두어야 할 것이다. 집필자들은 다양한 분야에서 다년 간 청각장애학생 교육 경험이 있는 전문가로 본서를 집필하였다. 예비교사들이 학교 현장에서 만나게 될 청각장애학생에 대한 기본적인 개념의 이해를 쉽고 재미있게 접근하여 공부할 수 있도록 내용을 간결하게 집필하는 데 중점을 두었다.

본 교재는 대학의 학사 일정을 고려하여 총 12장으로 구성하였다. 제1장은 청각장애 학생교육의 개관으로 청각장애의 정의와 분류, 원인 그리고 청각장애교육의 역사에 대하여 서술하였고, 제2장과 제3장은 청각장애의 어려움을 지니는 청각기관의 구조와 생리에 대한 이해의 내용과 청각장애의 유무, 청력손실의 정도, 청각장애 유형을 알 수 있는 진단검사에 대하여 서술하였다. 제4장은 최근 학문적 관심을 모으고 있는 중추청각 처리장애와 제5장은 의료기술과 공학기술의 융합으로 한층 더 청각장애학생들의 듣기 능력을 향상시켜 줄 수 있는 보장구인 보청기와 인공와우에 대하여 기본적인 개념의 이해에 중점을 두고 서술하였다. 제6장에서 제9장까지는 청각장애학생의 특성을 이해하고 지도하는 방법으로 구어지도, 수어지도, 읽기 및 쓰기 지도에 대하여 서술하였다. 제10장과 제11장은 청각장애학생의 교과교육과 교육과정 그리고 통합교육과 청각 · 중복장애에 대해 서술하였다. 마지막으로 제12장은 전환교육에 대하여 서술하였다.

각 장마다 해당하는 임용기출 문제를 통하여 학습한 내용을 스스로 확인할 수 있도록 하였고, 부록편 또한 청각장애 영역과 관련된 17년 간의 임용출제 문항의 내용을 본 교재를 중심으로 한눈에 볼 수 있도록 핵심 내용만 정리하여 제시하였다.

이번 2판에서 집필자들의 열정에도 불구하고 본서에서 담아내지 못한 부분은 차후 보완 내용으로 새롭게 작업하여 수정 · 보완할 것을 약속하며, 본 교재가 청각장애를 이해하고 청각장애학생에 대하여 교육하고자 하는 예비교사의 전공서적으로 관련된 모든 분에게 조금이나마 도움이 되기를 기대해 본다.

끝으로 본 교재의 집필에서부터 출판에 이르기까지 여러모로 많은 도움을 주신 창지사 김기섭 사장님, 까다로운 편집 작업에 고생하여 주신 편집부, 원고 정리에 도움을 준 부산대학교병원 이비인후과 청력검사실 조봉구 선생님과 권신정, 김현호 선생님, 그리고 김규리 학생에게도 고마운 마음을 전한다.

저자 일동

차 례

Chapter 01

청각장애학생 교육의 개관

학습목표

1. 청각장애의 개념과 정의를 이해할 수 있다.
2. 청각장애의 분류와 원인을 이해할 수 있다.
3. 청각장애교육의 역사적 배경과 현재를 이해할 수 있다.

생각나누기

출처: 사진으로 보는 한국 특수교육의 역사(2002).

• 한국 역사 속 장애 관련 인물사

안흥군 이숙 (1693~1763)

조선 시대 왕족이었던 이숙은 청각장애와 언어장애를 함께 지닌 중복장애인이었으나, 다행히 왕족이었으므로 글을 알았기에 문자로 글을 써서 타인과 대화할 수 있었다.

현대는 손짓언어인 수어(手語) 또는 입의 모양을 보고 상대방의 말을 이해하는 구어(口語)로 교육을 실시하는데 조선 시대에는 어떤 방법으로 교육을 시켰는지 궁금하지만 글을 가르쳤기 때문에 필담으로 의사소통을 할 수 있었다는 것은 장애인에 대해 많은 관심을 갖고 배려를 했다는 역사적 사실을 알 수 있게 한다.

출처: 정창권 외(2014). p. 50-51.

청각장애학생에 대한 이해와 예절

▶ 특성

- 농(deaf)이란 기기(보청기, 인공와우)를 사용하지 않은 상태에서 청력 손실이 심한 경우를 말하며, 난청(hard of hearing)은 기기(보청기, 인공와우)를 사용하지 않은 상태에서 농에 비해 상대적으로 청력 손실이 심하지 않은 경우를 말한다.
- 청각장애학생들은 추상적 개념보다 구체적 개념의 이해가 쉽다. 청각장애인 특유의 성격 특성이 존재하는 것은 아니지만, 의사소통이 곤란한 환경에 처하는 경우가 많으므로 사회적, 정서적 경험의 기회가 제한되는 점들이 성격 형성에 영향을 미칠 수 있기 때문이다.

▶ 이해

- 보청기를 착용해도 비장애인과 동등한 정도로 듣고 이해하지는 못한다. 이는 일반적으로 보청기는 소리를 증폭해 줄 뿐, 어떤 것도 청력 손실을 완전하게 보완해 줄 수는 없다.
- 청각장애학생이라고 모두 지능지수(IQ)가 낮지는 않다. 청각장애학생도 비장애학생과 같은 지적능력을 갖추고 태어난다. 다만, 청각을 통한 언어적 자극, 학습 경험 등의 부족으로 2차적인 전인적 인지 능력을 통한 지적 발달에 어려움이 있는 것으로 보아야 할 것이다.

▶ 예절

- 청각장애학생과 대화를 나눌 때에는, 적당한 큰 소리, 약간 느린 속도, 분명하고 명확한 발음으로 말하며, 입 모양을 크게 하여 천천히 말하기, 글로 쓰기, 음성자막 변환 프로그램, 혹은 수어를 사용하여 의사소통을 한다.
- 청각장애학생과 함께 활동할 때에는, 눈으로 알아볼 수 있도록 시범을 보이고 간략하고 명료하게 말을 하며, 얼굴 표정이나 몸짓도 중요한 단서가 되므로 잘 보일 수 있도록 한다. 단, 과장되거나 자연스럽지 않은 얼굴 표정이나 몸짓은 표현하지 않도록 한다.
- 청각장애학생과 대화 장소는 가능하면 조용하고 조명이 밝은 자리에 앉을 수 있도록 하며, 오랫동안 말하는 경우 고개를 끄덕임으로써 경청하고 있음을 알려준다.

※ 청각장애 편의시설

청각장애인들이 일상생활에서 가장 어려움을 많이 겪는 일 가운데 하나가 바로 화장실이 사용 중인지 아닌지를 알 수 없다는 점이다. 화장실이 사용 중인가를 알기 위해 화장실 문을 두드린다고 해도 안에서 대답하는 소리를 알 수 없으며, 또 반대로 화장실을 사용하고 있을 때 누군가 밖에서 화장실 문을 두드린다고 해도 두드리는 소리를 듣지 못하기 때문이다. 그래서 화장실 문 앞에 '사용 중' 혹은 '사용 안 함' 등 눈으로 보아서 알 수 있는 장치가 필요하다. 화장실 문 앞에 '사용 중'이라는 팻말을 만들어서 달아두는 것도 간단히 설치할 수 있는 편의시설이다.

청각장애라는 용어에 대해서는 대부분의 모든 사람들이 알고 있는 개념이라고 할 수 있다. 간단히 말해서 외부로부터 들려오는 소리를 듣고 이해하는 청각기관의 손상으로 인하여 일상생활에서 듣게 되는 다양한 환경음의 소리와 사람들과의 대화 상황에서 말소리를 듣고 그 의미를 이해하는데까지 어려움을 지니는 상태라고 할 수 있다.

1 청각장애의 정의

청각장애란 경도에서 최고도에 이르는 청력손실의 전 범위를 포괄하는 용어로, 청각경로인 귀에서 뇌에 이르기까지 관여하는 기관의 이상으로 소리를 듣지 못하거나 소리의 뜻을 이해하지 못하는 경우를 말한다.

청각장애를 농(deaf)과 난청(hard of hearing)으로 나누고 다음과 같이 구분하는 것이 일반적인 학자들의 견해이다.

- 농: 청력손실이 90dB 이상을 지니고, 보청기를 착용하여도 청각으로만 말소리를 듣고 이해하는 것이 거의 불가능하거나 상당한 어려움을 보이고 교육적 성취에 부정적 영향을 주는 상태
- 난청: 청력손실이 0~30dB 범위를 벗어나면서 보청기 착용 여부와는 무관하게 청각으로만 말소리를 듣고 이해하는 것에 곤란한 정도의 어려움을 보이고 교육적 성취에 부정적인 영향을 주는 상태

청각장애를 교육적인 관점과 의학적인 관점에 따라 다음과 같이 정의한다. 교육적인 관점에서는 청력손실이 언어발달과 교육적 성취와 같은 학업수행에 부정적인 영향을 미치는 경우로 정의하며, 의학적 관점에서는 청각장애를 청력손실의 정도에 따라 정의한다(한국청각·언어장애교육학회, 2012).

1. 교육적 관점 : 「장애인 등에 대한 특수교육법」 정의

- 청각장애: 청력손실이 심하여 보청기를 착용해도 청각을 통한 의사소통이 불가능 또는 곤란한 상태이거나, 청력이 남아 있어도 보청기를 착용해야 청각을 통한 의사소통이 가능하여 청각에 의한 교육적 성취가 어려운 사람

즉, 「장애인 등에 대한 특수교육법」에서는 청각장애의 정의를 청력의 손실정도 데시벨(dB)의 기준이 아닌 의사소통의 능력과 교육적 성취 능력의 잠재 능력 향상에 초점을 두고 있는 것이라고 할 수 있다.

또한, 한국특수교육학회(2008)에서는 청각장애의 정의를 아래와 같이 청각장애, 농, 난청으로 나누어 서술하고 있다.

- 청각장애: 청각기관의 손상을 지칭하는 일반적인 용어로 농과 난청을 포함한다.
- 농: 청각보조장치를 사용하거나 사용하지 않은 상태에서 청각에 의한 언어정보의 처리가 매우 어려워 교육 수행에 부정적 영향을 미치는 심한 청각장애를 의미한다.
- 난청: 청각보조장치를 사용하거나 사용하지 않은 상태에서 청각에 의한 언어정보의 처리가 원활하지 않아 교육 수행에 부정적 영향을 미치는 청각장애를 의미한다.

2. 의학적 관점 : 「장애인복지법」 정의

「장애인복지법」에서는 "청각장애인은 청각장애로 인하여 장기간에 걸쳐 일상생활 또는 사회생활에 상당한 제약을 받는 자로서 대통령령으로 정하는 기준에 해당하는 자"라고 명시하고 있다.

의학적 관점의 청력손실 정도를 기준으로 하는 「장애인복지법」 시행령에서는 아래의 〈표 1-1〉과 같이 청각장애인의 기준을 정하고, 「장애인복지법」 시행규칙에서는 〈표 1-2〉와 같이 등급 부여에 대한 판정을 제시하고 있다.

〈표 1-1〉 청각장애인의 기준

- ▶두 귀의 청력손실이 각각 60dB 이상인 사람
- ▶한 귀의 청력손실이 80dB 이상, 다른 귀의 청력손실이 40dB 이상인 사람
- ▶두 귀에 들리는 보통 말소리의 명료도가 50% 이하인 사람
- ▶평형기능에 상당한 장애가 있는 사람

청각장애를 법률적으로는 「형법」과 「형사소송법」은 '농아자(聾啞者)', 「한국수화언어법」은 '농인(聾人)'이라는 명칭으로 쓰고 있으며, 「장애인복지법」에서는 '청각장애인'이라는 명칭으로 표현한다.

〈표 1-2〉 청각장애인의 장애 등급

구분	등급	장애 기준
청력 잃은 사람	2급	• 두 귀의 청력을 각각 90dB 이상 잃은 사람 (두 귀가 완전히 들리지 않는 사람)
	3급	• 두 귀의 청력을 각각 80dB 이상 잃은 사람 (귀에 입을 대고 큰 소리로 말을 하여도 듣지 못하는 사람)
	4급	• 두 귀의 청력을 각각 70dB 이상 잃은 사람 (귀에 대고 말을 하여야 들을 수 있는 사람) • 두 귀에 들리는 보통 말소리의 최대 명료도가 50% 이하인 사람
	5급	• 두 귀의 청력을 각각 60dB 이상 잃은 사람 (40cm 이상의 거리에서 발성된 말소리를 듣지 못하는 사람)
	6급	• 한 귀의 청력을 80dB 이상 잃고, 다른 귀의 청력을 40dB 이상 잃은 사람
평형기능 장애	3급	• 양측 평형기능의 소실로 두 눈을 뜨고 직선으로 10m 이상을 지속적으로 걸을 수 없는 사람
	4급	• 양측 평형기능의 소실 또는 감소로 두 눈을 뜨고 10m를 걸으려면 중간에 균형을 잡기 위하여 멈추어야 하는 사람
	5급	• 양측 평형기능의 감소로 두 눈을 뜨고 10m 거리를 직선으로 걸을 때 중앙에서 60cm 이상 벗어나며, 복합적인 신체운동이 어려운 사람

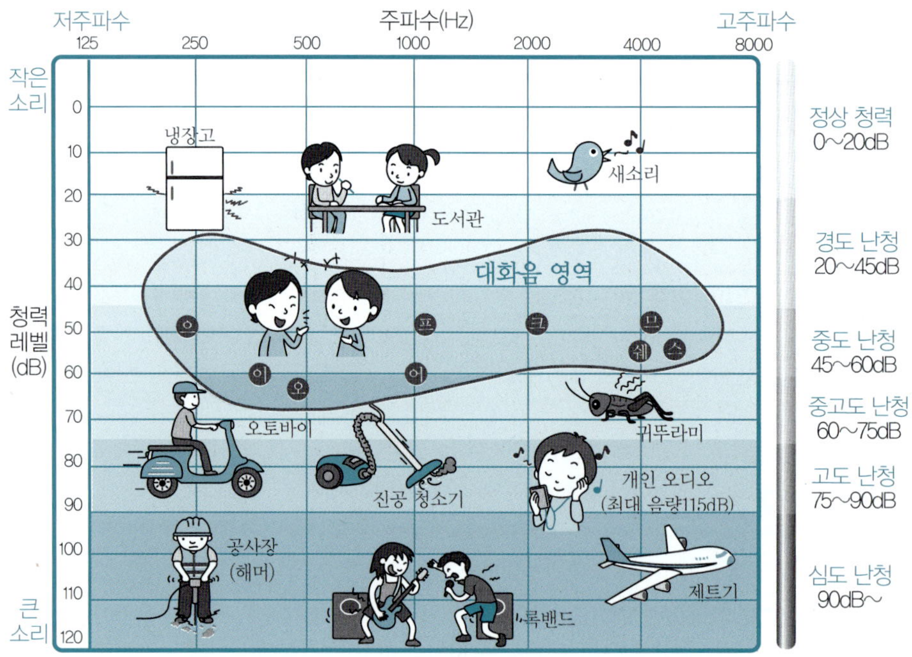

[그림 1-1] 대화음과 환경음 청력 범위

출처: https://blog.naver.com/ksstarkey

2 청각장애의 분류

청각장애는 청력손실 정도, 청력손실 시기, 청력손실 부위 등 다양한 기준에 따라 분류한다. 학교 현장의 교육적인 측면에서는 청력손실 정도와 시기에 관심을 가진다. 왜냐하면, 취학 전·후기의 언어발달 경험이 학업 성취도에 영향을 미치기 때문이다.

1. 청력손실 정도에 따른 분류와 교육적 조치

평균청력 손실정도	분류	언어이해에 미치는 영향	교육적 조치
25~40dB (mild)	경도	• 희미한 소리나 먼 곳에서 하는 말을 듣기에 곤란을 느낀다. • 음성언어를 주로 사용하는 교과에 약간 곤란을 느낀다.	• 학교장과 상의하여 대책을 수립한다. • 청력손실이 40dB 이상이면 보청기를 착용한다. • 어휘발달에 역점을 두고 지도한다. • 좌석과 조명에 주의한다. • 필요하면 독화지도, 언어재활을 한다.
41~55dB (moderate)	중도	• 90~150cm 거리에서 얼굴을 마주 보고 하는 대화는 이해한다. • 희미한 소리이고, 말하는 사람을 볼 수 없으면 학급 토의를 50% 정도밖에 이해하지 못한다. • 사용 어휘가 한정되고 언어의 이상을 나타낸다.	• 특수교육을 시켜야 한다. • 진단에 따라서 개인용 보청기를 착용하고, 그 사용법을 훈련시킨다. • 특히 저학력 학생의 경우는 본인이 선호하는 앞 좌석에 배치한다. • 어휘와 읽기지도에 주의한다. • 독화지도를 한다. • 필요하면 회화지도, 언어재활을 한다.
56~70dB (moderate severe)	중고도	• 큰 소리로 하는 대화만 이해한다. • 집단 토의에서 곤란도가 증가한다. • 대화에 결함이 있다. • 언어 사용에 어려움이 있다. • 사용 어휘가 한정되어 있다.	• 특수교육을 시켜야 한다. • 개인 특별지도 또는 특수학급에 배치한다. • 언어지도에 특별한 조치를 취한다. 어휘발달, 활용, 읽기, 쓰기, 문법 등 • 진단에 따라서 개인용 보청기를 착용하고 청능훈련을 받아야 한다. • 독화지도를 한다. • 회화지도와 언어재활을 한다. • 항상 시·청각적 상황에 주의를 갖고 지도한다.

평균청력 손실정도	분류	언어이해에 미치는 영향	교육적 조치
71~90dB (severe)	고도	• 귀에서 30cm 정도 떨어진 큰 목소리를 듣는다. • 주위의 소리를 식별할 수 있다. • 모음은 구별이 가능하나 자음은 일부만 구별한다. • 대화 시 언어사용에 결함이 있고, 이해가 곤란하다.	• 특수교육을 시켜야 한다. • 언어기능, 개념발달, 대화지도에 역점을 둔 특수교육을 전반적으로 실시한다. • 특수한 지도와 광범위한 대책을 수립한다. • 진단에 의해 개인 보청기를 착용한다. • 개인·집단 보청기로 청능훈련을 한다. • 필요할 때 일부 시간은 일반학급에 배치한다.
91dB 이상 (profound)	최고도 (농)	• 아주 큰 소리를 미미하게 듣고, 큰 소리를 진동으로 느낀다. • 의사소통을 위한 1차적인 수단으로 청력보다 시력에 의존한다. • 음성언어의 사용에 결함이 있고, 이해가 곤란하다.	• 특수교육을 시켜야 한다. • 언어기능, 개념발달, 대화지도에 역점을 둔 특수교육을 전반적으로 실시한다. • 특수한 지도와 광범위한 대책을 수립한다. • 구화 및 수어에 대한 계속적인 평가가 필요하다. • 주의해서 선발한 학생만 일부 시간에, 일반학급에 배치한다.

출처: 송준만, 유호순(2012). p. 398. 수정.

2. 청력손실 시기에 따른 분류

청력손실 시기를 교육적 측면에서는 매우 중요하게 생각하며 언어를 습득하기 전과 언어를 습득한 이후로 나누어 분류하고 있다.

언어습득 전	언어습득 후
• 듣고 말하는 언어의 이해를 습득하기 이전에 청각장애로 판명 • 선천적이거나 영·유아기 전후	• 언어를 습득한 후에 외부 환경의 어떠한 요인으로 인하여 청각장애로 판명 • 후천적으로 유아기 이후

청인학생의 언어습득의 결정적 시기는 학자들마다 다소 차이가 있지만 보통 2~4세에 있다고 본다. 이 시기에는 그 이전이나 이후의 시기에 비하여 발음, 어휘, 통사, 화용 능력 등의 발달 속도가 현저하게 빠른 것으로 알려져 있다. 따라서 언어습득의 결정적 시기에 청각장애를 가지고 성장했다면 언어습득 전 청각장애라고 할 수 있고, 언어습득의 결정적 시기에는 청각장애가 없었으나 그 이후에 청각장애를 가지게 되었다면 언어습득 후 청각장애라고 할 수 있다(한국청각·언어장애교육학회, 2012).

3. 청력손실 부위에 따른 분류

외부의 음파가 청각경로(외이–중이–내이–청신경)를 통하여 대뇌 청각피질에 이르기까지 무슨 소리인가를 인지하는 과정에서 어떠한 청각기관의 경로에 손상을 입는가에 따라서 전음성 난청, 감각신경성 난청, 혼합성 난청, 중추청각처리장애(CAPD)로 나눌 수 있다.

1) 전음성 난청

▶외이나 중이의 경로에서 이상이 발생하고, 내이는 정상 청력이다.
▶청력손실 정도는 최대 70dB 이하로 심하지 않다.
▶기도청력은 손실되어 있으나 골도청력은 거의 정상 범위에 있다.
▶수평형 또는 저음장애형의 상승형 청력 도형을 보인다(한국청각학교수협의회, 2017).
▶음의 증폭 전달이 필요하므로 보청기의 착용이 필요하고 매우 효과적이다.

2) 감각신경성 난청

▶외이와 중이는 정상 청력이지만 내이나 청신경의 이상으로 발생한다.
▶청력손실 정도가 경도에서 최고도까지 다양하며, 양측 또는 편측 손실을 보일 수 있다.
▶골도청력의 손실을 보인다.
▶고음점경형의 청력 도형을 보이며, 저주파수대의 청력손실보다 고주파수대의 청력손실이 크다.
▶음의 증폭을 위한 보청기 착용은 효과가 미미한 경우가 있다.

3) 혼합성 난청

▶전음성 난청과 감각신경성 난청이 혼합된 경우의 이상으로 발생한다.
▶기도청력과 골도청력 모두에서 손실이 나타난다.
▶저주파수대에서는 전음성 난청의 특성을 보이고, 고주파수대에서는 감각신경성 난청의 특성을 보이는 경우가 일반적이다(한국청각·언어장애교육학회, 2012).

4) 중추청각처리장애(CAPD)

▶말초청각에는 이상이 없으나 청신경에서 대뇌 청각피질까지의 전달 경로 이상으로 청각정보의 처리와 변별 능력에 문제를 나타낸다.
▶언어, 인지, 주의, 기억 등 상위 처리 과정에 영향을 주므로, 언어장애, 읽기장애, 학습장애 등과 함께 나타날 수 있다(한국청각학교수협의회, 2017).
▶주변 환경음의 소음이 있을 때 말소리를 변별해서 이해하는 데 곤란하다.

다음의 [그림 1-2], [그림 1-3]은 청각기관의 정상 청력과 청력손실 부위에 따른 전음성 난청, 감각신경성 난청, 혼합성 난청과 청력역치에 따른 청력도를 나타낸 것이다.

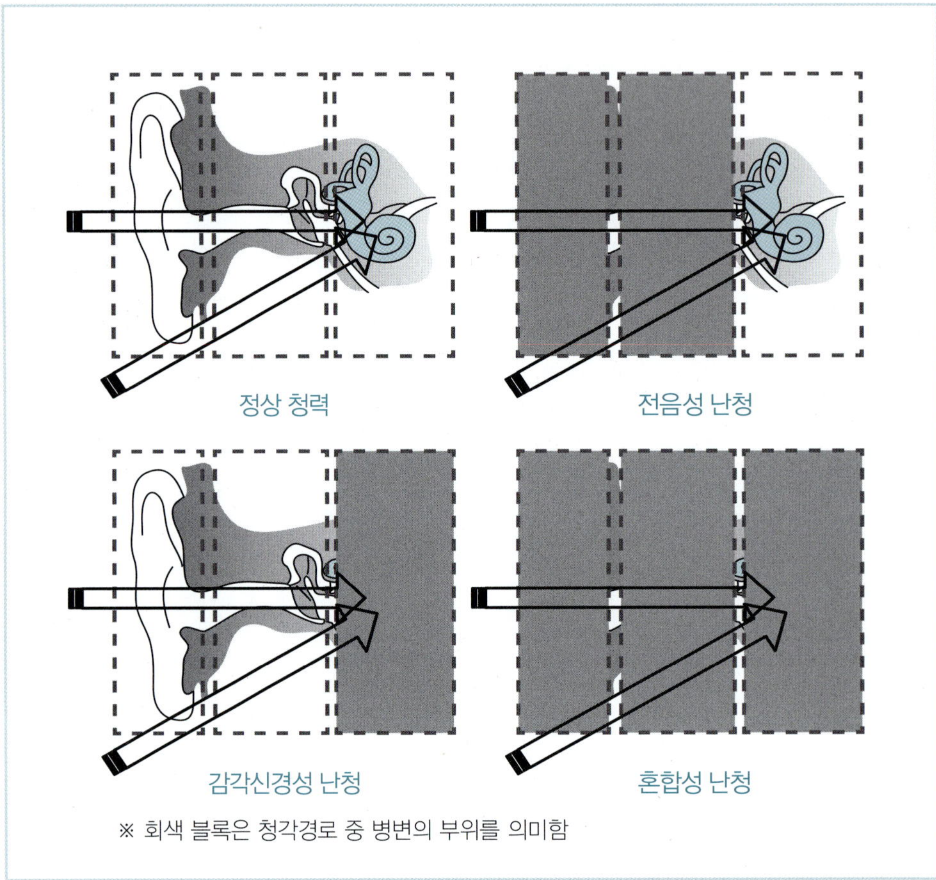

[그림 1-2] 정상 청력, 전음성 난청, 감각신경성 난청, 혼합성 난청의 경로

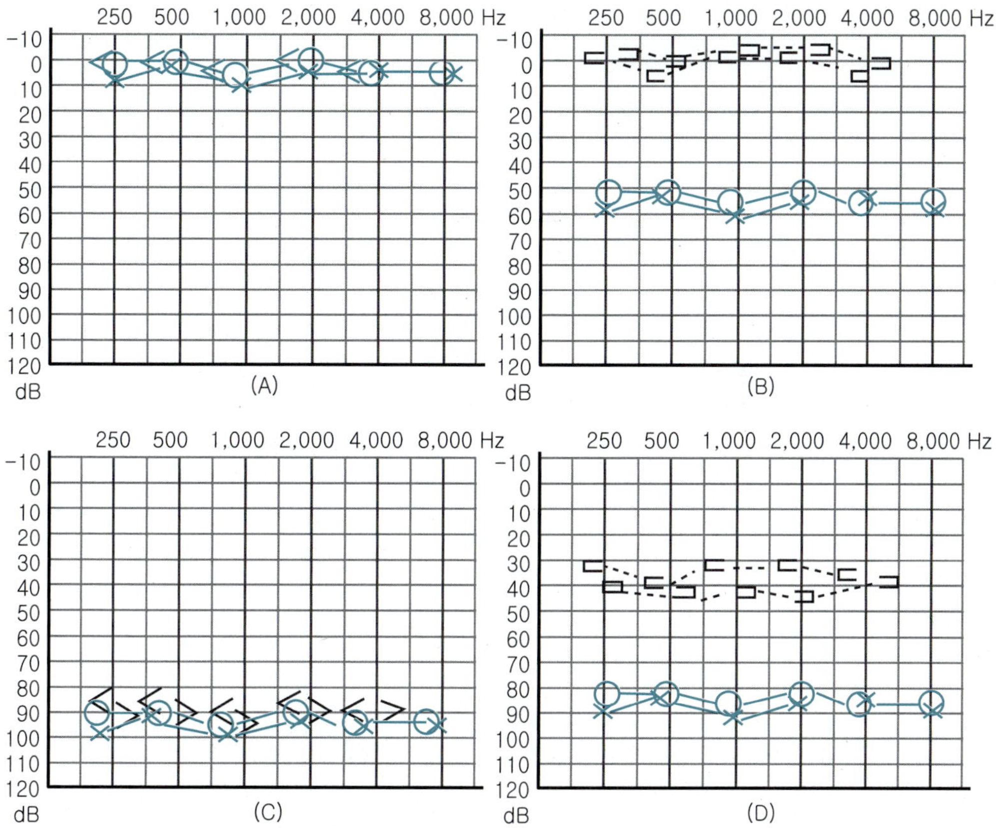

[그림 1-3] 기도 및 골도 전도 청력역치에 따른 (A)정상 청력, (B)전음성 난청, (C)감각신경성 난청, (D)혼합성 난청

출처: 한국청각학교수협의회(2017). p. 96.

위에서 언급한 병변 위치에 따른 분류는 다시 말초청각장애와 중추청각처리장애로 구분된다. 말초청각장애는 외이, 중이, 내이, 청신경의 병변으로 발생하며, 중추청각처리장애는 청신경을 거쳐 중추에 이르는 과정에서의 문제로 발생한다. 특성을 간략히 정리하면 아래의 〈표 1-3〉과 같다(고은, 2017).

〈표 1-3〉 손실 부위에 따른 청각장애 분류와 특성

유형	분류	특성	손실 부위
말초 청각 장애	전음성 난청	일반적으로 청력손실이 60~70dB을 넘지 않으며, 보청기로 소리를 증폭시켜 줌으로써 어느 정도 효과를 기대할 수 있다. 골도청력은 거의 정상에 가깝다.	외이 또는 중이의 이상
	감각 신경성 난청	청력손실이 많고 기도청력과 골도청력에 모두 결함을 보이며, 골도 청력역치와 기도 청력역치 사이에 차이가 거의 없다.	내이(유모세포) 또는 청신경의 이상
	혼합성 난청	전음성 난청과 감각신경성 난청의 혼합, 청력손실이 많고 기도청력과 골도청력이 모두 손상되어 있다. 골도 청력역치와 기도 청력역치 사이에 차이가 있으며, 이때 기도청력의 손실이 더 많다.	중이의 증폭 기능과 내이의 이상
중추 청각처리 장애	중추성 난청	청각신호의 정보처리 과정에서의 결함으로 말소리를 종합하고 분석하여 이해하는 데 문제를 보인다.	중추 신경계의 이상

4. 청력형에 따른 분류

청력검사를 통해 얻은 청력도(audiogram)의 형태에 따라 청각장애를 분류해 보면 다음의 [그림 1-4]와 같다(석동일 외, 2007).

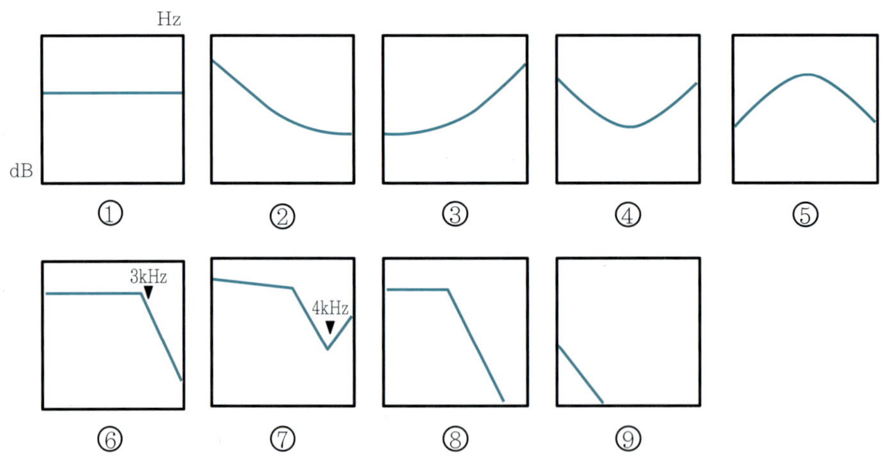

[그림 1-4] 청력도에 의한 청각장애의 분류

① 수평형(flat): 각 주파수의 최소 가청 역치가 ±20dB 범위 내의 청력도이다. 청력손실이 각 주파수에서 거의 같은 정도로 5dB 이내이다.

② 고음점경형(sloping): 주파수가 증가함에 따라 청력손실이 증가하는 청력도이다. 고음역으로 갈수록 5~12dB씩 떨어지는 청력손실을 나타낸다.

③ 저음장애형(rising): 주파수가 증가함에 따라 청력손실이 감소하는 청력도이다. 저주파수대의 청력손실이 크고 고주파수대의 청력손실이 작은 경우이다.

④ 곡형(scoop or trough shape): 중주파수대역의 청력손실이 가장 크고, 저주파수대역과 고주파수대역의 청력손실은 작다.

⑤ 산형(inversed scoop or though shape): 저주파수대역(500Hz)과 고주파수대역(4,000Hz)의 청력손실(20dB 이상)이 가장 크고, 중주파수대역의 청력손실은 작다.

⑥ 고주파수형(high frequency): 저주파수에서 수평형 혹은 경사형의 형태를 나타내다가 2,000~3,000Hz의 어음역에서 25dB 이상 급격한 청력손실을 보인다.

⑦ 딥형(dip): 극히 국한된 주파수대, 특히 고음부의 4,000~6,000Hz 범위에서 급격한 청력손실(sharp drop)이 나타나고, 저주파수대역에서 3,000Hz까지의 청력손실은 나타나지 않는 수평형이거나 작게 나타난다.

⑧ 고음급추형(precipitous): 저주파수대역의 청력손실은 수평형으로 나타나지만, 2,000Hz 이상에서는 급격히 청력손실 정도가 높아진다.

⑨ 전농형(fragmentary): 저음역의 일부 주파수만 청력이 측정되나 다른 주파수대는 거의 청력이 나타나지 않는다.

이와 같이 청력도에 나타난 주파수별 개인의 다양한 청력손실 정도를 청력형으로 분류하는 것은, 이 자료가 청력손실의 대체적인 원인의 추정, 그리고 보청기 조절과 청능훈련 및 언어지도의 기초 자료로 활용되기 때문이다.

3 청각장애의 원인 및 출현율

1. 청각장애의 원인

청각장애의 원인을 명확히 알 수 있는 요인을 찾아내고 밝혀내는 일은 여전히 어려운 일이다. 현재도 '원인 불명'으로 판단되는 것이 상당 부분을 차지하고 있기 때문이다. 미국의 전국 단위 조사 결과에서도 청각 손상의 원인이 400가지가 넘어 정확한 청각장애의 원인을 알 수 없다(Gallaudet Research Institute, 2008). 청각장애 원인의 절반 이상이 태아기에 발생하는데, 이러한 원인들은 유전적 요인이 1/3, 환경적 혹은 후천적 요인이 1/3, 그리고 1/3은 잘 알려져 있지 않다(Heter, Knightly, & Steinberg, 2002). 따라서 청각장애의 원인을 유전적 원인과 환경적 원인으로 구분하여 살펴보면 다음과 같이 나눌 수 있다.

1) 유전적 요인

청각장애의 원인과 관련하여 유전성 난청과 선천성 난청이라는 용어가 서로 혼용되고 있는데, 유전성이라는 것은 유전자에 의해서 규정되는 것이고, 선천성이라는 것은 일반적으로 출생 이전에 원인이 있다는 뜻으로 사용된다. 청각장애의 유전적 원인은 다음과 같다.

(1) 유전성

선천적인 농의 약 1/2이 유전 이상으로 인해 유발된다. 유전에 의한 청각장애는 열성 유전 형질 84%, 우성 유전 형질 14%, 성 관련 형질 2%로 알려져 있다. 지금까지 선천성 농의 종류는 150~175가지의 유형이 있는 것으로 확인되고 있으며, 아동기 청각장애의 약 60%가 유전성 원인에 의한 것으로 밝혀져 있다(Moores, 1996).

(2) 이경화증

중이의 등골이 증식되어 난원창에 비정상적으로 붙어 있게 되어 점진적인 청력손실이 발생하는 유전성 질환이다.

청년층에서 가장 흔히 볼 수 있는 진행성 청각장애로 보통 한쪽 귀에 먼저 생긴 다음 다른 쪽 귀에 나타나며, 남자보다 여자에게서 2배 이상 더 잘 발생한다. 70~80%가 양측성으로 발생하며 이명 증상이 동반된다.

(3) 모자 혈액형 불일치

임산부와 태아의 Rh 혈액형이 불일치하는 경우로 모체의 혈액에서 항체가 형성되고, 이것이 태아의 혈액을 파괴하여 청각장애로 발전된다. 이 경우 70% 이상이 중복장애를 갖는 것으로 밝혀져 있다.

(4) 선천성 외이 기형

귀의 발생 과정 중 이상이 생겨 외이와 중이에 선천성 기형을 갖게 된 상태를 넓은 의미에서 통칭하는 것으로 그 원인이 유전성인 경우도 있지만 대개는 분명한 원인을 알 수 없는 경우가 많다. 외이와 중이는 발생학적으로 서로 연관성이 있어서 흔히 두 개의 기형이 함께 나타난다.

2) 환경적 원인

환경적인 원인은 산모가 임신 기간 동안 가질 수 있는 질병이나 감염과 관련된 비유전성으로 출생 이전에 시작되거나 출생 이후에 청력손실을 유발하는 환경적인 요인들이다.

(1) 중이염

중이염은 3세가 될 때까지 3명 중 2명은 누구나 한 번씩 경험하는 흔한 질환으로 소아에게 가장 흔한 난청의 원인이다. 3명 중 1명은 3회 이상의 반복적 중이염을 앓게 되어 흔하게 만성화되며 청력이 저하될 수 있다. 일반적으로 중이염이라 하면 화농성 중이염을 말하며, 몇 가지 유형으로 분류하면 다음과 같다.

① 급성 중이염

급성 중이염은 중이강 내의 염증성 삼출액이나 농으로 인해 중이의 증폭 기능이 장애를 입게 된다. 이로 인한 청력장애는 약 30dB 정도의 청력손실로 가벼운 고음장애형 전음성 난청을 나타내게 된다. 일반적으로 중이염 치유와 함께 회복된다.

② 만성 중이염

만성 중이염은 중이강 내의 염증이 만성화된 것으로 중이 내 전음기관의 정상적인 기능을 방해하여 난청을 일으킨다. 순수한 전음성 난청인 경우가 대부분이므로 골도청력은 정상이거나 약간 저하되는 수준이며, 기도청력은 약화되지만 최대 70dB을 넘지 않는다.

③ 삼출성 중이염

급성 화농성 중이염의 증상 없이 고막 안의 중이강 내에 액체가 고여서 난청을 초래하는 것을 말한다. 이로 인한 청력손실은 약 30dB 정도이지만 50dB를 넘는 경우도 있으며, 의료적인 치료로 치유가 가능하다.

④ 알레르기성 중이염

최근에 와서 많은 주의를 끌고 있는 중이염으로 이관이 부어서 중이 내에 음기압을 일으키고 이 음기압이 중이 내막의 혈청을 중이강 속으로 빨려 들어가게 하여 청력손실을 일으킨다.

(2) 모체의 풍진

산모가 풍진 바이러스에 감염되는 경우로 탯줄을 통하여 태아에게도 감염된다. 임신 3개월 이내에 감염되면 특히 청력손실의 발생률이 높다. 청각장애의 발생률이 82%로 가장 높고, 시각장애 19%, 심장 질환 39%, 지적장애 34%로 중복장애 발생 확률이 높은 것으로 알려져 있다. 그러나 백신을 접종하면 예방할 수 있기 때문에 실제 발생 사례는 많지 않다.

(3) 사이토메가로바이러스(CMV; cytomegalovirus)

사이토메가로바이러스는 신생아들에게서 발생하는 가장 흔한 바이러스성 감염으로 청각장애를 포함한 여러 장애를 야기할 수 있다. 이것은 농의 주된 환경적 원인으로 산모의 자궁에서 감염되거나, 바이러스가 태반을 통해 태아에게 영향을 줄 수도 있으며, 모유를 통해서도 감염될 수 있다. 감염된 아이들 중 1/2이 청각장애를 일으킬 수 있다. 1980년대부터 알려졌으며 아직 백신이 개발되어 있지 않고, 진행성 청력손실로 즉시 발견하기도 어렵다. 이로 인한 청각장애 출현율이 증가하고 있다.

(4) 뇌막염

언어발달 후 청력손실을 일으키는 가장 큰 원인이라고 보고 있다. 출생 후 또는 외인성 원인 중에서 가장 많이 나타나는 질병으로 중추신경계의 박테리아나 바이러스 감염에 의해 발생하며 청신경에 손상이 올 수 있다. 뇌막염에 의해 청력이 손상된 학생에게 나타나는 일반적인 유형은 감각신경성 난청이다.

(5) 소음

큰 소음에 반복적으로 노출되는 것이 청력손실을 일으키는 원인이 될 수 있다. 소음으로 인한 청각 손실은 두 가지 형태로 나타난다. 첫째는 평소에 잘 듣지 못하는 강대한 소리가 갑자기 들려 청각기관이 손상되는 경우로 급성 음향성 난청이라고 한다. 둘째는 한 번 들어서 청각장애를 일으키는 정도의 강한 소리는 아니지만 매일 같이 계속 청취함으로 인하여 자신도 모르는 사이에 청각기관이 손상되어 가는 경우로 만성 소음성 난청을 말한다.

(6) 외상

외상에 의한 청각 손상은 귀이개, 벌레, 그 밖의 이물질 및 외적 자극에 의하여 청각기관이 손상되어 난청이 되는 것을 말한다. 이러한 난청들의 예로는 외적 자극이 물리적으로 직접 청각기관을 손상시켜 고막 손상이나 이소골 손상과 같은 중이 및 내이의 직접적인 외상, 청각기관을 내포하고 있는 두개골의 타박에 의한 두부 외상 또는 경부에 가해진 강한 충격이나 충돌로 인한 경부 외상, 기압의 급격한 변화에 의해 청각기관이 손상되는 경우 등이 있다.

(7) 메니에르병

메니에르병은 반규관과 와우에 영향을 주는 미로장애로 평형이 깨어져 똑바로 서 있는 상태를 유지하는 것이 어렵다. 급작스럽게 현기증, 이명 및 난청이 나타나며, 40~60세에 발생 빈도가 높으나 10세 이하의 학생도 영향을 받을 수 있다(Heward, 2003).

(8) 약물 중독

약물에 의해서 청각 손상이 나타나는 것은 그 발현 기전에 따라 두 가지 유형으로 생각할 수 있다. 그중 하나는 약물이 중추 신경계 전반에 걸쳐서 영향을 미쳐 일반적으로 의식장애나 광범위한 신경 증상을 비롯하여 난청이나 이명을 호소하게 되는 것이다. 또 다른 하나는 난청, 이명, 현기증 등의 청신경 영역의 장애만을 단독으로 일으키는 경우이다. 전자의 대표적인 예로서는 일산화탄소, 수은 등이 있고, 후자의 대표적인 것은 여러 가지 아미노글리코사이드계 항생제, 아스피린, 이뇨제 등이 해당된다. 후자의 경우처럼 약물에 의해서 청각기능에 특별한 장애 작용을 가지고 왔을 때 그 성질을 이독성이라고 한다.

(9) 출생 시 질식으로 인하여 산소 부족

출생 시 기계적 외상으로 가사상태가 되든지 내이도에 병리적인 문제가 발생하거나 뇌의 출혈로 인해 청력손실이 발생할 수 있다.

(10) 미숙

미숙아는 출생 시 체중이 2.5kg 이하이며, 원인은 임신 중독증이나 모체의 만성 질환, 각종 임신 합병증이나 이상 임신, 그 밖에 원인 불명 등을 들 수 있다. 미숙은 농의 원인일 뿐만 아니라 시각장애 또는 지적장애의 원인이 되기도 한다. 미숙이 청력손실을 야기하는 원인인지 정확하게 평가하기는 매우 어렵지만 청인학생에 비해 농학생의 경우에 조산과 저체중이 더 보편적인 것으로 밝혀졌다(Heward, 2003). 그러나 현재 신생아실에서 사용되고 있는 구조 기술이 점점 더 성공적이어서 청력을 손실할 확률이 낮아지고 있다.

2. 청각장애의 출현율과 교육적 배치

1) 청각장애의 출현율

청각장애를 어떻게 정의할 것인가? 그리고 조사 대상자의 수와 표집 방법, 조사 시 검사 도구의 적용 여부에 따라서 청각장애의 출현율에 차이가 있을 수 있다. 다음의 〈표 1-4〉는 2001년부터 2014년까지 국가 기관에서 조사하여 발표한 청각장애의 출현율이다.

〈표 1-4〉 청각장애의 출현율

조사 기관	출현율	발표 연도	비 고
KOSIS 국가통계포털	0.50%	2016년	인구주택총조사
한국보건사회연구원	0.42%	2001년	인구주택총조사
국립특수교육원	2.21%	2001년	전체 특수교육대상자

출처: KOSIS 국가통계포털(2016), 국립특수교육원(2001), 한국보건사회연구원(2001).

대한청각학회(2017)에서는 청각장애 난청은 신생아 1,000명당 1~3명에서 선천적으로 발생하고 연령에 비례하여 유병률이 증가한다고 하였다. 그리고 최근 교육부 특수교육연차보고서에 의하면 2017년 4월 기준으로 청각장애로 선정되어 특수교육의 서비스를 받는 학생은 3,358명으로 전체 특수교육대상자의 3.8%에 이른다고 보고하였다.

2) 청각장애학생의 교육적 배치 현황

단위: 명

구 분	특수학교	일반학교		특수교육 지원센터	계
		특수학급	일반학급		
2020년	647	710	1,760	15	3,132
2021년	605	689	1,723	9	3,026
2022년	589	675	1,689	8	2,961
2023년	560	689	1,646	12	2,907
2024년	535	666	1,630	11	2,842

출처: 교육부. 특수교육연차보고서(각 연도).

3) 청각장애학생의 장애영역별 현황

청각장애학생의 장애영역별 현황을 살펴보면 청각장애는 2,842명으로 전체 특수교육대상자 비율에서 2.5%를 나타내고 있다.

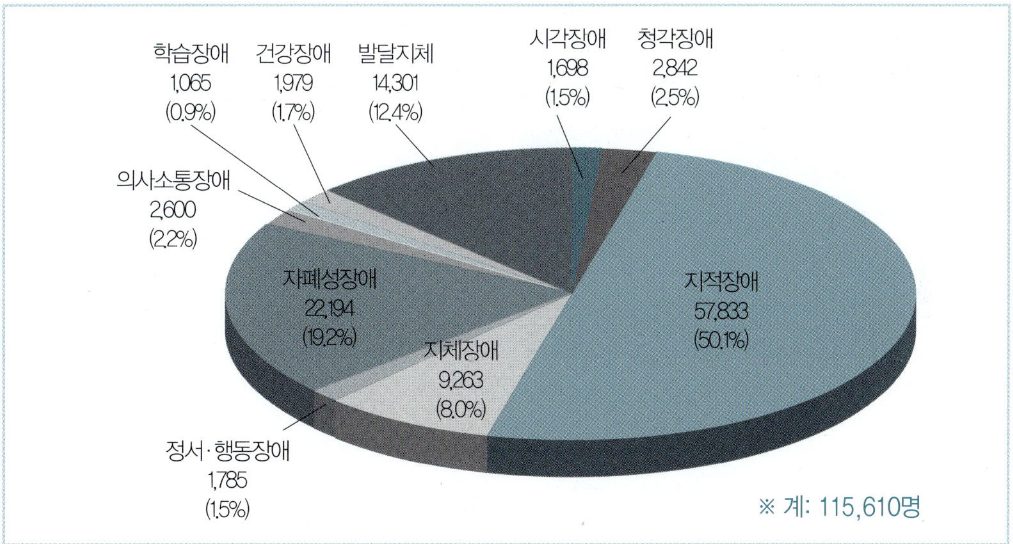

[그림 1-5] 장애영역별 특수교육대상자 현황

출처: 교육부(2024). 특수교육연차보고서.

2017년 교육부의 국회 특수교육연차보고서에 따르면 일반학교에서 통합교육을 받는 특수교육대상자가 증가함에 따라 특수학교의 학생은 장애 정도가 심한 중도·중복장애학생이 많아지는 경향을 나타낸다고 하였다.

4 청각장애교육의 역사

청각장애교육의 역사는 한국특수교육의 역사에 있어서 시각장애교육의 역사와 함께 가장 오랜 역사를 가지고 있다. 특수교육의 역사에 관한 국내 연구에서는 김병하(2012)의 연구가 대표적이며, 한국청각장애교육 100주년 기념사업회가 발간한 '한국청각장애교육 100년사'는 한국청각장애교육의 역사를 전반적으로 조망하고 있다. 본 절에서는 청각장애교육의 역사에 대하여 청각장애아교육(김병하 외, 2007)과 한국청각장애교육 100주년 기념사업회의 내용을 중심으로 외국 청각장애교육의 역사와 한국청각장애교육의 역사에 대하여 간략히 살펴보고자 한다.

출처: http://www.deafwebsites.com

▲프랑스 수도자 L'Eppe는 1760년 청각장애인을 위한 최초의 농학교를 설립하고 가르쳤다.

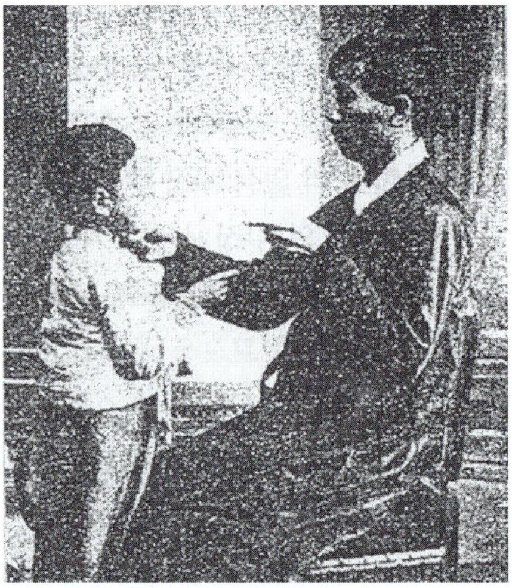

출처: The Korea Mission Field(1910). p. 111.

▲이익민이 구화로 청각장애학생에 대한 농교육을 하고 있다.

1. 외국의 청각장애교육 역사

외국 농교육의 역사적 발전을 시대적으로 구분하면 다음과 같다.

농교육의 전사 (고대와 중세)

↓

성립의 준비기 : 교육 가능성의 탐색 (16~17세기)

↓

확충기 (18세기 이후)

↓

언어지도 방법론적 논쟁 (19~20세기)

↓

농교육 방법론의 발전 (20세기 이후)

1) 농교육의 전사(前史)

(1) 무관심과 방치의 시대(고대~중세)

고대 사회에서 농아인은 그들의 본능적 가능성과 유용성(신체적 이유) 때문에 생존 자체는 가능했지만, 사회의 무관심 속에 방치되어 있었음을 알 수 있다. 고대 사회에서 농인은 노동력을 지니고 있으므로 생존 자체는 가능하여 함께 생활할 수 있었지만 사회 속에서 공존하기 위한 언어라는 도구를 지니지 못해 사회의 무관심 속에서 방치되었다.

과거 철학자 Aristoteles는 농인은 맹인보다도 더 가르치기 어려운 "교육 불가능자"로 간주하였다. 듣고 말하는 능력은 교육에서 가장 중요한 요소이며, 특히 언어는 사고를 전달하기 때문에 언어 능력이 없는 농인은 곧 사고의 결함을 갖는다고 본 것이다. Aristoteles와 같은 이런 인식은 결국 청각장애교육을 발전시키는 데 걸림돌이 되었다.

(2) 자선 보호의 시대(14~15세기)

고대 사회에서 중세로 이행하면서 장애인에 대한 자선 보호적 관심이 부분적으로 표현되기 시작했다. 중세의 장애인관은 제한적인 자선이었을 뿐 교육의 대상이나 구원의 대상으로 인식하지 못하였다. 국왕의 경우 귀족 세력을 영입하고, 민중의 지지를 얻기 위한 그 방책으로 장애인에 대한 보호 사업을 실시하였으나, 이것은 어디까지나 통치자가 자신의 권력 옹호를 위한 수단으로 베푸는 자선사업에 불과한 것이었다.

- ▶ 모세: "농아인은 악마가 붙은 자"라며 경계하면서도, "농아인이 듣지 못한다고 해서, 그에게 악담하지 말라."고 하였다(레위기 19:14).
- ▶ 탈무드: 농인은 어리석고 지각없는 아이들과 같이 분류하고, 그들의 행동에 책임을 묻지 말고, 사회적으로 수행해야 할 권리와 의무로부터 제외시킨다.
- ▶ 유스티니아누스(Justinianus) 법전: 청각장애를 농과 농아로 나누고, 다시 청력손실의 시기에 따라 선천농과 후천농으로 구분하여 장애의 범주에 따라 법적 권리와 의무의 한계를 규정해 놓고 있다.

2) 성립의 준비기(16~17세기)

이 시기는 청각장애인도 구어로 말할 수 있도록 하는 것을 교육 목표로 하였다. 농교육의 중심에는 스페인이 있었다. 농교육의 가능성을 보여 주긴 했으나 개인 교수의 시기로 교육적인 혜택은 귀족 계급의 자녀에 제한되어 소수에 머물렀다.

- ▶ 인류 역사상 최초의 농교육자인 스페인의 베네딕트 수도사 Pedro Ponce(1520~1584)는 특권 귀족의 자녀 가운데 주로 선천성 농학생을 대상으로 철저히 개별 지도를 실시하였다.
- ▶ 17세기 초 스페인의 Bonet(1579~1633)은 농교육에 대한 개인적 체험을 바탕으로 『소리의 단순화와 농아의 언어교수방법』(1920)을 저술하였다.

3) 확충기(18세기 이후)

18세기 이후 서구에서 농학교 교육이 성립 보급되면서 미국은 서구의 농교육 방법을 적극적으로 수용하는 한편, 곧 미국의 독창적인 농교육의 성과를 보이기 시작했다.

- ▶프랑스 농학교(세계 최초의 농학교: 1760년, 수어법) – L'Eppe는 자연 수어의 기초 위에 모국어(불어)의 어법에 따른 수어법이 최선의 방법이라는 결론에 도달하였다.
- ▶독일 공립 농학교(세계 최초의 공립 농학교: 1778년, 구화법) – Heinicke는 파리 농학교보다 근대적인 성격의 공립 농학교를 설립하였다.
- ▶영국 농학교(영국 최초의 농학교: 1783년, 구화법) – Braidwood는 농교육 방법으로 구화법을 받아들이고 농교육을 지도 계승하였다.
- ▶미국 농학교(미국 최초의 농학교: 1817년, 수어법) – Gallaudet은 서구의 농교육 방법을 적극적으로 수용하며 독창적인 농교육 성과를 보였다.

4) 언어지도 방법론적 논쟁(19~20세기)

18세기 후반 프랑스에서 L'Eppe를 중심으로 한 수어주의와 독일의 Heinicke 주도의 구화주의가 농교육의 방법론으로 확립되면서 농교육 현장에서는 두 가지 방법론에 대한 격렬한 논쟁이 거듭되었다. 특히 당시에 수어주의와 구화주의의 방법 논쟁은 자체에 대한 계속적인 깊은 연구도 없이 '논쟁을 위한 논쟁'의 양상을 짙게 띠고 있었다.

- ▶1880년 Milano 국제회의에서는 "농학생의 사회 복귀를 위해서, 그리고 그에게 보다 완벽한 언어 지식의 습득을 위해 구화법은 수어법보다 우선하며 한 학급당 10명 이상을 초과하지 말아야 한다."라고 논쟁의 결말을 짓고, 구화주의의 르네상스라고까지 표현하였다.

5) 농교육 방법론의 발전(20세기 이후)

20세기는 청각장애교육의 다면적 도약기로서 인간주의 패러다임 아래 농교육은 수요자 중심의 교육 방법과 의학과 기술의 급속한 발달로 인한 과학적 교육 연구가 촉진되었다.

- ▶ 구화와 수어의 결합법 등장: 19세기 후반 이래, 농학생을 위한 커뮤니케이션 방법으로 구화주의와 수어주의를 결합하여 사용하는 것을 지지하는 방법으로 발전하였다.
- ▶ 청능학의 발전과 구화주의: 20세기 중반 Bell에 의한 전화의 발명과 전자공학적 원리를 활용한 보청기 개발이 농교육의 구화법 발전에 중요한 계기가 되었다.
- ▶ 신구화주의: 1960년대 이후 구화 교육의 한계로 지문자를 병용하였다.
- ▶ 토털커뮤니케이션: 1960년대 후반 미국에서 시작된 것으로 구화 일변도의 한계성에 수어에 대한 긍정적 관심으로 토털커뮤니케이션이라는 개념이 생겨났다.
- ▶ 2Bi (bilingual / bicultural)의 이론: 1980년대 중반 이후 토털커뮤니케이션 접근에 대한 발전적 대안으로 언어는 문화와 불가분의 관계에 있으며, 언어의 중심은 형식이 아니라 의미임을 강조하며 등장하였다.

2. 한국의 청각장애교육 역사

한국 농교육의 역사적 변천을 시대적으로 구분하면 다음과 같다.

농교육의 전사

↓

준비기 (구한말에서 1908년까지)

↓

성립기 (1909년에서 광복 이전까지)

↓

전개기 (광복 이후에서 「특수교육진흥법」 제정까지)

↓

농교육의 변화와 정체성 혼란 (「특수교육진흥법」 발효 이후 현재까지)

1) 농교육의 전사(前史)

우리나라는 일찍이 불교와 유학에 영향을 받아 사람을 하늘처럼 떠받드는 인간존중 사상이 면면히 이어져 왔다. 고려왕조 이래로 우리나라는 장애인을 비롯해서 노약자들을 위한 넓은 의미의 복지 정책으로 구휼(救恤) 혹은 구황(救荒) 제도가 실천되어 왔다.

- ▶고려 시대에 장애인에게 휼형 제도가 적용되어 장애인이 죄를 지은 경우 감형해 주고, 요역(搖役)을 면제해 주었다.
- ▶고려 시대에는 장애인이 복업에 많이 진출했다. 복업의 특성상 교육을 받았을 것이다.
- ▶조선 시대에는 동서 활인원을 두어 장애인을 따로 보호 수용했다.
- ▶세종 27년에 서운관에서 훈도 4~5명을 두고 총명한 맹인 10명을 선발하여 3일에 한 번씩 음양학을 교육한 기록도 있다.
- ▶전근대 사회에서 맹인들은 구휼의 대상과 교육 대상으로 관심을 끌었으나, 농인들에 대한 교육적 관심과 기록은 전무한 실정이다.

2) 준비기(구한말에서 1908년까지)

근대 특수교육의 성립은 구한말 프로테스탄트(Protestant) 선교사들의 도래와 밀접한 관련이 있다. 1882년 미국과 정식으로 수호통상 조약을 맺자, 그때까지 중국과 일본을 통해 간접적으로 소개되어 온 서양의 문물 제도가 직접 우리에게 유입되어 왔고, 특히 미국은 이 땅에 선교사들을 파송함으로써 다른 나라에 비해 좀 더 민중 속으로 그들의 문화적 전통을 유포할 수 있었다.

- ▶1881년 박정양 등을 중심으로 한 일본 조사 시찰단인 '신사유람단'은 일본의 근대적 특수교육 기관인 맹아원을 소개하였다.
- ▶1882년 외국의 선교 기관에 의해 의료사업, 교육사업, 자선사업이 시작되었다.
- ▶1894년 Hall 여사가 평양에서 맹소녀 오봉래에게 최초의 특수교육으로 점자를 지도하였다.
- ▶1895년 유길준의 『서유견문』에서는 구미의 특수교육을 우리나라에 처음 소개하였다.
- ▶1899년 맹교육은 평양에서만이 아니라 영국인 선교사에 의해 서울의 정동에서도 '훈맹학당'을 통하여 교육하였다. 이는 황성신문의 기사에 기록되어 있다.

3) 성립기(1909년에서 광복 이전까지)

1909년에서 광복 이전까지의 농교육의 성립 과정을 Rosseta Sherwood Hall 여사가 주도한 평양맹아학교의 농교육과 1913년 조선 총독부 산하의 제생원 맹아부 아과(啞科) 중심의 농교육 성립과 그 전개과정을 중심으로 살펴보고자 한다.

- ▶1909년 Hall 여사가 이익민을 중국으로 보내 농교육을 받게 하였으며, Hall 여사가 우리나라 최초의 농교육 사업을 시작하였다.
- ▶1912년 조선 총독부 산하 제생원 맹아부 설치 당시 일본의 맹농아 교육은 초등교육 6년, 중등교육 4년을 실시하고 있었는데, 이에 비해 한국은 그들의 식민지로서 특수교육도 차별하여 초등과 3년(농아는 5년), 속성과 1년의 단기 교육을 시켰다.
- ▶1920년 일본인 구리다에 의하여 조선맹농아협회가 발족하였고, 1921년 3월 제생원 맹아부 졸업식 후 조선맹아협회가 발족되었다.
- ▶1935년 이창호 목사가 Moffett 선교사가 하던 사업을 이어 받아 평양광명맹아학교를 설립하여 맹교육과 함께 농교육을 실시하였다.

4) 전개기(광복 이후에서 「특수교육진흥법」 제정까지)

우리나라 농교육의 '전개기'를 1945년 광복 이후에서 1977년 말 「특수교육진흥법」 제정기까지로 보고, 민간 독지가에 의한 농학교 설립과 전개 과정 그리고 농교육에 대한 공적 관심과 지원에 대하여 살펴보고자 한다.

▶민간 독지가에 의한 농학교 설립과 전개 과정

- 1946년 이영식 목사가 광복기념사업으로 대구맹아학원을 설립하여 농생 10명에게 대구 성서 소재 중앙교회에서 처음으로 특수교육을 실시하였다.
- 1955년 충주 야현 천주교회 주임 옥보을 신부가 충주성심농아원을 설립하였다.
- 1956년 인천에서 정규순이 청각장애 보육시설을 운영하다가 인천맹아학교를 설립하였다.
- 1962년 서울에서 최병문이 구화교육 중심의 한국구화학교를 설립하였다.
- 1966년 부산에서 이종수가 부산구화학원을 설립하고, 1970년 부산구화학교를 설립하였다.
- 1975년 서울에서 허애덕 수녀가 청각장애 상담소를 시작으로 서울애화학교를 설립하였다.

▶농교육에 대한 공적 관심과 지원

- 1949년 「교육법」 제정 이래 농교육에 대한 규정이 명백하게 있었으나, 실제로는 정부의 행·재정적 지원 미흡으로 주로 민간 독지가들의 손에 맡겨져 있었다.
- 1950년 한국 전쟁으로 국립맹아학교가 제주도와 부산으로 피난 온 것이 계기가 되어 후에 공립으로 부산과 제주도에 맹아학교가 설립되었고, 지방에서 공교육 형태의 특수교육이 실시되었다.
- 1969년 마산 경남국민학교에 청각장애 학급을 3학급 설치, 현재 경남천광학교로 발전하였다.
- 1975년 전주 지역 일원의 전주선화학교가 공립학교로 설립되어 오늘에 이르고 있다.

5) 농교육의 변화와 정체성 혼란(「특수교육진흥법」 발효 이후 현재까지)

1980년대 이후 공교육으로서 농교육의 질적 변화 과정과 1990년대 중반 이후 최근 새로운 쟁점으로 떠오르는 통합교육과 인공와우 이식 수술의 급속한 파급이 기존의 농교육 정체성 혼란에 미치는 영향 등 앞으로의 전망에 대하여 살펴보고자 한다.

▶최근 우리나라 청각장애유아를 대상으로 한 인공와우 이식 수술은 해를 거듭할수록 급속히 확산되어 가고 있다. 이 문제에 대해 일부의 농성인들을 중심으로 한 농단체에서 반대 입장을 제기하기도 했으나 농교육계는 대개 침묵을 유지함으로써 일종의 '중립적' 입장을 취하고 있다.

▶통합교육으로 인하여 농학교 유치부 과정에서 청각장애 영·유아의 유치는 일정 수준 확보가 되지만 학령기에 달하면 거의 일반학교로 통합을 선택하기 때문에 농학교 초등부 과정은 존폐 위기에 놓여 있다.

▶일반학교로 통합을 선택한 학생들 가운데 중고등부 과정에 와서 다시 농학교로 돌아오는 사례가 늘어나고 있는 추세이다.

▶일반학교에서 완전 통합을 실천할 여건이 되어 있지 않은 상황에서 무작정 특수교육 요구 학생들을 일반학교로 보낼 수 없으므로, 농교육을 비롯한 특수교육은 계속 '특수'하게 존재해야 할 이유가 있다.

6) 도표로 보는 한국청각장애교육 역사

한국의 청각장애교육 역사와 변천사를 '여명', '광명', '환희'의 시대적 흐름으로 나누어 [그림 1-6]과 같이 한눈에 살펴볼 수 있다.

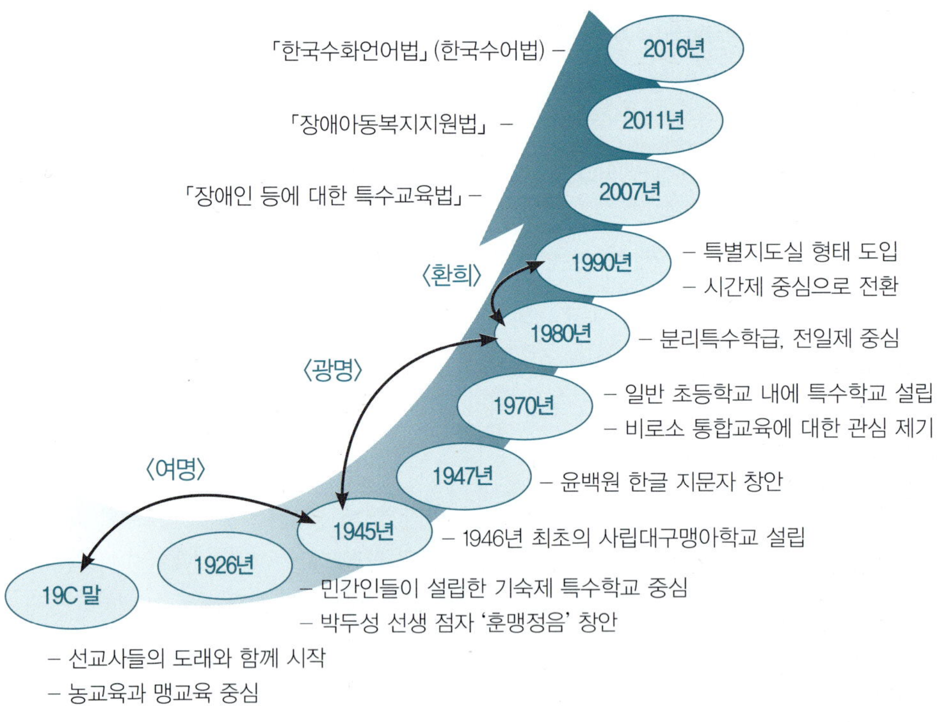

[그림 1-6] 한국청각장애교육의 역사 변천사

출처: 권순우 외(2017). p. 22. 수정.

7) 사진으로 보는 한국청각장애교육 역사

[농교육 전사 : 조선 시대]
(고려 ~ 구한말 이전)

[농교육 준비기 : 서양 특수교육 소개]
(구한말 ~ 1908년)

[농교육 성립기 : 최초의 특수학교]
(1909년 ~ 1945년)

[농교육 전개기 : 최초의 사립 맹아학교]
(1945년 ~ 1977년)

**[농교육 정체성 혼란 :
특수학교 vs. 통합교육 – 인공와우 시술]**
(1977년 ~ 현재)

출처: 김정권, 김병하(2002). p. 32, 정창권(2011). p. 6–102, http://www.cowallnews.co.kr

Chapter 02

청각기관의 구조와 생리

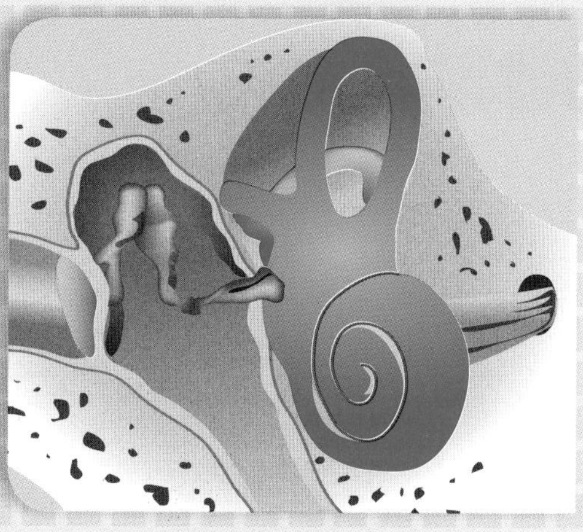

1. 귀의 구조와 청각경로
2. 외이의 구조와 기능
3. 중이의 구조와 기능
4. 내이의 구조와 기능
5. 중추청각의 구조와 기능
6. 골도 전도 청각의 이해

학습목표

1. 청각기관인 외이와 중이의 구조와 기능을 이해할 수 있다.
2. 청각기관인 내이와 중추청각신경계의 구조와 기능을 이해할 수 있다.
3. 청각기관의 골도 전도 구조와 기능을 이해할 수 있다.

생각나누기

• 소리의 방향을 탐지한다

소리의 방향을 알아내는 방향 탐지기 '토포폰'은 소리의 장소라는 뜻으로, 해무가 가득한 해상에서 두 개의 트럼펫 모양의 귀로 다른 선박의 경적 소리를 파악해 방향과 위치를 확인한다.

출처: 타임라이프 북스(1990). p. 101.

소리 전달 경로와 청각장애를 지닌 위인들

▶ 인간의 소리 전달: 기도와 골도

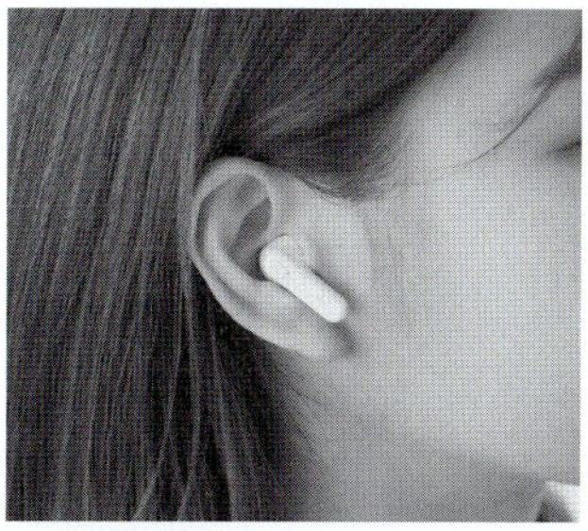

[기도전도 이어폰]

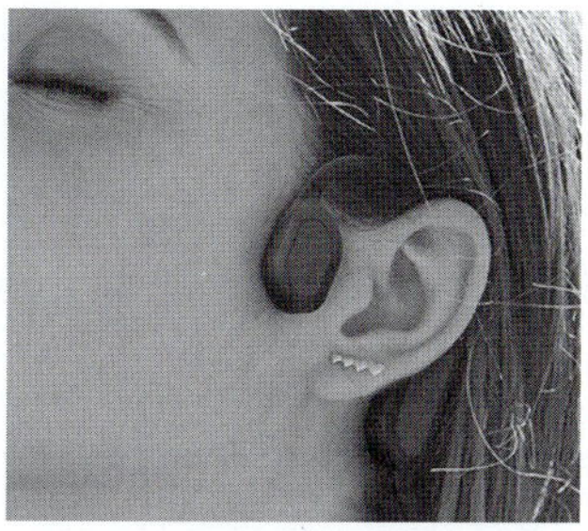

[골전도 이어폰]

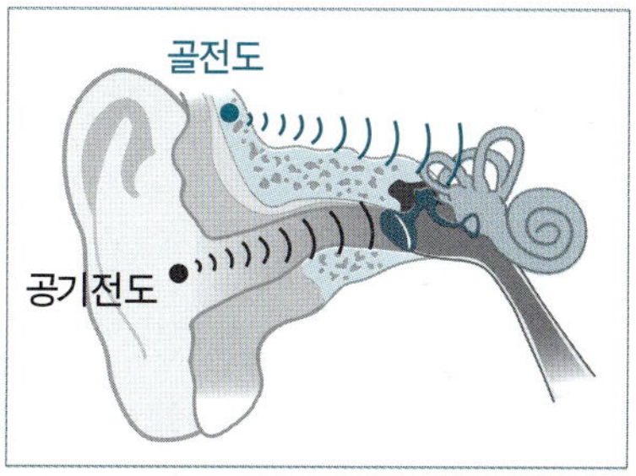

[소리 전달 2가지 경로]

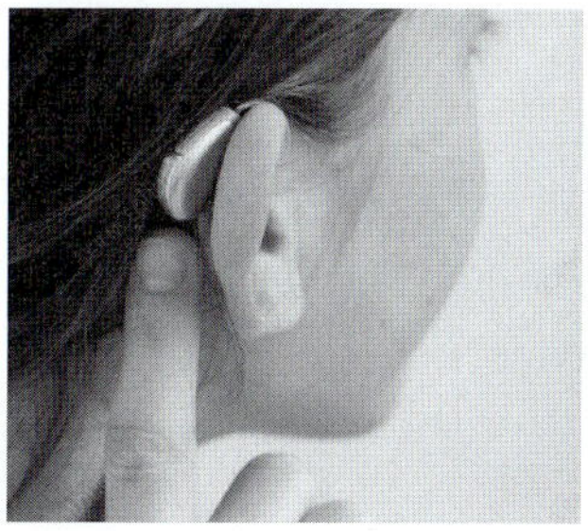

[기도전도 보청기]
출처: https://jinihearing.com/.

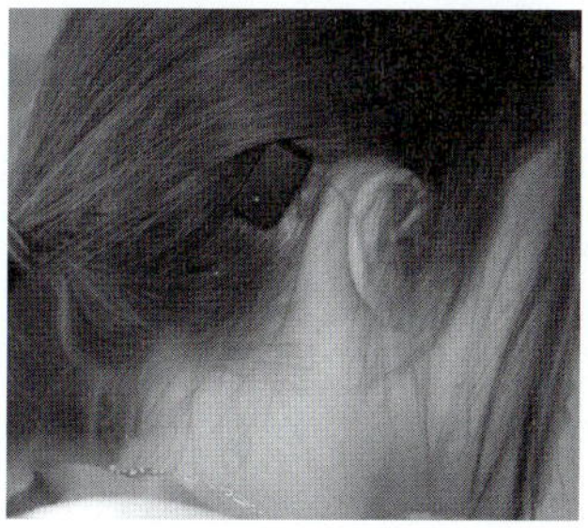

[골전도 보청기]
출처: https://m.blog.naver.com/

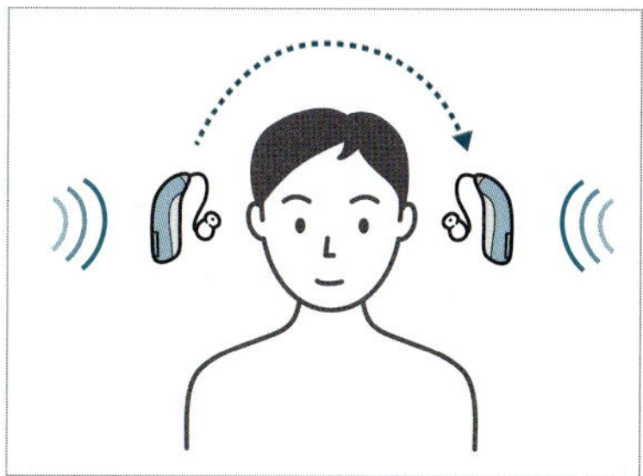

[바이크로스 보청기]

▶ 공통점: 청각장애인

[화가: 김기창]

[음악가: 모차르트]

[과학자: 에디슨]

본 장에서 살펴볼 청각기관의 외이와 중이 그리고 내이의 구조와 기능에 대해서는 다음의 문헌들을 참고하여 정리하였다(대한청각학회, 2017; 한국청각학교수협의회, 2017; 한국청각·언어장애교육학회, 2012).

1 귀의 구조와 청각경로

청각기관은 해부학적으로 두개골의 측두골(temporal bone)에 위치하고 있다. 귀는 우리 몸에서 가장 복잡하고 정밀한 기관 중 하나이며, 소리가 뇌로 전달되는 과정에서 음향 자극을 신경 자극으로 변환시켜 주는 청각기관을 포함하고 있다. 귀가 포함하고 있는 청각기관은 외이(outer ear), 중이(middle ear), 내이(inner ear), 청신경(auditory nerve)으로 [그림 2-1]과 같이 구성되어 있다.

▶ 외이(소리 전달): 이개, 외이도	▶ 중이(소리 증폭): 고막, 이소골, 이관(유스타키오관)
▶ 내이(소리 감지): 와우, 전정부	▶ 중추청각신경계: 와우핵~청각피질 경로

1. 귀의 구조

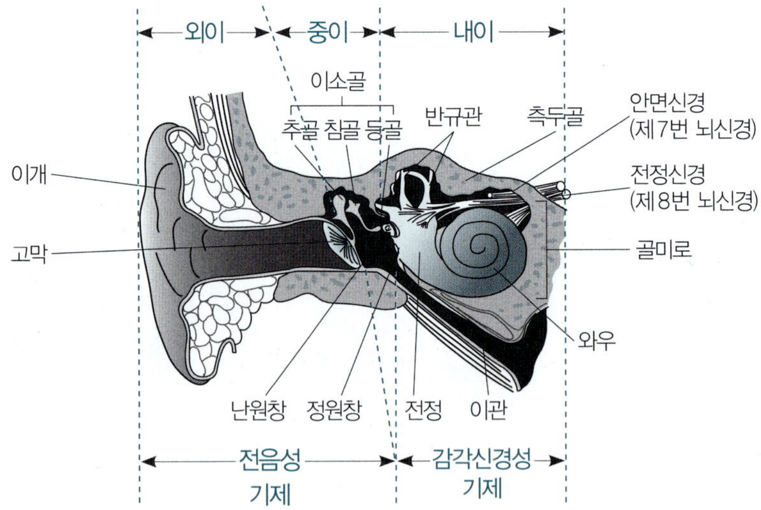

[그림 2-1] 귀의 구조

출처: 김영욱(2014). p. 68. 수정.

2. 기도 소리 전달 경로(외부의 공기 입자를 통한 기도 전달)

소리는 이개(귓바퀴)를 통하여 집음 되어서 외이와 중이를 거쳐 내이와 청신경으로 [그림 2-2]와 같이 전달되는 청각경로에서 외이와 중이는 전음의 기능을 하며, 내이는 감음의 기능을 담당한다.

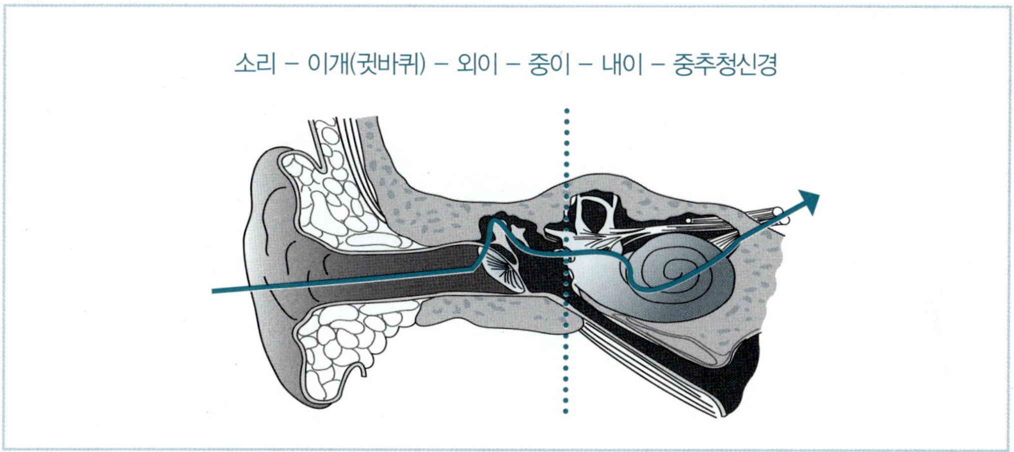

[그림 2-2] 기도 소리 전달

3. 골도 소리 전달 경로(외부의 소리 파장이 두개골로 전달)

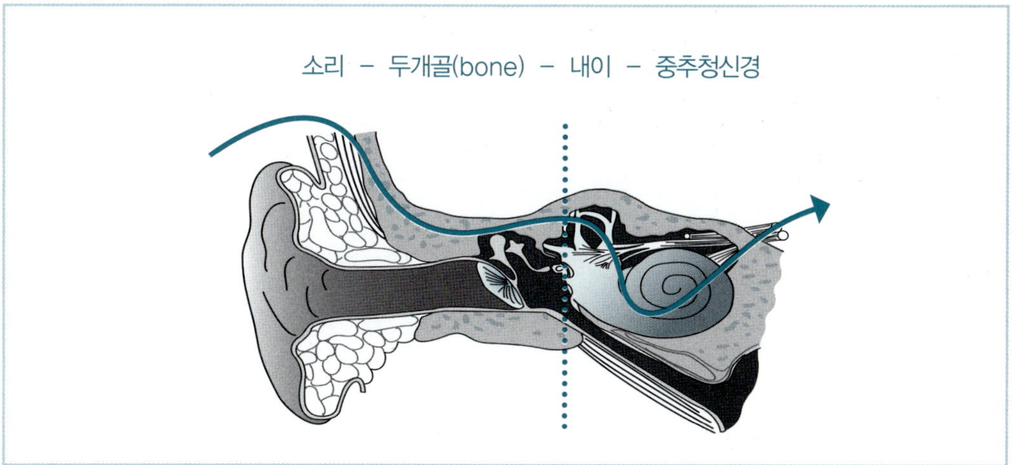

[그림 2-3] 골도 소리 전달

4. 중추청각신경계 소리 전달 경로

중추청각신경계는 와우핵에서 시작하여 상올리브핵을 거쳐 중뇌의 하구를 지나 시상의 내측슬상체와 청각피질로 전달되는 청각경로를 말하며 다음의 [그림 2-4]와 같다.

와우핵 – 상올리브핵 – 외측융대 – 하구 – 내측슬상체 – 청각피질

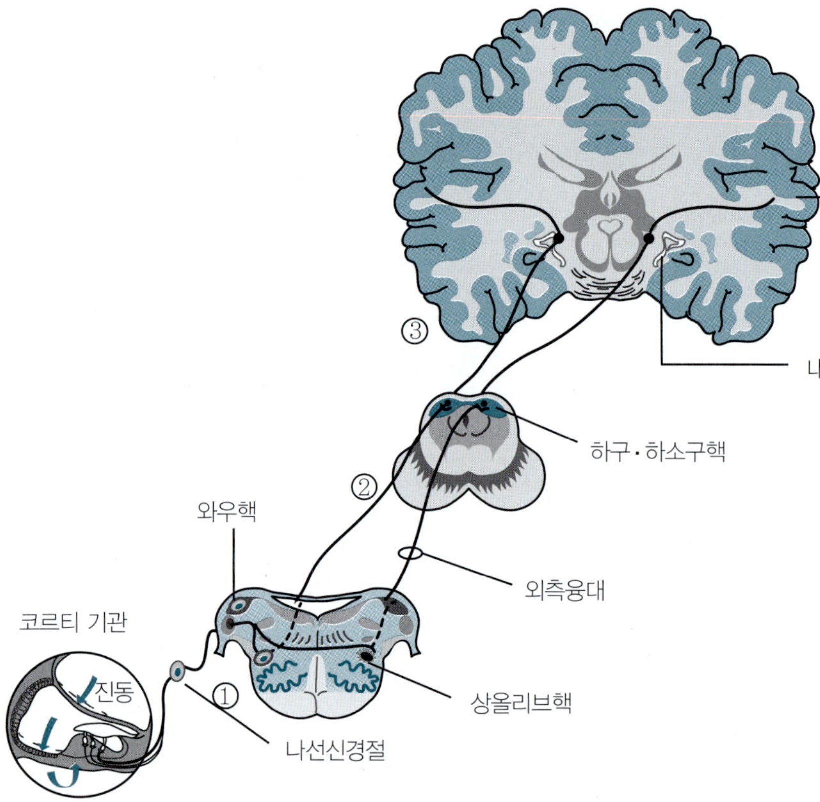

[그림 2-4] 중추청각신경계 청각경로

출처: 김영욱(2014). p. 76.

2 외이의 구조와 기능

1. 외이의 구조

외이(outer ear)는 이개(귓바퀴)와 외이도 구조로 이루어져 있다. 외이는 전도성 기제(conductive mechanism)를 구성하고 몸의 외부에 노출된 귀의 부분으로 컵 모양을 형성하는 피부와 연골로 [그림 2-5]와 같이 구성되어 있다.

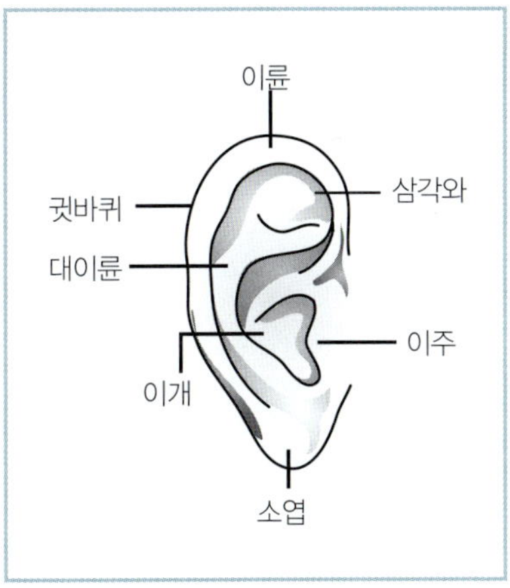

[그림 2-5] 이개의 구조

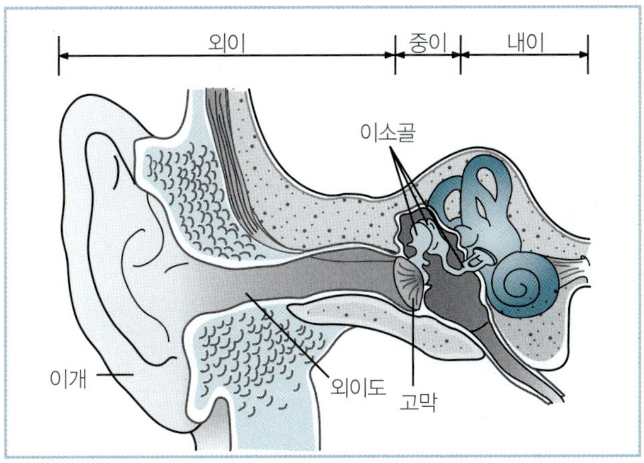

[그림 2-6] 외이도의 구조

출처: 한국청각학교수협의회(2017). p. 34-35.

이개는 탄성 연골로 골격을 이루고 피하조직이 적은 얇은 피부로 덮여 있으며, 피하조직이 적어서 온도에 민감하여 추위에 약하다. 구조로는 외적 둘레를 나타내는 이륜(helix), 이륜과 평행을 이루며 더 안쪽에 위치한 대이륜(antihelix), 대이륜 안쪽에서 함몰되어 있는 부분인 삼각와(triangular fossa), 이개의 아랫부분인 소엽(lobule), 외이도의 입구인 이개(concha), 그리고 이개 앞에 튀어나와 이개를 덮어 주는 이주(tragus)로 구성되어 있다.

외이도는 이개에서 고막에 이르는 통로로서, 길이는 약 3cm이며 내경은 약 1cm이다. 대체로 S자형으로 굴곡을 형성하면서 안쪽(내측)으로 향한다. 바깥쪽(외측) 1/3은 이개 연골이 연속된 것이며, 내측 2/3는 뼈로 구성되어 있다. 외이도는 귀지를 분비하는 많은 분비선이 존재하는데, 이는 외이도를 보호하는 작용을 한다([그림 2-6] 참조).

2. 외이의 기능

이개는 형태상 깔때기 모양을 하고 있으며 소리를 모아 주는 역할을 한다. 우리 몸의 머리 양측에 귀가 붙어 있는 것은 소리가 어디서 들려오는지 위치를 찾는데 도움이 되고, 고주파수의 음을 선별 증폭하여 소음 환경에서 잘 듣게 하는 기능과 관련이 있다. 음의 방향성 감지는 양쪽 귀가 있음으로써 가능한 것으로, 양측 귀에 도달하는 음의 시간적 차이와 강도의 차이를 뇌가 인지함으로써 결정된다(Wright & Zhang, 2006). 외이도는 3cm 길이의 원통과 초당 340m 속도의 음파의 관계에 의해서 2,500~4,000Hz 사이 주파수에서 공명하며, 이로 인해서 외이도는 1,500~7,000Hz 범위의 음을 10~15dB 정도 증폭하는 역할을 한다.

이처럼 외이는 외부의 음향학적인 소리를 모아 고막에 전달하는데, 이 과정에서 다음의 〈표 2-1〉과 같은 중요한 역할과 기능을 한다.

〈표 2-1〉 외이의 역할과 기능

기능	내용
보호 기능	외이도 안에 있는 털과 S자 유형의 관은 다른 작은 곤충이 침입하지 못하도록 보호 기능을 수행한다. 음향학적으로 아주 시끄러운 소리로부터 귀를 보호하는 기능도 함께 수행한다.
청소 기능	피지선과 이도선을 통하여 외이도 안에 형성된 이물질을 윤활유를 사용하여 밖으로 밀어내거나, 귀지의 형태로 만들어 이물질을 밖으로 밀어낸다. 말을 하거나 음식물을 먹을 때 외측 외이도의 크기가 변화되어 이물질이나 귀지를 밖으로 밀어낸다.
음향학적 필터 기능	이개는 앞쪽에서는 열려 있고 고막 쪽에는 닫혀 있는 관의 형태를 가진다. 이 형태는 음향학적으로 공명 주파수를 결정하는데 영향을 미친다. 공명 주파수는 s/4L로, s는 소리의 속도(340m/s)이며 L은 관이 길이를 의미한다. 외이도의 길이가 공명 주파수에 가장 큰 역할을 하며(Pickles, 1988; Rosowski, 2010), 이러한 외이의 공명 주파수 효과는 귀마개로 귀를 막을 경우 사라질 수 있다.
소리의 측 분별 또는 위치 분별 기능	소리의 위치 또는 방향 지각 능력은 두 귀에 도달하는 소리의 강도와 시간의 차이에 의해 결정된다(Pickles, 1988; Rosowski, 2010). 즉, 양측 귀에 도달하는 소리의 강도가 다르고 시간이 다를 경우, 소리의 차이를 지각하면서 소리의 방향이나 위치를 변별하게 된다.

3 중이의 구조와 기능

1. 중이의 구조

중이(middle ear)는 외부의 소리를 감지하고 진동으로 바꾸어 내이의 림프액으로 전달한다. 청각경로에서 외이와 내이 사이에 위치하고 있으며, 측두골(temporal bone) 안쪽에서 바깥쪽으로 외이도 골부와 연결되어 있다.

중이의 구조는 다음의 [그림 2-7]과 같이 고막(tympanic membrane)과, 연쇄로 이루어진 3개의 이소골(auditory ossicle)인 추골(malleus), 침골(incus), 등골(stapes) 그리고 이관(eustachian tube), 내이를 보호하는 이내근(intratympanic muscle)으로 구성되어 있다.

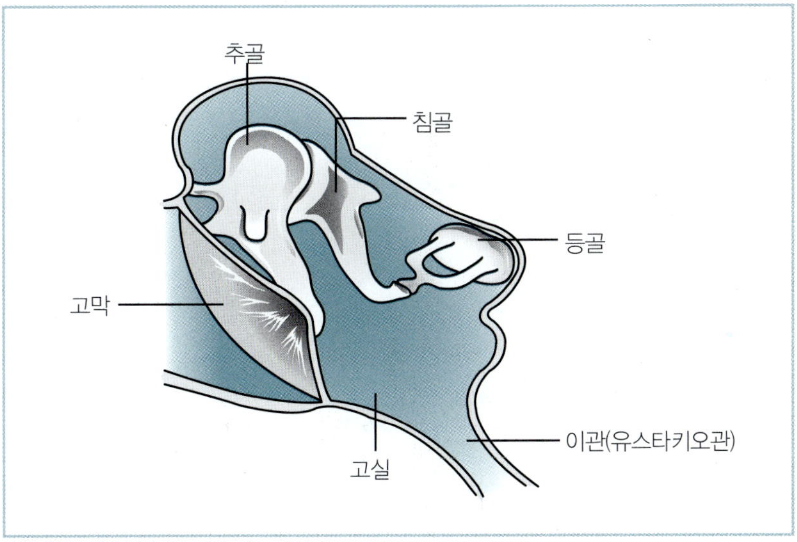

[그림 2-7] 중이의 구조

출처: 한국청각학교수협의회(2017). p. 37.

외이도의 음파가 중이의 시작점인 고막을 진동시키고, 고막의 떨림은 우리 몸에서 가장 작은 뼈들로 구성된 이소골(추골-침골-등골)에 연쇄로 전달된다. 즉, 고막의 진동이 이소골을 움직이게 하며, 외이의 음파는 중이에서 기계 에너지로 바뀌면서 증폭되어 내이의 와우에 전기적 에너지로 전달한다.

1) 고막

고막은 외이와 중이의 경계면에 위치하고, 외이도의 상벽과 약 140° 경사를 이루면서 기울어져 있다. 고막은 외이도와 고실 사이에 있는 얇은 막으로 가로 9~10mm, 세로 8~9mm의 크기에 두께는 약 0.1mm의 타원형으로 100mmHg의 압력에도 견딜 수 있는 탄력성이 있다. 고막은 공기의 진동에 비례하여 진동하고 그 진동을 중이의 이소골에 전달한다.

고막은 추골단돌기를 경계로 그 상부는 고막이완부로 그리고 하부는 고막긴장부로 구분하고, 고막긴장부는 다시 4등분하여 전상부, 전하부, 후상부 및 후하부로 나누어 [그림 2-8]과 같이 구성되어 있다.

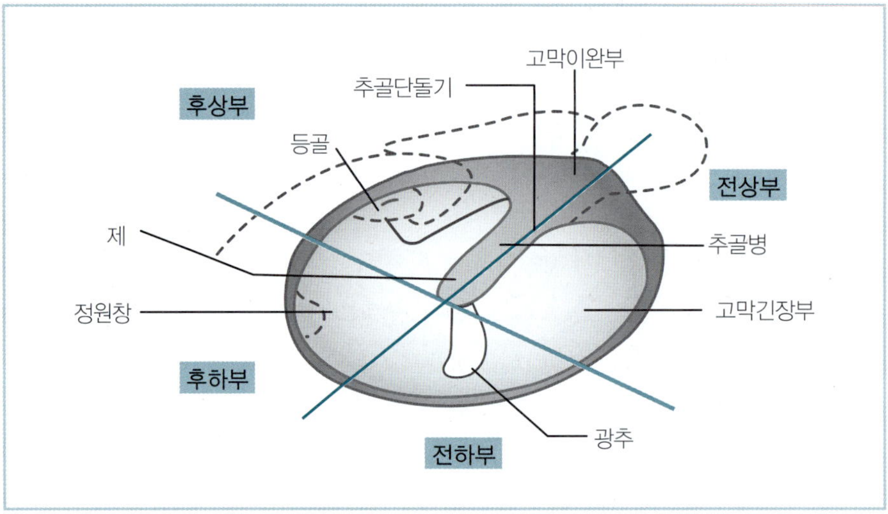

[그림 2-8] 고막의 구조(우측)

출처: 대한청각학회(2017). p. 31

2) 이소골과 이내근

이소골은 고막으로부터 고실 내의 추골(망치뼈), 침골(모로뼈), 등골(등자뼈)의 순으로 연결된 3개의 작은 뼈들로 이루어져 있다. 이소골은 전음 기능을 하며, 서로의 연골 접합으로 연쇄를 이룬다.

추골은 이소골 중 가장 큰 뼈로 그 길이는 약 7.5~8mm이며, 두부돌기(anterior process), 경부돌기(lateral process), 병(manubrium)으로 구분된다. 추골병은 고막 섬유층에 밀착되어 있고, 두부는 고실상와에 있으며 침골체부와 접합되어 있다. 침골은 추골의 내후방에 위치하며 체부(body), 장각(long process), 단각(short process) 및 두상돌기(lenticular process)로 구분된다. 등골은 우리 몸에서 가장 작은 뼈로 두부(head), 경부(neck), 전후각(anterior crus, posterior crus) 및 족판(footplate)으로 구분되며, 전체 길이는 약 3.3mm이다.

이내근(auditory muscles)은 고막장근(tensor tympani muscle)과 등골근(stapedius muscle)으로 구성되어 있으며, 이들은 강한 음에 반사적으로 수축하여 내이를 보호하는 역할을 한다. 다음의 [그림 2-9]는 이소골과 이내근의 구조이다.

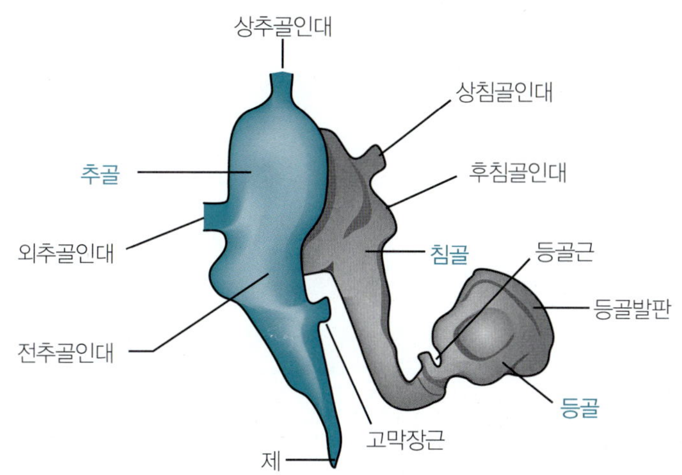

[그림 2-9] 이소골과 이내근

출처: 한국청각학교수협의회(2017). p. 39.

3) 이관(유스타키오관)

이관은 고실과 비인강을 연결하는 공기 통로이며, 31~38mm의 길이에 고실 쪽 측두골 내의 골부 1/3, 그리고 인두 쪽 연골 부분이 2/3를 차지한다. 유·소아의 이관은 성인보다 더 넓고 짧으며 수평에 가까운 경사를 갖고 있다. 따라서 비인강의 이물질이 쉽게 중이 쪽으로 역류할 수 있는데, 이러한 해부학적 구조가 유·소아에게 중이염이 자주 발생하는 원인이 된다([그림 2-10] 참조). 이관은 중이에서 비인강으로 연결되어 있으며 약간 휘어 있는 거꾸로 된 S자 모양으로 구조는 다음의 [그림 2-11]과 같다.

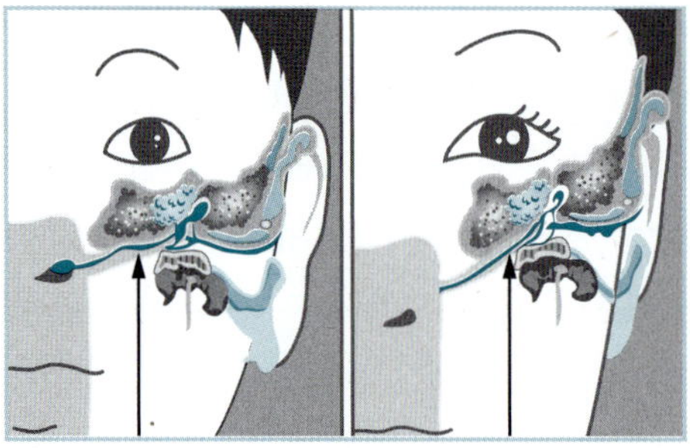

[그림 2-10] 아동과 성인의 이관

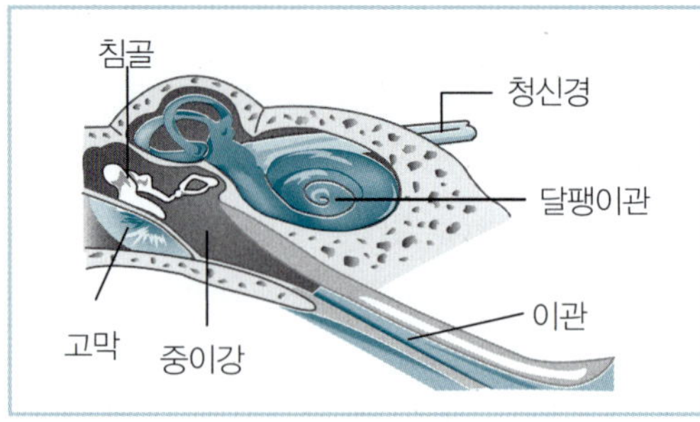

[그림 2-11] 이관의 구조

2. 중이의 기능

중이는 외이도에서 전달된 소리를 내이로 전달하기 위해서 소리를 증폭하여 명료하게 듣기도 하고, 외부로부터 들어오는 강한 소리의 감소 과정을 통하여 내이를 보호하기도 한다. 중이는 고막 진동을 증폭시켜 공기 중의 음파를 내이의 림프액으로 전달하여 외이의 음향학적 에너지를 중이의 기계적 에너지로 전환하여 와우의 전기 에너지로 전달한다.

외이의 음향학적 에너지 → 중이의 기계적 에너지 → 내이의 전기 에너지

1) 고막의 기능

고막은 외이로부터 소리를 전달받아 막을 진동시켜 이소골로 전달하기 때문에 귓속의 북(ear drum)이라고도 한다. 고막은 중이를 보호하는 방어벽인 동시에 외이도를 거쳐 들어온 음파가 고막에 다다르면 고막은 공기의 진동에 비례하여 진동하면서 그 진동을 이소골로 전달한다.

고막이 손실되면 자각할 수 있는 정도의 청력손실이 나타날 수 있고, 목욕이나 수영 중 물방울이 맺히면 자신의 목소리가 크게 들리는 현상이 나타나기도 한다(허승덕, 2015).

2) 이소골의 기능

이소골은 연쇄로 이루어져 있는 3개의 추골, 침골, 등골을 통하여 고막에서 전달받은 음파를 증폭시키는 기능을 한다. 이는 공기를 매질로 사용하는 외이 및 중이와는 달리 액체를 매질로 구성되어 있는 내이에 음파가 전달될 때 매질의 차이(공기에서 액체)에 의한

음파 에너지 손실을 보상해 주는 역할을 한다.

소리의 본질은 음압의 변화이며 전달 매체가 필요한데, 외이에서는 공기가 매체이고, 내이에서는 림프액, 즉 액체가 매체이다. 소리가 전달되는 과정에서 외이(기체)와 내이(액체)의 전달 매체 간의 임피던스(impedance) 차이가 커서 그 경계에서 99% 이상의 소리 에너지가 전달되지 못하고 반사된다. 이러한 반사를 극복하고 에너지 전달 효율을 높여 주는 것이 중이의 임피던스 변환기 역할이다. 이러한 기능을 이소골의 지렛대 작용(원리)으로 설명할 수 있다. 중이의 impedance 차이 조절 기능을 요약하면 다음과 같다(Lass & Woodford, 2007; Pickles, 1988).

① 추골과 침골의 길이 차이에 의한 지렛대 효과(lever action effect)

소리의 압력이 길이가 긴 추골에서 상대적으로 길이가 짧은 침골로 전달될 때 지렛대 효과에 의해서 소리의 압력이 증가하는데, 이때 추골과 침골의 길이 비율은 1.3:1이다. 이 비율에 의해 발생하는 소리의 압력 증가는 약 2dB이다.

② 고막의 원추형 모양에 의해 발생하는 버클링 효과(buckling effect)

추골병과 섬유 조직 사이의 면적에서의 고막의 움직임과 추골병에서의 고막의 움직임은 약 2배 정도 차이가 발생하는데, 이 차이에 따라 약 2배 정도의 추가 음압의 증가가 발생하여 난원창(고막 면적의 약 1/17)에 모이게 된다. 이득은 17×1.3×2=44.2 인데 이것을 dB SPL로 환산하면 약 32.9dB의 증가된 이득이 발생한다.

③ 고막의 면적과 등골 족판 면적의 비에 의한 압축 효과(condensation effect)

압축 효과는 고막의 면적과 등골의 족판(발판)의 면적 비율로 나타나며, 그 비율은 약 17:1이다. 상대적으로 넓은 고막에서의 소리 에너지가 좁은 등골의 발판에 응축되어 난원창에 전달된다. 좁은 등골의 난원창에 전달된 소리의 압력은 17배가 증가한다. 이러한 소리 압력의 증가는 약 24.6dB의 증가와 같은 효과를 나타낸다.

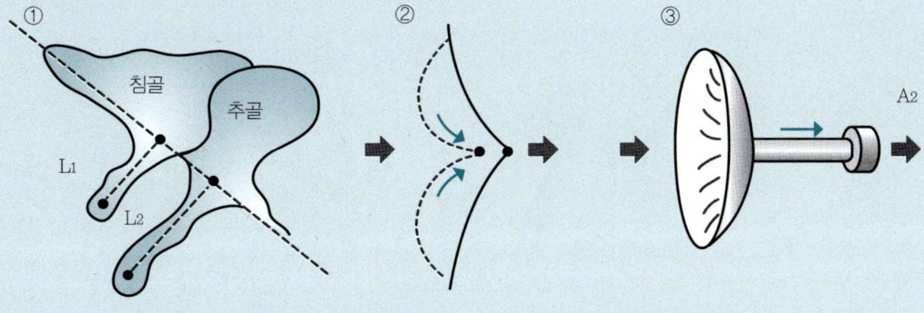

[그림 2-12] 임피던스 변환기 세 가지 기능

출처: 이필상 외(2016). p. 103.

3) 이내근의 기능

중이에는 이내근이 있어 귀에 강한 음이 들어오면 반사적으로 수축하여 내이를 보호하는 역할을 하는데 자세한 내용은 다음과 같다(허승덕, 2015).

(1) 등골근(stapedius muscle)

강한 소리가 들리면 안면신경의 지배를 받아 수축하여 내이를 보호하는 역할을 한다. 등골근이 수축되면 고막이 바깥쪽으로 팽창하면서 긴장하여 음향 저항을 높인다. 높은 음향 저항은 내이 청신경으로 진행하는 소리의 강도를 낮춰 준다.

(2) 고막장근(tensor tympani muscle)

강한 소리나 안면 자극이 있으면 삼차 신경의 지배를 받아 수축한다. 이 근육이 수축하면 등골근의 수축과 반대로 고막이 안쪽으로 빨려 들어가는 모양을 한다.

4) 이관의 기능

이관은 공기로 채워져 있는데 높은 산에 오르거나 비행기를 타면 중이 압력과 대기 압력이 달라져 평형을 이루지 못할 경우 이관이 열리게 되어 귀가 먹먹한 증세가 나타난다. 이런 경우 하품을 하거나 침을 삼키는 행동을 하면 다시 원래의 상태로 돌아간다. 즉, 이관을 개방하여 중이강의 압력을 맞춘 것이다. 다음은 이관의 기능을 요약한 내용이다(Lass & Woodford, 2007).

첫째, 이관은 고막의 전후 공기 압력을 동일하게 유지한다. 둘째, 이관은 중이 조직의 신진대사에 필요한 공기를 원활하게 공급한다. 셋째, 이관은 중이의 분비물을 비인강으로 배출하는 배수의 역할을 한다.

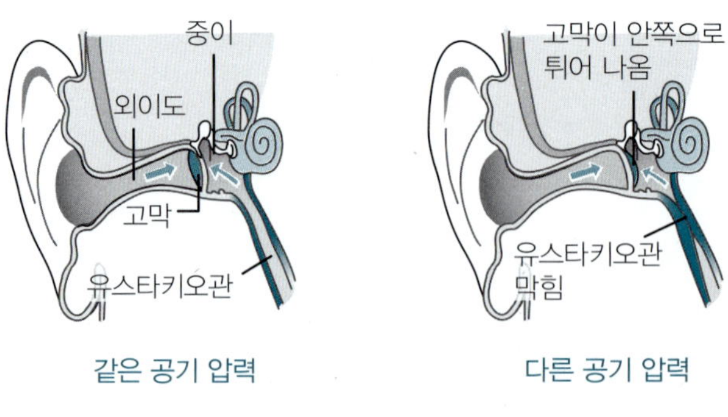

[그림 2-13] 이관의 기능

4 내이의 구조와 기능

내이는 청각부와 전정부로 나누어진다. 청각부는 와우에서 청력을 담당하고, 전정부는 전정기관에서 평형 감각을 담당한다. 본 절에서는 청각부인 와우에 대하여 살펴보기로 하겠다.

1. 내이의 구조

내이는 측두골의 추체부에 위치하는 기관으로 그 구조가 매우 복잡하여 미로(labyrinth)라고도 한다. 내이의 구성은 와우(cochlea), 전정(vestibule), 3개의 반규관(semicircularcanal)으로 이루어져 있다([그림 2-14] 참조). 와우는 청각을 담당하며 와우부(cochlear portion)라고도 한다. 전정과 반규관은 몸의 평형 감각을 담당하며 전정부(vestibular portion)라고도 한다(허승덕, 2015).

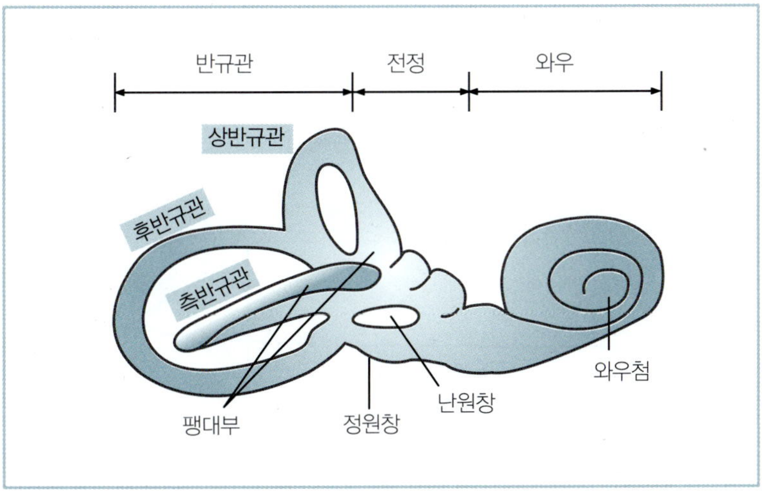

[그림 2-14] 내이의 구조

출처: 대한이비인후과학회(2009).

내이는 림프액으로 채워져 있다. 난원창을 통해 내이로 들어온 음파는 와우 속에 있는 내림프액과 외림프액이라는 액체를 진동시키고, 이는 물리적인 진동을 전기적인 에너지로 변환시키는 감각세포를 포함하고 있는 코르티 기관으로 전달된다. 코르티 기관에는 미세한 유모세포가 림프액의 진동을 전기 에너지로 변환하여 청신경으로 전달한다(Santi & Mancini, 2004; Abbas & Miller, 1998).

1) 와우의 구조

외형이 나선형 구조의 달팽이처럼 생겨 달팽이관으로도 불리는 사람의 와우는 약 35mm의 길이와 2.5의 바퀴 회전을 보이고 있다. 와우는 공기가 가득 차 있는 중이와는 달리 액체로 가득 차 있다. 와우에는 타원형으로 생긴 난원창과 둥근 형태의 정원창이 포함된다.

이소골의 등골은 난원창에 연결되어 있어 소리의 자극을 전달한다. 구조적으로 와우는 윗부분인 전정계(scala vestibuli), 중간 부분인 와우관(cochlear duct) 그리고 아랫부분인 고실계(scala tympani)의 세 가지 구획으로 나뉘는데, 각각의 구획은 레이스너막(Reissner membrane)과 기저막(basilar membrane)에 의해 경계 지어진다([그림 2-15] 참조).

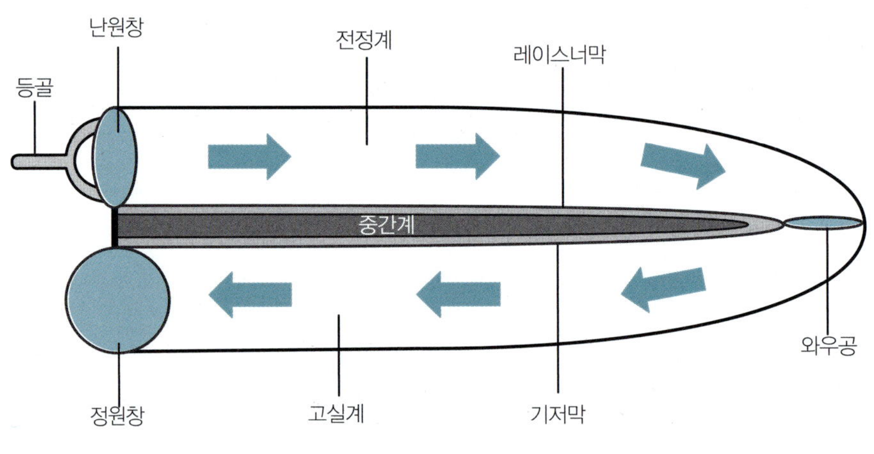

[그림 2-15] 와우의 구조

출처: 한국청각학교수협의회(2017). p. 44.

전정계와 와우관은 레이스너막에 의해 구분되고, 와우관과 고실계는 기저막에 의해 구별된다. 와우관은 와우의 중간에 위치하기 때문에 중간계(scala media)로도 불린다. 와우 축을 중심으로 와우의 아래쪽을 기저부(base)라 하고 위쪽을 첨단부(apex)라 한다.

2) 코르티 기관(Organ of Corti) 구조

코르티 기관은 감각 유모세포와 함께 다양한 지지세포 구조의 복잡한 배열로 구성되어 있다. 코르티 기관의 안쪽은 한 줄 배열의 내유모세포 바깥은 세 줄의 외유모세포로 되어 있다. 이러한 세포들은 유모세포라 하는데 이는 섬모라는 미세한 털의 다발에 의해 꼭대기가 구성되어 있기 때문이다(김진동 외, 2015). 코르티 기관은 기저막과 골나선관의 위와 개막 아래에 위치해 있다. 코르티 기관은 청각에 영향을 주는 가장 중요한 기관으로 기저막, 골나선관, 내외유모세포, 다양한 지주세포, 섬모 그리고 개막 같은 조직이 포함되어 있다. 다음의 [그림 2-16]은 코르티 기관의 구조에 대한 내용이다.

[그림 2-16] 코르티 기관의 구조

출처: 한국청각학교수협의회(2017). p. 45.

기저막은 소리에 대한 코르티 기관의 반응에 중요한 역할을 담당한다. 구조적으로 와우의 기저부의 기저막은 짧고(폭 0.12mm) 두껍지만 첨단부로 갈수록 길고(폭 0.5mm) 얇아져서, 고주파수의 자극에서는 기저부의 기저막에서 최대의 진폭이 만들어지지만, 저주파수의 자극에서는 첨단부의 기저막에서 최대의 진폭이 발생한다. 즉, 중이에서 전달된 음파는 내이의 달팽이관 앞부분인 기저부는 고주파, 마지막 끝 지점인 첨단부에서는 저주파를 인식한다.

2. 와우의 기능

내이의 청각기능을 담당하는 와우는 중이와 청신경 또는 뇌의 중간 부분에 위치하여 중이의 기계적인 에너지를 전기적 신호로 변환하여 수용하고, 이를 청신경 또는 뇌로 전달하는 역할과 기능을 한다([그림 2-17] 참조).

난원창을 통해 림프액 파동이 발생한다.

↓

파동은 기저막을 진동시키고 유모세포들을 자극한다.

↓

유모세포는 음파를 전기적 신호로 변환시킨다.

↓

양이온과 음이온의 탈분극 현상이 일어나면서 감각 뉴런에 신호를 보낸다.

[그림 2-17] 유모세포의 활동 메커니즘

출처: 고은(2017). p. 58.

유모세포(hair cell)는 기저막 진동으로 전달된 소리 신호를 신경 전기 신호로 변환하는 역할을 한다. 기저막과 개막의 상호 움직임에 의해서 유모세포의 가장 큰 부동모(stereocilia) 쪽으로 휘어지는 힘을 받게 되면 흥분성 자극이 되며, K+같은 양이온이 세포로 유입되고 축적되어 유모세포를 탈분극(depolarization)시키게 된다(Fettiplace, 1992). 한편, 탈분극 과정에서 전압에 예민한 Ca++이온도 유입되고, 이것은 유모세포와 청신경 사이의 시냅스 근처에서 글루탐산염과 같은 신경전달물질을 방출하게 된다. 신경전달물질의 축전은 시냅스 전위를 일으키게 되고 이것은 다시 청신경에서의 활동 전위를 발생시켜 대뇌 쪽으로 전달되게 한다. 또한 유모세포의 탈분극 현상은 특이하게도 세포 자체가 수축되는 능동적 과정도 일으키는데, 이 능동적 과정은 와우의 비선형 반응 특성 발현과 관련이 있으며 이음향방사(otoacoustis emission)의 생성과도 관련이 있다(대한청각학회, 2017).

와우의 기능을 요약하여 살펴보면 다음과 같다.

▶와우 증폭기 기능

외유모세포는 직접적으로 개막과 연결되어 있으며 올리브와우 섬유 속으로부터 신경세포 신호를 받고 운동성의 능력을 갖고 있다. 이러한 활동적인 특성을 가진 마이크로 기계적 시스템은 달팽이관의 반응을 민감하게 하고 미세하게 조종하는 달팽이관 증폭기(cochlear amplifier) 역할을 한다(Davis, 1983; Dallos, 1988). 다시 말해 와우 증폭기는 내유모세포에 의해 받은 신호를 증폭하여 희미한 소리 강도를 활성화시키고 좁은 주파수 범위에도 정확한 반응을 할 수 있도록 한다(김진동 외, 2015).

▶와우 기계-전기적 변환 기능

와우의 기계-전기적 변환 과정은 와우의 내외유모세포의 섬모에서 일어나는 반응으로 외부의 소리 자극에 의해 유모세포들이 유모세포의 섬모 중 가장 큰 섬모 쪽으로 이동(기계적인 반응)하면 섬모의 팁 링크가 긴장되어 채널의 문이 열리고 그 문으로 칼륨(K)이나 칼슘(Ca) 이온이 유입되어 세포를 탈분극시켜 수용기 전위(receptor potential)를 생성하거나, 그 반대 방향으로 움직이면 채널의 문이 닫혀 칼륨(K)이나 칼슘(Ca) 이온이 유입되지 않고 세포를 과분극(hyperpolarization)시켜 수용기 전위를 감소시키는 과정을 말한다.

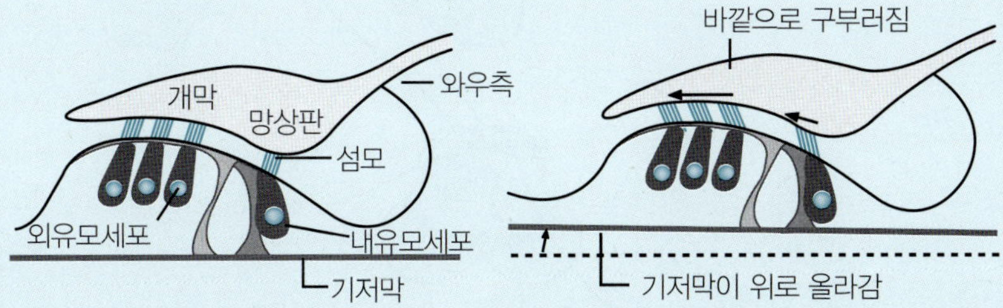

[그림 2-18] 기저막과 섬모의 움직임

출처: 강봉균 외 역(2009). p. 47.

▶와우 음조 체계 기능

와우의 기능은 음조 체계(tonotopic organization)로 와우의 가장 핵심 기능이다. 와우 내의 유모세포는 부위에 따라 인지하는 음의 주파수가 다르다. 기저부 쪽에서는 고주파수를 감지하며 첨단부로 갈수록 저주파수를 인지한다. 이러한 음조 체계는 유모세포뿐만 아니라 청신경, 와우핵, 상올리브핵 및 청각피질까지 이어진다(이필상 외, 2015).

5 중추청각의 구조와 기능

소리는 외이와 중이를 거쳐 내이의 청각을 담당하는 와우에 이르게 된다. 와우에서 청각피질까지의 소리 전달 청각경로의 과정은 와우핵으로부터 시작하여 뇌간의 신경핵들을 거쳐 시상의 내측슬상체와 청각피질로 전달된다. 청신경은 와우의 유모세포와 연결되어 있다. 이러한 중추청각신경계(central auditory nervous system)의 구조와 청각경로는 다음의 [그림 2-19]와 같다.

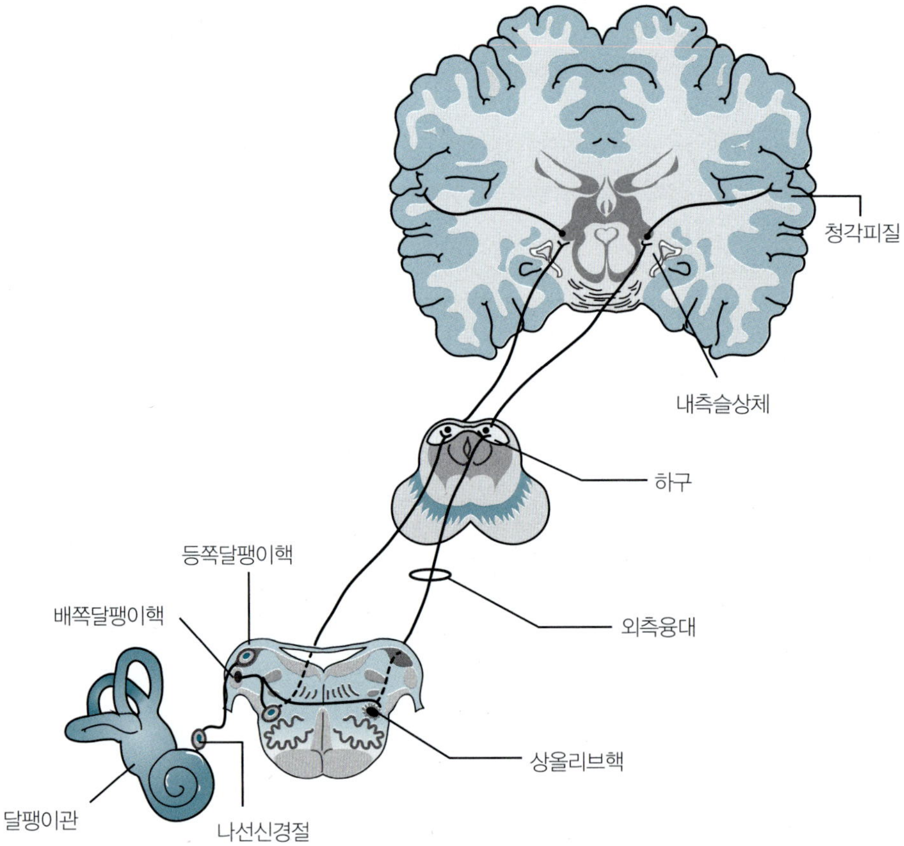

[그림 2-19] 와우에서 청각피질에 이르는 경로

출처: 석동일 등(2010). p. 36.

와우에서 청각피질까지 중추청각신경계의 주요 경로를 요약하면 다음과 같다(대한청각학회, 2017).

▶와우핵(cochlear nucleus) – 와우핵은 교뇌 미부의 후외측에 존재하며 중추청각신경계의 첫 번째 해부학적 구조이다. 3개의 배측, 전복측, 후복측의 신경핵으로부터 유출되는 섬유는 대부분 반대편의 상위 청각경로로 연결된다. 청신경의 주파수 특이성은 와우신경핵에서도 유지되는데, 3개의 신경핵의 외측 부위는 저주파를, 내측–배측 영역은 고주파 정보를 담당한다.

↓

▶상올리브핵(superior olivary nucleus) – 상올리브핵은 교뇌의 미부에 위치하며 상행 경로는 외측융대핵을 거쳐 하구로 전달된다. 상올리브핵은 양이의 소리 정보가 모이는 최초의 중추청각 구조로 소리의 방향성 정보를 분석하는 기능을 한다.

↓

▶외측융대(lateral lemniscus) – 외측융대는 연수와 교뇌를 거친 청각신경로가 중뇌의 하구로 연결되는 주된 경로이며 상올리브핵과 밀접히 연관되어 소리 방향성 정보를 처리하는데 중요한 역할을 하며, 청각 놀람 반사의 주요 경로이기도 하다.

↓

▶하구(inferior colliculus) – 하구는 중뇌에 위치하며 중추청각신경계의 상부 및 하부의 영역과 밀접하게 연결되어 소리 방향성 분별과 소리 주파수 분별, 그리고 청각정보와 비청각정보를 통합하는 기능을 한다.

↓

▶내측슬상체(medial geniculate body) – 내측슬상체는 시상을 이루는 신경핵의 하나이며, 상행하는 청각신경정보를 피질로 전달하는 매개체이다. 또한 음조 체계와 청각정보의 주의 집중을 하는 데 관련되어 있다.

↓

▶청각피질(auditory cortex) – 대뇌의 일차 청각피질은 가쪽고랑의 안쪽, 상측두회의 상단에 위치한 횡측두회, Brodmann의 영역 구별에 따르면 41번 영역(Brodmann's area 41)에 위치한다. 와우로부터 시작된 음조 체계가 유지되어 있는데, 전위측은 저주파, 후내측은 고주파 정보를 담당한다. 청각피질은 중추언어 영역과 같이 좌측 피질이 우세한 것으로 알려져 있다.

6 골도 전도 청각의 이해

사람들은 자신의 목소리를 타인과 대화를 나누면서 들을 때와 다르게 녹음된 자신의 목소리를 들을 때 "나의 목소리가 이렇게 다른 사람에게 들리는 것인가?"라며 깜짝 놀란다. 이것은 바로 소리 발생에 의한 음파의 전달 과정 때문이다. 우리 귀는 일상생활 속에서 주로 공기 전도와 골도 전도 등 두 가지 경로로 자신의 목소리를 피드백 받는데, 독립적으로 다른 한 가지 경로인 골도 전도로만 들을 수 있는 기회가 없었기 때문에 녹음한 자신의 목소리가 다른 것처럼 들리는 것이다.

음파가 내이에 도달하는 경로는 공기 전도와 골도 전도로 나눌 수 있다. 공기 전도는 외이도를 통하여 들어온 음파가 고막을 진동하고 다시 중이의 증폭 기전인 이소골 연쇄를 거쳐 난원창으로 들어가 내이의 림프액과 파동을 일으켜 듣게 되는 경우, 그리고 고막의 진동이 이소골 연쇄를 거치지 않고 중이강의 공기 진동으로 정원창에 직접 도달되는 경우가 있다. 이러한 경로를 통하여 듣게 되는 경우를 기도청력이라고 한다.

골도청력은 골전도에 의하여 다음의 [그림 2-20]과 같이 듣게 되는 경우로, 음파가 두개골에서 직접 와우로 전해지는 순수 골도 전도와 두개골에서 이소골을 거쳐 난원창으로 전도되는 골고실 전도가 있다(김영욱, 2014).

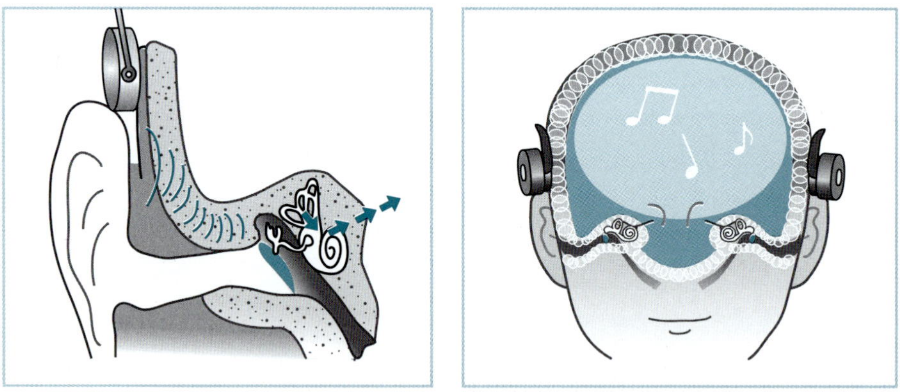

[그림 2-20] 골도 전도에 의한 소리 전달 과정

골도 전도는 두개골의 뼈를 진동할 만큼 강한 공기로 전달된 소리 또는 직접적으로 이 목적을 위해 만들어진 진동자를 이용하여 두개골의 뼈를 활성화함으로써 시작될 수 있다.

기도 전도와 골도 전도는 진행파의 시작과 유모세포 섬모의 움직임 같은 동일한 와우 활동의 결과로 나타난다. 즉 [그림 2-21]은 두개골의 전두부에서 골도진동자에 의한 서로 다른 주파수로 자극될 때 어떻게 진동하는지 보여 준다. 200Hz에서 전체 두개골은 적용된 진동처럼 같은 방향(앞-뒤)으로 진동한다. 800Hz에서도 앞-뒤 방향으로 계속해서 진동하나 패턴이 바뀜으로써 두개골의 앞과 뒤는 반대의 위상으로 진동한다. 1,600Hz에서는 오른쪽-왼쪽, 앞-뒤 변위와 관련된 네 부분에서 진동하기 시작한다(김진동 외, 2015).

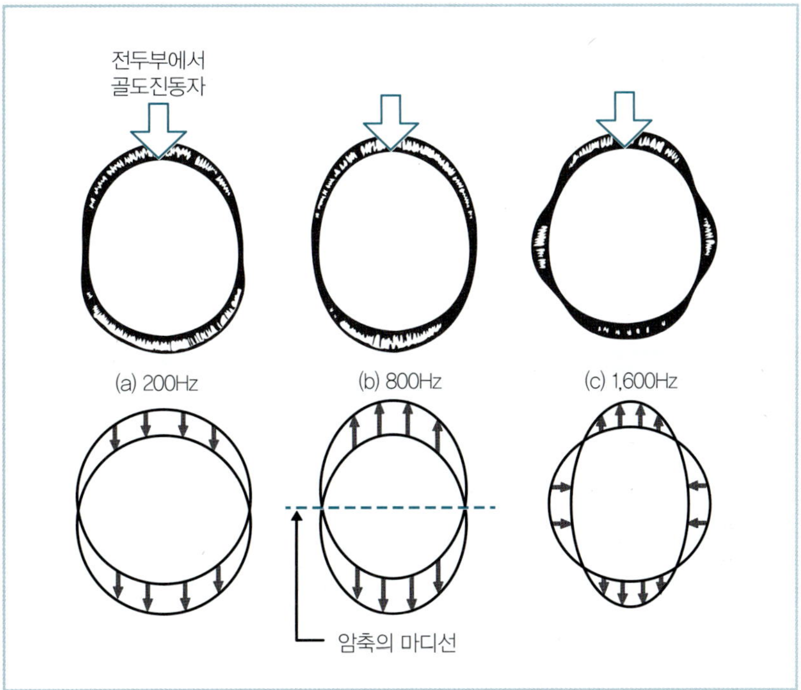

[그림 2-21] 주파수 자극에 의한 두개골 진동 양상

▶기도 전도와 골도 전도의 청각경로

- **기도 전도**(air conduction) – 외부 소리의 음파가 공기를 매개로 외이 → 중이 → 내이 → 청신경으로 전달되는 경로이다.
- **골도 전도**(bone conduction) – 외부 소리의 음파가 공기를 매개로 두개골 → 내이 → 청신경으로 전달되는 경로이다.

● 청각경로 손상 부위와 유형에 따른 청능재활 의료 기기

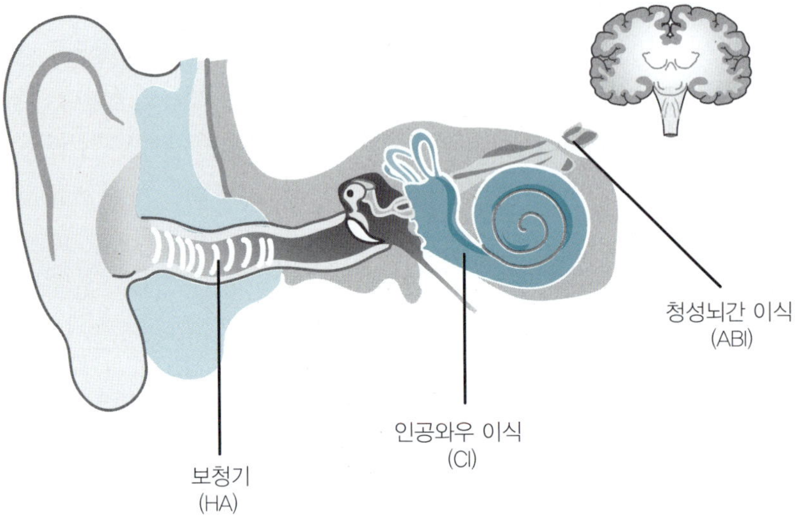

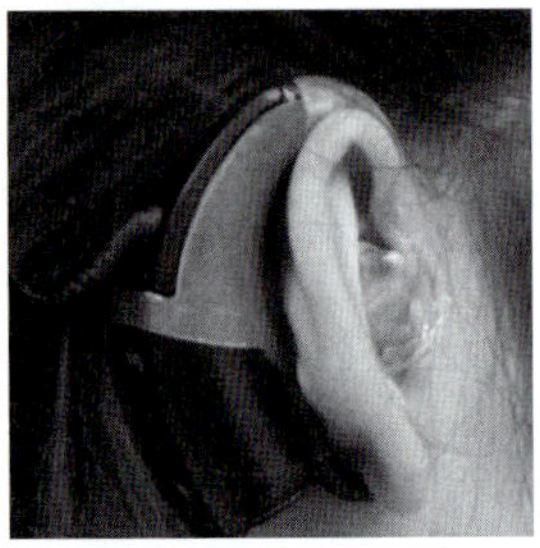
보청기: 전음성 난청

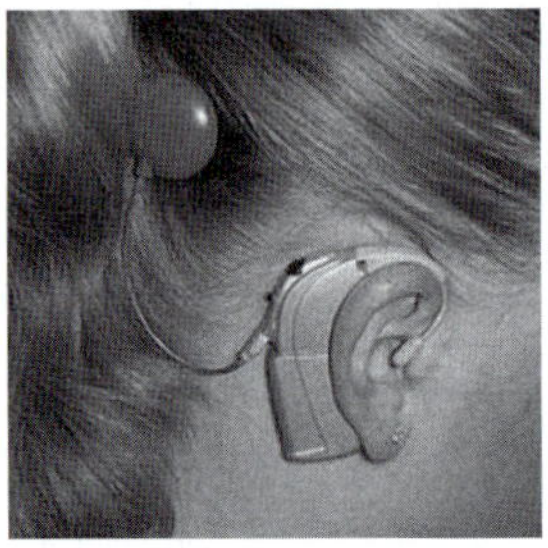
인공와우 이식: 감각신경성 난청

청성뇌간 이식: 중추청각처리장애

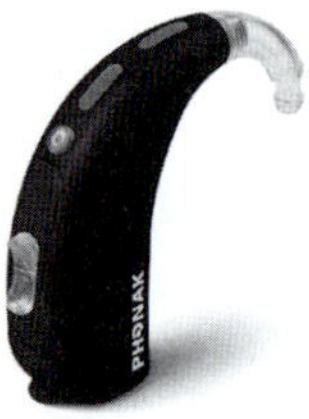

보청기 착용

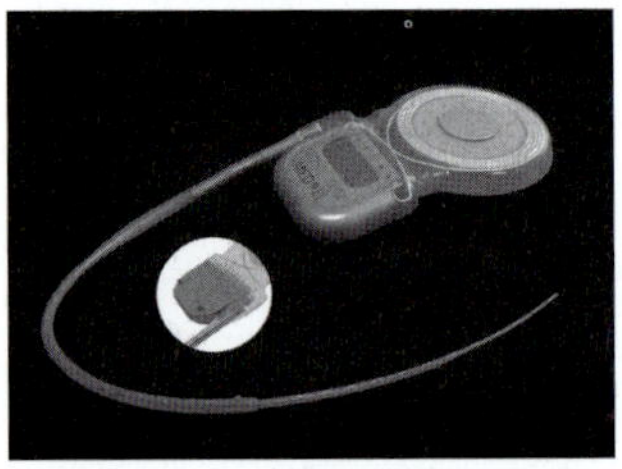
인공와우 이식

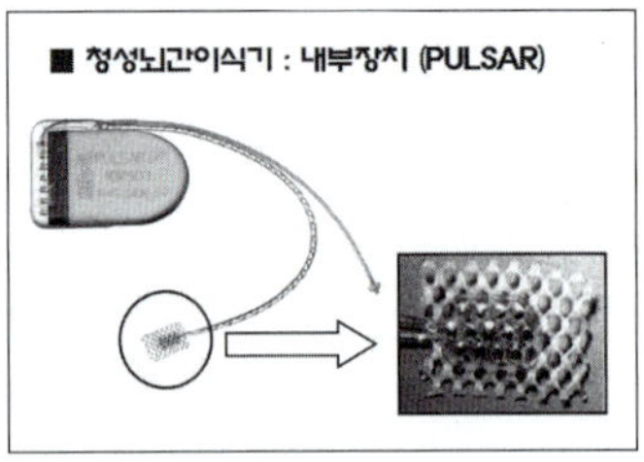

청성뇌간 이식

출처: http://www.audiology.kr

임용시험 기출문제

다음은 ○○ 중학교 청각장애 학생 A와 B의 청력도를 바탕으로 두 교사가 나눈 대화이다. 괄호 안의 ㉠과 ㉡에 해당하는 내용을 순서대로 쓰시오. [2점]

> 통합학급 교사: 학생 A는 감각신경성 청각장애가 있고, 학생 B는 중추청각처리장애가 있다고 들었어요. 이 두 청각장애의 청력검사 결과가 어떻게 다른가요?
>
> 특수 교사: 네. 청력손실 부위에 따라, 청력도에 표시된 기도와 골도 청력검사 결과가 다르게 나타나요.
>
> 통합학급 교사: 특수교육 연수 때 배웠어요. 그런데 이해가 안 되는 부분이 있어요. 전음성 청력손실의 경우, 전음과정에 문제가 있으므로 기도 청력역치는 높게 나오지만, 골도 청력역치는 정상 수준인 것은 이해돼요. 그런데 감각신경성 청력손실의 경우에는 골도 청력역치와 기도 청력역치가 왜 같은 수준으로 높게 나올까요?
>
> 특수 교사: 기도는 외부의 소리가 외이부터 뇌까지 전달되는 소리 전달 경로이고, 골도는 두개골을 진동시켜 (㉠)부터 소리가 전달되는 경로예요. 소리 전달 경로 중 외이와 중이는 전음 기능을 담당하고, (㉠)은/는 감음 기능을 담당해요. 감각신경성 청각장애는 감음 과정에 문제가 있으므로, 기도와 골도 청력역치가 모두 높게 나와요.
>
> 통합학급 교사: 아, 제가 기도를 중이까지의 소리 전달 과정으로 잘못 이해하고 있었네요. 학생 B는 기도와 골도 청력역치가 모두 정상 수준인데, 왜 그런가요?
>
> 특수 교사: 학생 B는 외이부터 청신경까지를 포함한 (㉡) 청각 기관은 문제가 없고, 중추청각신경계에 문제가 있기 때문이에요. 그래서 소리가 어느 방향에서 나는지 구분하기 어려워하거나 소리의 리듬이나 높낮이 인식을 어려워할 수 있어요.

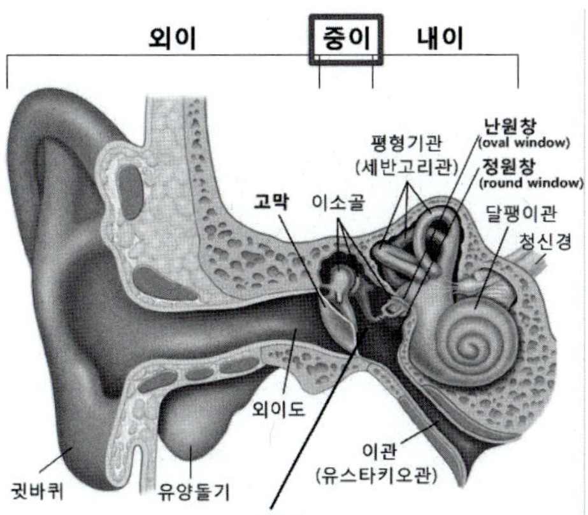

[귀의 구조와 소리 전달]

Chapter 03

청각장애 진단검사

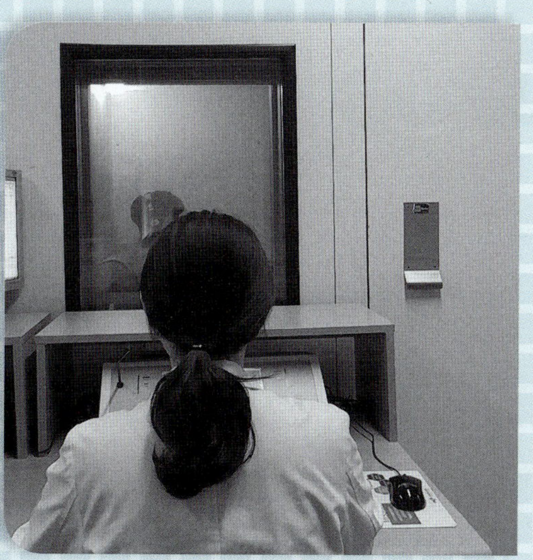

학습목표

1. 청각장애 진단에 필요한 주관적 검사의 종류에 대하여 이해할 수 있다.
2. 청각장애 진단에 필요한 객관적 검사의 종류에 대하여 이해할 수 있다.
3. 청각장애 선별 음차검사와 교사에게 유용한 Ling 5개음 검사에 대하여 이해하고 학교 교육 현장에서 지도할 수 있다.

생각나누기

• 순음청력검사 결과

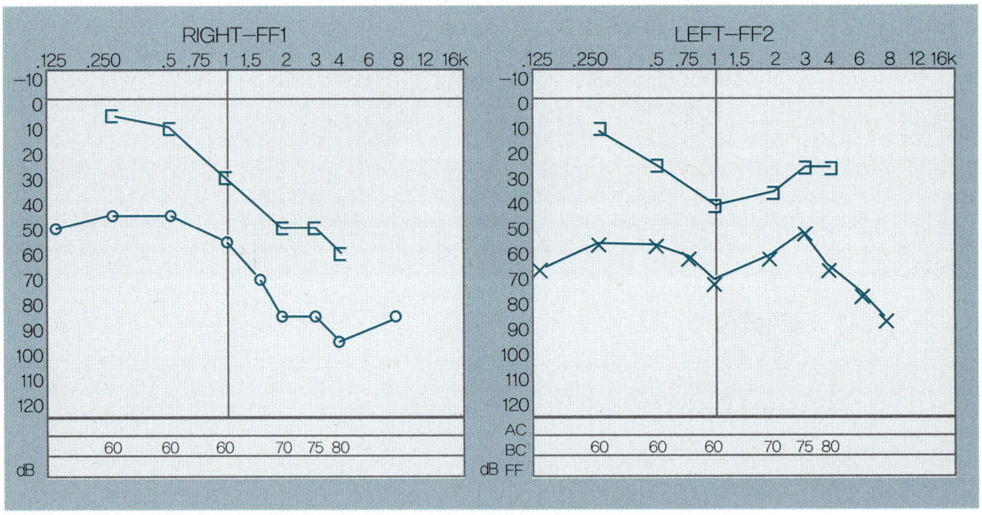

기도검사: 우측 귀 ○ 좌측 귀 × 차폐 기도검사: 우측 귀 △ 좌측 귀 □

골도검사: 우측 귀 〈 좌측 귀 〉 차폐 골도검사: 우측 귀 [좌측 귀]

- **우측 귀의 청력:** 중고도의 경사형(하강형) 혼합성 난청
  (moderate–severe, descending type, mixed hearing loss)
- **좌측 귀의 청력:** 중고도의 수평형(전형적인 수평형은 아님) 혼합성 난청
  (moderate–severe, flat, mixed hearing loss)

• 청력검사의 이해 •

1. 청력검사는 왜 하는가?

귀의 질환에는 난청을 동반하는 것과 동반하지 않는 질환이 있다. 따라서 난청의 유무를 알면 진단이나 치료에 도움이 된다. 또 난청이 있는 경우 그 종류나 정도를 알면 진단이나 치료에 중요한 도움이 되며 검사 결과를 토대로 직업이나 사회적 적응에 조언을 줄 수도 있으며 보청기의 적응이 되는지 조사하는 데 도움이 된다.

청력검사에는 검사자의 대화음성이나 음차 또는 청력검사기계를 사용한다. 청력검사에는 주관적검사로 음차검사, 순음청력검사, 어음청력검사 등이 있고, 객관적검사로 임피던스 청력검사, 자기청력검사 등이 있다.

[순음청력검사]

[어음청력검사]

[청성뇌간반응검사]

2. 현행 학교 청력검사로는 '난청' 놓칠 수 있다.

1,000·2,000·4,000Hz 주파수별 순음청력검사를 시행하는 것이 바람직하며 청소년 난청 조기발견·치료, 생애주기적 관점에서 접근해야 청력 저하로 수업권 훼손을 방지할 수 있다. 그렇지 않으면 말·언어 발달·교육에 부정적인 영향을 미친다.

청력은 주파수(Hz)에 따라 '낮은음'(250 Hz 전후), '중간음'(1,000Hz 전후), '높은음'(4,000Hz 전후)을 모두 검사해야 제대로 평가할 수 있다.

그러나 국내 학교 건강검사는 1개 주파수(1,000Hz)에서 20 dB HL 또는 40 dB HL을 들을 수 있는지, 없는지만을 구분한다. 이런 검사방법으로는 난청이 있는 학생도 정상으로 평가될 수 있다는 지적이 나오는 이유다. 귀가 잘 들리지 않아 수업을 정확하게 듣고 배움에 어려움이 있어도 학생 자신이나 부모, 교사 누구도 인지하지 못해 적절한 치료를 받지 못할 수 있다는 얘기다.

대한이과학회는 "학교 건강검사에서 서로 다른 3개 이상의 주파수를 검사하고, 20 dB HL 또는 25 dB HL 이상의 청력 저하가 있을 경우 '정밀검사 필요'로 판정해야 한다"라며 "'정밀검사 필요' 판정 시에는 해당 검사가 가능한 병원에 내원해 검사받도록 안내해야 한다"고 강조했다.

출처 : 의협신문(http://www.doctorsnews.co.kr)

1 순음청력검사

소리를 잘 듣지 못하는 청각장애학생에 대한 청능재활과 교육은 학생의 현재 청력에 대한 정확한 진단검사와 평가로부터 시작되어야 한다. 청각검사의 목적은 청력손실의 유무 정도, 청력손실 유형, 청력손실의 원인을 찾아내어 효과적인 청능재활 교육을 위한 전반적인 정보를 제공하는 것이다.

이러한 청각장애의 유무를 검사하는 방법은 크게 두 가지로, 주관적 검사와 객관적 검사로 분류된다. 주관적 청각검사는 학생의 협조가 필요한 경우이며, 객관적 검사는 학생의 협조가 필요 없는 검사이다(이상흔 외, 2006).

본 장에서 알아볼 청각검사법의 종류를 주관적 검사와 객관적 검사로 분류하여 살펴보면 아래의 〈표 3-1〉과 같다.

〈표 3-1〉 청각검사의 종류

주관적 검사법	객관적 검사법
• 순음청력검사 • 어음청력검사 • 음차검사와 Ling 5개음	• 중이검사 • 뇌간유발반응검사 • 이음향방사검사

순음청력검사(PTA; Pure Tone Audiometry)는 청각검사 중 가장 기본이 되는 검사로 전기적으로 순음을 발생시켜, 사람이 듣고 말하는 회화 영역에서 각 주파수(Hz)별로 음의 강도(dB)를 조절하면서 청력역치를 측정하는 주관적 검사이다. 여기서 청력역치는 피검자가 듣고 반응하는 가장 작은 소리를 말한다.

순음청력검사의 목적은 주파수별 난청 유무를 확인하고, 난청이 있다면 난청의 정도, 종류, 형태를 평가하여 난청의 유발 기전을 추정하는 것이다(대한청각학회, 2017).

순음청력검사에는 기도검사와 골도검사가 있으며, 측정 주파수 영역은 다음과 같다.

▶순응청력검사 측정 주파수 영역

• 기도검사: 125, 250, 500, 1,000, 2,000, 4,000, 8,000Hz에서 실시한다.

• 골도검사: 250, 500, 1,000, 2,000, 4,000Hz에서 실시한다.

※ 골도검사에서 125Hz와 8,000Hz를 제외하는 이유는 125Hz에서는 소리와 진동의 구별에 한계가 있고, 8,000Hz에서는 소리가 매우 약해 두개골과 피부에 의한 왜곡 현상이 발생하기 때문이다.

1. 기도검사

기도검사는 공기 전도를 매질로 하는 검사로 소음이 영향을 미치지 않는 방음실에 피검자를 앉게 한다. 청각검사용 이어폰, 귀덮개형 헤드폰, 삽입형 이어폰 등을 착용한 후 순음청각검사기를 통하여 음을 들려주어 각 주파수에 따른 청력역치를 측정하는 것이다([그림 3-1] 참조).

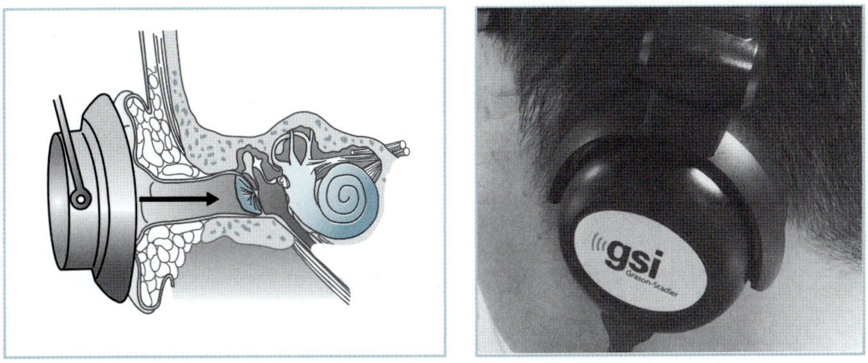

[그림 3-1] 기도검사

출처: 한국청각·언어장애교육학회(2012). p. 60.

1) 검사 귀의 결정

기도청력검사는 보통 청력이 좋은 쪽부터 실시하며, 양쪽 귀의 청력이 비슷한 경우에는 오른쪽 귀부터 실시한다. 좋은 쪽 귀를 먼저 검사하는 이유는 반대 청취를 예방하기 위해서이다. 청력검사를 할 때 헤드폰으로 큰 소리가 들어올 경우 두개골을 통해 검사 귀의 반대측 귀로 소리가 전달된다. 이것을 반대 청취(cross-hearing)라 하는데, 오른쪽 귀와 왼쪽 귀의 청력 차가 클 경우 나타난다. 청력검사 귀의 청력이 나쁠 경우 상대적으로 검사 귀보다 좋은 반대측 귀에 제시되는 자극음을 듣게 되는 것이다(한국청각·언어장애교육학회, 2012).

2) 검사 주파수 순서

청력검사를 위하여 처음 들려주는 검사 주파수는 회화 시 대부분의 피검자들이 쉽게 지각할 수 있는 말소리 영역과 관련된 1,000Hz에서 먼저 시작하여 고주파수 2,000Hz,

4,000Hz, 8,000Hz의 순으로 역치를 측정한 후 500Hz, 250Hz, 125Hz의 저주파수 역치를 측정한다. 검사의 신뢰도를 확인하기 위해 1,000Hz의 역치를 재평가한다.

검사 주파수 자극음을 들려주는 시간은 1~2초가량으로 하며, 자극음 간 간격은 불규칙적으로 최소 2초 이상이 되도록 한다.

▶검사 주파수의 제시 방법

- 일반적인 경우
  1,000Hz – 2,000Hz – 4,000Hz – 8,000Hz – 1,000Hz – 500Hz – 250Hz – 125Hz
- 고도 난청일 경우
  1,000Hz – 500Hz – 250Hz – 125Hz – 1,000Hz – 2,000Hz – 4,000Hz – 8,000Hz

3) 검사 강도 제시 방법

검사를 위한 기도검사는 보통 10dB(HL)에서 110dB(HL)까지의 가청 범위 내에서 측정이 이루어진다. 이러한 자극음의 측정을 위한 강도(dB) 제시 방법으로는 상승법, 하강법, 수정상승법(혼합법)이 있다(한국청각학교수협의회, 2017).

첫 번째로 상승법은 청력검사 시 가장 작은 강도에서 시작하여 강도를 점차 증가시키면서 처음 소리를 듣기 시작하는 dB을 역치로 정하는 방법으로, 신뢰도는 증가하지만 시간이 오래 걸리는 단점이 있다.

두 번째로 하강법은 충분히 들을 수 있는 강한 소리에서부터 점차 강도를 감소시켜 대상자가 듣지 못하는 소리 크기보다 한 단계 큰 소리를 역치로 정하는 방법으로, 신속하지만 신뢰도가 감소하는 단점이 있다.

세 번째로 상승법과 하강법의 두 가지 방법이 혼합된 수정상승법은 각 주파수마다 약 30dB(HL)의 강도에서 시작하여, 처음 듣거나 혹은 잘 듣지 못할 때까지 20dB 간격으로 자극음의 강도를 올리거나 내리다가 피검자가 반응을 한 시작 수준을 기준으로 자극음을 들었다고 반응하면 강도를 10dB 하강하고, 못 들어서 반응이 없으면 강도를 5dB 상승하며 청력역치를 결정한다. 이러한 강도 제시 방법으로 세 번 시행했을 때 두 번 반응(50% 이상)하면 그 주파수의 역치로 결정한다.

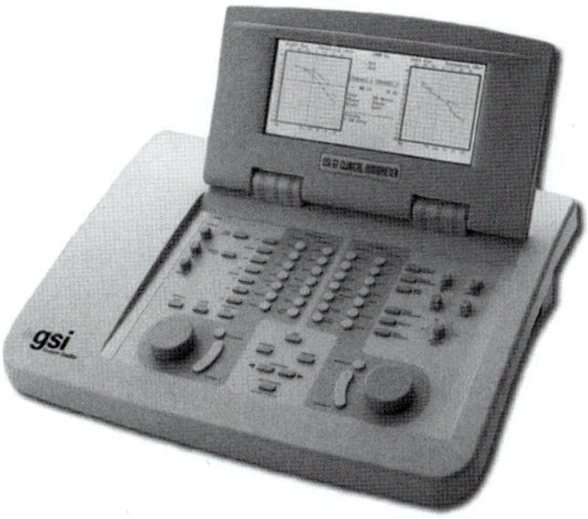

[그림 3-2] 순음청력검사 기기(GSI 61)

2. 골도검사

골도검사는 두개골을 매질로 하는 검사로 두개골에 진동 자극을 제시하여 측정한다. 진동 자극은 와우에 직접 전달되어 소리로 인지된다. 기도검사와 동일하게 소음의 발생이 영향을 미치지 않는 방음실에 피검자를 앉게 하여 골 진동기를 착용하고 순음청각검사기를 통하여 자극음을 들려주어 각 주파수에 따른 청력역치를 측정하는 것이다.

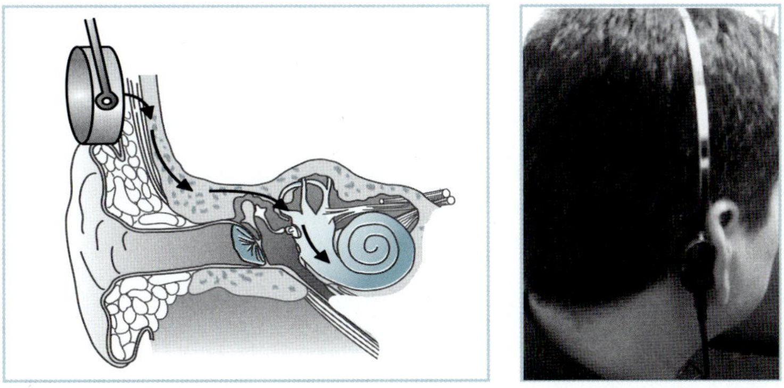

[그림 3-3] 골도검사

출처: 한국청각·언어장애교육학회(2012). p. 60.

1) 검사 귀의 결정

골도검사는 차폐를 시행하기 전 골도검사에서 골 진동기를 왼쪽 혹은 오른쪽에 위치시켜도 실제 어느 귀가 반응한 것인지 정확히 알 수 없다. 따라서 양이 중 청력이 더 나쁜 귀를 먼저 검사하는 것이 일반적이다(대한청각학회, 2017). 청력이 나쁜 귀의 유양돌기 부위에 [그림 3-3]과 같이 골 진동기를 위치시켜 두개골을 진동시킨다. 경우에 따라 유양돌기가 아닌 이마에 골 진동기를 위치시킬 수도 있다. 그러나 골 진동기의 착용 위치에 대하여 이견이 있으나 일반적으로 가장 많이 사용하는 유양돌기에 골 진동기를 착용하는 것을 권장한다.

2) 검사 주파수 순서

골도검사의 주파수 자극음 제시는 기도검사와 다르게 125Hz와 8,000Hz를 제외한 주파수 250Hz에서 4,000Hz 범위에서만 골도청력을 측정한다.

250Hz 이하는 두개골의 피부 진동이 일어나 자극음이 진동인지 소리인지 변별의 어려움이 있고, 8,000Hz는 자극음의 소리 에너지가 매우 약해 소리 반사나 왜곡을 발생시킬 수 있어서 실시하지 않는다.

기도검사와 동일하게 1,000Hz에서 먼저 시작하여 2,000Hz, 4,000Hz의 고주파수 순으로 역치를 먼저 측정하고, 500Hz, 250Hz의 순으로 저주파수 영역에서 역치를 확인한다.

3) 검사 강도 제시 방법

검사에서 들려주는 자극음의 강도 제시 방법은 기도검사와 동일하나, 최대 65~70dB 정도의 강도까지 자극음을 들려 줄 수 있다. 그리고 기도 역치가 1,000Hz에서 40dB(HL)이었다면 골도 역치는 1,000Hz에서 최소한 40dB(HL)을 초과하지 않는다는 것을 전제로 한다.

- 골도검사는 어느 부위거나 자극음이 거의 차이가 없이 양쪽 귀에 전해지기 때문에 반드시 차폐를 해야 한다. 골 진동기의 고정 부위만 제외하고는 검사 방법에 있어서 기도검사와 동일하다.

3. 청력도 해석

피검자의 순음청력검사를 통하여 측정된 주파수별 결과를 수치화하여 한눈에 볼 수 있도록 한 청력도는 [그림 3-4]와 같이 가로축은 소리의 높고 낮음을 뜻하는 주파수(Hz)를 의미하며, 세로축은 소리의 강약을 구분하는 강도(dB)를 의미한다. 기도 역치와 골도 역치의 기호 표기가 청력도의 세로축 아래쪽에 위치할수록 청력손실 정도가 크다는 것을 의미한다.

1) 청력도

청력도는 좌측에서 우측으로 갈수록 고주파수 즉, 고음이 되고, 위에서 아래로 향할수록 큰 소리가 된다.

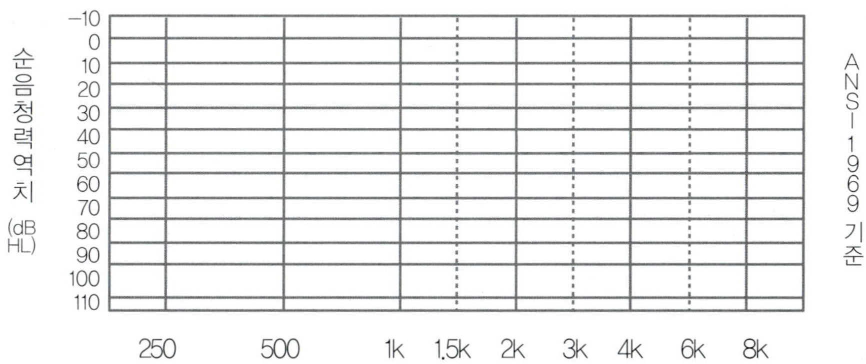

[그림 3-4] 청력도(audiogram)

2) 청력도 기호

청력도에 표기되는 [그림 3-5]의 기호는 차폐를 시행하기 전 우측 귀의 기도 청력역치는 빨간색 ㅇ으로 표기하며, 차폐 시행 후 우측 귀의 기도 청력역치는 빨간색 △으로 표기한다. 차폐를 시행하기 전 좌측 귀의 기도 청력역치는 파란색 ×으로 표기하며, 차폐를 시행 후 좌측 귀의 기도 청력역치는 파란색 ㅁ으로 표기한다. 주파수별 기도 청력역치는 직선으로 연결하여 난청의 형태를 쉽게 파악할 수 있도록 한다. 청력 측정 기기의 최대 출력에 해당하는 소리를 제시하였는데도 피검자가 반응이 없으면 각 기호 아래에 화살표를 붙여 반응이 없었음을 표기한다(대한청각학회, 2017).

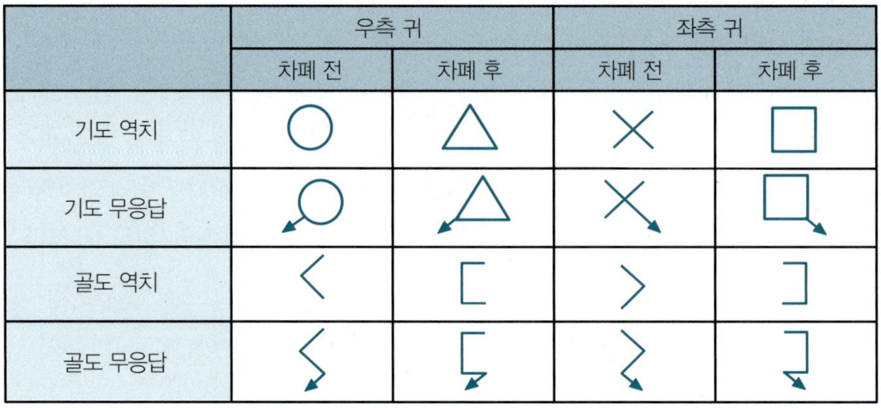

[그림 3-5] 기도 및 골도청력검사 결과 표기 기호

3) 평균청력역치 계산법

순음청력검사를 통하여 각 주파수의 청력역치를 평균하여 나타낸 수치를 평균청력역치(평균청력)라고 한다. 평균청력역치 계산법에는 다음의 〈표 3-2〉와 같이 3분법, 4분법, 6분법이 있다.

〈표 3-2〉 평균청력역치 산출 계산법

▶3분법 = [500 + 1,000 + 2,000] / 3
▶4분법 = [500 + (1,000 × 2) + 2,000] / 4
▶6분법 = [500 + (1,000 × 2) + (2,000 × 2) + 4,000] / 6
※ 평균청력역치는 말소리를 인지하는데 중요한 주파수 500, 1,000, 2,000, 4,000Hz 에서 평균을 낸다.

4) 평균청력역치 계산법 예시

순음청력검사를 실시하여 아래와 같은 청력도를 나타낸 [그림 3-6]과 [그림 3-7]에 대하여 각각 6분법과 4분법으로 평균청력역치를 산출한 예시는 다음과 같다.

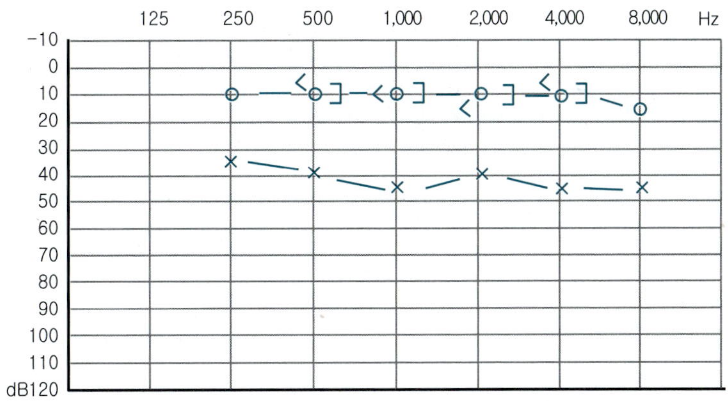

[그림 3-6] 청력도 예시 – 좌측 전음성 난청

▶ 6분법으로 계산

- 우측 귀 기도: (10+20+20+10)/6 = 10dB
- 좌측 귀 기도: (40+90+80+45)/6 = 43dB
- 우측 귀 골도: (5+20+30+5)/6 = 10dB
- 좌측 귀 골도 차폐: 10+20+20+10 = 10dB

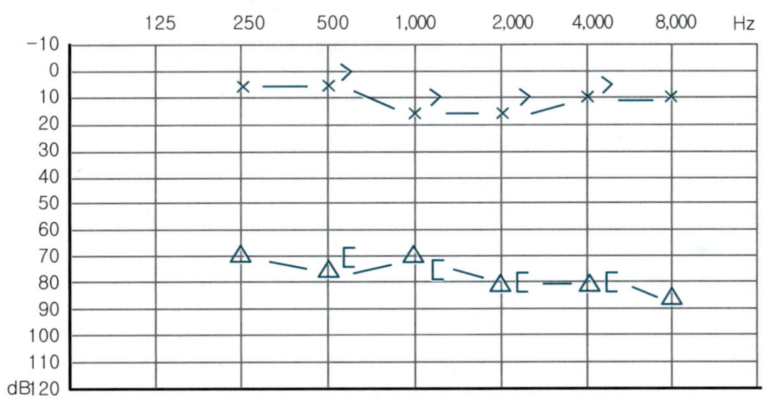

[그림 3-7] 청력도 예시 – 우측 감각신경성 난청

▶ 4분법으로 계산

- 우측 귀 기도 차폐: (75+140+80)/4 = 74dB
- 좌측 귀 기도: (5+30+15)/4 = 13dB
- 우측 귀 골도 차폐: (70+150+80/4 = 75dB
- 좌측 귀 골도: (0+20+10)/4 = 8dB

5) 청력도의 기본적인 해석

다음 [그림 3-8]은 청력도의 기본적인 해석의 예로 기도검사 및 골도검사 결과를 비교하여 난청의 종류를 확인할 수 있다(대한청각학회, 2017).

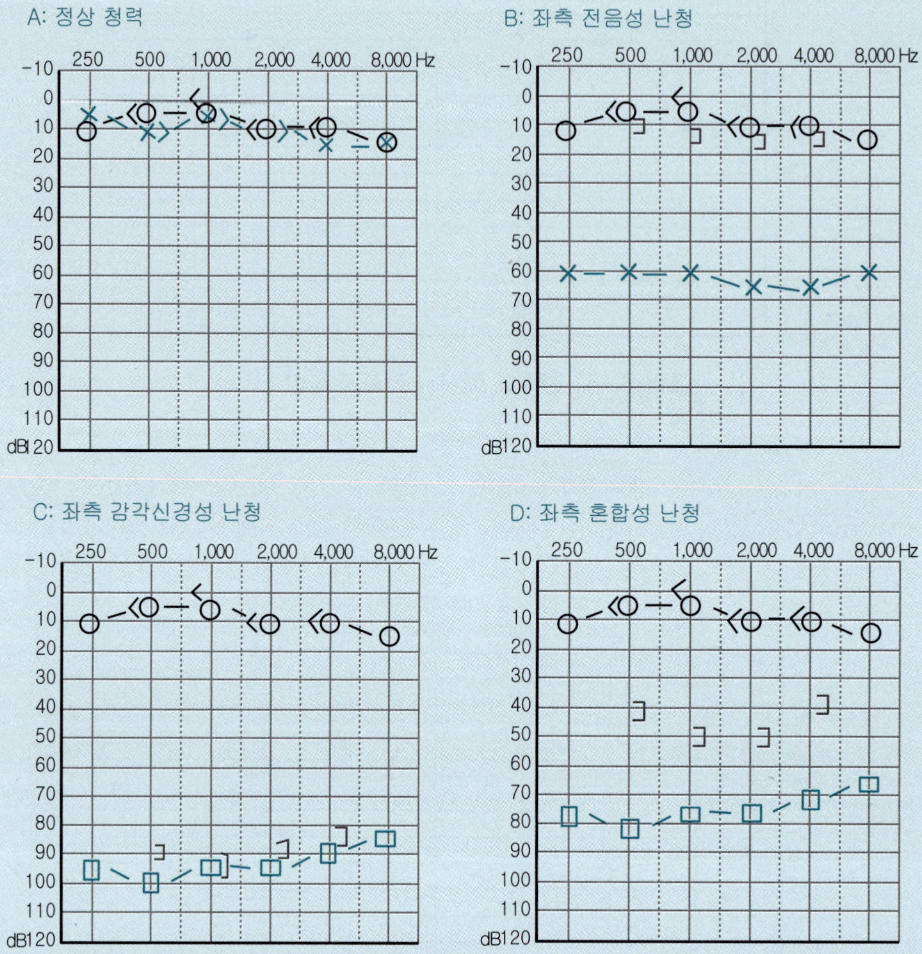

[그림 3-8] 기도 및 골도 청력역치에 따른 네 가지 유형의 난청 사례

A : 주파수별 기도 역치와 골도 역치가 15dB 이하로 우측 귀와 좌측 귀 모두 정상 청력

B : 우측 귀는 정상 청력, 좌측 귀의 골도 역치는 정상이나 기도 역치는 비정상이고 기도와 골도 역치 차이가 10dB을 초과한 외이나 중이의 기능에 이상이 있는 전음성 난청

C : 우측 귀는 정상 청력, 좌측 귀의 기도와 골도 역치가 모두 비정상이고 기도와 골도 역치 차가 10dB 이하로 좌측 귀의 내이 혹은 청신경 경로에 이상 있는 감각신경성 난청

D : 우측 귀는 정상 청력, 좌측 귀의 기도 역치와 골도 역치가 모두 비정상이며 골도 역치에 비해 기도 역치가 더 떨어지는 혼합성 난청

4. 차폐

1) 차폐의 정의

차폐(masking)란 양쪽 귀의 청력에 차이가 있고 청력손실이 큰 쪽의 귀(나쁜 쪽 귀, 검사 귀)를 검사할 때, 자극음이 두개골 진동을 통해 검사하지 않는 좋은 쪽 귀(비검사 귀)로 전달되어(crosses over) 발생하는 음영 청취(교차 청취, 반대 청취, shadow hearing)를 막고자 좋은 쪽 귀(비검사 귀)에 차폐음을 [그림 3-9]와 같이 들려주는 것이다(Yacullo, 2009; 한국청각학교수협의회, 2017).

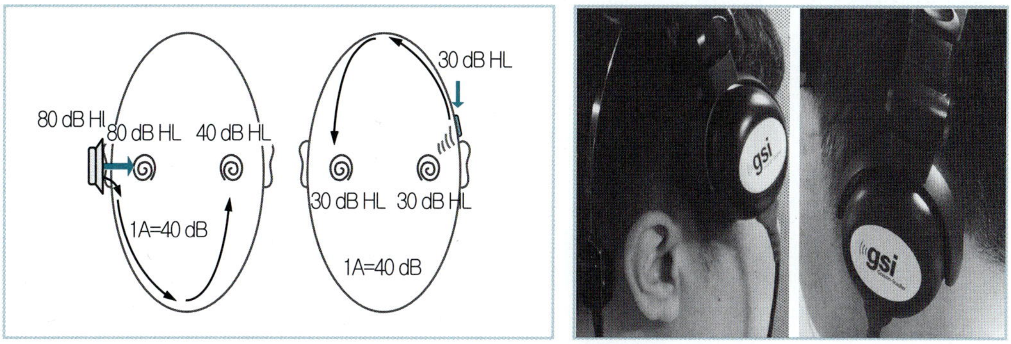

[그림 3-9] 기도 전도(좌)와 골도 전도(우) 시 차폐

2) 차폐가 필요한 경우

차폐가 반드시 필요하여 검사를 하지 않은 반대 측 귀에 소음을 들려주는 경우는 다음과 같다.

① 골도검사를 실시하여 청력역치를 알고자 할 경우(골 진동기를 통하여 자극음을 들려줄 때 두개골 전체에서 소리가 전달되기 때문)

② 기도검사를 실시할 때 검사 귀의 기도와 비검사 귀의 기도 청력역치 결과의 차이가 40dB 이상인 경우

③ 골도검사를 실시할 때 검사 귀의 기도와 비검사 귀의 골도 청력역치 결과의 차이가 40dB 이상인 경우

2 어음청력검사

어음청력검사(speech audiometry)는 말소리, 즉 어음을 이용하여 일상생활에서의 의사소통 능력을 측정하는 검사이다(대한청각학회, 2017). 피검자의 어음 역치 능력과 어음 명료도를 측정하여 순음청력검사만으로는 종합적인 청각 능력을 평가할 수 없기 때문에 일상생활에서 사용되는 회화음에 대한 의사소통 능력을 파악하는 데 목적이 있다. 또한 최근 인공와우 시술을 받는 학생의 증가에 따른 평가와 보청기 적합에 대한 필요성에 부합하는 어음청각검사는 청능재활에도 매우 중요한 정보 제공의 역할을 한다는 데 의미가 있다.

본 절에서는 어음청력검사를 국내 최초로 표준화한 이정학 등(2010)의 '어음청각검사'를 중심으로 정리하여 살펴보기로 하겠다([그림 3-10] 참조).

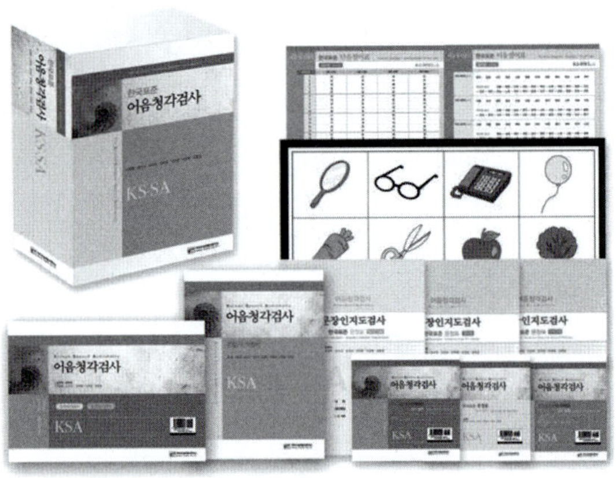

[그림 3-10] 어음청각검사의 구성

1. 어음청각검사의 개요

어음청각검사는 말을 이해할 수 있는 어음에 대한 언어 인지력과 이해력에 대한 정보를 얻기 위하여 측정을 하는 것으로 단음절, 이음절, 문장 등을 이용하여 어음청력(인지)역치, 단어명료도(인지도), 문장명료도(인지도)를 측정하고, 중추청각장애의 평가를 위해 사용하기도 한다. 또한 어음청력검사는 보청기, 인공와우 등 청각보조장치의 착용 효과 및 청능재활의 평가 도구로 유용하게 사용할 수 있다.

검사의 구성은 학령기 전 학생용, 학령기 학생용, 일반용으로 구분되어 있다. 소요 시간은 검사 대상자의 연령과 개인별 특성에 따라 조금씩 다르지만 약 20~40분 정도이며, 검사의 실시는 검사 그림틀, 단음절 어표, 이음절 어표, 이음절어 그림판, 검사 음원 CD, 문장 인지 검사 등을 사용하여 진행된다.

2. 어음청력역치검사

1) 검사 목적

'어음청력역치검사(SRT; speech recognition threshold)'는 제시된 이음절 단어(양양격 단어)를 정확하게 50% 확인할 수 있는 가장 작은 강도(dB(HL))를 측정하는 검사로 순음청각검사와의 일치 여부를 확인함으로써 검사의 신뢰도를 확인하고, 어음 청취의 민감도를 측정하는 것이다. 또한 단어명료도검사의 기초 자료로도 사용할 수 있다.

2) 이음절 어표 구성

이음절 어표는 주로 일상생활에서 친숙하게 사용되는 이음절어 중 양음절의 음압(강세)이 동일한 양양격 단어로 친숙성, 음소 간의 유사성, 표준어의 대표성, 단어 간 가청 범위(난이도)의 동질성 등의 선정 기준을 고려하여 개발한 미국의 PAL(Psycho-Acoustic Laboratory) 기준을 한국어와 청각학적인 특성을 고려하여 연령대에 적합하도록 〈표 3-3〉과 같이 나누어 제작되었다.

〈표 3-3〉 연령에 따른 이음절 어표와 단어 목록

	일반용	학령기용	학령 전기용
대상	만 13세 이상	만 6~12세	만 3~5세
이음절 어표	36개 단어 (12개 단어 × 3세트)	24개 단어 (12개 단어 × 2세트)	12개 단어 (그림판)

연 령	단어 목록
학령 전	A세트: 거울 안경 전화 풍선 당근 가위 사과 나무 신발 모자 연필 기차
학령기	A세트: 날개 창문 동생 약국 호박 자연 거울 토끼 회사 노래 신발 딸기 B세트: 나무 참새 달걀 우산 학교 장갑 그림 풍선 전화 병원 과일 땅콩
일반용	A세트: 편지 달걀 시간 육군 신발 땅콩 안개 마음 허리 욕심 노래 저녁 B세트: 사람 토끼 병원 등대 논밭 과일 송곳 딸기 문제 나무 극장 가위 C세트: 그림 아들 팥죽 동생 목표 냄새 바다 자연 접시 권투 방석 느낌

3) 검사 방법

어음청력역치검사 방법의 절차는 검사 전 준비 사항 → 친숙화 단계 → 검사 단계로 이루어진다.

① 검사 전 준비 사항: 정확한 검사를 위한 청력검사기의 전반적인 점검과 자극 어음을 전달할 CD 플레이어의 볼륨을 조절한다.

② 친숙화 단계: 피검자가 검사 어음에 친숙해질 수 있도록 일반용과 학령기용 이음절 어표 중 한 가지 목록을 선택하여 회화 영역(500Hz/ 1,000Hz/ 2,000Hz)의 평균 순음역치 +30~40 dB(HL)나 쾌적 음량 수준을 미리 제시하여 모르거나 틀린 단어를 표시하며 확인할 수 있도록 한다.

③ 검사 단계: 이음절 어표의 단어를 아주 작은 소리부터 큰 소리까지 다양한 소리 크기에서 말할 때 얼마나 잘 알아듣는지 검사하는 것이다(예: "단어가 들릴 때마다 소리를 내서 따라 말해 주세요, 질문 있나요?").

▶검사 방법(일반용 및 학령기용)

• 검사 강도 및 제시 방법

보통 청력이 좋은 쪽 귀를 먼저 검사하며, 양쪽 귀의 청력이 비슷하면 오른쪽부터 시행한다. 검사 음의 제시 강도는 회화 영역의 평균 순음역치인 +20~25dB에서 검사를 시작한다.

• 이음절 어표의 선정

이음절 어표의 목록 간 음소별 빈도수와 난이도에 차이가 없으므로 친숙화 단계에서 사용한 목록으로 검사를 실시한다. 다만, 이음절 어표에 대한 학습 효과를 최소로 하고 검사의 신뢰도를 높이기 위해서 어음청력역치검사를 여러 번 시행할 경우, 연속해서 같은 이음절 어표를 선택하지 않도록 주의한다.

• 차폐 방법

– 차폐 시기는 양측 귀의 기도 평균순음역치 차이가 45dB(어음에 대한 이간 감쇄량) 이상이거나, 검사 귀의 어음청력역치와 반대측 귀의 골도 평균 순음역치가 45dB 이상 차이가 날 때 차폐를 시행한다.
– 차폐를 시행하기 전에 피검사자에게 차폐 방법을 육성으로 충분히 설명한다.
– 어음청력역치검사에 주로 사용되는 차폐음은 어음 잡음으로 검사 귀의 어음청력역치에서 20을 뺀 뒤 반대 측 귀의 기도와 골도 차의 평균치를 더해서 차폐량으로 제시한다.
– 학령기 학생의 경우 차폐가 어려울 수 있으나 차폐가 필요한 경우에는 육성으로 방법을 충분히 설명한 후 시행하며, 차폐 방법은 일반용과 동일하다.

4) 어음청력역치 평가

(1) 일반용 및 학령기용

어음청력역치는 상승법, 하강법, 또는 수정상승법 등을 이용하여 2dB 혹은 5dB 간격으로 자극 강도를 조절하면서 동일 레벨에서 제시한 이음절 단어 중 50%를 정확하게 따라 말할 수 있는 최소의 강도를 결정하게 된다. 〈표 3-4〉를 보면 10dB(HL)에서 50% 정반응율을 보여 어음청력역치가 된다.

(2) 학령 전기용

학령 전기용의 경우 일반용 및 학령기용과 같은 방법으로 어음청력역치를 측정하는데, 두 명의 검사자가 필요하다. 제1 검사자와 제2 검사자가 함께 검사를 시행하면서 학생이 검사 어음을 듣고 그림을 정확히 지적하면 자극 강도를 보통 5dB 간격으로 줄여 나가면서 제시된 이음절 단어의 50%를 정확히 맞출 수 있는 최소의 강도를 어음청력역치로 결정한다.

〈표 3-4〉 어음청력역치검사의 예

자극 강도(dB HL)	이음절어 맞춤(+)		틀림(-)		정반응률
30	동생(+)	사람(+)	과일(+)	아들(+)	100%
20	나무(+)	목욕(+)	달걀(-)	신발(+)	75%
10	노래(+)	팥죽(-)	편지(+)	병원(-)	50%
5	과자(+)	거울(-)	땅콩(-)	육군(-)	25%

3. 단어명료도검사

1) 검사목적

'단어명료도(WRS; Word Recognition Score)' 검사는 듣기에 가장 적절한 강도로 단어를 제시하였을 때, 정확히 이해하는 정도(%)를 측정하여 의사소통 장애의 정도, 청력손실 병변 부위에 대한 정보, 보청기의 적응 및 선택, 보장구의 적합 및 재활의 평가와 계획, 중추청각처리장애 판별 및 재활 등에 필요한 정보를 제공한다.

2) 단음절 어표 구성

피검자의 연령에 따라서 일반, 학령기 및 학령 전기로 구분한다. 피검자의 연령에 따른 단음절 어표의 구성은 다음의 〈표 3-5〉와 같다.

〈표 3-5〉 연령에 따른 단음절 어표

	일반용	학령기용	학령 전기용
대상	만 13세 이상	만 6~12세	만 3~5세
단음절 어표	각 표당 50개 단음절어 (50×4개표=총 200개)	각 표당 25개 단음절어 (25×4개표=총 100개)	각 표당 25개 단음절어(그림) (25×4개표=총 100개)

3) 검사 방법

단어명료도검사 방법의 절차는 검사 전 준비 사항 → 피검자 안내 → 검사 단계로 이루진다.

① 검사 전 준비 사항: 어음청력역치검사와 동일하다.

② 피검자 안내: 단음절 단어인 귀, 산, 집 같은 단어를 녹음된 목소리(혹은 육성으로)로 들려주며, 한 단어가 들릴 때마다 소리 내어 따라 말하면 된다고 안내한다.

③ 검사 단계(일반용 및 학령기용): 검사 단계의 실시 방법은 다음과 같다.

▶검사 강도 및 제시 방법

- 청력이 좋은 쪽 귀를 먼저 검사한다. 제시 강도는 피검자의 어음청력역치에 30~40dB(HL)을 더한 수치 또는 쾌적 수준으로 검사 강도를 조정한다. 일반용은 50개의 단어, 학령기용과 학령 전기용은 25개의 단어를 제시한다.

▶단음절 어표의 선정

- 표를 반복 사용하면 학습 효과가 검사 결과에 영향을 미칠 수 있으므로 검사한 표 번호를 청력도의 비고란에 기록해 두었다가 다음 검사에는 다른 표를 사용하도록 한다.
- 일반용은 50개 단어를 모두 사용하는 것이 바람직하나, 불가피할 경우 25개나 10개의 단어를 사용할 수 있다.
- 학령기용은 25개 단어를 모두 사용하는 것이 바람직하나, 초등학교 저학년일 경우 인지할 수 있는 단어가 제한적일 수 있으므로 각 표당 쉽게 구성된 처음 10개 항목으로 검사하도록 한다.

▶차폐 방법

- 단어명료도검사는 음성적으로 균형을 이룬 단어를 어음청력역치상 30~40dB(HL) 또는 쾌적역치 수준에서 제시하므로 일반적으로 차폐를 실시한다.
- 검사를 실시하는 귀에 제시 강도가 반대측 혹은 비검사귀의 500, 1,000, 2,000, 4,000Hz 중 가장 좋은 골도 청력역치와 비교하여 이간 감쇄값(헤드폰 40dB, 인서트폰 70dB) 이상 차이가 나면 차폐를 실시한다.
- 차폐음은 어음 잡음(speech noise)을 사용한다.

4) 단어명료도 평가

(1) 일반용 및 학령기용

검사에서 50개 항목 모두 맞은 수에 2를 곱하고, 25개 항목을 사용한 경우 4를 곱하여 백분율을 정한 후, 80% 이상은 정상, 60~79%는 주파수별 청각 손실에 따라 보통이나 낮음, 59% 이하는 일반적으로 낮음으로 판정한다.

(2) 학령 전기용

검사에서 25개 항목 모두 맞은 수에 4를 곱하고, 20개 항목을 사용한 경우 5를 곱하여 백분율을 정한 후, 80% 이상은 정상, 60~79%는 주파수별 청각 손실에 따라 보통이나 낮음, 59% 이하는 일반적으로 낮음으로 판정한다.

4. 문장명료도검사

1) 검사 목적

'문장인지도(SRS; Sentence Recognition Score)' 검사는 듣기에 가장 적절한 강도로 문장을 제시하였을 때, 정확히 확인하는 정도(%)를 측정하는 것으로 문장 자극을 이용한 어음 명료도 검사의 임상적 중요성이 강조되고 있다. 문장인지도 검사는 일상생활의 듣기 능력에 대한 실질적인 정보의 제공, 청력손실 병변 부위에 대한 정보, 보장구의 선택, 적합 및 재활, 재활의 평가와 계획, 중추청각처리장애 판별 및 재활 등의 여러 가지 목적으로 사용된다.

2) 문장표 구성

'한국표준 문장표(KS-SL; Korean standard-sentence lists)'는 일상생활의 문장을 사용하여 〈표 3-6〉과 같이 어음 명료도를 검사하도록 CD로 음원을 제작하였다. 특히, 학령 전기용은 그림판으로 제작하였다.

〈표 3-6〉 연령에 따른 문장표

	일반용	학령기용	학령 전기용
대상	만 13세 이상	만 6~12세	만 3~5세
문장표	8개 목록/80문장 목록당 (10문장/40개 목표 단어)	8개 목록/80문장 목록당 (10문장/40개 목표 단어)	4개 목록/40문장 목록당 (10문장/10개 그림판)

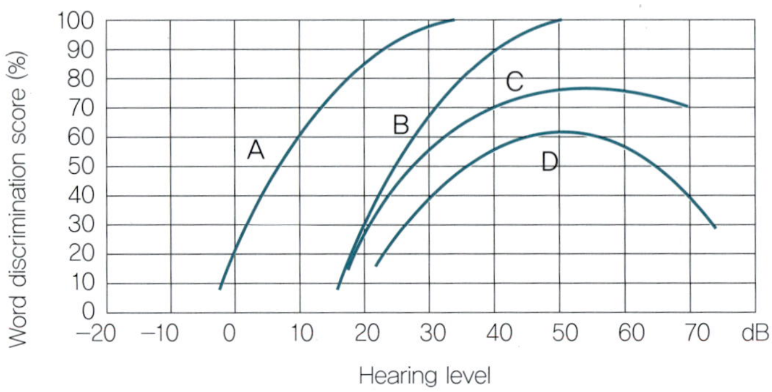

▶ 정상인 청력: A
▶ 전음성 난청: B
▶ 감각신경성 난청: C 미로성 난청
 – 와우부의 이상으로 청각신호로 변환되는 소리전달 과정에서 문제가 발생하여 청력손실을 나타내는 청각장애
▶ 감각신경성 난청: D – 후미로성 난청
 – 유모세포에서 전달되는 청각신호에는 이상이 없으나 청각신경 자체 또는 신경계로 연결하는 과정의 병변에 의한 청각장애
※ 말림현상: 최대명료도에서 소리 강도를 높이면 오히려 명표도가 떨어지는 현상

[그림 3-11] 난청형에 따른 어음명료도 곡선

3) 검사 방법

문장명료도검사 방법은 문장을 들려주면 문장이 들릴 때마다 끝까지 잘 듣고 소리를 따라 말하는 것이다(예: “바나나는 노란색입니다.” → “마나마느 노얀액임미다.”).

검사 강도 및 제시 방법은 단어명료도검사와 동일하거나 유사하다.

4) 문장명료도 평가

(1) 일반용 및 학령기용

따라 말하게 하거나 받아쓰게 한 다음 정확하게 반응하는 목표 단어 수와 문장 수를 백분율(%)로 점수화한다. 목표 단어 수가 40개로 정확히 반응한 목표 단어 수에 2.5점을 곱하고, 정반응 문장 수에 따른 문장명료도는 정반응 문장 수에 10을 곱하여 구한다.

(2) 학령 전기용

문장의 그림을 정확하게 지적하는 반응을 백분율(%)로 점수화한다. 문장명료도는 10개의 문장 중 정확히 반응한 문장 수에 10을 곱하여 점수를 계산한다.

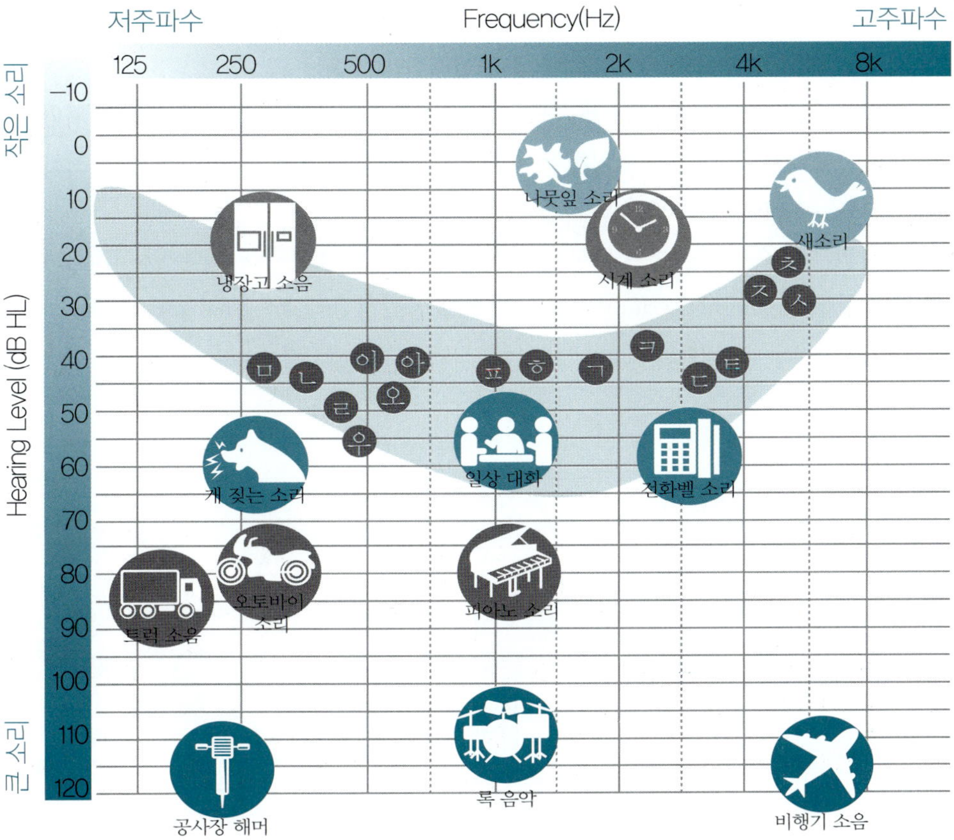

[그림 3-12] 우리말 어음 분포도

출처: http://ksarc.co.kr

3 중이검사

중이검사(immittance)는 외부에서 주어지는 소리에 대하여 외이도의 압력에 따라 변화하는 고막의 진동을 측정하여, 음의 에너지 흐름이 압력을 통해서 반사되어 나오는 소리의 진동 변화 양상을 확인하는 중이의 기능 검사이다. 즉 소리 에너지가 고막에 전달되는 상태에서 반사되어 되돌아오는 에너지를 측정한다.

중이검사는 고막에서 측정되는 두 가지 대조적 성격의 저항(impedance) 에너지와 수용(admittance) 에너지를 동시에 지칭하는 복합어로, 중이 상태를 간접적으로 분석하는 검사이다(Shanks & Shohet, 2009; 한국청각교수협회, 2017).

중이검사의 기기 구성을 단순 모형으로 살펴보면 [그림 3-13]과 같다. 중이검사에는 고막운동성검사(tympanometry audiometry)와 등골근반사검사(stapedial reflex test), 반사피로검사(reflex decay test)가 있다.

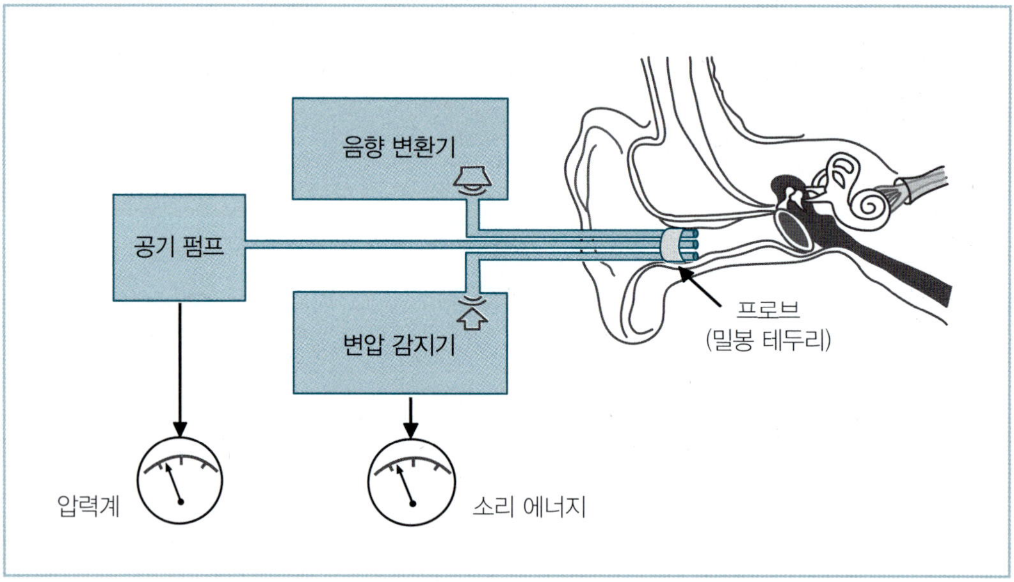

[그림 3-13] 중이검사 기기 구성의 단순 모형

출처: 대한청각학회(2017). p. 144.

1. 고막운동성검사

고막운동성검사는 외이도를 통하여 전달된 음향 에너지가 내이로 전달되는 과정에서 중이 내 음향 에너지를 받아들이는 정도를 측정하는 검사이다. 검사는 프로브로 외이도를 완전히 막고 220/226Hz의 저주파수 85dB(SPL)의 소리 에너지를 제시하면서 압력을 +200/+400daPa(혹은 mmH20)에서 −200/−600daPa로 변화시키는 동안 제시된 자극음, 즉 소리 에너지가 전달되는 상태를 고막에서 반사되어 돌아오는 에너지로 측정한다(Shanks & Shohet, 2009; 한국청각학교수협의회, 2017).

이와 같이 외이도 내의 압력을 연속적으로 변화시키면서 압력 변화에 따른 고막의 탄성 변화를 통하여 중이의 상태를 파악한다. 이러한 결과를 측정하여 그래프로 그린 것을 고실도(tympanogram)라고 한다. 아래의 [그림 3-14]가 대표적이며 일반적으로 고막의 상태가 정상 또는 외이나 중이가 정상적인 감각신경성 난청일 때 A형의 고실도가 측정된다. 이러한 결과를 통하여 알 수 있는 것은 중이 내의 압력, 삼출액 저류 여부, 고막 천공 여부를 확인할 수 있으며 이관 기능의 평가에도 이용할 수 있다(Fligor, 2014).

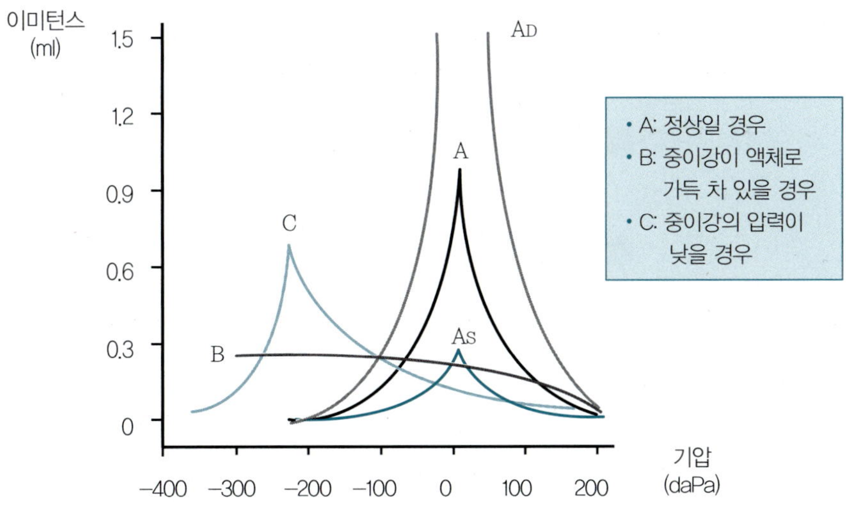

[그림 3-14] 대표적 고실도의 유형

출처: 한국청각학교수협의회(2017). p. 137.

2. 등골근반사검사

등골근반사는 외부로부터 발생한 강한 소리의 자극을 외이도를 통하여 전달받은 등골근의 반사적인 수축 작용으로 인하여 등골 족판의 움직임이 억제되고 내이로 전달되는 에너지를 줄여 줌으로써 강한 음 자극으로 인한 내이의 손상을 막아주는 역할을 한다. 즉, 등골근반사는 외부의 강한 소리에 대하여 내이를 보호하기 위해 등골근이 반사적으로 수축하는 방어 기제의 메커니즘 작용이다.

등골근반사검사는 강한 소리 자극에 대해 등골근이 수축하면 등골을 외측으로 끌어당기고 더불어 고막을 바깥쪽으로 밀어 외이도의 용적에 변화를 발생시키는데, 이때 발생하는 외이도 용적의 변화를 측정하는 검사다. 등골근 수축으로 외이도 전체 용적에 변화가 생기는 가장 작은 소리의 강도를 등골근반사 역치(ART; Acoustic Reflex Threshold)라고 한다. 정상 청력인 경우 등골근반사 역치는 약 70~100dB(HL)에서 나타난다.

등골근반사의 유무를 통해 중이의 질병, 청신경이나 안면신경의 손상, 내이의 손상 등을 진단한다(이필상 외, 2015). 다음의 [그림 3-15]는 등골근반사의 측정에 대한 결과이다.

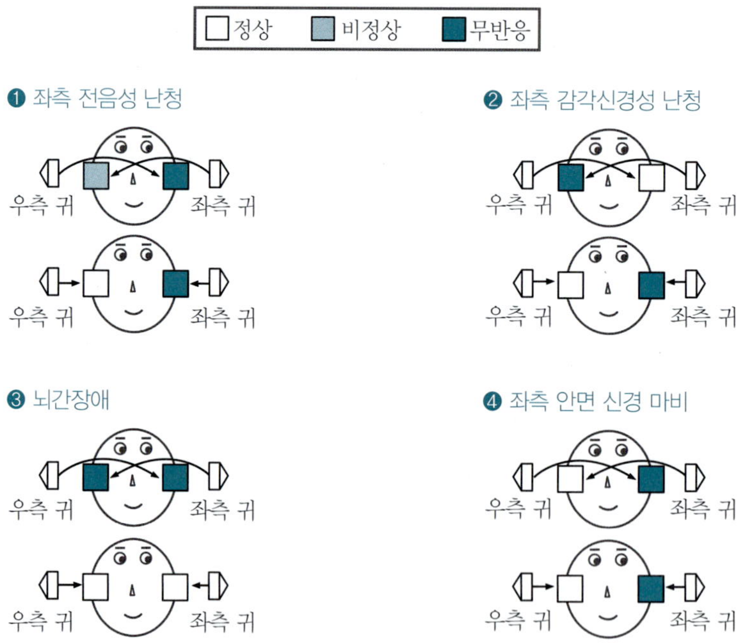

[그림 3-15] 등골근반사의 해석

출처: 대한청각학회(2017), p. 157.

3. 반사피로검사

반사피로검사는 강한 소리 자극을 지속적으로 들려줄 때 등골근이 끊임없이 반사를 일으키도록 자극하는 원리에 기초한 방법이다. 실제 검사에서는 500Hz 혹은 1,000Hz에서 등골근반사 역치(ART)보다 10dB 더 강한 소리를 10초 동안 지속적으로 들려주면서 등골근반사의 변화 정도를 측정한다(Martin, 2002; 김영욱, 2014). 정상에서는 소리를 주는 10초 동안 등골반사가 최고의 크기로 유지된다. 등골반사가 유지되지 않고 50% 이하로 감퇴되면 양성으로 판정하며, 후미로 난청의 10~30% 정도에서 반사피로검사 양성이 나타난다(Sanders et al., 1981). 따라서 후미로 발생하는 난청일 경우에는 반사피로의 현상을 확인할 수 있다. 아래의 [그림 3-16]은 반사피로검사의 결과 예시이다.

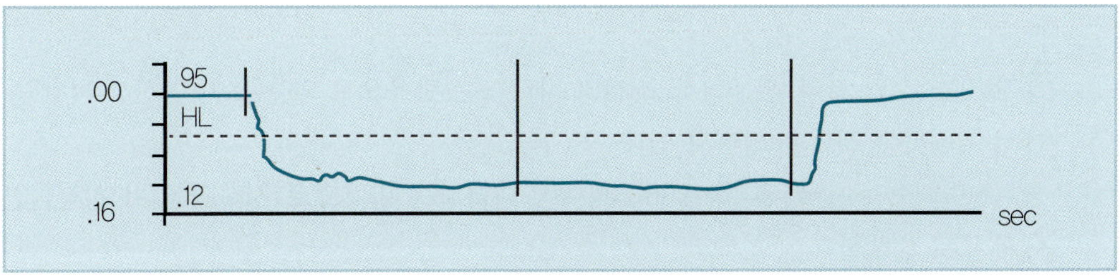

A: 정상

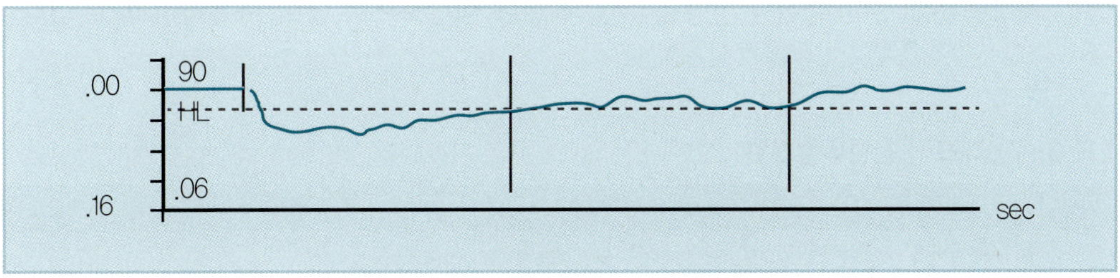

B: 후미로 병변 의심

[그림 3-16] 반사피로검사 예시

4 뇌간유발반응검사

뇌간유발반응검사(ABR; Auditory Brainstem Respones)는 소리 자극에 대하여 와우 유모세포에서 발생된 전기신경 자극으로부터 중추신경계의 청각경로까지 전달되는 전기생리학적 방법을 통한 전기 신호의 파형을 기록하는 청성유발전위(AEP; Auditory Evoked Potential) 검사의 하나이다.

1. 청성유발전위의 분류

청성유발전위의 일반적인 분류는 소리 자극을 제시한 후 반응이 나타나기까지의 소요시간인 잠복기(latency)에 따라 초기 반응, 중기 반응, 후기 반응으로 나누어지는데, 세부 내용은 다음의 〈표 3-7〉과 같다(이필상 외, 2015).

① 초기 반응: 소리 자극 후 10~15ms까지 나타나는 반응으로 와우, 8번 청신경 뇌간 등에서 기원하는 것으로 알려져 있다.

② 중기 반응: 소리 자극 후 10~80ms 사이에 나타나는 반응으로 시상과 일차 청각피질에서 주로 발생한다.

③ 말기 반응: 소리 자극 후 80~750ms 사이에 나타나는 반응으로 주로 청각피질에서 측정하는데 전신 마취의 영향을 받기 때문에 임상적으로 많이 사용하지 않고 있다.

〈표 3-7〉 대표적 청성유발전위

시 간	청성유발전위(AEP)
초 기 10~15ms	• 와우전기도반응(EcochG; electrocochleography) • 뇌간유발반응(ABR; Auditory Brainstem Respones)
중 기 10~80ms	• 청성중기반응(auditory middle latency response) • 40Hz 반응(40Hz respones)
말 기 80~750ms	• 청성후기반응(auditory late response) • P300 반응(P300 response) • Mismatch Negativity (MMN)

2. 뇌간유발반응검사의 목적

뇌간유발반응검사의 목적은 포괄적인 의미에서 먼저 피검자의 청력역치를 확인하는 것이며 후미로성 청신경계의 병변을 예측하는 것이다. 뇌간유발반응검사는 후미로성 검사 시에 혹은 청각신경계 검사 시, 수술 중의 모니터 목적으로도 사용할 수 있고, 신생아들의 선별검사에도 유용하게 이용된다(이상흔 외, 2006). 또한 통합적인 청각 시스템을 확인할 때나 청각에 대한 추론을 하고자 할 때 사용할 수 있다(김진동 외, 2015). 검사의 대상은 아주 어린 신생아나 영·유아 또는 행동 반응을 통하여 검사가 어려운 피검자를 대상으로 사용할 수 있는 검사이다.

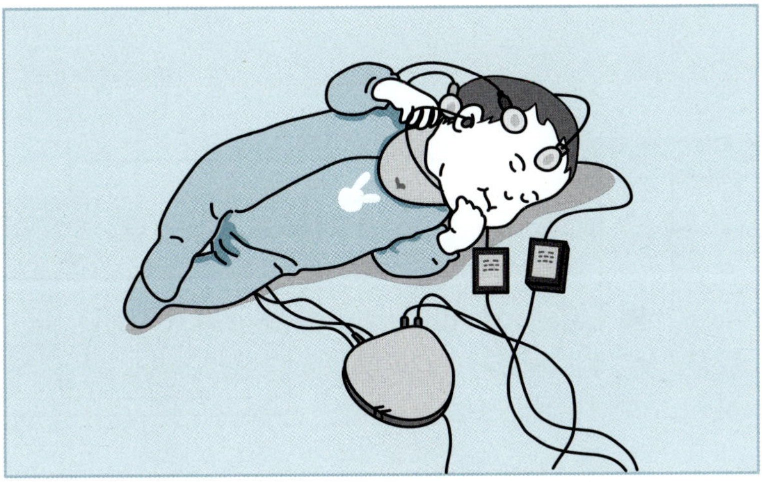

[그림 3-17] 신생아 뇌간유발반응검사(ABR)

3. 뇌간유발반응검사의 원리

뇌간유발반응검사는 전기생리학적 검사 가운데 가장 널리 사용되는 검사 중 하나이며, 소리 자극 후 1~10ms에 나타나는 5~7개의 전위를 기록하여 청력손실의 특성과 객관적인 역치를 추정할 수 있다. 검사의 원리는 다음과 같으며 뇌간유발반응검사(ABR) 측정도식은 [그림 3-18]과 같다(고은, 2017).

소리 자극이 입력되면 머리에 있는 전극에 의해 전기 신호가 감지된다.

↓

자극이 가해지는 귀에는 자극 신호 발생기를 통해 소리가 유입된다.

↓

활성 전극(+active)은 두정부에, 기준 전극(–reference)은 양측 유양돌기 부위에, 그리고 접지 전극은 전두부 중앙에 밀착시킨 후 소리 자극에 대한 전기 반응을 기록한다(단, 신생아는 두정부 대신 이마 위쪽 부분에 부착).

↓

기록 장치에 [그림 3-17]과 같이 그래프로 표시된다.

출처: 유은정 외(2013). p. 46.

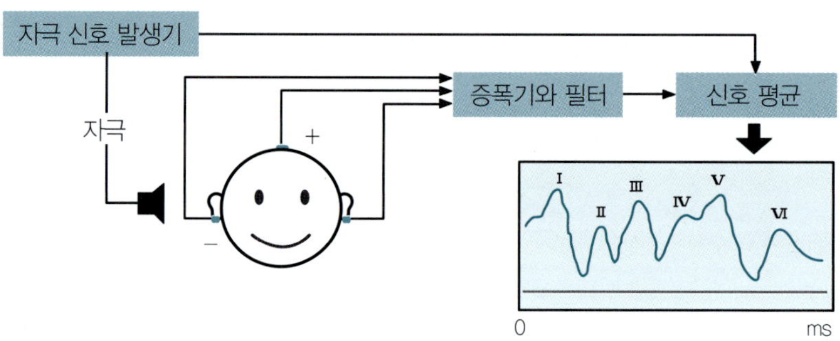

[그림 3-18] 뇌간유발반응검사(ABR) 측정도식

4. 뇌간유발반응검사 결과

뇌간유발반응검사에서 정상인 피검자에서는 7개의 파형이 나타난다. 그 가운데 가장 안정된 파형을 보이는 것은 Ⅰ번에서 Ⅴ까지의 5개 파형이며, 특히, Ⅴ번 파형은 결과 판독 시 매우 중요하다. 왜냐하면 낮은 자극 강도에서도 잘 나타나며 가장 안정되고 쉽게 구별되는 파형이기 때문이다(우훈영 외, 1995). 뇌간유발반응검사(ABR) 결과 순음역치와 10~20dB 정도의 차이일 경우에 정상으로 판정한다. 다음의 〈표 3-8〉과 [그림 3-19]는 파형의 발생 위치와 정상 파형의 예시이다.

〈표 3-8〉 파형의 발생 위치

wave	발생 위치
Ⅰ	와우신경(청신경) 말단부
Ⅱ	와우신경(청신경) 근위부
Ⅲ	와우핵
Ⅳ	상올리브핵
Ⅴ	외측융대(외측모대)

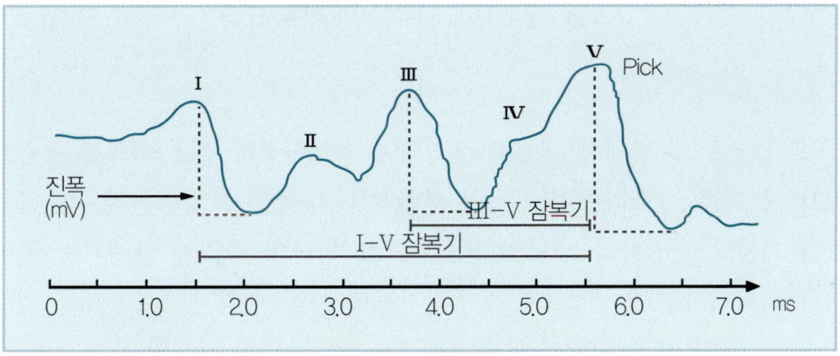

[그림 3-19] 뇌간유발반응검사(ABR) 검사 정상 파형

출처: 고은(2017). p. 121.

5 이음향방사검사

1. 이음향방사의 이해

이음향방사(OAE; OtoAcoustic Emission)는 와우의 외유모세포에서 자발적으로 혹은 소리 자극에 의해 증폭되어 발생하는 소리 에너지이다. 외유모세포의 수축과 진동에 의해 0.5mm 간격으로 최대 소리 에너지를 발생하고 이것이 중이와 고막을 통하여 외이도로 전달된다. 이음향방사검사는 소리를 주어 와우의 외유모세포에서 자발적 또는 소리 자극에 대한 반응으로 발생하는 와우의 능동적인 미세 에너지가 중이와 외이도를 통해 전달되는 음향 진동파를 측정하여 와우의 이상 유무를 확인하는 검사이다. [그림 3-20]은 이음향방사검사 기기와 검사 시에 외이도의 방향에 프로브를 정확히 삽입하여 소음을 막고 방사음의 손실을 막은 모습이다.

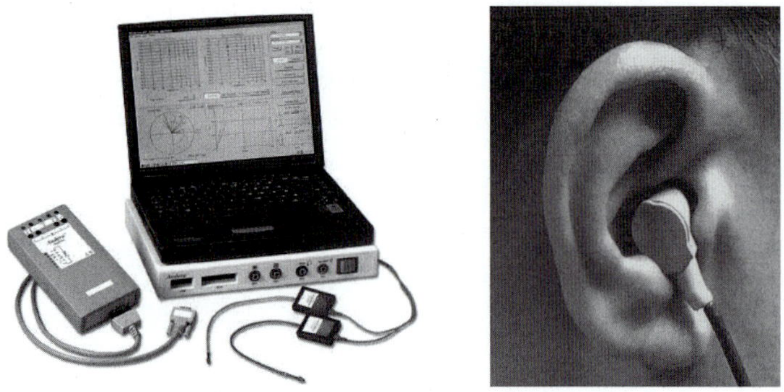

[그림 3-20] GSI 기기와 착용 모습

일반적으로 소리는 외부에서 내부로 유입되어 청각신경의 전달 경로를 통한다고 알려져 있다. 그러나 와우는 소리를 받아들일 뿐만 아니라 소리를 발생한다. 즉, 소리가 와우에 도달하면 기저막의 진동과 섬모의 흔들림으로 인하여 소리가 발생되는 것이다(고은, 2017). 이음향방사검사는 임상적으로는 청각기능에 해를 미치지 않으면서도 짧은 시간에 간단하게 와우 및 외유모세포의 이상 유무를 확인할 수 있어 난청의 조기 진단 및 신생아와 영·유아의 청력검사를 위한 객관적 검사로 널리 사용되고 있다.

2. 이음향방사의 분류

이음향방사는 크게 외부의 자극음이 없이 외유모세포에서 능동적으로 발생되는 '자발이음향방사(SOAE; Spontaneous Otoacoustic Emissions)'와 외이에서 제시되는 자극음에 대하여 유발되는 '유발이음향방사(EOAE; Evoked Otoacoustic Emissions)' 두 가지로 분류되며 간략히 개념과 내용을 살펴보면 다음과 같다(대한청각학회, 2017).

1) 자발이음향방사(SOAE)

자발이음향방사는 외부의 자극음이 없는 상황에서 측정되는 좁은 음대역의 자발적인 음향방사이다. 검사 기기의 마이크로폰을 통해 기록된 방사음을 증폭시켜 고속 푸리에 의해 분석하며, 외부 자극음이 없는 상태에서 기록되므로 다른 이음향방사에 비해 더 조용한 장소에서 측정하여야 한다. 25~30dB 이내의 정상 청력을 가진 사람에서도 50% 정도만 발현되므로 임상적으로는 잘 사용되지 않는다(Penner & Zhang, 1997). 발생되는 음향은 500~3,000Hz 사이에서 10~20dB 강도로 발현되며, 50Hz 이내의 간격을 가진 여러 개의 좁은 음역의 순음과 유사한 방사음의 집합인 것으로 알려져 있다.

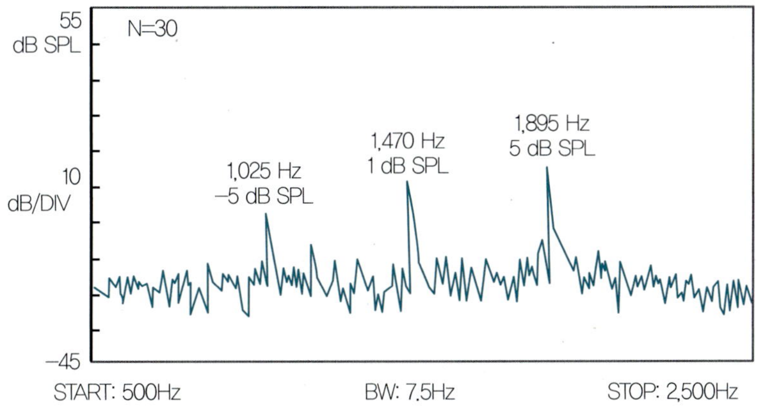

[그림 3-21] 정상 청력 성인의 자발이음향방사의 예시

출처: 대한청각학회(2017). p. 236.

2) 유발이음향방사(EOAE)

자발이음향방사와 달리 외부에서 발생되는 자극음을 통하여 검사하는 유발이음향방사는 다음과 같이 나뉘어진다.

- 일과성음유발이음향방사(TEOAE; Transient Evoked Otoacoustic Emissions)
- 주파수반응이음향방사(SFOAE; Stimulus Frequency Otoacoustic Emissions)
- 변조이음향방사(DPOAE; Distortion Product Emissions)

(1) 일과성음유발이음향방사(TEOAE)

TEOAE는 주로 클릭 음으로 사용하며, 반응 강도나 반응 파형의 상관 관계를 비율(%)로 나타낸 재현율을 이용해서 반응의 유무를 확인하는 것이다. TEOAE는 거의 모든 정상 귀에서 나타나는 광대역 스펙트럼 반응으로, 회화 음역의 청력역치가 30~40dB(HL) 이상인 경우에는 반응이 잘 나타나지 않으므로 외유모세포의 장애로 인한 미로성 난청 여부를 확인하는 데 유용하다. 그리고 검사가 신속하기 때문에 와우 기능에 대한 진단 목적 외에 영·유아 난청의 조기 발견이나 소음성 난청의 검사를 위한 객관적인 선별검사로써 의의가 크다. [그림 3-22]는 TEOAE 검사의 예이다.

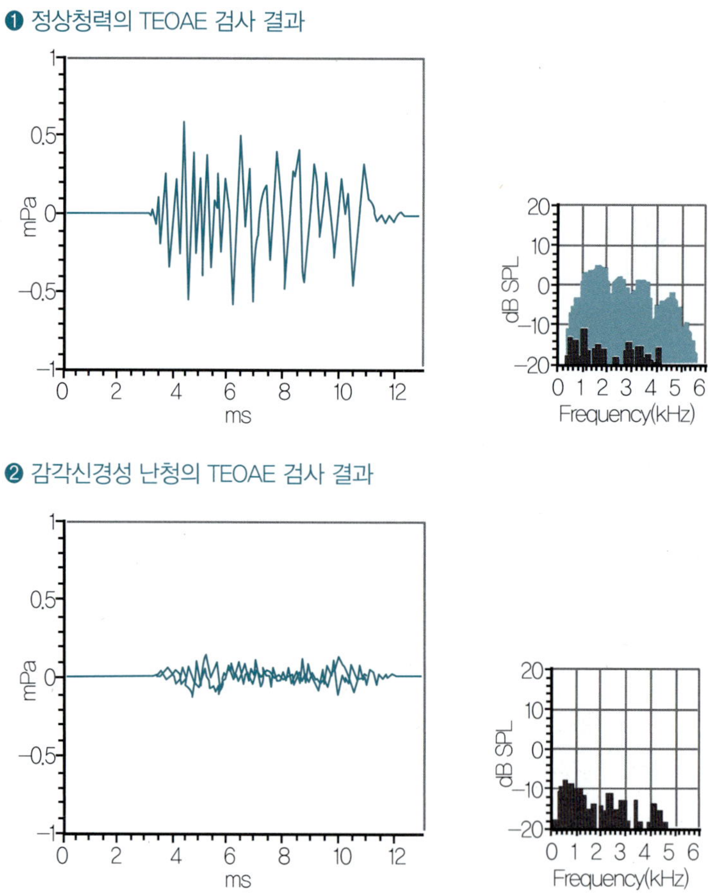

[그림 3-22] 일과성음유발이음향방사검사 결과

출처: 고은(2017). p. 115.

(2) 주파수반응이음향방사(SFOAE)

SFOAE는 일정한 주파수 범위에서 저음부터 고음으로 연속적으로 이동하며 자극하는 순음에 반응하는 주파수 반응에 따른 음향방사 검사로, SFOAE에서는 자극음과 음향 방사가 동일한 주파수를 가지기 때문에 자극음과 방사음을 구별하는 데 기술적인 어려움이 있다. SFOAE는 계속적으로 주파수가 변하는 자극에 대하여 반응의 위상(phase)과 정도(level)가 변하는 것을 감지하며, 이를 위해 락인 앰프 증폭기(lock in amplifier)가 필요하다. 기술적인 어려움으로 이 검사는 다른 유발이음향방사에 비해 임상적 혹은 연구 목적으로 그리 많이 사용되지는 않는다.

(3) 변조이음향방사(DPOAE)

DPOAE는 서로 다른 두 주파수(f1, f2)의 순음을 동시에 외이도에 제시하면 와우의 외유모세포에서는 이 자극음과는 다른 여러 주파수의 변조 음이 발생하게 되는데 이를 변조이음향방사라고 한다(한국청각학교수협회의 2017). 즉, 서로 다른 순음 자극이 동시에 주어질 때 이에 대한 반응으로 나타나는 방사음을 말한다. 정상 청인의 약 98% 이상에서 발현되는 변조이음향방사는 2f1−f2의 주파수에서 반응이 가장 크다([그림 3-23] 참조). DPOAE는 와우에서 나타나는 여러 가지 비선형적 특성을 반영하기 때문에 다른 이음향방사와는 달리 주파수 특이성이 있어 미세한 와우의 기능을 평가할 수 있으며, 청력손실이 클 경우 55dB까지도 측정할 수 있어 민감도가 좋다. 이러한 장점 때문에 이독성 약물의 투여 후 청력의 추적 관찰, 소음성 난청, 연령에 따른 초기 와우의 손상 등을 확인할 수 있다.

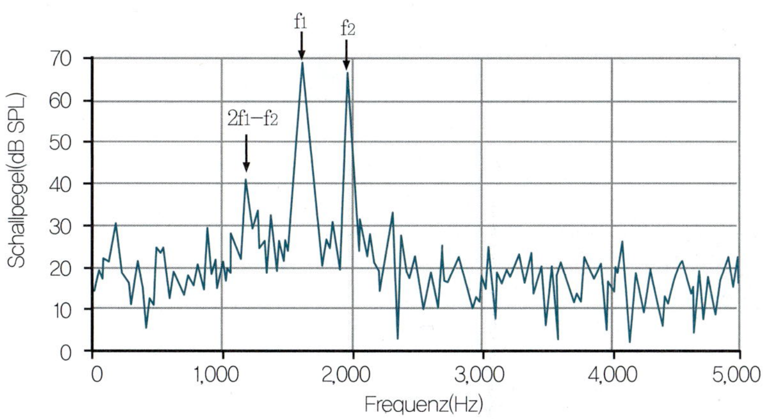

[그림 3-23] 변조이음향방사검사 결과

출처: 고은(2017). p. 116.

6 음차검사와 Ling 5개음

1. 음차검사(tuning-fork test)

음차검사는 일명 소리굽쇠 또는 음차자루로 불리는 다음의 [그림 3-24]와 같은 도구를 이용하여 실시한다. 음차검사는 주로 128/ 256/ 512/ 1,024/ 2,048/ 4,096Hz 6개 음의 특정 주파수 진동을 사용하여 쉽게 청력 이상 유무를 확인할 수 있는 선별·진단검사이다. 소리굽쇠를 살짝 두드리면 고유 진동수에 대한 소리가 발생하며, 길이가 짧을수록 높은 음을 내게 된다. 이러한 원리에 의한 검사는 고막과 이소골의 전달 기능에 문제가 있는 전음성 난청의 여부를 확인할 수 있다. 즉, 외이도를 통하여 들을 수 없는 소리 크기에서 만일 진동을 통해서 소리를 감지하여 들을 수 있다면 전음성 난청인 것이다.

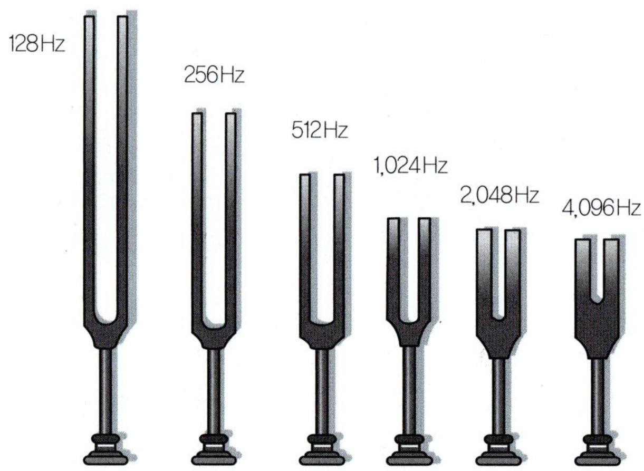

[그림 3-24] 음차검사를 위한 소리굽쇠

음차검사는 취급이 간편하고 장소나 시설의 제약을 받지 않으므로 선별검사로 쉽게 사용할 수 있다. 음차검사의 종류는 시바바흐 검사, 린네 검사, 베버 검사, 빙 검사 등이 있다. 전음성과 감각신경성 청각장애를 감별하기 위해 Bates(1995)는 말소리의 범위 내에 있는 주파수 중에서 512Hz 또는 1,024Hz에서 음차자루를 이용할 것을 제안하였다. 검사는 다음과 같다(석동일 외, 2010).

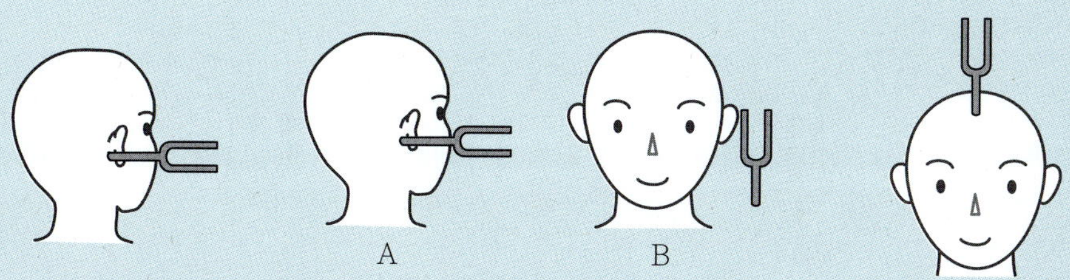

Ⓐ 시바바흐 위치 Ⓑ 린네 위치 Ⓒ 베버 위치

[그림 3-25] 음차검사 종류에 따른 음차의 위치

Ⓐ 시바바흐 검사(Schwabach test)

시바바흐 검사는 피검자의 골도청력을 검사자와 비교하기 위한 검사로 일반적으로 256Hz 또는 512Hz 음차를 사용한다. 검사 결과 피검자와 검사자의 청취 시간이 비슷하면 피검자는 정상이고 피검자의 골도 청취 시간이 더 길면 전음성 난청이다. 반대로 피검자의 청취 시간이 짧으면 감각신경성 난청이다.

Ⓑ 린네 검사(Rinne test)

린네 검사는 기도청력과 골도청력을 비교하는 방법이다. 대개 512Hz 음차를 사용한다. 기도청력 검사에서 계속 음이 들리면 즉, 피검자가 소리가 들린다고 하면 기도 전도가 골도 전도보다 더 긴 린네 양성으로 청력 상태는 정상이다.

Ⓒ 베버 검사(Weber test)

베버 검사 역시 린네 검사와 마찬가지로 기도의 청력과 골도의 청력을 비교하기 위한 512Hz 음차를 사용하는 검사이다. 양쪽 귀가 정상이거나 청력손실이 같으면 양이가 같게 들릴 것이다. 그러나 편측 감각신경성 난청인 피검자는 좋은 쪽 귀가 더 크게 들린다고 할 것이며 전음성 난청은 그 쪽이 더 적게 들린다고 반응할 것이다.

Ⓓ 빙 검사(Bing test)

빙 검사는 인위적인 폐색 효과에 의하여 전음성과 감각신경성 난청을 진단하기 위한 검사이다. 검사자가 피검자의 외이도를 손가락으로 막았다 뗐다 하는 동안 음차자루를 피검자의 유양돌기에 댄다. 그 결과, 음이 강약파로 들리면 빙 검사 양성으로 정상이거나 감각신경성 난청이다. 변화가 없는 경우는 음성으로 전음성 난청으로 진단한다.

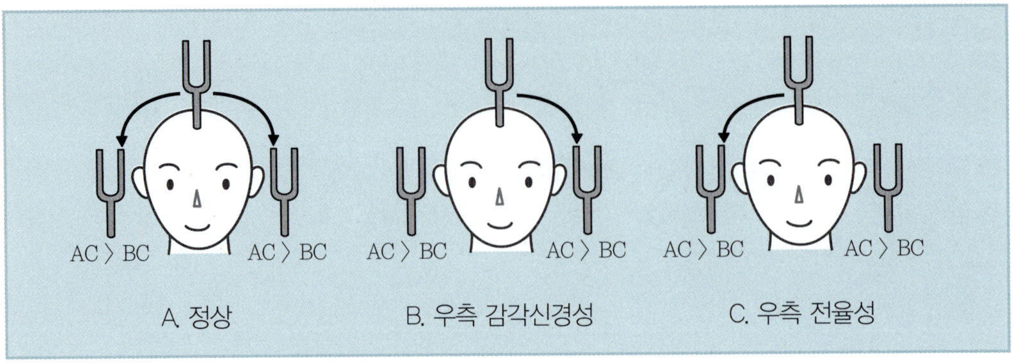

[그림 3-26] 베버 검사와 린네 검사 결과 (AC: 기도청력, BC: 골도청력)

음차검사의 4가지 검사 목적과 결과를 요약하면 다음 〈표 3-9〉와 같다.

〈표 3-9〉 음차검사

검사	목적	음차 위치	정상	전음성 난청	감각신경성 난청
시바바흐	환자의 골도를 정상과 비교	유양돌기	검사자와 피검자의 청취 시간 같음	검자사에 비해 피검자가 청취 시간이 김	검사자에 비해 피검자 청취 시간이 짧음
린네	환자의 기도와 골도 비교	유양돌기와 외이도 입구	린네 양성 (AC〉BC)	린네 음성 (AC〈BC)	린네 음성 (AC=BC)
베버	전음성, 감각성 결정	이마 중앙	양쪽 귀 같이 들림	장애 쪽 귀 잘 들림	장애 쪽 귀 잘 안 들림
빙	폐색 효과 유무	유양돌기	양성 (폐색 쪽 잘 들림)	빙음성 (폐색 쪽 잘 안 들림)	양성 (폐색 쪽 잘 들림)

2. Ling 5개음

1) 5개음의 이해

Ling의 5개음 검사는 가정이나 학교에서 부모나 교사가 간편하게 청각장애학생의 어음 청취력을 간편하게 진단할 수 있는 주관적인 검사 방법으로 Ling(1989)이 제시한 음은 학생이 잘 듣고 있는지 그리고 언어를 배우기 위해서 필요한 대화 영역의 의미 있는 단서가 나타나는 각각의 주파수 대역에서 대표적인 음이다. 본 절에서는 이규식 등(2006)의 내용을 중심으로 살펴보고자 한다.

Ling(1989)이 제시한 말소리의 음은 'ee[i], oo[u], ah[a], sh[ʃ], ss[s]'의 5개 음이다. 이 검사는 감각신경성의 최고도 이상의 청각장애학생을 위해 250Hz대의 검사에 /m/을 추가하여 검사하는 것이 도움이 될 수 있다. 이를 청력도에 표시한 것은 [그림 3-27]과 같다. 청력도에 나타나 있는 바와 같이 자극음의 분포는 약 200Hz부터 6,000Hz까지, 그리고 30~60dB의 범위 안에 놓여 있다. 이 영역을 CLEAR(Conversational Level Elements in the Acoustic Range)라 하며, 일명 바나나 스피치(banana speech)라고도 한다. 이 검사는 약 1.8m의 거리에서 대화할 때 나타나는 말소리의 중요한 요소를 그 음의 개략적인 강도에 따라 주파수 대역별로 청력도에 표시한 것이다.

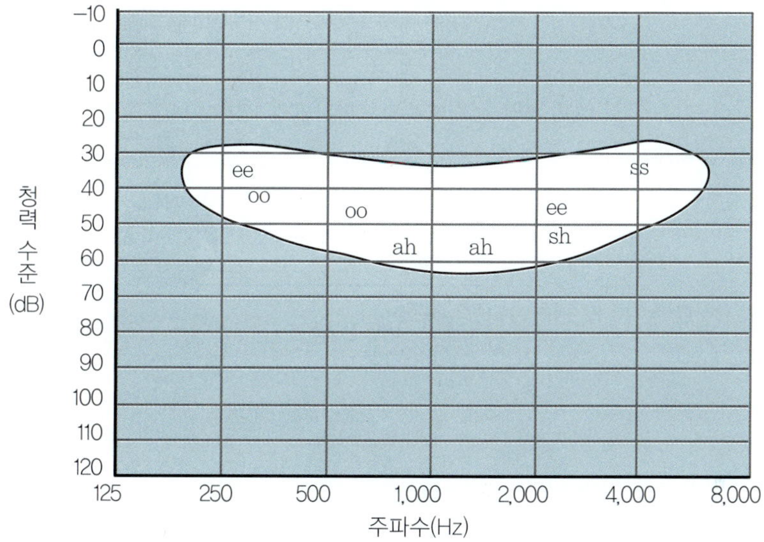

[그림 3-27] 5개음의 강도와 주파수

> **※ Ling 6개음**
> Ling 6개음은 Ling 5개음 검사에 /m/ 음을 추가하여 검사하는 것이다. 주파수는 약 250~8,000Hz 사이, 강도는 약 30~60dB 사이에 분포하는 대표적인 말소리이다.

2) 5개음 검사의 활용

A학생의 청력검사 결과는 [그림 3-28]과 같다. 청력도에 A-A로 표시된 것은 보청기를 착용한 상태에서의 청력역치이며, 청력도 'b'는 보청기의 재적합과 학생의 청각 특성에 맞는 새 이어 몰드(ear mold)로 교체한 후의 검사 결과이다.

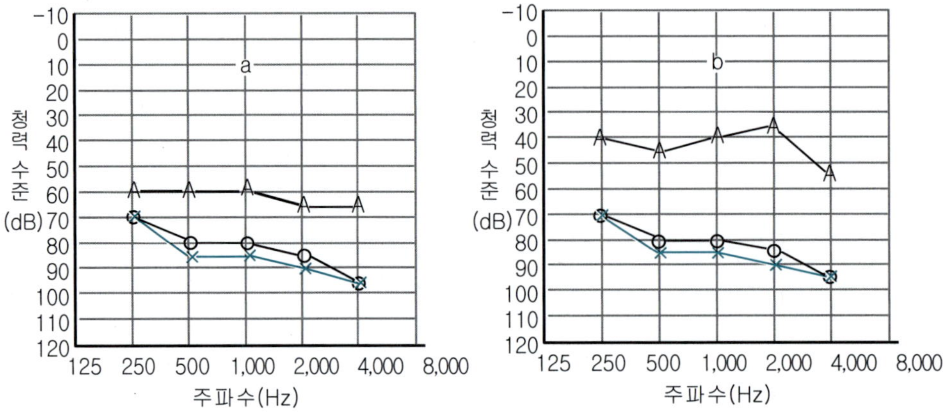

[그림 3-28] A학생의 청력도 (a: 보청기 조정 전, b: 보청기 조정 후)

출처: 이규식 외(2006). p. 35.

▶청력도에 의한 예측

- 학생의 청력역치는 250Hz에서 가장 좋으며(70dB), 4,000Hz에서 가장 나쁘다(95dB).
- 학생은 일반적으로 저주파수 대역에서의 청취는 가능하나, 고주파수 대역에서의 청취는 곤란을 겪을 것이다. 또한 보청기를 착용한 후에도 청력 수준이 크게 개선되지 않았다. 보청기의 평균적인 음향 이득에 비추어 너무 작은 증폭으로 보인다.

▶5개음 검사에 의한 예측

- 학생의 청력은 1,000Hz에서만 어음 청취 가능 범위에 들어가 있으므로 5개음 검사의 /a/음만 들을 수 있으며, /s/음의 청취는 곤란할 것이다.

▶발성·발화지도를 위한 조치

- 보청기를 재조정하고 특히, 2,000Hz의 음향 이득이 가능하다면 10dB 정도 낮춘다.
- 4,000Hz에서의 청취 역치는 약 55dB이므로 /s/음을 들을 수 없다. 10~20dB 정도의 음향 이득이 더 필요하며, 시각 및 촉각을 활용하여 지도하는 것이 효과적이다.

다음은 청각장애 학생 A의 청능평가 결과를 바탕으로 두 교사가 나눈 대화의 일부이다. 밑줄 친 ㉠의 종류와 괄호 안의 ㉡에 해당하는 음의 강도(dB) 범위를 순서대로 쓰시오. (단, 음의 강도는 약 1.8 m의 거리에서 대화할 경우를 기준으로 할 것.) [2점]

통합학급 교사: 학생 A의 어머니가 청력검사 결과지를 보여주시면서, 학생 A가 일상생활에서 들을 수 있는 듣기 수준을 알 수 있다고 하셨어요. 어떤 검사인가요?

특수 교사: 어음명료도 검사입니다. 가장 듣기 편안한 소리 강도로 제시된 말소리를 얼마나 정확히 이해하는지 측정하는 검사로, ㉠ 검사음이 들릴 때마다 소리 내어 따라 말하거나 소리 나는 대로 종이에 쓰는 검사입니다.

… (중략) …

통합학급 교사: 그럼, 말소리를 사용해서 듣기 수준을 알 수 있는 다른 검사도 있나요?

특수 교사: 네. 말소리를 사용하는 검사 중에는 모든 말소리를 검사하는 대신에 6개의 말소리만을 가지고 주파수 대역의 청취 능력을 알 수 있는 링(D. Ling)의 6개음 검사를 많이 사용합니다.

통합학급 교사 : 6개의 음이 무엇인가요?

특수 교사: 6개의 말소리는 /i/, /u/, /a/, /ʃ/, /s/, /m/으로, 일반적으로 '약 250~8,000Hz 사이의 주파수 대역'과 '약 (㉡) dB 사이의 강도'에 분포하는 대표적인 말소리입니다.

임용시험 기출문제

(가)는 청각장애 학생 P의 순음청력검사 결과이고, (나)는 어음청취역치검사 결과이다. (다)는 어음명료도검사 결과와 그 실시 방법이다. 〈작성 방법〉에 따라 서술하시오. [4점]

(가) ㉠ <u>순음청력검사</u> 청력도

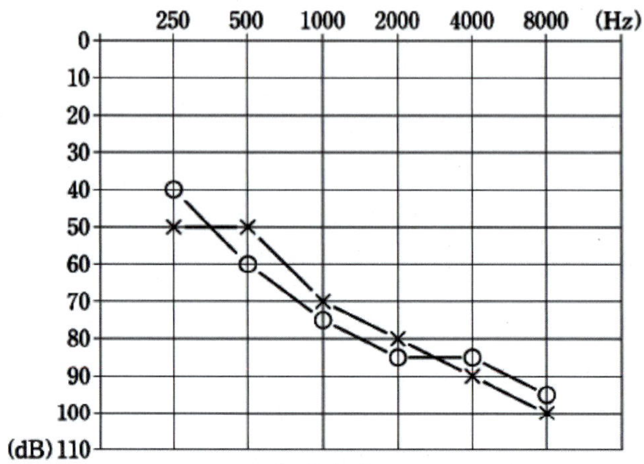

〈사용기호〉

	좌측	우측
기도	×	○

(나) ㉡ <u>어음청취역치검사</u> 결과

좌측 귀검사	양양격 단어 맞춤(○), 틀림(×)					정반응률 (%)
80dB	농촌	필요	의견	싸움	육군	100
	○	○	○	○	○	
75dB	행복	물건	글씨	지금	약국	80
	○	○	×	○	○	
70dB	둘째	건설	느낌	동생	자연	60
	○	×	×	○	○	
65dB	사람	산문	종류	오빠	송곳	40
	×	×	×	○	○	
60dB	약속	안녕	물건	통일	뚜껑	20
	×	×	○	×	×	

(다) 어음명료도검사 결과

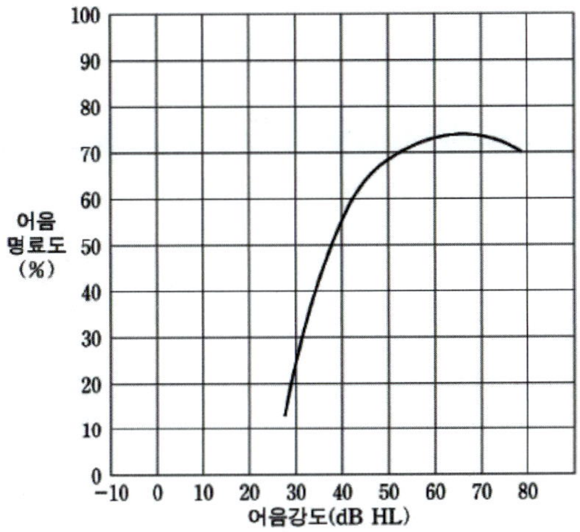

● **어음명료도검사의 실시 방법**

① 피검자에게 어음을 들려주면서 이를 소리내어 말하거나 받아쓰게 한다.

② 피검자가 검사 방법을 이해했는지 확인한다.

③ 청력이 좋은 쪽 귀부터 시작한다.

④ 어음청취역치보다 30~40dB 더 큰 강도 또는 (㉢)(으)로 자극음을 제시한다.

⑤ 정확히 들은 검사 어음의 수를 백분율로 산출한다.

- (가)의 청력도를 보고 학생 P의 좌측 귀 기도청력 평균역치를 쓸 것. (단, 6분법으로 계산하고, 소수점 이하가 나올 때는 버릴 것.)
- (가)의 ㉠과 (나)의 ㉡의 실시 목적을 비교하여 서술할 것.
- (다)의 괄호 안의 ㉢에 해당하는 용어를 쓸 것.

임용시험 기출문제

(가)는 청각장애 학생 H와 I가 보이는 특성의 일부이고, (나)는 교육 실습생이 작성한 지도 계획이다. 〈작성 방법〉에 따라 서술하시오. [4점]

(가) 특성

학생	유형	특성
H	감각신경성 난청 : (㉠)	… (상략) … • 어음명료도검사 : 양측 귀 70dB HL에서 PB max 40% • ㉡ 말림현상이 관찰됨 • 청각보조기기를 착용하고 있지 않음 • 현재 수어로 의사소통 하는 것을 배우고 있음
I	혼합성 난청	… (상략) … • 유발이음향방사 : Fail(관찰되지 않음) • 4세부터 양쪽 귀에 귀걸이형 보청기를 착용하고 있음 • 독화와 지문자로 의사소통을 함

(나) 지도 계획

학생	지도 계획
H	• 학생이 잘 볼 수 있도록 정면에서 수어를 한다. • ㉢ 적절한 수어 표현이 없을 때에는 지문자를 사용한다. • ㉣ 청능 훈련 시 변별 단계에서는 소리 자극의 차이가 적은 두 개의 소리부터 시작한다.
I	• FM 보청기를 보조기기로 지원한다. • ㉤ 학생을 부를 때는 멀리서 큰 소리로 부르기보다는 가까이 가서 부른다. • ㉥ 수업에 잘 참여할 수 있도록 음성 자막 변환 애플리케이션(application)을 지원한다. • ㉦ 교실의 신호 대 잡음비(SNR)를 최소 −10에서 −15 정도로 유지하여 말소리 이해력을 높인다.

〈작성 방법〉

- (가)의 괄호 안 ㉠에 해당하는 난청의 유형을 [A]를 참고하여 쓰고, 밑줄 친 ㉡을 최대 명료도(PBmax)와 관련지어 설명할 것.
- (나)의 밑줄 친 ㉢~㉦ 중 틀린 것 2가지를 찾아 기호와 함께 바르게 고쳐 각각 서술할 것.

Chapter 04

중추청각처리장애

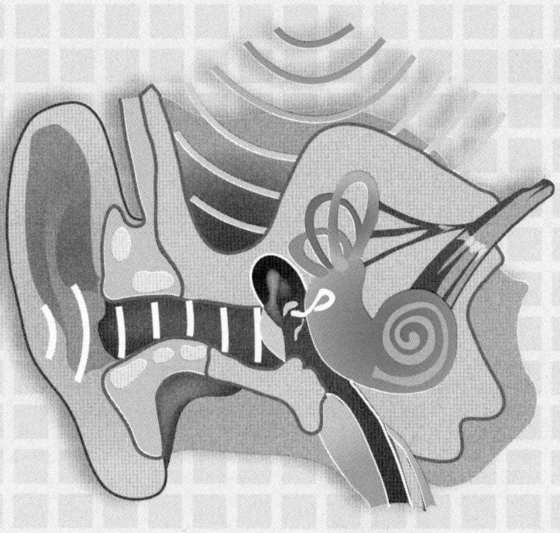

1 중추청각처리장애의 정의

2 중추청각처리장애의 평가

3 중추청각처리장애의 특성

4 중추청각처리장애의 중재 방법

학습목표

1. 중추청각처리장애의 정의를 이해할 수 있다.
2. 중추청각처리장애의 원인과 진단을 통해 개념을 이해할 수 있다.
3. 중추청각처리장애의 특성과 중재 방법에 대해 알아본다.

생각나누기

• 중추청각처리장애의 개념에 대한 이해

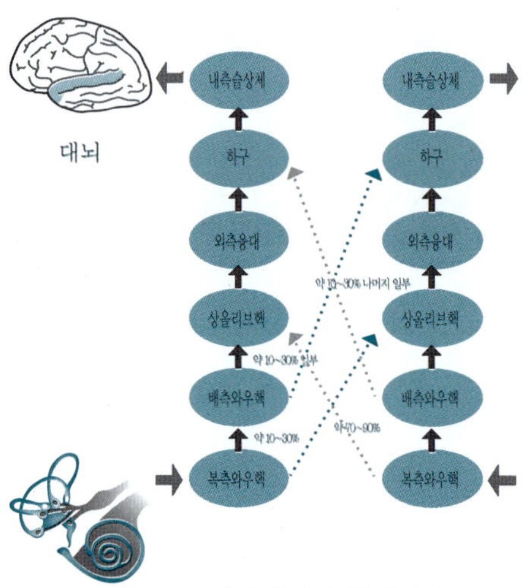

뇌간에서의 청각전달로

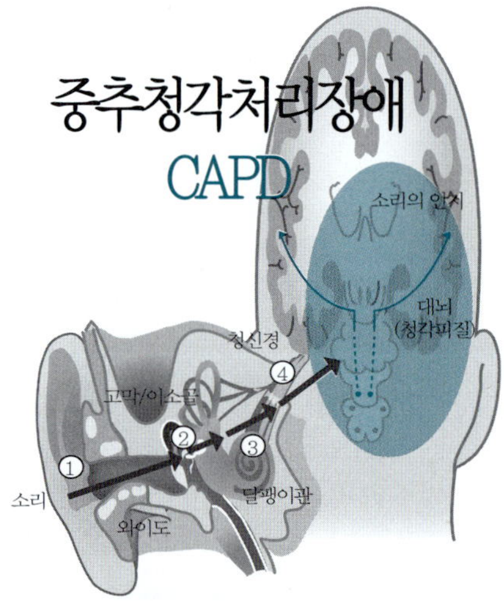

중추청각전달로
(central afferent pathway)

출처: https://blog.naver.com/ksstarkey

우리의 뇌세포는 약 140억 개이며, 하나의 세포에는 1만여 개의 시냅스(synapse)가 부착되어 있다. 노화에 의해 세포체(cell body)는 괴사하며, 수상돌기(dendrite)는 짧아지며 시냅스도 소실된다. 아동의 경우에는 이 신경 수초들이 미성숙으로 인해, 노인의 경우에는 이것의 손상으로 인해 문제가 발생하기도 한다. 이 같은 신경 수초의 감소는 전기 신호로 전달되는 청각정보가 감소할 수 있음을 의미한다.

• 중추청각처리장애란 무엇일까? •

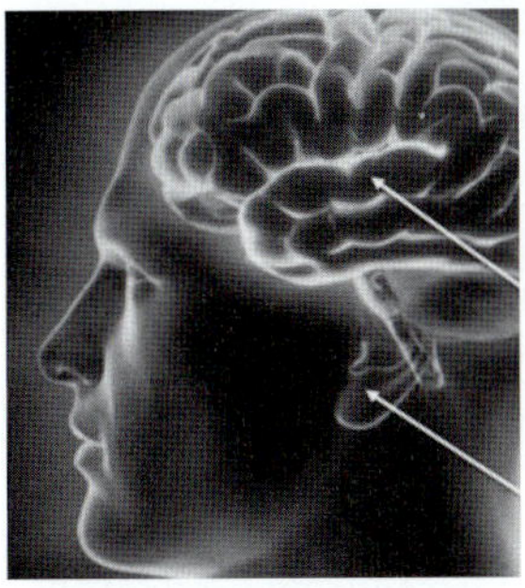

중추청각처리 능력은 귀로 들어온 청각신호가 뇌로 전달되는 과정에서 소리의 의미를 제대로 이해하는 능력을 뜻한다.

그러나 이러한 **중추청각처리** 능력에 이상이 생기면 시끄러운 상황에서 소음과 말소리를 구분하지 못해 의사소통을 힘들어하고, '발·밤·밥' 등 비슷한 소리를 구별하기 어려워 자주 되묻고, 또한 소리의 방향성을 모르는 등의 증상을 **'중추청각처리장애'**라고 한다.

• 중추청각처리장애에서 고려해야 할 점은 무엇인가?

첫째, 말초청각의 문제가 아니어야 한다. 따라서 기존의 전음성 난청이나 감각신경성난청과 구분되어야 한다. 예를 들면 한쪽 귀는 정상이고 다른 한쪽 귀가 심한 감각신경성 난청인 경우에도 소리의 방향성을 구분하기가 어려울 수 있는데 이럴 경우에는 중추청각처리장애라고 하지 않는다.

둘째, 인지적으로 정상범주에 있어야 한다.

셋째, 다른 장애와 구분해야 한다. 즉 언어장애, 인지장애, 학습장애와 중추청각처리장애는 다르다.

넷째, 아동의 경우에는 성숙도와 언어발달에 영향을 받으므로 적어도 6세 이후에야 진단이 가능하다.

다섯째, 유사한 다른 장애와의 구분을 명확하게 하기 위해 다학문적이 접근이 이루어져야 한다. 따라서 다른 장애진단보다 평가해야 할 내용이 많고 재활에서도 여러 분야의 접근이 필요하다.

다시 말하면 말초청각에 이상이 없고 인지적으로도 장애가 없는 경우로서 위의 5가지 중에 1개 또는 1개 이상에 중추청각처리에 어려움이 있는 경우이다.

출처: 서울아산병원 이비인후과 안중호 교수 강의내용 중에서

중추청각처리장애와 연령에 따른 문제를 살펴본다면, 중추청각신경계는 12세에서 15세까지 지속적으로 성장하다가 60세를 전후로 축소되기 시작한다. 이와 같은 해부생리적 변화는 청각정보를 받아들이고 처리하는 것이 어려울 수 있으며 처리 속도가 늦어지게 되는 원인이 되기도 한다.

1 중추청각처리장애의 정의

중추청각처리장애(CAPD; Central Auditory Processing Disorder)란 중추청각신경계와 지각 기능의 장애를 말하며, 또는 청각처리장애(APDs; Auditory Processing Disorders)로 부르기도 한다. 중추청각신경계의 청각정보에 대한 처리 능력의 결함으로 소리의 방향 및 측분별, 청각변별, 청각정보의 시간적 양상, 경쟁 음향 신호에 대한 청각수행력, 불명료한 음향 신호에 대한 청각수행력 중 한 가지 이상에서 결함을 보이는 경우로 정의된다(Jerger & Musiek, 2000; ASHA, 2005a).

중추청각처리장애의 결함적 특징은 다른 감각에서는 나타나지 않고 청각에서만 나타나거나 청각에 우세하게 나타나는 특성이어야 하며, 말초청각장애와 구별하는 특징은 다음과 같다.

- ▶중추청각처리장애: 뇌간에서 대뇌 청각피질의 중추청각계에 병변으로 말초에서 전달된 청각 정보를 전달, 분석, 종합하는데 어려움을 겪는 청각장애를 말한다.
- ▶말초청각장애: 중이염이나 고막 천공으로 인한 전음성 난청과 소음, 약물, 노화 등으로 인한 감각신경성 난청이 해당되며, 소리를 감지하고 전달하는 외이, 중이, 내이 그리고 청신경까지의 청각 손실이 해당된다.

중추청각처리장애는 넓은 의미로는 중추청각처리에 있어서 중추신경계가 청각정보를 이용하는 효율성과 효과를 나타내며, 좁은 의미로는 중추신경계에서 청각정보의 지각 처리와 그 처리의 기초가 되며, 전기생리학적 청각 잠재력을 발생시키는 신경생리학적 활동을 의미한다. 즉, 음의 측분별(sound localization), 편재화(lateralization), 청각변별, 청각정보의 시간적 양상(temporal aspects of audition)인 시간적 통합, 시간 간격 감지, 청각 순서화, 시간적 차폐와 같은 청각의 시간적 처리, 경쟁 음향 자극에서의 청각수행력, 불명료한 음향 자극에 대한 청각수행력 가운데 한 가지 이상에서 문제가 있는 경우를 말한다(ASHA, 2005a; 고은, 2017).

중추청각처리의 어려움은 단독적인 문제로 나타날 수 있지만 언어, 인지, 주의, 기억 등 상위 처리 과정에 영향을 줌으로써 언어장애, 읽기장애, 학습장애, 주의력결핍 과잉행동장애(ADHD; Attention Deficit Hyperactivity Disorder)등의 원인이 되어 이러한 장애와 동반되는 문제로 나타날 수도 있다(한국청각학교수협의회, 2017).

미국언어청각협회(ASHA)에서는 다음과 같이 여섯 가지 영역에서 문제를 보인다고 정의하고 있다(ASHA, 2005a).

① 어느 방향에서 소리가 나는지를 구분하는 것이 어렵다.
② 소리를 듣고 그 말소리가 무슨 내용인지를 변별하기가 어렵다.
③ 소리의 리듬이나 높낮이 등을 인식하는 것이 어렵다.
④ 소리 정보의 시간적 측면을 파악하는 것이 어렵다.
⑤ 양쪽 귀로 동시에 각기 다른 소리를 각각 분명하게 인지하는 것이 어렵다.
⑥ 청각정보가 충분하지 않을 경우에도 이것을 통합하는 것이 어렵다.

중추청각처리장애는 외이에서부터 와우 그리고 청신경을 포함한 말초청각기관(peripheral auditory organs)은 정상이지만 중추청각신경계(central auditory nervous system)에 문제가 있는 경우를 말한다. 중추청각신경계는 와우핵에서 시작하여 청각피질까지 청각정보 전달이 이루어지는 과정으로 와우핵(cochlear nucleus), 상올리브핵(superior olivary), 하구(inferior colliculus), 내측슬상체(medial geniculate body) 등이 대표적인 중추청각경로에 해당한다.

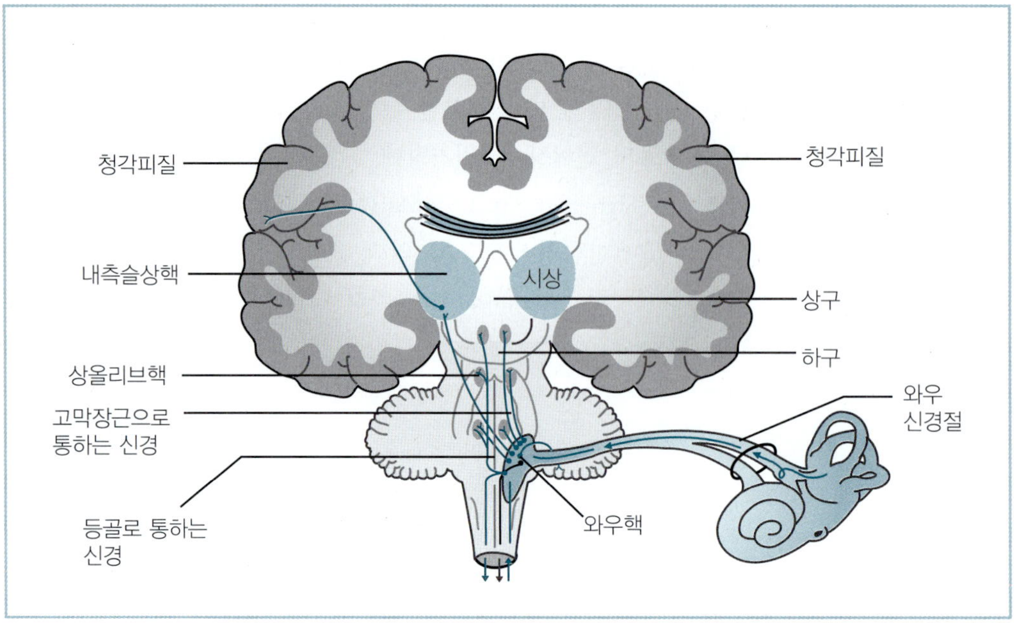

[그림 4-1] 청각신경로

출처: 고도홍(2017). p. 355.

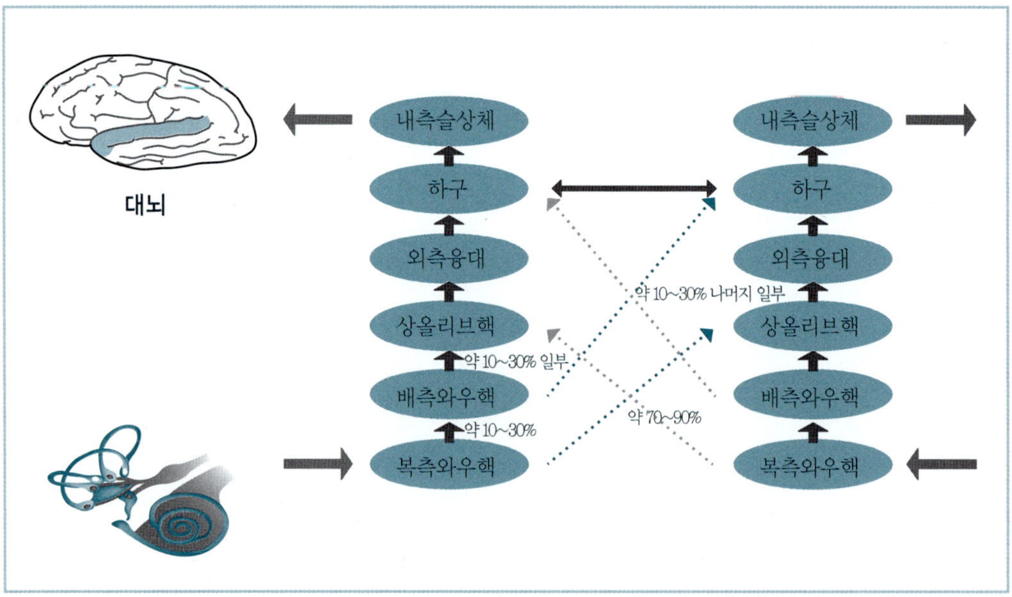

[그림 4-2] 중추청각신경로

출처: http://blog.naver.com/ksstarkey

청신경은 코르티 기관의 유모세포 기저부에서 시작하며, 청신경 섬유는 나선신경절에서 뉴런을 거쳐 뇌교(pons)의 외측부로 들어가서 와우신경핵에 연결된다. 와우신경핵은 전복측, 후복측, 배측의 세 부분으로 나뉘어 있는데, 배측와우신경핵은 정중선을 지나 반대측의 올리브핵에서 연접하고, 상행 도중에 일부는 하구로 일부는 내측슬상체에서 각각 연접을 교체하여 측두엽 대뇌피질의 일차 청각피질에 도달한다([그림 4-1] 참조). 이처럼 청각신경로를 따라 전달되는 청각정보는 적어도 5~6회의 연접 과정을 거치며, 양쪽 귀에서 전달되는 정보를 비교하는 것은 내측상올리브핵을 비롯한 뇌의 여러 부위에서 시행된다. [그림 4-2]는 중추청각신경로를 단순화한 도식이다(고도흥, 2017). 신경계의 병리에 따른 청각중추 손상부위와 기능은 다음 〈표 4-1〉과 같다.

〈표 4-1〉 청각중추 손상 부위와 기능

부 위	기 능
와우핵	동 측 듣기와 반대 측 듣기의 문제, 방향 정위 및 양이 통합의 어려움
상올리브핵	음원 확인 및 변별의 어려움
외측융대	배경 소음에서 듣기, 음원 확인의 어려움
하구/내측슬상체	청각 주의 집중, 청각 처리 속도 조절, 청각정보 선별의 어려움
헤셀회(일차 청각피질)	소리 패턴 지각 및 처리의 어려움
베르니케 영역	말소리 지각의 어려움

출처: 고은(2017). 재인용.

2 중추청각처리장애의 평가

1. 중추청각처리장애의 원인 및 출현율

중추청각처리장애는 중추청각신경계의 직접적인 손상이나 신경생리학적 결함 또는 신경 성숙도 차이 등에 의해 야기된다. 중추청각신경계의 종양, 다발성 경화증, 두부 손상, 뇌혈관장애, 대사성장애, 대뇌 기형 등이 중추청각처리장애의 원인이 될 수 있고, 신경 성숙 지연, 노화 등 중추청각신경계의 변화와 기능에 영향을 미칠 수 있다.

중추청각처리장애는 생애 전 주기에 걸쳐 나타나며, 학령기 아동의 대략 2~5%와 노인의 약 2~76%가 중추청각처리장애로 인한 영향을 받고 있는 것으로 보고되고 있다(Golding et al., 2004; Bamiou, Musiek, & Luxon, 2001; Cooper & Gates, 1991).

2. 중추청각처리장애의 평가

중추청각처리장애 진단과 재활을 위한 평가 절차는 중추청각처리의 어려움으로 인해 대상자에게 우선 선별검사를 실시하여 중추청각처리장애 위험군인지 선별하고, 그 여부에 따라 심화된 진단평가를 실시한다. 중추청각처리는 언어, 인지, 학습, 기억, 주의 집중 등의 상위 처리 과정과 매우 밀접하게 연관되어 있어 있으며, 나타나는 행동 특성에서도 중복되는 부분이 많다(허승덕, 2016; 김진동 외, 2015; 윤민호, 장현숙, 2014; 김규상 외, 2014).

중추청각처리장애의 진단은 주관적 평가에 의존하는 경우가 많으며(김유경 외, 2008), 국내에서 많이 사용하고 있는 선별검사로서 피셔 청각행동 체크리스트(FAPC; Fischer's Auditory Problems Checklist)와 청각행동척도(SAB; Scale of Auditory Behaviors)가 있다(고은, 2017). 진단평가는 개인사 수집, 말초청각 검사, 중추청각처리행동 검사, 전기생리학적 검사 순으로 실시한 후 검사 결과에 대하여 상담하며, 후속 중재 및 재활을 계획하고 실행한다(한국청각학교수협의회, 2017).

중추청각처리장애의 진단 기준으로 아동의 경우 중추청각처리장애와 주의력결핍 행동과잉장애, 학습장애, 의사소통장애 등을 감별하기 어려운 경우가 많다. Keith(2000)에 따르면 다음 열한 가지 증상 중 적어도 네 가지를 만족하고 증상이 6개월 이상 지속되는 경우에 중추청각처리장애에 해당된다고 말할 수 있다(고은, 2017; 정종우, 안중호, 2005).

① 정상 청력에도 불구하고 말초성 난청이 있는 듯이 행동한다.
② 언어 소리를 구별하는 능력이 소실된 것처럼 청각 구별에 어려움이 있다.
③ 말소리를 기억하고 처리하는데 어려움이 있다.
④ 주변 소음 속에서 언어를 이해하는데 어려움이 있다.
⑤ 청각정보를 기억할 수 없거나 다양한 지시를 따를 수 없는 등 청각 기억에 어려움이 있다.
⑥ 언어 평가와 정신 교육 평가를 통해 청각 의존 영역의 약화가 나타난다.
⑦ 혼란스럽거나 피곤한 상황에서 청각정보에 대한 주의력 감소가 보이는 청취 능력의 약화가 보인다.
⑧ 청각정보에 부적절한 반응을 보이거나 모순된 청각 인식을 보인다.
⑨ 수용언어와 표현언어 사이에 모순을 보이는 언어장애가 있다.
⑩ 친하지 않은 사람과 대화에서 빠른 말을 이해하는데 어려움을 보인다.
⑪ 언어 구사에서 목소리가 좋지 않고, 음정이나 박자의 인식에 어려움이 있다.

1) 선별검사

선별검사는 중추청각처리장애 위험군에 있는 대상자들을 확인하여 진단검사에 의뢰하고, 의료적 처치가 필요한 상황을 확인하는 것이다. 아동의 불안, 스트레스 등 부정적인 심리 요소들을 최소화할 수 있다.

(1) 질문지 및 체크리스트

국내에서 많이 사용되고 있는 질문지 및 체크리스트를 소개하면 Fisher(1976)의 청각행동 체크리스트(FAPC)가 있다. 또한 아동청각처리수행척도(CHAPPS; Children's Auditory Processing Performance Scale)는 다양한 조건에서 청각 행동 특성을 관찰할 수 있도록 개발되었다(Smoski, Brunt, & Tannahill, 1992). 아울러 앞서 언급한 청각행동척도(SAB)는 중추청각처리장애를 선별하기 위한 목적으로 개발되었다(Schow et al., 2006). 이 같은 검사들이 중추청각처리장애 선별을 위해 널리 사용되고 있다.

〈표 4-2〉 중추청각처리장애 선별을 위한 질문지 및 체크리스트

질문지	문항 수/척도	대상	평가 내용
피셔 청각행동 체크리스트 (FAPC)	25문항/2점 척도	5~11세	청각 연합, 청각변별, 청각 확인, 주의 집중 기간, 청각 이해, 청시각 통합, 청각 종결, 방향성, 장단기 기억, 순차적 기억, 배경 소음 속 듣기, 동기 유발, 청력, 청각수행력, 인지, 말 언어 문제
아동청각처리 수행척도 (CHAPPS)	36문항/7점 척도	6~12세	소음 상황, 조용한 상황, 이상적 상황, 다중 정보 입력 조건, 청각 기억 및 순서화, 청각 주의 집중 기간
청각행동척도 (SAB)	12문항/5점 척도	8~11세	소음 상황, 청각수행력, 주의 집중, 청각 이해, 배경 소음 속 듣기, 청각변별, 학습, 순차적 기억, 청각 확인

2) 진단평가

(1) 문진

문진(history taking)은 중추청각처리 검사의 선정, 해석과 중재를 위해 유용한 정보를 알 수 있다. 개인의 연령, 인지, 주의 집중, 동기 유발, 기억, 언어 능력, 말초청각 손실 등과 같은 요인들은 검사의 선정, 해석과 중재 과정에 많은 영향을 주기 때문에 진단검사를 실시하기 전에 문진에 대한 정보를 주의 깊게 살펴보아야 한다.

(2) 말초청각 평가

중추청각처리 검사는 말초청각장애에 의해 영향을 받으므로 중추청각기능 평가에 선행하여 순음청력검사(PTA; Pure Tone Audiometry), 어음청력검사(SRT; Speech Recognition Threshold), 이미턴스검사(immittance), 이음향방사검사(OAE; Otoacoustic Emission) 등을 실시하여 말초청각의 손실 여부를 평가해야 한다.

(3) 중추청각처리 행동 검사

중추청각신경계의 병변 및 기능에 대한 전반적인 평가가 이루어지기 위해서는 최소한 5개 검사 영역에서의 행동 검사들을 포함해야 한다(ASHA, 2005b; AAA, 2010). 5개 행동 검사 영역은 청각정보의 시간적처리 검사(temporal processing tests), 이분청취 검사(dichotic tests), 편이저잉여성 검사(monaural low-redundancy tests), 양이상호작용 검사(binaural interaction tests) 및 청각변별 검사(auditory discrimination) 등이 있다.

(4) 전기생리학적 검사

전기생리학적 검사들은 언어, 인지 및 다른 잠재적 복합 체계와의 연계성이 적고 중추청각신경계의 다양한 수준을 검사할 수 있으므로 중추청각처리장애 진단에서 중요한 역할을 한다. P-300 검사의 경우 중추청각신경계의 병변에 대한 민감도가 80% 이상이며, 중추청각처리장애를 가진 아동이나 성인에게서 더 긴 P-300 잠복기를 보인다. 이 검사는 청각, 시각, 촉각 자극을 사용할 수 있으므로 이러한 자극에 대한 규준화를 통하여 처리 능력 결함에 대한 다른 자극과 청각 자극에 대한 특이성을 검사할 수 있다.

3 중추청각처리장애의 특성

1. 중추청각처리 기능

중추청각처리에 문제를 보이는 아동들은 언어와 학습 문제들에 더해 행동적, 정서적, 사회적 문제들을 가질 가능성이 높다. 의사소통 결함과 관련된 학습의 어려움은 자존감 발달과 자아감에 부정적인 영향을 줄 수 있다.

1) 음의 측분별 및 편재화

음의 측분별이란 음원(sound source)에 대해 청자가 음성의 방향이나 거리를 짐작하는 것을 말하는데, 음의 측분별에 어려움을 갖는 사람의 경우에는 자기 이름을 어느 방향에서 부르는지를 모르거나 혹은 길을 건널 때 들리는 자동차의 경적 소리가 어느 방향인지를 모르는 경우를 말한다. 편재화는 이어폰을 통해 양측 귀에 들어온 소리의 좌우 방향을 판별할 수 있는 능력을 말한다.

2) 청각적 변별

청각적 변별(auditory discrimination)은 귀에 들어오는 청각적 자극 간의 차이를 변별하는 능력을 말하는데, 청각적 변별에 문제가 있을 경우에 비슷하게 들리는 소리나 음소들을 구별하는데 어려움을 갖는다. 초분절적(suprasegmental) 측면에서는 단어의 강세, 억양, 길이, 장단 등의 차이를 변별하는 것을 말하며, 분절적 측면에서는 말소리를 변별하는 능력을 말한다(Lauer, 2001).

3) 청각패턴 인식

청각패턴 인식(auditory pattern recognition)은 첫째, 연속적으로 들리는 일정한 톤이나 리듬을 인식하는 것이다. 언어의 운율과 리듬적 요소를 인식하는 것은 단어 인식, 단어 형성 그리고 문법 규칙을 배우는데 전제 조건이 되기 때문이다(Penner, 2002). 둘째, 소리의 높낮이에 대한 인식을 말하는데, 이러한 문제가 있을 경우에는 소리의 변화(고음–저음–고음)를 가지는 구어로 명명하는 과제에서 어려움을 보인다(Noffsinger, Martinez, & Wilson, 1994).

4) 시간적 처리

시간적 처리(temporal processing)는 청각정보에 대한 시간적인 처리 능력을 말한다. 시간적 통합(integration)은 서로 다른 음향 자극이 양쪽 귀에 동시에 들리는 경우에 우리 귀가 2개의 다른 음향 신호를 각각 하나의 신호로 처리하는 것을 말한다. 시간 간격 감지(gab detection)는 음이 끊어지는 것을 탐지하는 능력을 말하며, 청각 순서화(temporal ordering)는 입력된 청각정보의 순서를 정확하게 기억하는 것을 말하며, 2개의 서로 다른 소리를 들려주고 어느 쪽 귀에서 먼저 소리를 들었는지를 아는 것을 말한다.

2. 중추청각처리장애의 행동 특성

중추신경계에서 청각정보의 처리는 중추청각신경계의 경로를 따라 연속적이면서 병렬적인 처리 과정을 거치면서 이루어지고, 다른 감각이나 상위 처리 과정들과 공유하여 처리됨으로 그 기전과 처리 과정에 따라 다양한 행동 특성으로 나타난다. 중추청각처리장애는 하나의 질환이라기보다는 기능적 측면에서의 결함이라는 점에서 독립적으로 나타날 수도 있고, 다른 장애와 함께 복합적으로 나타날 수도 있다.

중추청각처리장애에서 자주 나타나는 행동 특성들은 메시지 이해의 어려움, 구두 자극에 대해 모순되거나 부적절한 반응, 주의 집중의 어려움, 방향 분별의 어려움, 읽기, 쓰기 및 학습의 문제, 음원 찾기의 어려움 등이 포함된다.

1) 청지각의 문제

청지각(auditory perception)은 귀를 통해 들어오는 정보가 무엇인지를 아는 것을 말한다. 즉, 청지각은 단순히 듣는 것을 의미하기보다는 귀를 통해 들리는 것이 무엇인지를 파악하고 중추청각신경계를 통해 처리되는 과정을 말한다. 청지각 과정은 중추청각경로를 통해서 처리된 소리의 음도, 강도, 음색, 위치 등에 관한 정보를 종합하여 인식하는 하나의 정보처리 과정이다.

2) 주의력 결핍

주의력결핍장애를 가지고 있는 아동은 지속적인 주의력이 부족하여 부모나 교사가 하는 말에 잘 집중하지 못하는 경향을 가진다. 주의력결핍장애와 중추청각처리장애를 가지고 있는 아동들은 다음과 같은 특성을 보인다(고은, 2017).

① 특정 주파수나 혹은 소리 크기에 대한 민감도가 높아서 청각 과민 현상을 보인다.
② 비슷한 음소를 변별하는데 어려움을 가진다.
③ 청각적 자극을 처리하는데 시간이 많이 걸린다.
④ 소리가 나는 방향을 잘 구분하지 못한다.
⑤ 양쪽 귀에 동시에 서로 다른 소리가 들리면 이해하는데 어려움을 가진다.
⑥ 주변에 배경 소음이 발생하면 들어야 할 소리에 집중하는데 어려움을 가진다.
⑦ 말소리가 불분명하거나 끊기면 대화 메시지를 이해하는데 어려움을 가진다.

3) 낮은 학업수행 능력

중추청각처리장애 아동의 많은 경우에 읽기, 쓰기에 문제를 보이거나 비슷한 철자를 혼돈하여 사용하는 경우가 많으며, 학습에 있어서 인과 관계에 대해 추론하는 데 많은 어려움을 가진다. 읽기, 쓰기에 장애를 보이는 아동 중 청각 처리에 문제가 있는 경우는 33%, 시각 처리와 함께 문제를 보이는 경우는 19%, 시각 처리만이 문제인 경우는 7%로, 약 52%의 아동이 청지각에 결함을 가지는 것으로 나타났다(Donczik, 1998).

4 중추청각처리장애의 중재 방법

1. 중재프로그램

중추청각처리장애는 듣기, 언어이해 및 발달, 학습 등과 밀접한 관련이 있고 장애의 결과가 다른 관련 장애에 영향을 미칠 수 있음으로 다학문적인 팀과 함께 포괄적인 재활이 실시되어야 한다. 중추청각처리장애의 재활은 청각정보를 사용하는 능력을 신장시키고 결함 부분에 대한 중재를 지속적으로 제공하는 것이 필요하다.

1) 청각통합훈련

청각통합훈련(AIT; Auditory Integration Training)은 청각 과민, 말소리 변별에 어려움을 갖는 언어장애, 자폐증과 다양한 심리 질환을 가지고 있는 대상자들을 위해 개발한 치료법이다. 두 가지 측면에서의 훈련 방법으로, 우선 '듣기 훈련'은 높은 주파수와 낮은 주파수를 모두 잘 듣게 하는 방법이다. 즉, 저음과 고음의 변화가 1,000Hz 위아래로 폭넓게 조절되는 음악을 불규칙적으로 0.25초에서 2초의 시간 간격으로 들려주는 것으로 이러한 변조 과정을 통해 뇌의 청각 유모세포들을 골고루 자극해서 소리의 민감도를 감소시키고 여러 가지 이상 행동을 개선할 수 있다(권명옥, 2002).

두 번째로 '소리 치료'에 중점을 두는 훈련 방법은 서로 다른 강도의 음악을 느린 속도로 한쪽 귀에서 다른 쪽 귀로 번갈아 가며 들려준다. 양쪽 귀로 소리를 듣는 능력을 향상시킬 수 있으며, 말소리에 대한 주의 집중력과 말소리에 대한 변별력 향상에도 도움을 준다.

2) 청지각훈련

청지각훈련은 들리는 소리가 무엇인지를 아는 것으로 소리를 지각한다는 의미이다. 읽기와 언어 처리에 어려움을 가진 대상자들에게 종합적인 음운 인식과 청각언어처리 프로그램으로 소리 인식, 조용한 상황과 소음 상황에서 소리 변별, 글자와 소리 연합, 배경 소음 유무에 따른 복잡한 지시 이해, 음과 단어 기억, 철자 읽기 및 이해를 강화하는 항목들로 구성된다(Wasowicz, 1996).

음운 인식(phonological awareness)은 산출된 낱말의 소리 구조(음운론적 구조)에 대한 개인의 인식을 의미한다. 어린 아동들의 음운 인식은 각운(rhymes) 짓기, 낱말의 첫 소리(두운) 알아맞히기, 낱말을 음소로 나누기와 같은 과제를 성공적으로 수행할 때 나타난다(김영태 외, 2012; Gillon, 2002).

청지각훈련은 지속적이고 반복적인 훈련(1회 15분씩/일주일 4회)을 통해 효과적인 결과를 가져올 수 있다(Blachman et al., 2000). 이 프로그램은 5~6세 아동에게 적용할 수 있으며, 소집단 아동들에게 집중적인 음운 인식을 위한 학습 방법으로 음운 인식, 음소 분절, 철자-소리 대응 활동 등을 포함한다.

▶ I 단계 : 청각적 자극에 주의 집중하기

• 가정, 교실 상황에서 관련 카드를 가리키고 이름을 말할 수 있는 활동
[예시 단어: 신, 발, 손, 문, 시계]
– 예문 1) 그림과 실제 사물을 짝지을 수 있다. 예) 신, 발, 손, 문, 시계
– 예문 2) 의문사 질문에 일상 사물의 이름을 말할 수 있다. 예) "이거 뭐야?"
– 예문 3) 마지막 글자에서 다른 소리가 나는 것은? 예) '발, 시계'
– 예문 4) '시계' 단어에서 첫 음절을 생략하면 무엇이 되지? 예) '계'

▶ II 단계 : 말소리 지각하기

– 예문 1) '신' 단어에서 /ㅅ/음을 빼면 어떤 단어가 되지? 예) '인'
– 예문 2) 다음 중에서 첫 글자가 다른 단어? 예) '발, 문'
– 예문 3) 첫 글자를 빼고 말하면? 예) '인, 알, 온, 운, 이계'

▶ III 단계 : 말소리 분리 및 합성하기

– 예문 1) '신' 글자를 분리하면 어떻게 되지? 예) 'ㅅ+ㅣ+ㄴ'
– 예문 2) 'ㅅ+ㅣ+ㄴ'을 합치면 어떻게 되지? 예) '신'

〈표 4-3〉 음운 인식 훈련 절차

단 계	주요 활동
I (1~3주)	• 음운 인식(각운이 있는 자장가 듣기) • 각운 산출(같은 각운을 보이는 낱말 말하기) • 각운 탐지(같은 각운을 보이지 않는 낱말 찾기) • 음절 생략(다음절 낱말에서 한 음절 생략하기)
II (4~10주)	• 독립 음소(낱말에서 소리 분리하기, 아동이 낱말의 조음 특징에 주목하게 하기) • 두운 탐지(다른 낱말들과 목표 음소를 달리하는 낱말 알아내기) • 음소 탐지(목표 음소를 빼고 낱말 말하기)
III (11~18주)	• 음소 분리 및 합성(낱말을 구성하는 음소를 확인하고 조작하기)

출처: Brady 외(1994). p. 154.

Chapter 05

보청기와 인공와우

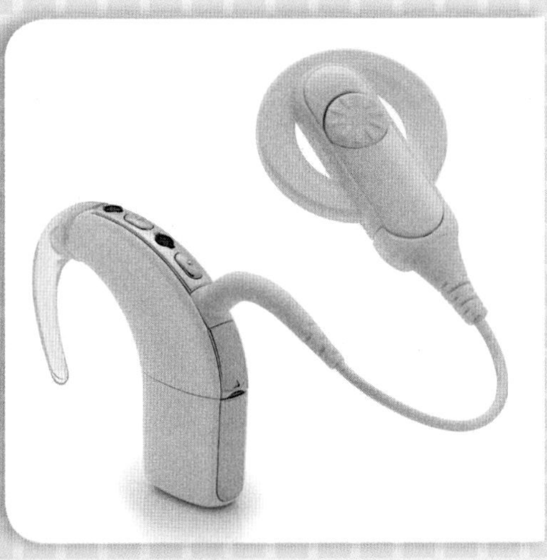

1 보청기의 기본 구조
2 보청기의 종류
3 보청기의 선택과 착용
4 보청기 사용 및 관리
5 인공와우의 구조와 기능
6 인공와우의 적합과 재활
7 인공와우를 바라보는 시각

학습목표

1. 보청기와 인공와우의 기본 구조를 이해할 수 있다.
2. 보청기 사용과 관리에 있어서 주의해야 할 사항을 이해할 수 있다.
3. 인공와우 관리상 유의 사항을 이해할 수 있다.

생각나누기

• 청각 보장구의 발전(과거와 현재)

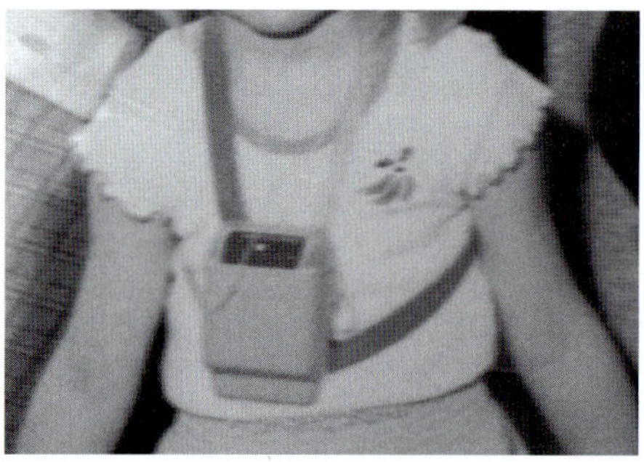

[과거 1980년대–박스형 보청기]

출처: https://www.mirror.co.uk

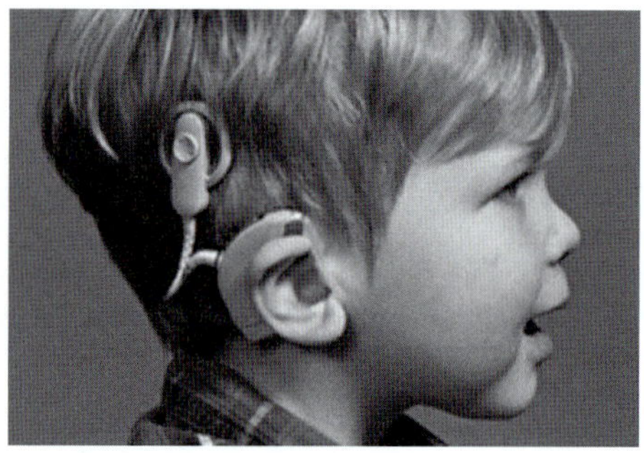

[현재 2000년대–인공와우와 조기교육]

출처: http://blog.naver.com

1980~1990년대 청각장애아동은 박스형 보청기를 주로 착용하였다. 그러나 첨단 공학의 급속한 발전으로 2000년대부터는 인공와우로 급속히 대체되고 있다. 하지만 인공와우는 수술만으로 청인학생처럼 완벽하게 듣지 못한다. 언어치료와 청능치료를 중장기적으로 꾸준히 받아야 하고, 이를 위해서 엄청난 시간과 돈이 투자되어야 한다. 인공와우는 과연 청각장애학생의 청력을 완벽하게 보상하는 만능 보장구일까?

● 보청기와 인공와우의 차이점 ●

가장 큰 차이점은 보청기는 증폭된 소리를 고막으로 들려주며 인공와우는 달팽이관에 직접 전기 신호를 보낸다는 점이다.

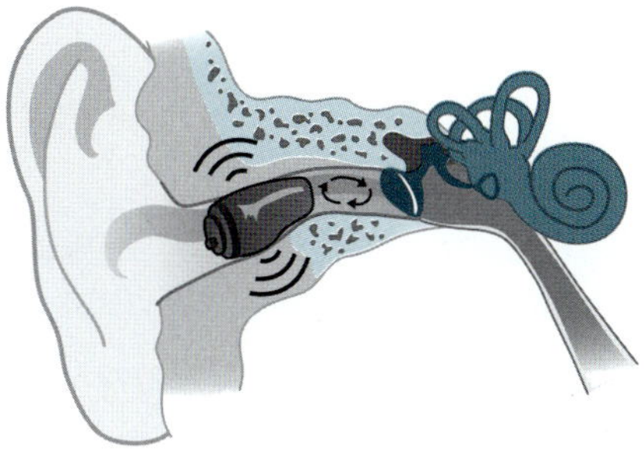

[보청기 소리 전달]

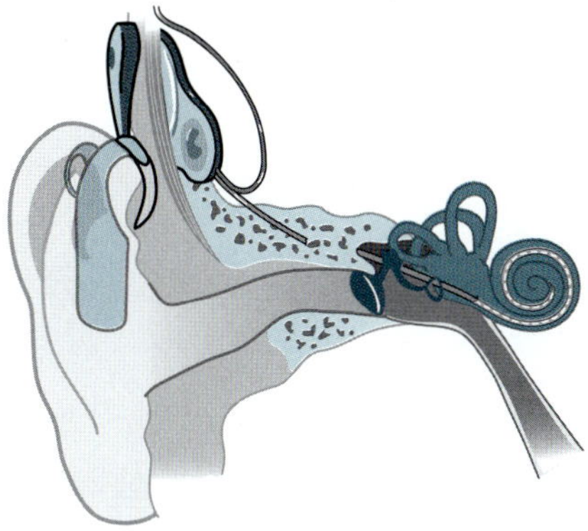

[인공와우 소리 전달]

▶ 보청기는 외부기기로만 구성되어 있으며 기본적으로 소리를 전기 신호로 바꿔주는 마이크, 바뀐 전기 신호를 증폭하는 증폭기, 증폭된 전기 신호를 소리로 바꿔주는 스피커로 이루어져 있다. 또한 귓속으로 스피커 부분을 넣어 사용한다.

▶ 인공와우는 귀의 손상된 부분을 우회하여 뇌로 소리를 전달한다. 인공와우는 크게 두 부분으로 귀 뒤쪽 피부에 이식하는 내부 장치와 수술 후 귀 바퀴 뒤에 착용하는 외부 장치인 어음처리기로 구성되어 있다.
내부 장치 삽입을 위해 외과적 수술이 필요하고 수술 후 머리 뒤쪽으로 외부 장치인 어음처리기를 붙여야 한다.

※ 보청기(hearing aid)와 코클리어 인공와우(cochlear implantation) 수술은 모두 청각장애가 있는 사람들에게 효과적인 난청 치료방법이다. 난청의 정도는 개인마다 달라 가벼운 난청부터 고도 난청, 한쪽 귀의 난청부터 양측성 난청까지 다양하게 나타나는데 그 정도의 차이에 따라 보청기 혹은 인공와우 사용을 정하게 된다.

청각장애학생의 손실된 청력을 보상하기 위해 일반적으로 사용되는 보장구는 보청기와 인공와우이다. 일반적으로 전음성 난청은 대부분 치료가 가능하나, 감각신경성 난청의 경우 현대 의학으로는 한계가 있어 보청기 혹은 인공와우를 많이 사용한다. 그러나 보청기와 인공와우는 첨단 기술이 집약된 공학 기기이기 때문에 공학적인 부분은 청능사에게 맡기는 것이 바람직하다. 본 장에서는 보청기와 인공와우에 대한 기본 지식에 대해 살펴보고자 한다.

1 보청기의 기본 구조

보청기(hearing aid)는 귀에 착용하는 초소형 컴퓨터라고 할 수 있으며, 청각장애학생의 청력손실 정도에 따라 입력 신호를 증폭시켜 출력시켜주는 소리 증폭기이다. 보청기의 기본 구성은 다음 [그림 5-1]과 같이 송화기(마이크로폰), 증폭기, 수신기(리시버) 등으로 구성되어 있다.

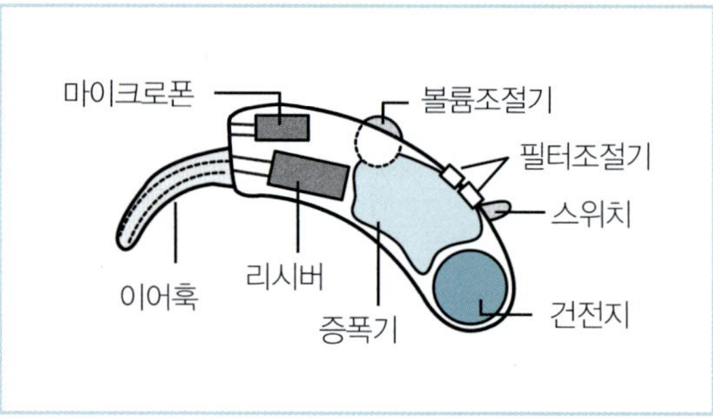

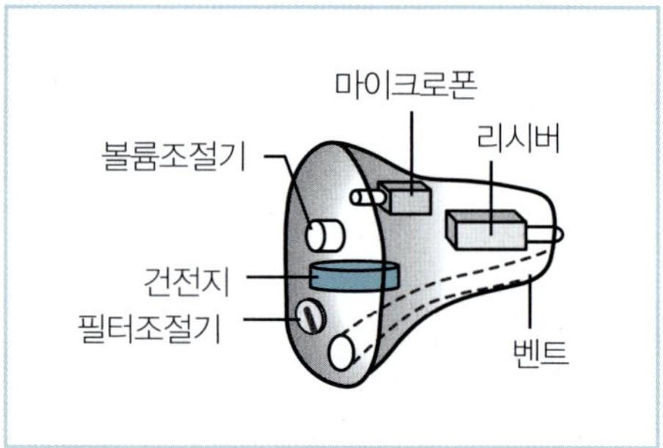

[그림 5-1] 보청기의 기본 구성

출처: 권유정(2007). p. 18.

1. 송화기(microphone)

송화기는 일명 마이크로폰이라고 하며, 외부에서 유입된 음향 신호를 전기 신호로 바꾸는 역할을 수행하는 에너지 변환 장치라고 한다. 변환 과정을 구체적으로 살펴보면, 외부에서 유입된 음향 신호를 아주 얇고 잘 움직이는 금속판으로 만들어진 진동판에 닿게 된다. 진동판은 테프론이라는 물질로 얇게 코팅되어 있고, 이를 전기 자성체라고 한다. 진동판은 음향 신호로 인해 진동판을 상하로 움직이는 파동을 일으킨다. 진동판이 어느 한 쪽으로 움직이면 전기 자성체의 한쪽에는 전하가 모이며, 다른 한쪽은 부족하게 된다. 이 전하는 진동판과 등판 위에 반대 극성의 전하를 잡아당기게 된다. 진동판이 아래로 내려가서 진동판과 전기 자성체가 가까워지면 진동판에 많은 전하가 유기되어 음향 신호가 전기 신호로 바뀌게 된다(이정학, 이경원, 2005).

2. 증폭기(amplifier)

증폭기는 음성 확성 장치라고 할 수 있다. 즉, 확성기처럼 송화기에서 보내 준 전기 신호를 크게 하여 큰 신호로 바꾸어 주는 기능을 한다. 이는 보청기의 가장 핵심적인 기능이다. 그러나 모든 주파수 대역에서 일률적으로 소리를 증폭시킨다면 소리의 왜곡, 과대 증폭 또는 과소 증폭의 현상이 발생할 수 있으므로 주파수별로 적절한 양을 증폭해 주어야 한다.

3. 수화기(receiver)

수화기는 송화기와 비슷한 구조를 가지고 있으나, 송화기의 반대 방향으로 신호를 처리한다. 즉, 증폭기에서 나온 전기 신호를 음향 신호로 변환시켜 귀로 소리를 들려주는 기능을 한다.

4. 여과기(filter)

여과기는 수화기에서 형성되는 소리를 선별하여 주파수 대역별로 다르게 증폭시키는 역할을 한다. 여과기는 촘촘한 그물망으로 구성되어 있으며, 수화기의 튜브나 송화기의 음구에 삽입하여 사용한다.

5. 음량조절기(volume control)

음량조절기는 음성 신호로 바뀐 소리를 사용자의 필요에 따라 조절할 수 있도록 하는 기능을 한다. 보청기를 착용하는 청각장애학생이 직접 조절하는 수동 방식과 소음과 잡음의 크기에 따라 자동으로 조절되는 자동 방식, 입력된 몇 개의 저장된 프로그램으로 조절되는 반자동 방식으로 분류된다.

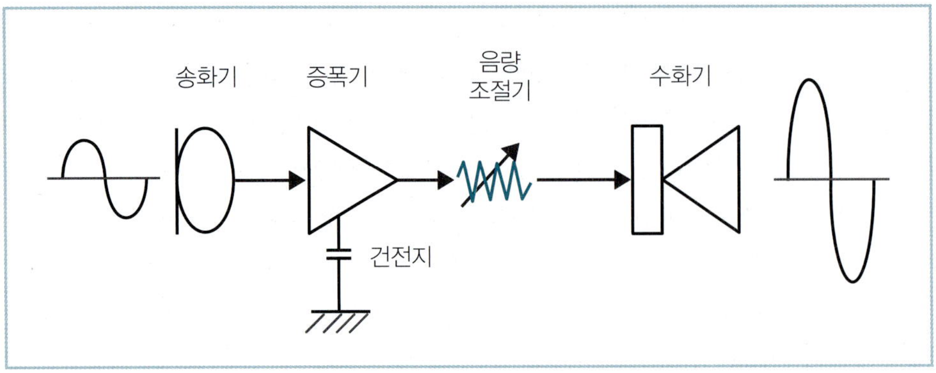

[그림 5-2] 보청기의 기본 구조

출처: 권유정(2007). p. 18.

이상의 구조를 토대로 정리하면 위의 [그림 5-2]와 같다. 송화기는 외부에서 입력되는 소리 신호를 전기 신호로 전환하고, 증폭기에서는 전기 신호를 증폭시켜 주고, 수화기에서는 전기 신호를 음향 신호로 다시 전환시켜 소리를 들려준다. 그러나 보청기는 청력을 보상해 주지만, 청각장애를 치유 혹은 정상으로 만들어 주지는 않는다.

2 보청기의 종류

보청기는 착용 위치, 음전도 방식, 신호의 처리 방식, 보청기의 크기, 사용 목적 등에 따라 다양하게 분류할 수 있다.

1. 착용 위치에 따른 분류

착용 위치에 따라 분류하면 다음 [그림 5-3]과 같이 상자형, 귀걸이형(BTE; Behind The Ear), 귓속형(갑개, ITE; In The Ear), 귓속형(외이도, ITC; In The Canal), 고막형(CIC; Complete In the Canal) 보청기 등으로 구분한다.

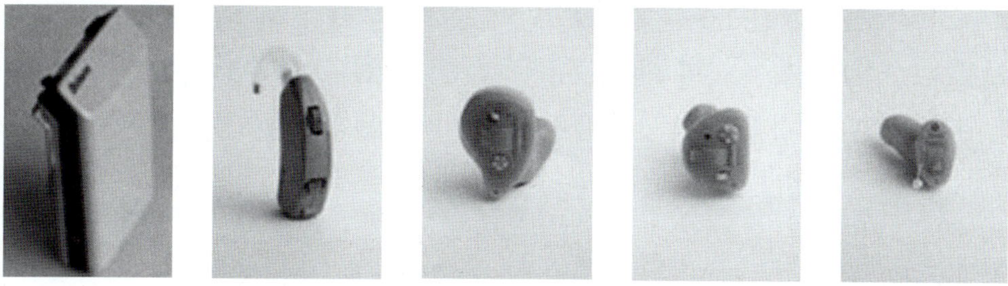

[그림 5-3] 착용 위치에 따른 보청기의 종류

1) 상자형(주머니형) 보청기

송화기, 증폭기, 건전지가 동일한 상자 안에 함께 들어 있고, 귀꽂이(ear mold) 안에 들어 있는 리시버가 전선을 위해 별도로 분리되어 있는 형태로 초창기의 보청기이다. 주머니에 넣거나 벨트에 부착하여 사용할 수 있기 때문에 상자형 보청기 혹은 주머니형 보청기라 부른다. 이 보청기는 이득과 출력을 높일 수 있기에 음향 신호를 높은 이득으로 얻을 수 있다. 그래서 고도 난청을 가진 경우에 효과적이다. 또한 본체가 커서 분실의 위험이 적고 활동이 잦거나 조작이 어려운 유아에게 적합하다. 그러나 본체를 주머니 혹은 목에 걸어 착용하기 때문에 옷의 구겨짐, 마찰 혹은 기타 요인들로 인한 소음이 크다는 단점이 있다. 현재 소형 보청기의 발달로 거의 사용하지 않는다.

2) 귀걸이형(BTE) 보청기

보청기 부품들의 크기를 작게 제작하여 송화기, 증폭기, 수화기 그리고 건전지를 바나나 모양의 작은 플라스틱 상자에 넣어서 귓바퀴 뒷면에 착용한다. 음도관과 이 음도관을 상자와 연결하는 이어 후크(ear hook)로 구성되어 있다. 수화기에서 출력된 음성 신호는 음도관을 통해 외이도로 전달된다. 이 보청기는 귓속형에 비해 음향 신호의 증폭이 크기 때문에 고도 난청임에도 불구하고 착용이 가능하다는 장점이 있다. 그러나 송화기와 수화기가 가까이 위치하고 있어 소리가 다시 송화기에서 입력되는 단점이 있다.

3) 귓속형(ITE·ITC) 보청기

상자형이나 귀걸이형 보청기와는 달리 귀꽂이가 분리되어 있지 않다. 즉, 송화기, 증폭기, 수화기 그리고 건전지 모든 구성품이 포함된 본체와 귀꽂이가 일체형을 이루면서 귓바퀴 속이나 외이도에 위치한다. 이 보청기를 착용하였을 때 눈에 뜨이는 정도에 따라 갑개 보청기(ITE; In The Ear)와 외이도 보청기(ITC; In The Canal)로 나눈다. 귀걸이형에 비해 외관상 눈에 띄지 않으므로, 청각장애학생이 청소년기에 접어들면 귓속형 보청기로 바꾸려는 경향이 있다. 그러나 부품의 크기가 전반적으로 귀걸이형보다 작으므로 보청기의 이득이 상대적으로 적은 문제점이 있으므로 중고도, 고도 등의 청각장애학생에게 사용이 권장된다.

4) 오픈형(RIC) 보청기

오픈형(RIC; Receiver In the Canal) 보청기는 귓속형의 눈에 잘 띄지 않는 장점과 귀걸이형의 이득과 출력이 큰 장점을 결합한 형태의 보청기이다. 즉, 기존의 귀걸이형에 비해 최대 50% 이상 본체가 작고 가벼우며, 가늘고 눈에 띄지 않는 튜브로 구성되어 있다. 또한 귓속형에 비해 이득과 출력이 높아 고도 난청을 가진 청각장애학생도 착용이 가능하다. 최근에는 핸즈프리, 블루투스 기기, 웨어러블, 디바이스 등이 적용되어 있어 가장 많이 사용되는 형태의 보청기이다.

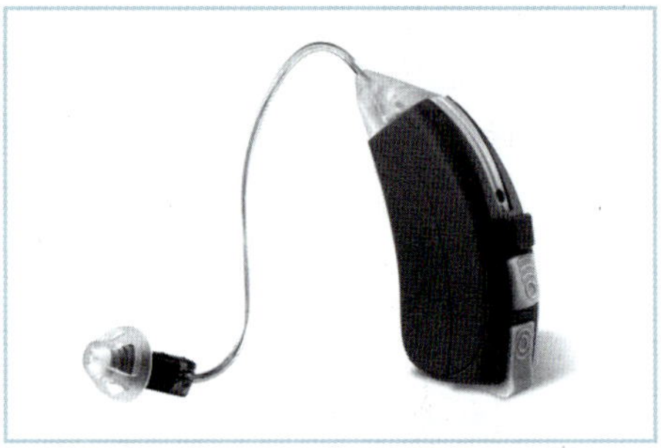

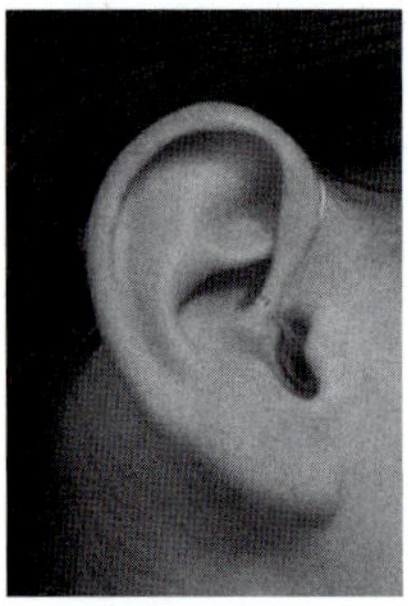

[그림 5-4] 오픈형 보청기의 형태와 착용 모습

2. 음전도 방식에 따른 분류

1) 기도 보청기

외이도를 통해서 음향 신호를 전달하는 보청기로, 주머니형 보청기, 귀걸이형 보청기, 귓속형 보청기 등이 여기에 속한다.

2) 골도 보청기

기도 보청기와 골도 보청기의 가장 큰 차이는 수화기에 있다. 송화기를 통해 들어온 소리를 수화기 대신 진동체를 유양돌기에 부착하여 전달한다. 즉, 골도 전도 방식으로 전달되며, 송화기는 일종의 진동자로 간주할 수 있다. 그러나 진동자로 입력된 소리는 두개골을 통해 내이로 전달되는 과정에서 고음 성분이 많이 감쇠되는 단점이 있다. 골도 보청기는 소리가 외이나 중이를 거치지 않고 내이로 전달되기 때문에 전음성 난청을 가진 경우에 매우 효과적이다. 종류로는 안경형, 머리띠형 등이 있다. 안경형은 주로 외이도가 막혔을 때, 머리띠형은 외이도가 막혀 있고, 이개가 없을 경우에 사용한다.

3. 신호 처리 방식에 따른 분류

1) 아날로그 보청기

송화기에서 입력된 음향 신호가 증폭기에서 신호의 변환 과정 없이 그대로 수화기로 소리를 전달한다. 즉, 소리 신호를 전기 신호로 바꾸어 증폭시키고 다시 소리 신호로 전환하는 가장 단순한 형태의 보청기이다. 그러므로 소리의 압축 과정 없이 원음 청취가 가능하며, 가격이 저렴하다는 장점이 있다. 그러나 잡음도 다른 소리와 동일하게 증폭하므로, 최대 입력보다 입력 신호가 크면 왜곡 현상이 쉽게 일어나고 잡음이 많이 들린다. 전달하는 방식으로는 수동식과 프로그램식이 있으며 프로그램식 아날로그 보청기는 신호가 아날로그 체계이지만 조절 방식은 컴퓨터 소프트웨어를 이용한다.

2) 디지털 보청기

말 그대로 디지털 증폭기를 사용한다. 디지털 증폭기는 송화기로부터 아날로그 신호가 입력되면 내부의 아날로그–디지털 변환기를 거치게 된다. 디지털 증폭기에서 아날로그 전기 신호를 2진수인 0 또는 1의 숫자로 변환하여 처리한다. 이때 표본화, 양자화와 부호화 과정들을 순차적으로 거친다. 이처럼 변화된 디지털 신호는 디지털 신호 처리기로 입력된 이후에 디지털–아날로그 변환기를 통해 아날로그 신호로 환원하여 수화기로 전달하는 방식이다. 이런 방식을 통해 디지털 보청기는 주파수별 음성 신호의 증폭뿐만 아니라 음의 왜곡 현상을 줄일 수 있고, 채널을 이용해 주파수별 소리 증폭과 압축을 정확하게 조절할 수 있다. 이러한 장점들에도 불구하고 가격 부담이 크다는 단점을 가지고 있다.

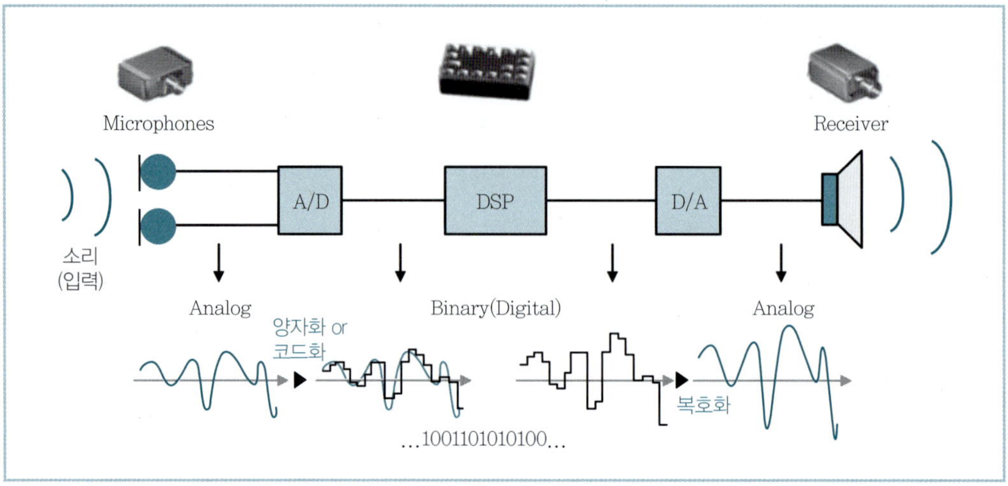

[그림 5-5] 디지털 보청기의 신호 처리 과정

출처: 청음난청연구소.

4. 특수 보청기

1) FM 보청기(FM; Frequency Modulation)

상대방과 청각장애학생의 거리가 멀다고 가정하면, 먼 거리를 통해서 청각장애학생이 대화음을 청취하는데 신호대 잡음비(SNR; Signal to Noise Ration)가 크게 줄어들어 어음 명료도가 감소할 것이다. 그러나 전파를 이용한 무선 방식으로 청각장애학생에게 전달된다면 어음 명료도가 향상될 수 있다. 이처럼 상대방과 청각장애학생이 착용하고 있는 보청기 사이를 전자기파를 이용해 무선 방식으로 연결하는 것을 FM 보청기라고 한다. FM 보청기는 개인보다 집단과 같은 교실 수업에서 많이 사용되고 있다. FM 보청기는 FM 송신기, FM 수신기, 청각 보조 기기 등 세 부분으로 구성되어 있다. 이규식 등(2004)은 FM 보청기에 다음 〈표 5-1〉과 같은 특징이 있다고 하였다.

〈표 5-1〉 FM 보청기의 특징

▶학교 교육용으로 적합하다. ▶무선송신으로 음원이 멀어짐에 따른 소리의 크기 감쇠 현상이 없다. ▶아동의 청각 특성에 적합하지 않을 때에는 증폭된 음의 명료성이 다른 보청기에 비해 떨어질 수 있다. ▶고감도-저주파 음만을 들을 수 있는 아동에게는 다른 보청기보다 효과적일 수 있다.

2) 적외선 보청기(infra-red hearing aid)

구조와 원리는 FM 보청기와 유사하다. TV의 리모컨처럼 적외선에 해당되는 전자기파를 사용한다. 적외선 보청기는 무선 마이크로폰에 의해 음향 신호가 전기 신호로 바뀐 이후에 적외선 변환기로 들어간다. 변환된 적외선은 청각장애학생이 착용하고 있는 자기유도고리 또는 텔레코일 형태의 적외선 수신기로 방사된다. 수신기에서 탐지된 적외선 신호는 다시 전기 신호로 환원된 이후에 헤드폰 또는 보청기에 입력되어 청각장애학생이 들을 수 있게 된다. 그러나 이 보청기는 전파와 달리 빛을 차단하는 장애물을 통과하여 밖으로 나갈 일이 없으므로 루프의 혼선 문제를 해결한 장점이 있는 반면, 채광이 너무 잘되면 태양광선 중 적외선과 혼선이 되어 신호가 전달되지 않을 수 있다.

3) 크로스 보청기(CROS; Contralateral Routing Of Signal)

한쪽 귀는 정상이고 반대편 귀의 청력이 농 또는 고도 이상의 편측성 난청이 나타나는 경우 주변 소음이 많거나 여러 사람이 동시에 대화를 하는 경우 소리의 방향을 정확히 파악하는데 어려움을 겪는다. 크로스 보청기는 청력이 나쁜 귀로 들어온 신호를 무선 혹은 유선으로 청력이 좋은 쪽의 귀로 보내 주는 방식의 보청기를 말한다. 그리고 바이크로스 보청기는 한쪽 귀의 청력이 농, 다른 쪽 귀가 난청일 때 사용한다.

4) 주파수 압축 보청기(frequency compression hearing aids)

고음에 들어 있는 정보를 청력이 대체로 양호한 저음이나 중음의 영역으로 옮길 수 있다면, 청각장애학생은 고음 성분에 들어 있는 어음 정보들도 다른 정보와 함께 얻을 수 있기 때문에 어음에 대한 전반적인 이해도가 향상될 수 있다. 따라서 청각장애학생이 어음 정보를 추출할 수 있는 주파수 대역으로 고음 성분을 이동시키는 것을 주파수 전이라고 하며 이 특성을 이용한 것이 주파수 압축 보청기이다.

5) 촉각 보청기(tactile aids)

일반적인 보청기를 사용하여 보청기의 착용 효과를 기대하기 어려울 경우, 소리를 기계적 진동이나 전기적 방전에 따른 전기 신호에 의한 피부 자극으로 대체하는 촉각 보청기를 사용할 수 있다. 이는 소리를 음향적인 신호로 청각에 들려주는 것이 아니고 피부에 자극을 유발할 수 있는 진동(진동 촉각, vibro-tactile) 또는 전기 신호(전기 촉각, electro-tactile)로 변환시켜 주는 보청기이다. 그러나 인공와우에 비해 어음 이해도가 전반적으로 낮은 편이라 인공와우로 대체되는 경향이 있다.

3 보청기 선택과 착용

청각장애학생의 청력손실 특성은 개개인마다 다르다. 청력손실 정도, 잔존 청력 정도, 보장구 착용 여부 및 착용하는 귀 등에 따라 다르고, 개인이 처한 환경도 다르기 때문에 적합한 보청기를 선택하는 것이 중요하다.

1. 보청기 선택 방법

1) 보청기 착용 대상자의 사전 분석

청각장애학생의 청력손실 정도, 형태, 종류 등과 같은 청각적 요인, 신체 상태, 연령, 직업 등 비청각적 요인과 의사소통 및 사회생활의 불편 정도, 심리적 요인 등을 평가해야 한다. 항목별 내용은 다음 〈표 5-2〉와 같다. 이러한 여러 요소 등을 평가하기 위해서는 다양한 전문가들이 모여 다학문적 팀을 구성하여 논의하고 토의하여야 한다.

〈표 5-2〉 보청기 착용 대상자의 분석 내용

분류	내용
신체 요건	• 연령, 신체 상태, 개인의 취향, 생활 습관 등 • 외이도의 크기, 귓바퀴의 형태, 갑개의 깊이 등 • 청력손실의 시기, 정도, 형태, 유형, 역동 범위, 수술 여부 등
환경 요건	• 직업 및 직장, 가정환경 등
사회 심리적 요건	• 난청으로 인한 사회적 불편함, 심리적 위축 정도, 정신 건강 상태 • 보청기 착용에 대한 수용 태도
기타 요건	• 보청기 착용 경험, 미용적 요건, 작동 용의성, 성능 등 • 보청기 형태, 기능, 크기, 가격 등 • 서비스센터와의 거리, 전문가와의 상담 여부 등

출처: 최성규 외(2015). p. 245.

2) 청력 평가

보청기를 착용하는 청각장애학생의 분석 결과에 따라서 보청기의 평가와 결과가 달라진다. 그러므로 청각장애학생의 개인적 특성을 고려하여 보청기를 선택해야 하며 구체적인 평가 종류와 내용은 다음 〈표 5-3〉과 같다(오세진, 2015).

〈표 5-3〉 보청기 착용 대상자의 평가 내용

분 류	검사 종류	평가 정보
주관적 검사	음량증가검사	보청기의 이득, 최대 이득·출력, 청력손실의 형태, 유형 및 정도
	어음쾌적역치검사	청각장애학생의 불쾌 수준과 쾌적 수준, 보청기의 이득, 최대 이득, 최대 출력 결정
객관적 검사	고막운동계측검사	고막의 운동성(중이의 이상 여부)
	청성뇌간반응검사	청력손실의 유형과 정도, 보청기의 이득
	이음향방사검사	와우의 운동성, 청력손실의 유형과 정도

보청기 선정 평가 시 〈표 5-3〉에서 제시된 검사들을 활용하여 다양한 주파수 대역의 역치 등을 파악할 수 있다. 이중에서 보청기를 착용하여 적응 유무를 파악하는 데 가장 용이한 검사는 무엇보다 음량 증가 검사라고 할 수 있다. 보청기를 착용한 후에 이 검사를 할 경우 쉽게 보청기 적응 여부까지 파악할 수 있다. 그러나 영·유아의 경우 이러한 객관적인 검사 결과에 의존하여 보청기를 착용하게 되므로 신중하게 선택하여 장시간 관찰하며 결정해야 한다.

3) 보청기 착용 귀의 선정

보청기는 편측 착용과 양측 착용을 할 수 있는데, 의사소통 능력 향상과 사회 심리적 영향을 위하여 양측 착용을 원칙으로 한다. 양이로 들을 경우 한쪽 귀로 들을 때와 비교하여 소리의 방향과 소음이 많은 환경에서 말소리를 더 잘 이해할 수 있으며 가청 범위가 더 넓어진다. 하지만 양측 착용 여부는 착용 대상자 및 청력손실 정도, 형태, 종류, 어음 인지 정도 등 보청기 평가 결과를 바탕으로 개인에게 맞게 결정해야 한다. 자세한 착용 방법은 다음 〈표 5-4〉와 같다.

〈표 5-4〉 착용 귀의 손실 유형에 따른 보청기 착용 방법

유형	내용
양측성 손실	• 폐쇄 효과로 인하여 한쪽에서 소리가 나는 경우 반대쪽은 잘 들리지 않는다. 양이합산 능력으로 인하여 양쪽 귀에 보청기를 착용하는 것이 더 효과적이다.
편측성 손실	• 양이의 청력 차가 심한 경우이며 두영 효과의 발생으로 소리분별 능력이 떨어진다. 보청기를 착용하지 않을 경우 소리 균형의 이상으로 좋은 청력의 귀까지 나빠질 가능성이 크다.
대칭형 손실	• 양이 청력 차가 심할 경우 양이 착용 효과가 적게 나타날 수 있다. 양이 간섭 효과로 어음 명료도가 떨어질 경우 한쪽 귀 착용이 유리하다. 역동 범위가 넓고 어음 이해 정도가 높은 귀를 선택하는 것이 바람직하다.
비대칭형 손실	• 양쪽 귀가 55dB보다 좋은 경우 → 나쁜 쪽 • 양쪽 귀가 80dB보다 나쁠 경우 → 좋은 쪽 • 한쪽이 55dB보다 좋고 다른 한쪽이 80dB보다 나쁠 경우 → 좋은 쪽 • 양이 모두 55~80dB 사이일 때 → 60dB에 가까운 쪽

출처: 최성규 외(2015). p. 247.

〈표 5-4〉와 같이 개인에게 적절한 청력손실 유형을 고려하여 보청기를 선택하는 것이 중요하다. 따라서 청능사, 이비인후과 의사 등 전문가와의 상담을 통하여 청각장애학생의 청력손실 유형, 정도, 개인의 생활 환경 및 생활 습관 등에 따라 사용을 달리하여야 한다.

4 보청기 사용 및 관리

다학문적 팀과의 상담 및 평가를 거쳐 청각장애학생의 개인 특성에 맞는 보청기를 선택한 후 보청기를 효과적으로 사용하기 위해서는 보청기 사용 방법에 대한 이해와 관리에 익숙해져야 한다. 청각장애학생이 보청기 사용법에 익숙하지 않을 경우 보청기의 착용 효과가 감소할 수 있다. 또한 보청기를 착용하고 사용하는 과정에서 여러 가지 문제점이 발생할 수 있다. 이때 가족 혹은 보호자와 청각장애학생은 보청기의 문제점을 확인하고 기본적인 해결 방법을 알고 있어야 한다.

1. 보청기 사용

1) 착용 방법의 적응

보청기를 외이도에 착용할 때 공기가 외이도로 들어가지 않도록 외이도를 꽉 막아 주어야 한다. 그러나 이어 몰드가 맞지 않거나, 청각장애학생이 성장하면서 이어 몰드가 작아지면 공기가 유입되어 음향 되울림 현상(howling)이 나타나게 된다. 음향 되울림 현상이 지속적으로 나타날 경우 반드시 이어 몰드를 교체해 주어야 한다. 이외에도 보청기를 매일 착용하여야 하고, 잠자리에 들 때 보청기를 빼고, 잠에서 깨어날 경우 바로 보청기를 착용하는 습관 등을 교육하여야 한다.

2) 조작 방법의 적응

보청기를 처음 착용하는 청각장애학생의 경우 혹은 나이가 어릴수록 보청기를 조작하는 방법에 서툴러 보청기를 적절하게 활용하지 못하는 경우가 나타난다. 특히 청각장애학생이 어릴수록 부모나 보호자가 지속적으로 보청기를 온–오프하는 방법을 도와주거나 혹은 가르쳐 줌으로써 적응할 수 있도록 도와야 한다.

3) 소리의 적응

보청기를 통해 증폭된 소리는 때와 장소에 따라 다르게 나타난다. 특히 고주파수 영역의 소리는 청각장애학생의 강한 거부감으로 이어질 수 있다. 따라서 보청기를 착용할 때 소리에 대한 거부감이 발생하지 않도록 보청기 착용 시간을 조용한 청취 환경에서 조금씩 늘려 나가는 것이 좋다. 보청기 착용 초기의 적응 과정은 다음 〈표 5–5〉와 같다.

〈표 5–5〉 보청기 착용 초기 적응 과정

- ▶보청기에서 나오는 소리에 대한 생소한 음색과 음질이 보청기 착용 기간의 증가와 함께 자연스럽게 익숙해지도록 한다.
- ▶보청기의 착용과 같은 청각장애학생의 적극적인 행동을 통해 손실된 청력을 회복시킬 수 있다는 긍정적인 확신을 심어 준다.
- ▶청취 환경에 따라 보청기의 착용 효과가 달라질 수 있음을 경험하도록 한다. 어떤 특정한 청취 환경에서 보청기의 착용 효과가 감소하는 것을 마치 모든 청취 환경에서 동일하게 일어날 것이라고 생각하지 않도록 한다.
- ▶귀꽂이나 보청기 외형과의 접촉으로 인해 발생한 외이도에서의 이물감에 익숙해지도록 한다.

출처: 오세진(2015). p. 383.

2. 보청기 관리

1) 보청기 보관

보청기를 오랫동안 효율적으로 사용하려면 다음 〈표 5-6〉과 같이 평소에 잘 관리하고, 지속적인 점검이 필요하다. 나이가 어릴 경우 관리 요령을 익히도록 지도하여야 한다.

〈표 5-6〉 보청기 관리 요령

- ▶취침이나 목욕할 때는 반드시 보청기를 빼 둔다.
- ▶보청기를 장기간 사용하지 않을 때도 건전지를 분리하여 제습제가 든 통에 보관한다. 보청기 보관 장소는 너무 춥지 않고, 공기가 잘 통하며, 건조하고, 냄새가 없고, 전기 자기장을 발생하는 기계로부터 멀리 떨어진 곳에 건전지를 분리하여 보관한다.
- ▶보청기에 무리한 힘을 가하거나 떨어뜨리지 않도록 한다.
- ▶열기를 피하고 특히 더운 날은 자동차 등에 보관하지 않도록 한다.
- ▶애완동물 근처에 보청기를 두지 않는다. 보청기의 음향 되울림 때문에 벌레로 오인하여 보청기를 파손시키는 경우가 있다.
- ▶보청기 청소를 주기적으로 실시한다. 송화기를 아래로 향하게 손에 쥐고 전용 청소용 솔로 부드럽게 털어 준다. 무리하게 힘을 주지 말고 솔을 송화기의 구멍에 넣지 않도록 한다.
- ▶이비인후과를 정기적으로 방문하여 귓속을 청결하게 유지하도록 한다.
- ▶귀꽂이의 도움판 등에 외이도의 귀지가 들어가 막히면 소리의 전달에 방해가 되므로 주의해야 하며 청결하게 사용하고 정기적으로 교환하여 사용한다.

출처: 한국청각·언어장애교육학회(2012). p. 343-345.

3. 보청기의 문제점과 해결

1) 보청기가 작동하지 않을 경우

소리가 달라지거나 갑자기 소리가 나지 않을 경우에는 보청기 기기 자체에서 문제가 발생한 것이다. 보청기의 노후화, 증폭기 및 각종 조절 장치의 고장, 건전지의 방전 등을 원인으로 볼 수 있다. 혹은 장기간 보청기를 사용하지 않았거나 보청기를 부적절한 장소에 보관하여 땀 혹은 수분 등으로 보청기가 부식되었을 가능성도 있다.

오세진(2015)에 따르면 보청기가 작동하지 않을 경우 보청기의 건전지를 새 것으로 교환한다. 건전지 교체 시기를 놓치면 소리가 약해지거나 정상적으로 들리지 않는다. 또한 소리의 왜곡, 잡음 또는 음향 되울림 현상이 발생하며 자꾸 소리가 끊기는 현상이 나타난다. 그리고 수시로 보청기의 수신기 주변 귀지를 제거하고, 귀걸이형 보청기의 경우 땀을 제거한다. 또한 정기적으로 센터에 방문하여 보청기를 점검하도록 한다.

2) 보청기의 소리가 이상할 때

보청기의 증폭기 유형에 따라 조절 방법은 달라지나 보통 대화음이 잘 들리지 않을 경우에는 음량조절기, 압축 역치, 압축 비율 등을 조절하면 해결이 되므로 센터나 청능사를 만나도록 지도한다.

3) 보청기에서 소리가 발생한 경우

음향 되울림 현상(howling)이란 보청기에서 증폭된 소리가 수화기를 통해 출력되어 다시 송화기로 돌아가 불필요한 진동을 생산하여 재증폭되는 현상을 말한다. 즉, 귓속형 혹은 귀꽂이 보청기를 외이도에 착용했을 경우 이들 사이에 생기는 틈새나 환기구를 통하여 보청기와 고막 사이에 잔여 공간에 있는 소리가 귀의 외부로 새어 나올 수 있다. 이 소리는 단순한 귀의 외부로 새어 나온 것으로 끝나는 것이 아니고, 다시 송화기로 입력되는 피드백 현상에 의해 보청기에서 음향 되울림 현상을 일으킬 수도 있다(오세진, 2015).

음향 되울림 현상이 발생하면 귀꽂이나 귓속형 보청기의 외형이 청각장애학생의 외이도에 맞는지 확인하고 소리가 새면 다시 제작하여 착용한다. 또한 귀걸이나 귀꽂이가 보청기의 수화기에 정확하게 삽입되어 있는지 확인한다. 찢어지거나 균열된 귀꽂이, 튜브 및 이어 후크는 새것으로 교환한다. 이렇게 해도 음향 되울림 현상이 반복되면 보청기 자체의 문제이므로 전문가에게 의뢰하는 것이 바람직하다(한국청각·언어장애교육학회, 2012). 음향 되울림 현상을 확인하고 해결하는 방법은 다음 〈표 5-7〉과 같이 요약할 수 있다.

〈표 5-7〉 음향 되울림 현상의 확인과 해결 방법

확인 단계	상태	해결 방법
1	보청기를 착용한 상태	귀꽂이를 다시 정확하게 착용해 본다.
2	귀꽂이 끝을 손으로 막은 상태	튜브의 상태를 확인한다.
3	도움관을 손가락으로 꼭 쥔 상태	이어 후크의 노후 상태와 도음관의 연결 상태를 확인한다.
4	이어 후크를 손끝으로 막은 상태	이어 후크의 노후 상태를 확인한다.
5	이어 후크를 제거하고 소리 출력부를 손끝으로 막은 상태	보청기 기기의 이상이므로 수리를 의뢰한다.

출처: 한국청각·언어장애교육학회(2012). p. 341.

5 인공와우의 구조와 기능

인공와우(CI; Cochlear Implant)는 내이의 와우에 병리적 현상을 보이는 감각신경성 난청인 학생의 와우에 전극을 삽입하여 청신경을 직접적으로 자극함으로써 소리를 잘 듣게 해주는 보장구이다.

우리나라에서는 1988년에 인공와우 수술이 처음으로 이루어졌다. 또한 2005년부터는 인공와우 수술에 필요한 비용의 대부분에 건강보험이 적용되면서, 인공와우 수술을 받는 학생들의 수가 급속히 증가하고 있다. 이러한 현상으로 인해 청각장애학생의 통합교육은 양적으로 증가하고 있다.

인공와우의 초기 형태는 박스형이다. 하지만 불과 20~30년 사이에 기술 공학의 급격한 발전으로 박스형은 점차 사라지고, 박스형보다 가벼운 귀걸이형 및 일체형 형태가 많아졌다. 비록 구조는 변화되었지만 작동 원리 및 구조는 동일하다. 인공와우는 기본적으로 외부장치와 내부장치로 구성된다. 외부장치는 송화기(microphone), 어음처리기(speech processor), 송신기 및 헤드셋(transmitter and external antenna) 등 세 부분으로 구성되며, 내부장치는 수신기(receiver)와 전극(electrode)으로 구성된다. 내부장치는 수술을 통해 귀 뒤쪽 뼈에 이식한다.

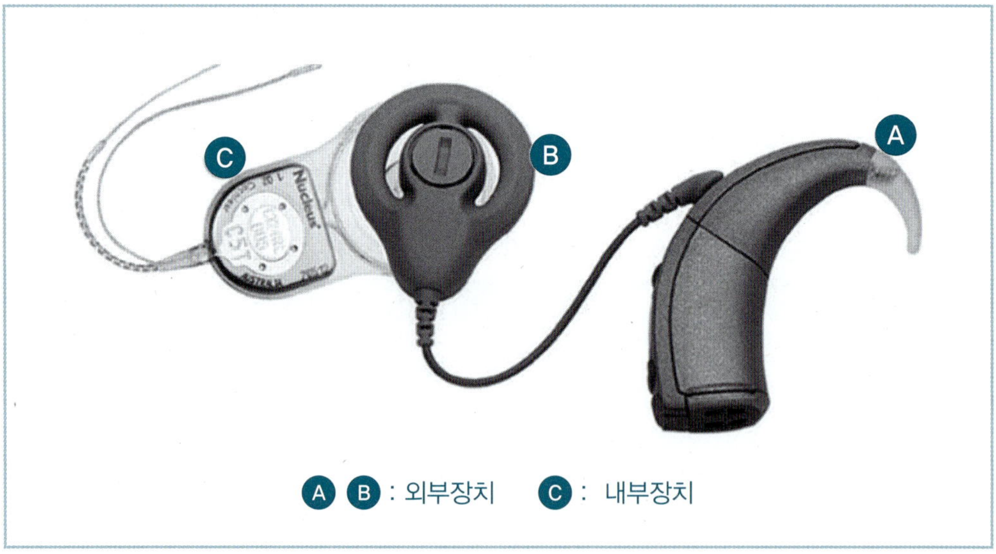

[그림 5-6] 인공와우의 구성

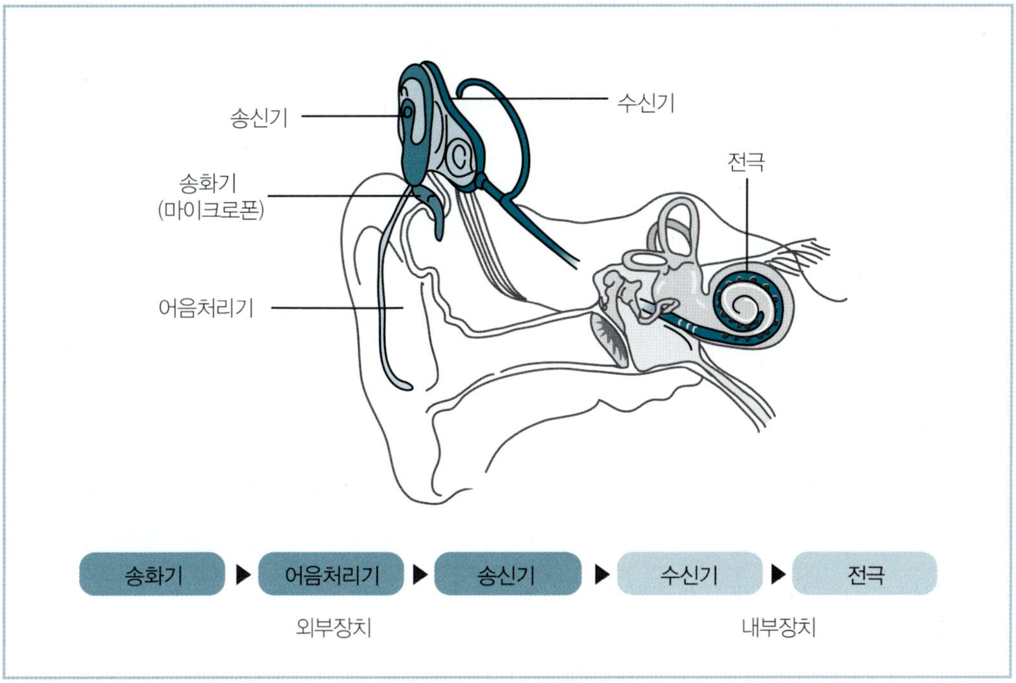

출처: 김삼섭 외(2016). p. 44.

[그림 5-7] 인공와우의 구조

1. 외부장치(송화기, 어음처리기, 송신기)

송화기는 외부의 음향 신호를 수집하여 어음처리기로 보내는 역할을 한다. 어음처리기는 송화기에서 모은 음향 신호를 전기 신호로 전환하고, 전환된 전기 신호는 내부장치로 보내기 위해 송신기로 보내진다. 송신기는 내부장치의 수신기로 전기 신호를 송신한다. 여기서 어음처리기는 우리 귓속의 와우와 같은 역할을 수행한다. 와우는 말소리의 음향 신호를 청신경을 통해 대뇌로 전달하고자 음향 신호를 전기 신호로 바꾼다. 그러나 와우의 손상으로 그 역할을 수행하지 못하는 청각장애학생에게 인공와우를 삽입하여 소리를 청신경으로 전달한다.

2. 내부장치(수신기, 전극)

머릿속에 내장되는 장치로, 수신기와 전극으로 구성되어 있다. 외부장치에서 음향 신호를 전기 신호로 변환하여 내이로 전달해 준다. 이렇게 전달된 전기 신호는 외부장치의 송신기로부터 내부장치의 수신기로 전달된다. 신호 전달은 송신기의 코일에서 수신기의 코일로 소리가 이동하는 것을 말한다. 전극은 수신기와 연결되어 수신기의 코일로 받은 전기 신호를 청신경으로 이어지는 나선신경절로 전달한다. 이렇게 전달된 전기 신호를 뇌에서 소리로 인지한다.

인공와우의 구성 요소와 기능을 정리하면 다음 〈표 5-8〉과 같다.

〈표 5-8〉 인공와우의 구성 요소와 기능

구성	명칭	기능
외부장치	송화기(마이크로폰)	주변의 소리를 감지하여 어음처리기로 보낸다.
	어음처리기	입력된 소리를 프로그램에 따라 전기 신호로 변환시킨다.
	송신기(헤드셋)	측두골에 위치한 송신기(헤드셋)는 자석과의 접촉을 통해 내부장치와 연결되어 있다.
내부장치	수신기	수신기에 전달된 신호는 달팽이관 내에 삽입된 전극으로 전달된다.
	전극	신호에 알맞은 전극이 청신경을 자극한다.

출처: 고은(2015). p. 210.

3. 소리 전달 과정

① 주위의 소리가 송화기에서 감지된다.
② 송화기에 감지된 소리가 어음처리기로 전달된다.
③ 어음처리기는 소리를 증폭, 여과 등의 처리 과정을 거쳐 부호화한다.
④ 부호화된 전기 신호는 송신기로 전달된다.
⑤ 수신기는 송신기에서 온 전기 신호를 수용하고, 전극으로 보낸다.
⑥ 전극은 와우 내에서 청신경을 자극하여 뇌로 신호를 전달한다.
⑦ 뇌에서는 전기 신호를 소리로 인지한다.

6 인공와우의 적합과 재활

1. 인공와우팀 구성

인공와우 적합과 재활을 위해서는 대상자 선정, 수술 전 평가와 재활 치료, 수술, 매핑, 청각재활 등의 절차를 거쳐야 한다. 이러한 절차를 성공적으로 수행하기 위해서는 전문가들로 구성된 다학문적 팀의 도움이 필요하다. 다학문적 팀은 이비인후과 의사, 청능사, 언어치료사, 사회복지사, 특수교사, 정신과 의사, 코디네이터 등으로 구성된다. 구성원 각각의 역할은 다음 〈표 5-9〉와 같다.

〈표 5-9〉 인공와우팀 구성원과 역할

구성원	역할
이비인후과 의사	청각장애학생의 난청과 관련된 병력 및 가족력, 외이와 중이에 대한 이비인후과 검사를 하며, 인공와우 이식에 대한 의료적 결정과 수술을 수행한다.
청능사	청각장애학생의 수술 전후의 청력을 살피고, 알맞은 보장구를 사용하고 있는지 확인한다.
언어치료사	청각장애학생의 수술 전후의 언어 수준과 말소리 인지 수준을 평가하고, 어음 처리 프로그램을 담당한다.
특수교사	청각장애학교에서 학생의 개별화 교육 프로그램과 학습 수행 능력을 평가한다.
사회복지사	청각장애학생의 재활이나 교육 전반에 미치는 다양한 환경을 지원한다.
코디네이터	다학문적 팀을 구성하여 청각장애학생의 수술 과정 전반을 관리·감독한다.

2. 수술 전 평가

인공와우 수술을 받기 전에 다학문적 팀에서 와우이식 대상자를 선정하기 위한 절차이다. 수술 전 검사를 통하여 인공와우 이식 수술의 적응 여부를 결정하고, 수술할 귀를 선택하며, 환자와 보호자의 예후에 대한 기대, 재활 치료에 대한 협조와 동기 수준 등을 종합적으로 판단한다(대한청각학회, 2008).

1) 청각학적 평가

인공와우 이식을 결정하기 위한 가장 필수적인 검사로, 다음 〈표 5-10〉과 같은 검사를 실시한다.

〈표 5-10〉 청각학적 평가를 위한 검사

검사	평가 내용
순음청력검사	보청기 착용 전후에 측정하며 보청기로 얻을 수 있는 청력 정도
어음청력검사	
임피던스검사	전음성 난청의 동반 여부
이음향방사검사	달팽이관의 유모세포가 기능을 하고 있는지를 확인
청성뇌간반응검사	달팽이관에서 중뇌까지의 구심성 청각기관의 반응을 확인

이상과 같이 검사를 실시하나, 일반적으로 순음청력검사는 나이가 어릴수록 검사를 실시하기 어려운 점이 있으므로, 1~6개월 된 유아는 행동관찰청력검사, 6~24개월의 유아는 시각강화청력검사, 2~5세에는 유희청력검사를 이용하여 주관적 청력역치를 검사한다(한국청각·언어장애교육학회, 2012).

그리고 보청기 사용 기간과 보청기 착용 효과 및 전기음향학적 특성에 대한 평가가 반드시 이루어져야 한다. 또한 일반적으로 수술 전 보청기 훈련 기간을 거쳐 보청기로 청력재활의 효과가 부족하다는 것이 관찰되어야 한다. 참고로 인공와우 이식의 건강보험공단 요양 급여의 기준은 다음 〈표 5-11〉과 같다.

〈표 5-11〉 인공와우 이식 요양 급여 기준(보건복지부 고시 2017-15호)

가. 2세 미만
- 양측 심도(90dB) 이상
- 최소한 3개월 이상 보청기 착용에도 청능발달의 진전이 없을 경우
- 단, 뇌막염 등 시급히 시행하지 않으면 수술 시기를 놓치는 경우에는 예외로 시행할 수 있음

나. 2세 이상~19세 미만
- 양측 고도(70dB) 이상
- 최소한 3개월 이상 보청기 착용 및 집중 교육을 실시해도 어음 변별력과 언어 능력에 진전이 없는 경우
- 단, 수술 후 의사소통 수단으로 인공와우를 사용하지 못할 것으로 예상되는 경우는 제외

다. 19세 이상
- 양측 고도(70dB) 이상
- 보청기를 착용한 상태에서 문장 언어 평가가 50% 이하의 경우
- 단, 수술 후 의사소통 수단으로 인공와우를 사용하지 못할 것으로 예상되는 경우는 제외

2) 의학적·방사선학적 평가

인공와우 이식 수술은 두 시간의 마취 시간과 수술을 견뎌낼 수 있는 의학적인 문제가 없어야 한다. 그러므로 전신 질환을 확인하기 위해 내과적인 검사와 난청의 원인과 정도를 파악하기 위한 이과적인 검사를 실시한다. 혹여나 건강상의 문제가 발견될 경우 의학적으로 해결될 때까지 수술은 연기되어야 한다.

3) 영상검사

두개골과 유양동의 상태, 와우강 내의 전극이 삽입될 공간과 청신경(8번 뇌신경)이 기능하고 있음을 확인하여야 한다. 이를 통해 수술의 난이도와 수술 시 생길 수 있는 어려움을 미리 예측할 수 있다. 또한 컴퓨터단층촬영(CT)은 내이의 기형이나 측두골의 함기화, 와우골화의 유무 등을 확인하고, 자기공명영상(MRI)은 청각 전도로의 해부학적인 이상이나 내이도 내 신경의 확인, 내이액의 존재 여부 등을 확인할 수 있다.

4) 정신 의학적 평가

와우 이식 대상 청각장애학생의 일반적인 인지 능력, 지적 능력, 가족과 환자의 동기 등을 평가하며, 정신병이나 정신 신경증의 유무를 확인한다.

3. 인공와우 이식 수술

인공와우 이식 수술은 전신 마취 후에 진행되며, 2~3시간 정도 소요된다. 인공와우 이식 수술의 방법은 다음 〈표 5-12〉와 같다.

〈표 5-12〉 인공와우 이식 수술 방법

▶귀의 뒷부분인 유양돌기 부분에 드릴로 구멍을 만든다.
▶구멍을 통해 와우가 보이면 와우의 고실계에 전극을 삽입하고, 수신기를 고정시킨다. 이때 인공와우는 유모세포를 자극하는 것이 아니고 나선신경절을 직접 전기적으로 자극한다.
▶텔레메트리(외부에서 기기의 전극 반응을 확인할 수 있는 원격 측정) 방법을 사용하여 작동을 확인한다.
▶절개 부분을 봉합한다.

출처: 고은(2015). p. 214.

4. 인공와우의 관리

인공와우 수술 후, 인공와우 이식자와 가족 혹은 보호자는 인공와우의 관리를 위해 아래 〈표 5-13〉과 같은 내용을 지도받아야 한다.

〈표 5-13〉 인공와우의 관리

- ▶아침에 일어날 때는 기기의 전원을 켰는지 확인하고, 볼륨과 민감도를 조절한다.
- ▶대부분의 제품은 건전지 소모량이 LED 액정에 표시되도록 되어 있다. 표시 내용을 수시로 확인한다.
- ▶건전지를 교체할 경우에는 전원을 끄고 도어를 연 다음 새 것으로 교체하는데, +극과 −극 방향을 반드시 확인한다. 그런 다음 전원을 다시 켠다.
- ▶가급적 여분의 건전지를 준비해 두는 것이 좋다.
- ▶FM 보청기나 텔레코일을 사용할 경우에는 모드 설정 버튼을 'T'로 조절하여 사용한다.
- ▶이식한 부위에 충격이나 강한 자극을 받지 않도록 한다.
- ▶어음처리기를 떨어뜨리거나 충격을 받지 않도록 해야 한다. 특히 귀걸이형은 분실의 위험이 있으므로 주의해야 한다.
- ▶물에 닿지 않도록 하며, 습기를 조심해야 한다. 물놀이를 하는 등의 활동에서는 외부장치를 빼야 한다.
- ▶습기는 인공와우 외부장치, 특히 송화기에 손상을 줄 수 있으므로 인공와우용 습기 제거 통을 사용한다.
- ▶정전기에 주의해야 한다.
- ▶자기공명영상 등을 촬영할 경우에는 반드시 인공와우를 착용하고 있다는 사실을 알리고 외부장치의 자석을 제거하거나 특별한 방법으로 촬영하는 등 의사 지시를 따르도록 한다.
- ▶비행기를 탈 경우에는 인공와우 착용자라는 시술 확인 카드를 지참한다.
- ▶인공와우의 코일은 오래 사용하거나 기타 요인으로 손상될 수 있으니 정기 점검이 필요하다.

출처: 고은(2015). p. 219-220.

5. 어음처리기 프로그래밍

인공와우 이식 수술 후 약 4주부터 외부장치를 착용할 수 있다. 이는 내부장치와 외부장치가 연결된다는 것을 의미하며, 이전까지는 오프 스위치라고 하고, 외부장치를 착용하는 시기를 온 스위치라고 한다.

이때 청능사는 어음처리기 프로그래밍 즉, 매핑을 시작한다. 매핑(mapping)이란 인공와우 이식자가 외부장치를 착용하고 컴퓨터와 연결된 진단적 프로그래밍 시스템을 사용하여 전극이 편하고 적절한 음 자극을 할 수 있도록 하는 것이며, 이를 위해 여러 가지 변수를 조절하고 이들 정보를 어음처리기에 저장하게 된다(유은정 외, 2010). 즉, 전기 자극에 대하여 작지만 일관성 있게 감지할 수 있는 전기 자극을 T–Level(Threshold Level, 최소가청역치)이라고 한다. 모든 전극에는 T–Level이 측정된 후에는 C–Level(Comfortable Level, 쾌적역치)을 측정한다. C–Level은 크고 잘 들리지만 반복해서 들어도 불편하지 않을 정도의 자극 수준이다. T–Level과 C–Level은 인공와우의 역동 범위(Dynamic Range)를 제공하기 때문에 중요하다. 역동 범위는 작은 소리에서 큰 소리까지 소리가 변화할 수 있는 정도의 범위를 말한다. 각각의 전극이 T–level과 C–level을 모두 정하게 되면 컴퓨터는 맵을 만들어 낸다. 맵은 각각의 전극에 자세한 전류의 정보를 기록하는 것을 말하며, 학생들마다 다르다. 완성된 맵은 어음처리기에 있는 컴퓨터 칩에 저장되고, 각각의 파일은 프로그램이라고 불리게 된다. 맵이 만들어지고 마이크로폰이 작동하게 되면 이식자는 소리를 들을 수 있다. 말소리에 대한 반응은 각 개인마다 다르게 인식하는데, 대부분 기계적인 소리로 들린다고 한다.

각각의 전극에 프로그래밍을 하는 매핑 과정은 인공와우 이식 수술 후 청능 및 언어재활의 예후를 결정짓는 가장 중요한 과정이라 할 수 있다(Adunka & Kiefer, 2005). 따라서 수술 후 3개월까지는 1~2주에 한 번 정도 병원을 방문하여 역치 변화를 관찰해야 한다(유은정 외, 2010). 그 이후에는 3개월 뒤, 6개월 뒤에 조절한다.

7 인공와우를 바라보는 시각

인공와우는 청각재활의 새로운 지평을 열어 놓았다고 평가되고 있다. 인공와우 수술은 보청기를 통한 청각재활을 기대할 수 없었던 고도 청각장애학생에게까지 청각재활의 가능성을 기대할 수 있게 만들었다(곽정란, 2010).

개인차가 있지만 인공와우 수술을 하게 되면 최고도 이상의 청력손실을 가진 청각장애학생이 25dB 정도 교정 청력으로 일상생활의 대부분의 소리를 들을 수 있게 된다. 또한 말소리 지각력이 뛰어나며 문장 수준의 대화가 가능하게 된다(허민정, 김리석, 2010).

그 외에도 음성언어 구사 능력에 진전을 보인다는 보고가 있었고, 가능한 조기에 인공와우 수술을 하는 것이 더 뛰어난 효과를 나타낸다고 알려져 있다. 즉, 인공와우 수술은 나이가 어릴수록, 착용 기간이 길수록 효과가 좋은 것으로 나타났다.

이처럼 인공와우를 담당하는 의사로부터 인공와우 관련 정보를 접한 부모들은 인공와우 수술을 한 다른 청각장애학생들을 직접 보게 되면 인공와우의 효과를 더욱 확신하게 되고, 그 결과 인공와우를 선택하게 된다.

그러나 인공와우를 어린 나이에 착용할지라도 그 효과 면에서는 심한 개인차가 있으며, 선천성 청각장애아동의 경우 언어발달이 꾸준히 일어나긴 하지만, 학령기와 같이 일정 기간이 지나면 발달 속도가 느려지고 청인학생과의 비교에서도 어휘력이 상당히 지체된다(김수진, 1998). 인공와우 수술을 받은 아동들의 평균 연령이 7세가 되어도 그들의 언어 능력은 3세 수준에 머물고 있으며, 이들은 미국수어(ASL; American Sign Language)를 사용하는 청각장애학생보다도 언어 수행 능력이 뒤지는 것으로 밝혀져 있다(김병하, 2007).

인공와우의 성패는 인공와우 수술을 받은 청각장애학생이 청각재활을 얼마나 잘 견뎌내고 버텨낼 수 있는가와 부모가 얼마나 청각장애학생의 청각재활을 촉진할 수 있는가에 따라 결정된다(이은경, 석동일, 2007). 또한 청각장애학생의 자질, 학습 능력과 시간적, 경제적 능력도 뒷받침되어야 한다. 이러한 엄청난 시간과 노력을 투자함으로써 일정 청력을 보장받지만 청인학생과 동등한 수준을 보이는 경우는 극히 일부에 그친다.

청각장애학생의 부모들은 이러한 인공와우의 한계에 대해 의사로부터 전달받지 못하거나 극히 일부분만 전달받게 된다. 혹은 병원에서 인공와우 수술을 적극적으로 권하는 것에 대해 청각장애를 인공와우가 보완해 준다는 것으로 잘못 이해하게 된다. 그 결과, 인공와우의 한계에 대해 숙지하지 못한 상태에서 청각장애에 대한 부정적인 인식과 정상화에 대한 갈망으로 인공와우를 선택하게 되는 것이다.

국제농협회(NAD; National Association of Deaf)는 1990년 청각장애학생에 대한 인공와우 이식술에 대해 반대를 표명하였으나, 2000년 구어나 수어와 같은 일부 의사소통 형태와 함께 사용하기 위한 도구로써 인공와우 수술을 인정하였다. 또한 언어습득 전 청각장애학생은 구어를 쉽게 학습하도록 해 주는 청각적 기호를 가지고 있지 않으므로 청각장애학생의 인공와우는 기대했던 결과보다 나쁠 수 있다고 주장하기도 하였다.

농사회에서는 청각장애를 병리적 시각의 '청각장애'가 아닌 문화로서의 '농(deaf)'이라는 용어를 사용하고, '청각장애학생'을 '농학생'으로 표현한다. 청각장애를 문화적으로 바라보고, 그들만의 언어인 '수어'가 있음에도 불구하고 인공와우 수술을 권장하는 사회적 분위기에 대해 농사회에서는 부정적인 견해를 표현해 왔으며, 청각장애를 고치려고 하는 사람들을 불쾌하게 여기고, 인공와우를 고대 중국의 전족에 비유하기도 한다. 오히려 농학생은 '수어'를 통해 청인학생과 동등한 언어발달을 할 수 있다고 주장하였다. 실제로 청각장애인 부모를 둔 청각장애학생이 청인의 부모를 둔 청각장애학생보다 학력, 사회 성숙도, 자주성, 사교성, 감정 표현, 적응력 등 대부분의 발달 영역에서 더 우수하며 수어가 농학생의 언어 능력, 인지, 사고 능력, 성격발달, 학력 향상, 자아 개념 확립 및 인간관계 개선 등 여러 측면에서 긍정적 효과를 준다고 밝혔다(황도순, 1994).

따라서 인공와우 수술과 재활을 수행하는 다학문적 팀은 청각장애학생이 인공와우 수술을 받기 전에 청각장애학생의 부모들이 농문화, 농사회, 수어 등에 대해서도 알 수 있는 기회를 제공해야 한다. 또한 인공와우를 사용함에 있어서 수어, 구어, 지역 사회의 관련 단체(한국농아인협회, 수어통역센터, 농학생 자조 모임, 인공와우 사용자 모임 등), 인공와우의 한계에 대한 정보를 제공하는 것이 중요하다. 이를 통해 부모가 충분한 지식과 정보를 갖고 인공와우 수술에 대한 결정을 내릴 수 있도록 해야 한다.

(가)는 ○○중학교에 재학 중인 청각장애 학생 A의 특성이고, (나)는 일반 교사와 특수 교사의 대화 중 일부이다. 〈작성 방법〉에 따라 서술하시오. [4점]

(가) 학생 A의 특성

- 순음청력검사 결과가 왼쪽 귀 60dB HL, 오른쪽 귀 90dB HL으로 나타남.
- 오른쪽 귀만 보청기를 착용하고 있음.
- 보청기 착용으로 말읽기를 통하여 수업에 참여하고 있음.

(나) 일반 교사와 특수 교사의 대화

일반 교사: 선생님, 학생 A는 오른쪽 귀에 보청기를 착용하고 있는데도 수업 시간에 말소리를 듣고 이해하는 것을 어려워하고, 음원의 위치 파악이 가끔씩 잘 안 될 때도 있더라고요.

특수 교사: 학생 A는 특성상 양쪽 귀에 보청기를 착용하면 좋을 것 같더군요. 이런 경우에는 (㉠)의 착용이 효과적일 수 있어요.

… (중략) …

일반 교사: 학생 A는 친구들과 대화하는 데 어려움을 느끼는 것 같아요. 학생 A가 어떻게 하면 대화에 더 적극적으로 참여할 수 있을까요?

특수 교사: 듣는 정보가 부족하고 알고 있는 어휘 수도 적은 편이어서 의사소통이 잘 되지 않을 수 있어요. 학생 A가 ㉡ <u>예상하는 전략</u>과 ㉢ <u>회복하는 전략</u>을 사용할 수 있도록 지도하면 됩니다.

일반 교사: 그렇군요. 그럼 다음 주에 '박물관 학예사 체험하기 활동'을 하면서 ㉣ <u>학예사의 활동 알아보기</u>와 ㉤ <u>학예사 역할 체험</u>을 계획하였는데, 학생 A에게 적용해 보면 좋겠습니다.

〈작성 방법〉

- (가)를 참고하여 (나)의 괄호 안의 ㉠에 해당하는 보청기의 유형을 쓰고, 학생 A가 ㉠을 착용했을 때의 효과를 1가지 서술할 것.
- (나)의 밑줄 친 ㉡을 ㉣ 활동에 적용하는 예와 ㉢을 ㉤ 활동에 적용하는 예를 1가지씩 각각 서술할 것. (단, ㉢은 '언어 정보 전체를 이해하지 못한 경우'에 한하여 작성할 것.)

(가)는 청각장애 학생 G, H의 특성이고, (나)는 학생 G의 통합학급 수업 지원을 위한 대화이다. (다)는 학생 H의 특수학급 수업 계획과 관련한 대화의 일부이다. 〈작성 방법〉에 따라 서술하시오. [4점]

(가) 학생 특성

학생	특성
G	• 중추청각처리장애 없음. • 5세경 오른쪽 귀 인공와우 수술, 왼쪽 귀 보청기 착용(착용 후 좌 : 40 dB HL, 우 : 45 dB HL) • 기본적인 구어 의사소통은 가능하나 성취 수준이 낮음. • 수업 시간에 독화와 잔존청력에 의존함.
H	• 중추청각처리장애 없음. • 6세부터 보청기 착용(착용 후 좌: 50 dB HL, 우: 65 dB HL) • 지적장애가 있음. • 기본적인 구어 의사소통에 어려움이 있음.

(나) 학생 G의 수업 지원 관련 대화

특수 교사: 말읽기에 좋은 환경을 어떻게 구성해야 할지 선생님의 생각을 말씀해 보세요.

교육 실습생: ㉠ 학생을 선생님의 얼굴이 잘 보이는 자리에 앉게 합니다. 학생이 말읽기를 잘 할 수 있도록 ㉡ 교사는 칠판 앞에서 학생의 눈을 마주치고 움직임을 최소화하여 수업하는 것이 좋다고 생각합니다.

특수 교사: 그 외에 어떤 점을 고려해야 할까요?

교육 실습생: ㉢ 판서를 할 때 교사가 말하면서 그 내용을 칠판에 적어 주는 것이 좋습니다. 그리고 ㉣ 교실에 커튼이나 카펫 등을 활용하여 반향음을 줄여주는 것이 좋습니다.

특수 교사: 자료 활용 측면에서 어떤 것을 고려해야 할까요?

교육 실습생: ㉤ 말읽기에 집중하도록 시각적 보조 자료의 사용을 제한하는 것이 도움이 될 것 같아요.

(다) 학생 H의 특수학급 수업 계획 관련 대화

이 교사: 학생 H에게 /마/–/바/가 같은지 다른지를 구별하는 활동을 했는데 아주 잘 하더라구요.
최 교사: 그렇다면 다음 단계의 활동으로 들어가는 게 좋겠습니다.
이 교사: 다음 단계의 활동을 계획할 때 어떤 점을 고려하면 좋을까요?
최 교사: 우선 아동의 듣기 능력이 파악되면 자극수준과 과제 난이도를 고려하여 활동을 계획해야 합니다.

단계	내용	활동의 예
(㉥)	• 청취한 자극음이 무엇인지 알기	• (㉦)
이해	• 음성언어 자극을 의미 있게 이해	• "마주 보아요."를 듣고 마주 본다.

〈작성 방법〉

- (가)의 학생 G의 특성을 참고하여 (나)의 밑줄 친 ㉠~㉤ 중 틀린 곳 2가지를 찾아 바르게 고쳐 쓸 것.
- (가)의 학생 H의 특성을 참고하여 (다)의 괄호 안의 ㉥에 들어갈 단계의 명칭을 쓰고, 괄호 안의 ㉦에 해당하는 활동의 예를 학생이 이미 구별할 수 있는 음소를 포함하여 1가지 서술할 것.

Chapter 06

청각장애학생의 특성

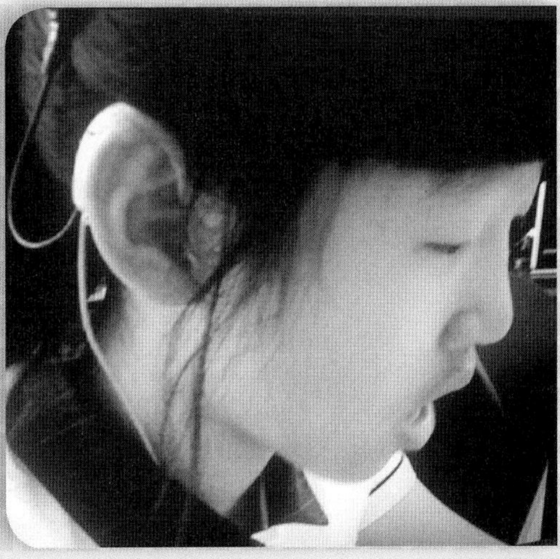

1 청각장애학생의 언어발달 특성
2 청각장애학생의 말소리 특성
3 청각장애학생의 인지 · 학업적 특성
4 청각장애학생의 심리 · 사회적 특성

학습목표

1. 청각장애학생의 언어발달과 말소리 특성을 이해할 수 있다.
2. 청각장애학생의 인지·학업적 특성을 이해할 수 있다.
3. 청각장애학생의 심리·사회적 특성을 이해할 수 있다.

생각나누기

- **전주선화학교 청각장애학생들의 난타 공연**(2011 전주세계소리축제)

출처: http://reporter.korea.kr

심장이 두근두근 뛰는 마음을 담아 귀가 아닌 마음의 울림으로 음악을 선보인다는 뜻의 '콩콩 스테레오'는 전주선화학교 청각장애학생들이 장애를 은유적으로 표현한 이벤트 공연이다. 소리를 귀로 듣는 것이 아니라 난타의 진동 울림소리를 온몸으로 듣는 참여 학생들은 "비록 소리는 들리지 않지만 눈으로 보고 진동을 통해 마음으로 함께 할 수 있었다."라고 말하였다.

이렇듯 학생들은 몸으로 익힌 리듬으로 공연을 끝낸 뒤 "청각장애를 가진 다른 친구들이 저희들의 공연을 보고 힘을 얻었으면 좋겠다."고 말하였다.

청각장애를 지니고 태어난 영아도 정상 청력을 가지고 태어난 영아와 마찬가지로 울고 옹알이를 하게 된다. 그러나 청각장애로 인한 청각적 피드백의 어려움 때문에 청각장애 영아의 옹알이는 곧 사라지게 된다. 이처럼 청각장애학생은 사회에서 일반적으로 사용하는 언어를 익히는 데 상당한 어려움을 겪게 되며, 언어에 의한 의사소통이 곤란해져 결국 언어발달에 문제가 생기게 된다.

1 청각장애학생의 언어발달 특성

1. 의사소통과 언어발달

1) 의사소통

의사소통(communication)이란 두 사람 이상의 사이에서 자신의 느낌이나 생각, 그리고 정보를 주고받는 과정이며, 정보를 부호화하는 전달자와 정보를 해독하는 수신자가 포함된다. 이때 정보는 음성언어, 문자, 수어와 같은 언어적이거나, 얼굴 표정, 억양, 제스처 등의 비언어적인 수단으로 표현된다.

이러한 의사소통의 기능은 의사소통의 즐거움 인식, 말 주고받기, 공동 관심 형성, 의사소통 상대와의 상호작용 등이며, 이 같은 의사소통의 본질은 사회적 맥락 속에서 형성되어진다(Wetherby & Prizant, 1989).

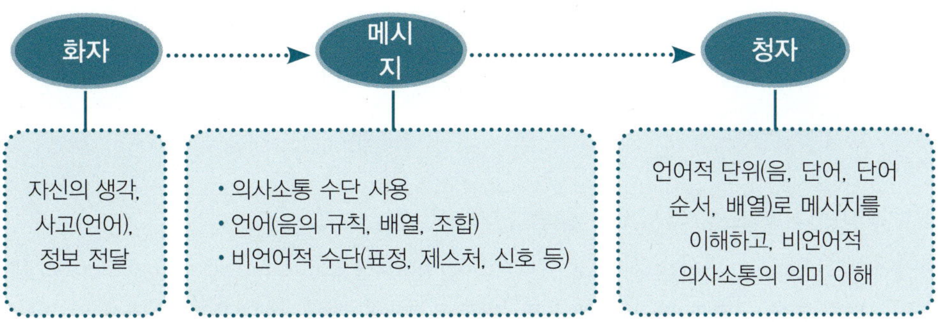

[그림 6-1] 의사소통 과정

2) 의사소통 발달

의사소통 발달은 다른 사람과의 의사소통을 하고자 하는 목표지향적인 행동이나 의도가 단계를 따라 발전하게 되는데, 언어발달에 기초가 되는 의사소통 행동의 발달을 단계별로 간략히 살펴보면 다음과 같다(김영태, 2014).

(1) 초보적 의사소통 행동 단계

초보적 의사소통 행동 단계(primitive communicative behaviors: 0~3개월)에서는 울음, 미소, 눈 맞춤 따위의 초보적인 의사소통 행동들을 보이는데 이러한 행동들은 아직 반사적이다. 신생아들의 의사소통 행동들은 주로 배가 고프다거나 기분이 좋을 때와 같은 생리적 상태의 표현이지만, 사실 이러한 행동들은 주변 성인들에게는 막강한 의사소통의 힘을 갖는다.

(2) 목표지향적 의사소통 행동 단계

목표지향적 의사소통 행동 단계(periocutionary communicative behaviors: 4~7개월)가 되면 유아는 자신의 소리 내기, 몸짓, 눈 맞추기 등의 행동이 성인의 행동이나 환경에 영향을 미칠 수 있다는 것을 깨닫게 된다. 그러나 유아의 관심과 행동은 즉각적인 목표로 한정되어 있어서 의사소통적인 신호도 즉각적인 목표 성취에 제한된다.

(3) 도구적인 전환기 의사소통 행동 단계

도구적 전환 시기(transitional instrumental communicative: 8~11개월)에 유아는 미리 계획된 목적을 이루기 위해서 분명한 신호를 보내게 된다. 예를 들어, 유아는 안아 달라고 팔을 벌리거나 성인들의 관심과 웃음을 자아내기 위하여 여러 가지 우스꽝스러운 행동을 하기도 한다. 장난감을 가지고 놀다가 그것이 멈추면 성인의 손을 그리로 밀쳐 내는 것도 흔히 볼 수 있는 행동이다.

(4) 언어이전기 의도적 의사소통 행동 단계

언어이전기 의도적 의사소통 행동 단계(illocutionary communicative behaviors: 11~14개월)가 되면 유아는 의도적인 의사소통 행동을 보여 준다. 의도적인 의사소통이라 함은 유아 자신이 신호를 보내기 이전에 그 신호가 상대방에게 어떤 영향을 미쳐서 어떤 행동적인 결과를 초래하리라는 인과 관계를 충분히 이해하는 것을 의미한다.

3) 언어

언어는 다른 사람과의 의사소통을 위한 상징적인 구조 체계를 말한다. 즉, 자신의 생각과 느낌, 경험을 통한 정보를 전달하고 표현하기 위해 어떠한 음을 규칙적으로 배열하는 것이다. 특정 문맥에서 목적에 잘 맞게 언어학적 구조의 틀인 내용과 형식을 잘 사용해 조화를 이루어야 한다. 언어학적 단위는 주로 음운론적, 형태론적, 구문론적, 의미론적, 화용론적 요소로 구성된다.

학생이 언어를 습득하게 되는 과정은 바로 언어의 다섯 가지 요소의 변화 발달을 의미하는데 음운론적 발달과 의미론적 발달은 영아기에 매우 빠른 속도로 이루어지지만, 구문론적 발달은 영·유아기 이후부터 시작해서 취학 전까지 계속된다. 아래의 〈표 6-1〉은 언어의 구성 요소에 대한 내용이다.

〈표 6-1〉 언어의 구성 요소

<table>
<tr><th rowspan="2">구성 요소</th><th rowspan="2">하위 체계</th><th rowspan="2">정의</th><th colspan="2">사용의 예</th></tr>
<tr><th>수용언어</th><th>표현언어</th></tr>
<tr><td rowspan="3">형태</td><td>음운론</td><td>말소리 및 말소리의 조합을 규정하는 규칙</td><td>말소리 식별</td><td>말소리를 만들고 분명하게 발음</td></tr>
<tr><td>형태론</td><td>단어의 구성을 규정하는 규칙</td><td>단어의 문법적인 구조 이해</td><td>단어 내에서 문법 사용</td></tr>
<tr><td>구문론</td><td>단어의 배열, 문장의 구조, 서로 다른 종류의 문장 구성을 규정하는 규칙</td><td>문구와 문장 이해</td><td>문구와 문장 내에서 문법 사용</td></tr>
<tr><td>내용</td><td>의미론</td><td>의미(단어 및 단어의 조합)를 규정하는 규칙</td><td>단어의 의미와 단어들 간의 관계 이해</td><td>단어의 의미와 단어 간의 관계 사용</td></tr>
<tr><td>사용</td><td>화용론</td><td>사회적 상황에서의 언어의 사용과 관련된 규칙</td><td>사회적·상황적 단서 이해</td><td>다른 사람에게 영향을 미치기 위해 언어 사용</td></tr>
</table>

출처: 이소현, 박은혜(2011). p. 278.

4) 언어발달

(1) 언어발달 이론

① 1950~1960년대: 언어습득의 언어학적 기초를 강조하는 구문론적 이론

- Skinner 중심의 행동주의 학습이론
  - '자극-반응-강화'에 의한 조건화 과정을 통해 언어습득
  - 부모들이 제공하는 강화에 의해 언어를 습득해 간다고 주장
  - 모방을 통해서만 언어를 습득하지 않으며, 부모의 강화는 10% 내외라고 비판
- Chomsky의 선천적 언어습득 이론
  - 타고난 언어 능력으로부터 발달된 심층구조를 기초로 표층구조 형성
  - 선천적 구문 지식이 언어습득의 기제(Language Acquisition Device: LAD)

② 1970년대 전반기: 인지적 기초를 강조하는 의미론적 이론– 대표 학자: Piaget

- 인지적 발달이 선행되어야 하며, 학생 언어의 의미적 내용 분석 강조
- 의미 관계 발달에 관심을 가지고 실체와 사건들 사이의 관계를 반영(예: '엄마 신발'의 경우 '명사+명사'의 구문론적 분석보다는 '행위자+목적'이나 '소유자+소유' 등의 의미론적 분석으로 학생의 의도를 알 수 있음)
- 초기 언어에 있어서의 보편적 지식, 상징 행동 발달

③ 1970년대 후반기: 언어습득의 사회적 기초를 강조하는 화용론적 이론
  – 대표 학자: Vygotsky

- 사회적 문맥 속에서 언어의 기능적 효과를 경험함으로써 언어를 습득
- 화용론적 혁명의 시기, 구어 이전의 언어가 주요한 연구 과제

④ 1980년대 이후: 다원적 언어습득 이론– 대표 학자: Bruner

- 언어학적, 인지적 및 사회학적인 행동으로써 언어를 구성하고 있는 영역들은 서로 상호작용을 통하여 이루어진다는 관점
- 부모와 교사의 역할을 강조하면서 사회 문화적 맥락의 중요성을 강조
- 학생을 둘러싼 환경 중심의 언어적 경험이 언어발달에 영향을 줌

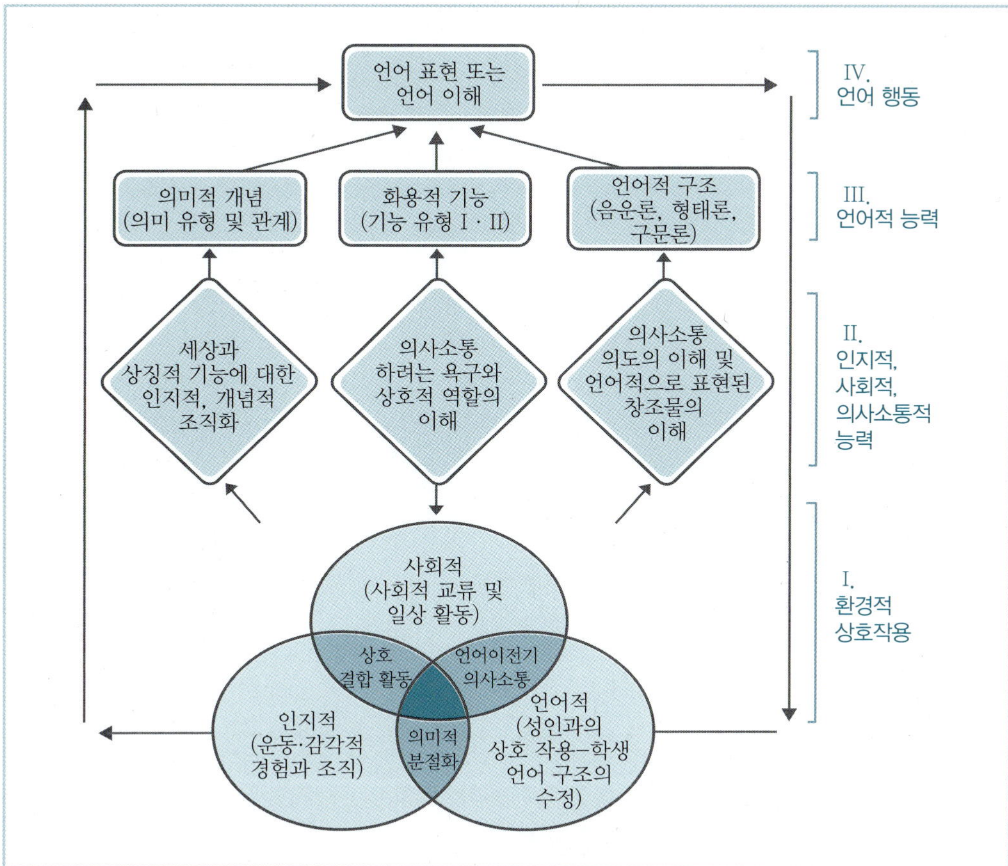

[그림 6-2] 다원적 언어습득 모델

출처: McLean & Snyder–McLean(1978), 김영태(2014). p. 23. 재인용.

(2) 언어발달 단계

학생의 언어발달 패턴은 동일하지만, 언어발달의 속도에 있어서는 학생의 특성과 다양한 내외적 요인이 존재하여 학생들 사이에 개인차가 존재한다. 신생아기부터 취학 전까지의 전반적인 언어발달을 요약해 보면 다음과 같다(김영태, 1994).

① 0~6개월 단계

- ▶소리에 놀라는 반응을 보인다. 같은 소리를 반복한다. 구별된 생리적 울음을 운다.
- ▶자주 목구멍 소리, 목구멍을 꾸르르 울리는 소리, 그리고 즐거운 소리를 낸다.
- ▶유아에게 이야기하면 미소 짓는다. 목소리를 인식한다. 소리를 모방한다.
- ▶음도나 강도를 변화한다. 고개를 돌려 소리 근원지를 찾는다.

② 7~12개월 단계

▶ "안 돼." 소리의 의미를 이해한다. 자신의 이름을 이해하고, 그에 반응한다.
▶ 일상용품 낱말을 인식한다(예: 우유, 맘마). 학생에게 말을 하면 가만히 듣는다.
▶ 옹알이를 할 때, 노래 같은 억양을 사용한다. 좀 더 많은 소리를 듣고 모방한다.
▶ 다양한 소리들을 사용하여 옹알이를 한다. 주의를 끌기 위해 구어 소리를 낸다.
▶ 1개 이상의 낱말들을 사용한다. 주로 명사를 사용한다. 간단한 지시를 이해한다.

③ 13~18개월 단계

▶ 성인과 유사한 억양 패턴을 사용한다. 2개 낱말 구를 사용하며 간단한 지시를 수행한다.
▶ 남의 말을 그대로 따라하는 반향어(echolalia)와 의미 없이 혼자 중얼거리는 자곤(jargon)을 사용한다.
▶ 거의 모든 종성 자음들과 약간의 초성 자음들을 생략한다.
▶ 원하는 물건을 요구하며, 몸짓과 소리 내기를 병용한다.
▶ 3~10개, 혹은 그 이상(대부분 명사)의 표현 어휘를 습득한다.

④ 19~24개월 단계

▶ 자곤보다는 낱말을 더 자주 사용하며, 명사와 동사를 결합하기 시작한다.
▶ 50~100개, 혹은 그 이상의 표현 어휘를 습득하며 질문 시 억양을 사용한다.
▶ 300개 이상의 수용 어휘를 습득하며, "이게 뭐지?"하는 질문에 대답한다.
▶ 대명사(나, 내)를 사용하며, 낯선 사람에 대하여 약 25~50%의 명료도를 보인다.
▶ 5개 정도의 신체 부위를 알고, 2단계 지시를 수행할 수 있다.

⑤ 2~3세 단계

▶ 0~75%의 구어 명료도를 보이고, '하나'와 '전부'를 이해한다.
▶ 낱말을 듣고 그에 해당하는 그림을 지적할 수 있고, 일상용품들을 명명한다.
▶ 1~2개 낱말 질문을 하며, 3~4개 낱말 구를 사용한다. 의문사들을 이해한다(예: 누가, 왜).
▶ 500~900개 이상의 수용 어휘와 50~250개 이상의 표현 어휘를 습득한다.
▶ 모음을 정확하게 사용하며, 대부분의 초성 자음을 정확하게 조음한다.
▶ 어중에 있는 자음들을 흔히 생략하고, 종성 자음을 생략 또는 대치시킨다.

⑥ 3~4세 단계

- ▶명사와 동사를 가장 자주 사용하고, 물건의 기능을 이해한다.
- ▶상대적인 의미를 이해한다(예: 서다–가다, 위–아래, 큰–작은)
- ▶4~5개 낱말 문장을 사용하고, 6~13개 음절 문장을 정확하게 따라할 수 있다.
- ▶1,200~2,000개 이상의 수용 어휘와 800~1,500개 이상의 표현 어휘를 습득한다.
- ▶질문을 자주하고, 그에 대해 구체적인 반응을 요구하며, 언어로 감정을 표현한다.
- ▶모음을 정확하게 사용하며, 대부분의 초성 자음을 정확하게 조음한다.
- ▶모든 의문사를 사용하고, 과거와 미래를 인식한다. 진행형과 미래 시제를 사용한다.

⑦ 4세 단계

- ▶10까지 외워서 센다. 3까지의 개념을 이해하고, 1~3가지의 색을 인식한다.
- ▶2,800개 이상의 수용 어휘와 900~2,000개 이상의 표현 어휘를 습득한다.
- ▶낱말의 정의에 대하여 질문을 하며, 분당 185개 낱말 정도를 말한다.
- ▶리듬이나 노래, 무의미 음절 등을 즐기고, 90% 정도의 자음 정확도를 보인다.
- ▶놀이터나 친구 집에서 있었던 경험을 이야기하며, 피동형의 문장을 사용한다.

⑧ 5~6세 단계

- ▶6가지의 기초적인 색깔과 3가지의 기초적인 모양을 말한다.
- ▶3단계 지시를 수행한다. 접속사를 사용한다. 과거 및 미래 시제를 사용한다.
- ▶1만 3,000개 정도의 표현 어휘를 습득하며, 4~6개 낱말 정도의 문장을 사용한다.
- ▶요일을 순서대로 말할 수 있고, 반의어를 사용한다. 30까지 외워서 센다.
- ▶문법적으로 완벽한 문장을 사용하고, 이야기를 정확하게 엮어 나간다.

⑨ 6~7세 단계

- ▶약간의 철자, 숫자, 그리고 돈의 단위를 명명할 수 있다.
- ▶순서대로 수를 셀 수 있고, '왼쪽'과 '오른쪽'을 이해한다.
- ▶2만개 정도의 수용 어휘를 습득하고, 대략 6개 낱말 정도의 문장을 나타낸다.
- ▶수동형의 문장을 적절하게 사용하고, 대화에 참여한다.
- ▶대부분의 시간적 개념을 이해한다. 차츰 좀 더 복잡한 묘사를 한다.

2. 청각장애학생의 언어발달

청력의 손실로 인해 청각정보에 대한 자극이 감소하고, 청각적 피드백이 부족하여 환경음이나 상대방의 말소리에 대한 소리의 입력이 약하거나 왜곡되면 언어발달에도 지속적인 영향을 미쳐 부정적인 결과를 초래하게 된다.

청각장애학생은 자신의 소리에 대한 적절한 청각적 피드백을 받지 못하고, 성인으로부터 적절한 언어적 강화를 받지 못하며, 성인의 언어적인 시범을 적절하게 듣지 못하기 때문에 언어 능력, 어휘 능력, 조음 능력 등에서 어려움을 겪게 되어 언어발달이 지체된다. 청각장애학생의 언어발달 순서는 청인학생에 비하여 느리게 발달하나 동일한 언어발달 이정표를 따르게 된다.

청각장애학생의 언어발달 특성에 대하여 이규식 등(2006)과 고은(2017)의 내용을 발췌하여 살펴보기로 하겠다.

1) 음운론적 발달

청각적 피드백의 결함으로 인하여 음운 체계의 지식 습득에 어려움을 예상할 수 있으며, 이는 음운론적 발달에 부정적인 결과를 초래할 수 있다.

- ▶전혀 소리를 듣지 못하는 농학생도 쿠잉 단계와 초기 옹알이 단계에서는 말소리를 산출한다.
- ▶생후 6개월 전후에 나타나는 옹알이 단계에서 점차적으로 나타나는 음소 확장과 음소 축소 현상이 뚜렷하게 나타나지 않는다.
- ▶청인학생의 경우에는 옹알이 단계에서 자·모음을 결합하여 여러 가지 소리를 만들어 반복하는 반면, 청각장애학생은 똑같은 소리를 반복하는 경향을 보인다.
- ▶청각장애학생은 분절적 요소뿐만 아니라 초분절적 요소에서도 오류를 보인다. 분절적 요소란 자·모음과 같은 음소를 말하며, 초분절적 요소는 말의 억양, 장단, 속도, 쉼, 강세 등을 말한다.
- ▶일반 조음·음운장애학생은 대부분 자음에서만 오류를 보이는 반면, 청각장애학생은 모음과 자음 모두에서 오류를 보인다.
- ▶모음의 중성화 현상이 나타난다. 이는 일종의 모음 변형으로, 예를 들면 전설 모음 [i]를 발음할 때 중성음인 [ə]를 섞어서 발음하는 것을 말한다.
- ▶모음보다는 자음에서 오류가 많은데, 특히 마찰음과 파찰음에서 오류를 보인다.
- ▶혀를 지나치게 후반부 인두 쪽에 당겨 위치하여 발음하는 경향이 있어, 코 막힘 소리가 나는 맹관공명 현상과 모음의 정확도가 낮다.

2) 형태론적 발달

음소를 발음할 수 있게 된 후에 형태소를 발음할 수 있는데 청각적 피드백에 의한 모방 학습의 어려움으로 형태론적 발달에 영향을 받을 수 있다.

▶문법 형태소를 잘못 사용하거나, 문장의 주요 요소를 생략하는 경향이 많다.
▶어휘에 대한 부족한 지식으로 인하여 명사나 동사와 같은 내용어는 과다하게 사용하는 반면, 문법적 기능어의 사용은 부족하다.
▶문법 형태소 사용의 결함은 들리는 음소에 대하여 일관성이 없거나 왜곡된 음소로 받아들이기 때문으로 여겨진다.
▶청인학생에 비해 문법 형태소의 습득이 지체되며 문법 형태소 사용에도 오류가 많다.
▶청력이 좋을수록 청각적인 피드백으로 인한 음소 변별력과 발음의 명료도가 높아져 형태론적 발달에 긍정적 영향을 미친다.

3) 구문론적 발달

단어의 배열과 조합을 의미 있게 구성하여 구와 절 그리고 문장의 구조를 이루어야 하는데 청인학생에 비하여 심각한 결함과 지체를 보인다.

▶낱말의 순서가 잘못된 문장을 많이 사용한다.
▶복문 산출 시 적절한 연결 어미를 찾는 데 어려움을 보인다.
▶특정 단어만이 반복되어 나타나는 짧은 문장 형식을 사용한다.
▶시제 사용에 많은 어려움을 보인다.
▶어휘에 대한 부족한 지식으로 인하여 명사나 동사와 같은 내용어는 과다하게 사용하는 반면, 문법적 기능어의 사용은 부족하다.
▶문법 구조에 대한 지식의 부족으로 정형화된 문법 구조를 과다하게 사용하는 경향이 있다.
▶연결 어미 사용에 있어서는 ~고(나열), ~여서(인과)가 주로 사용된다.
▶조사 대치 등 문법 형태소의 오류가 많이 나타난다. 예를 들면, "나는 친구와 채팅한다."를 "나는 친구를 채팅한다."로 말한다.
▶문맥에 맞지 않은 잘못된 조사의 사용과 생략이 많다

4) 의미론적 발달

사람과 사물 그리고 사건 사이에 어떤 관계가 존재하는지에 따라서 문장은 그 의미론적 내용으로 분류될 수 있다(Ling, 1989). 의미론은 단어와 문장의 구성에서 이루어지는 내용을 의미한다. 청각적 피드백이 곤란한 청각장애학생은 이로 인하여 의미론 발달에 부정적인 영향을 받을 수 있다.

청각장애학생은 초기 어휘발달 단계에서 다음과 같은 특성을 보인다(이상희, 2006).

- ▶ 어휘력은 생활 연령이 증가함에 따라 점차 향상된다. 청인학생에 비하여 어휘력이 빈약하고 제한적이기는 하나 경험이 늘어날수록 어휘력도 꾸준히 증가한다.
- ▶ 명사보다 동사의 습득이 어렵고, 일상생활과 관련이 적은 어휘는 습득이 힘들다.
- ▶ 문맥에서 적절하지 않은 어휘를 사용하며, 다의어에 대한 이해가 어렵다.
- ▶ 구체적인 단어보다 추상적인 어휘를 습득하는 데 어려움을 보인다.
- ▶ 명사를 중심으로 어휘가 발달하고, 동사와 형용사 그리고 문법 형태소가 순차적으로 출현하는 등의 어휘발달 양상은 청인학생과 동일하다.

5) 화용론적 발달

의사소통을 효율적으로 하기 위해서는 상대방의 태도와 행동에 영향을 미치는 상황과 문맥에 적합한 기능적인 구어를 사용해야 한다. 그러나 청각장애학생은 이러한 화용론적인 측면에서 사회적으로 올바르지 않은 의사 전달로 인하여 대화에서 무시되는 등 의사소통의 많은 부분에서 실패를 경험하게 된다.

화용론적 발달을 위해서는 다음과 같은 기술이 필요하다.

- ▶ 순서 교대: 한 명이 대화를 시작하면 기다렸다가 자기 순서가 오면 말을 한다.
- ▶ 주제 유지: 일관성 있게 주제를 끌어가는 규칙이다. 청자에게 반드시 대답을 요구하지 않는 문장이라 할지라도 청자는 화자가 말한 맥락 안에서 벗어나지 않는 범위에서 대화를 이어갈 수 있다.
- ▶ 피드백: 화자의 눈을 맞추거나 고개를 끄덕이거나 적절한 추임새 등을 통해 상대방의 말을 경청하고 있다는 것을 보여 준다.
- ▶ 자기 수정: 맥락에서 벗어나는 음운상의 오류나 어휘 또는 높임법 등이 잘못 사용되었을 경우 자신의 말을 적절하게 조절하는 기술이 필요하다.

> ▶함축: 발화의 명제적 내용과는 직접 관련이 없는 암시적인 의미를 말하거나 그러한 내용을 이해하는 기술이다.
>
> ▶지시어: 지시 대명사, 인칭 대명사, 시간 부사, 장소 부사 등이 해당한다. 예를 들어, "그 사람이 그때 그 사람이야."라고 말할 때 '그 사람과' '그때'를 고려하지 않고는 그 내용을 파악할 수 없다.
>
> ▶전제: 담화에서 화자와 청자의 관계, 상황적 맥락 등의 전제는 매우 중요하다.

다음의 〈표 6-2〉는 청각장애학생의 발달 시기별 언어 특성에 대한 내용이다.

〈표 6-2〉 청각장애학생의 발달 시기별 언어 특성

발달 시기	언어 특성	
3~4개월	몸짓, 움직이기, 울기, 양육자가 의사소통으로 해석할 수 있는 발성	
6~12개월	목적을 달성하기 위해 몸짓과 발성을 사용한 의도적인 의사소통 시작	
6~36개월	비언어적 의사소통 기술	• 증가하다가, 단어나 기호 습득 시작 시기에 감소되거나 고정
	언어적 의사소통 행위	• 19개월에 시작, 30개월에 안정, 30~36개월 사이 현저히 발달
	어휘	• 18개월: 평균 0~9개의 단어 사용 • 22개월(통합적 의사소통 프로그램): 60개의 수어와 구어단어 습득 • 22개월(구화 의사소통 프로그램): 10개의 구화 단어 사용
학령기	어휘 및 단어 의미	• 최중도 청각장애학생: 대략 3년 이상 지체 • 중등도 청각장애학생: 1년 정도 지체
	화용 기술	• 대화자로서 역할하기, 화제 꺼내기, 화제 유지하기에 어려움을 보이나 나이가 들어감에 따라 꾸준히 향상

출처: 김영욱 외(2009). p. 265.

3. 청각장애학생의 언어발달에 영향을 미치는 요인

청각장애학생의 언어습득과 발달은 여러 가지 요인에 의해 영향을 받는데 개인적 조건, 가정환경, 교육환경으로 나누어 볼 수 있다(이규식 외, 2006).

1) 개인적 조건

언어는 학생의 개인적 특성 가운데 지능, 심신의 상태에 따라 그 발달의 양상이 달라진다. 또한 학생의 신체 조건 촉각기관, 발음기관, 청각기관 및 신경근육 조직의 정상성 여부에 따라 영향을 받는다.

2) 가정환경

가정은 학생이 언어를 학습하는데 매우 중요한 역할을 한다. 가정환경 변인 가운데 사회·경제적 계층, 형제 관계, 부모와의 언어 상호작용, 물리적 환경 등이 언어발달과 관계가 깊다.

3) 교육환경

생태학적 관점에서 볼 때 청각장애학생은 청인학생보다 언어습득과 발달에 교육환경의 영향을 많이 받는다. 조기 교육이 필수적이고, 말을 하도록 격려하고 조장해 주는 허용적인 분위가 매우 중요하다.

2 청각장애학생의 말소리 특성

1. 소리의 이해

사람들은 의사소통을 하기 위해 자신의 성대를 통한 발성으로 목소리를 내어 이야기를 한다. 또한 여러 종류의 악기는 각각 독특한 특성에 따라 듣기 좋은 아름다운 소리를 만들지만, 자동차가 많이 다니는 길과 산업 현장의 일터는 듣는 귀를 괴롭게 하는 소음의 발생이 매우 심하다. 이러한 여러 가지 소리는 물체의 진동에 의해 만들어져, 공기를 통하여 우리 귀에 전달된다. 이렇게 전달되는 진동을 파동이라고 하며 소리의 발생 원리가 된다.

다음의 [그림 6-3]은 5살 소녀가 베이스 드럼의 언저리를 붙들고 손으로 전달되는 진동과 보청기에서 들리는 소리를 비교하면서 소리의 다양한 특성에 대하여 감지하고 배우고 있는 모습이다. 드럼의 강한 저진동의 소리는 소녀가 포착할 수 있는 몇 안되는 소리의 하나인데 촉지각의 도움으로 드럼의 작은 소리와 큰 소리를 구별한다.

[그림 6-3] 소리 특성 이해(촉지각, 보청기)

출처: 타임라이프 북스(1990). p. 155.

[그림 6-4] 소리 특성(악기)

출처: http://terms.naver.com.

1) 소리의 발생과 전달

소리의 발생은 물체의 떨림으로 인한 진동에서 생기며 진동이 공간으로 이동하여 퍼지는 과정인 파동을 통하여 전달된다. 파동은 한 곳에 가만히 있지 않고 공기 중으로 퍼지거나 물체를 따라 이동하게 된다. 이렇게 파동이 전달되는 공간 또는 물체를 '매질'이라고 한다.

▶ 소리는 세로파이다: 쇠막대를 치면 떨면서 소리가 난다. 그리고 떨리는 물체를 손으로 잡으면 소리가 멈춘다. 이것은 소리가 파동이기 때문이다. 소리의 파동을 음파라고 한다. 파동에는 파동의 진행 방향과 매질의 진동 방향이 나란한 세로파가 있고, 서로 수직인 가로파가 있다. 소리는 물체의 떨림으로 인해 공기가 빽빽한 부분과 듬성듬성한 부분이 생겨 퍼지는 세로파이다. 두꺼운 세로파 용수철을 앞뒤로 흔들면 용수철의 빽빽한 부분이 전달되는 것과 같은 원리이다. 소리도 용수철과 마찬가지로 매질인 공기 분자는 이동하지 않지만 공기 분자의 빽빽한 부분과 듬성듬성한 부분이 퍼지는 것이다.

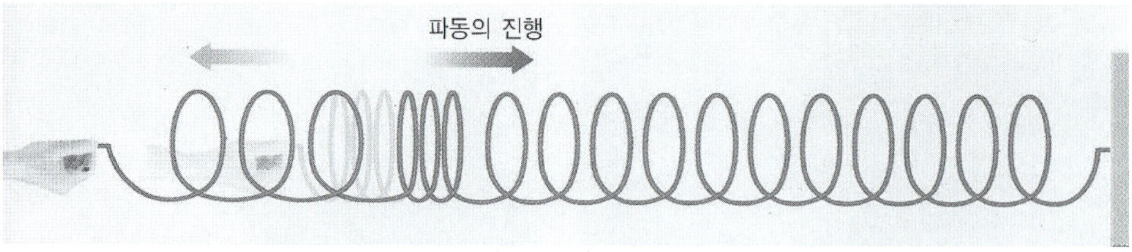

[그림 6-5] 파동의 진행 방향과 용수철의 진동 방향이 같은 세로파

[그림 6-6] 소리의 파동

[그림 6-7] 소리의 진동

2) 소리의 성질

- 소리의 세기: 파동의 진폭에 따라 큰 소리는 진폭이 크고, 작은 소리는 진폭이 작다.
- 소리의 높낮이: 파동의 진동수가 높은 소리는 날카롭고, 낮은 소리는 부드럽다.
- 소음의 음색: 높낮이가 같더라도 공기의 떨림이 다른 양상을 말한다(예: 음계의 기본 음이 다른 경우).

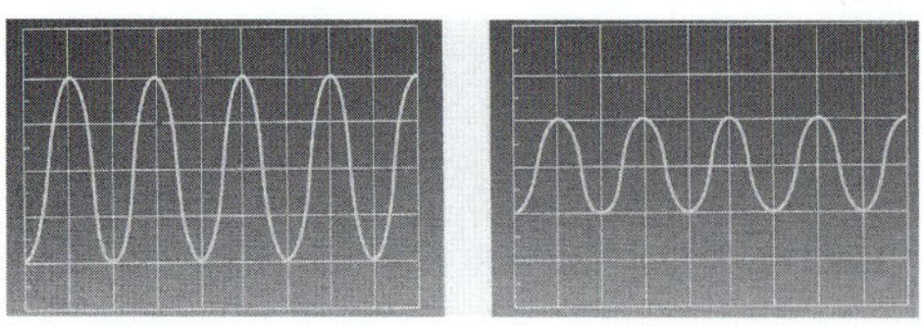

[그림 6-8] 큰 소리와 작은 소리

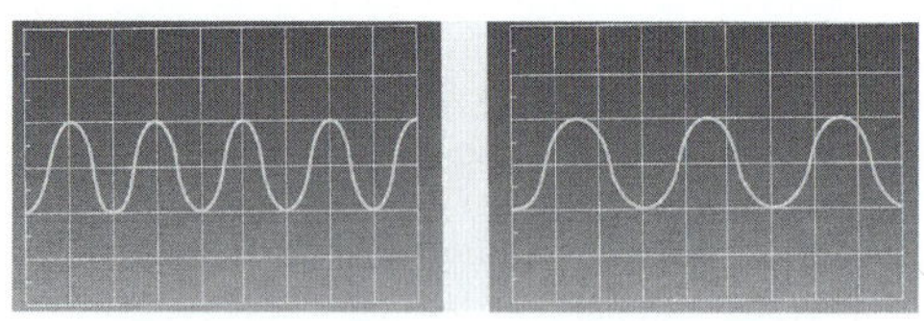

[그림 6-9] 높은 소리와 낮은 소리

2. 말소리의 이해

1) 말소리란 무엇인가?

사람과 동물은 의사소통을 하기 위하여 다양한 방식으로 소리를 산출한다. 그러나 개나 닭은 사람과 같이 성대를 이용하여 소리를 내지만 다양한 소리를 내지는 못한다. 매미는 배에 있는 발음막, 발음근, 공기 주머니를 통하여 소리를 낸다. 우리가 말소리라고 지칭하는 것은 우선 사람에 의해 만들어지는 소리에 국한된다. 강아지 짖는 소리나 천둥소리를 말소리라고 하지 않는 이유는 바로 이것이다.

그러나 사람이 내는 소리는 모두 말소리의 영역에 들어가는 것일까? 손뼉치는 소리, 방귀 뀌는 소리, 뭔가 좋은 생각이 났을 때 회심의 미소를 지으면서 엄지와 장지를 비비면서 내는 '딱' 소리 등을 생각해 보자. 이런 소리는 말소리라고 하지 않는다. 왜 그런가? 우리는 말소리를 우리가 만들어 내는 소리 중에서도 특히 우리의 발음기관을 통하여 만들어진 소리에 한정하기 때문이다.

- '말소리'란 인간의 발음기관을 통하여 만들어지는 다양한 소리들, 그중에서도 특히 언어학적으로 의미가 있는 소리들에 한정된다(신지영, 2000).

2) 말소리 생성을 위한 연쇄

일반적으로 사람이 들을 수 있는 가청음역은 20~2만Hz, 일상생활에서 회화음을 들을 수 있는 회화 음역은 250~4,000Hz에 해당된다. 청인학생의 경우는 회화 음역에서의 결함을 가지지 않기 때문에 말소리를 지각하는데 어려움이 없다. 그러나 1,000Hz 이상에서 청력손실을 가진 청각장애학생은 산출하는 말소리의 주파수 범위와 말소리를 이해하는 주파수의 범위가 다름으로 인해서 말소리를 듣고 지각하는데 어려움을 가진다(한국청각·언어장애교육학회, 2012).

- 말소리 즉, 구어(speech)의 언어생성을 위한 언어 표현의 유일한 수단이 구어는 아니지만(예: 몸짓, 사인, 그림, 문어적 상징 등이 사용될 수 있음), 구어는 가장 신속하면서도 효율적인 의사소통 방식이다.

말소리(speech sound)는 분리된 일련의 네 가지 과정인 '호흡-발성-공명-조음'으로 이루어진다. 다음의 [그림 6-10]은 말소리의 연쇄 과정에 대한 내용이며, [그림 6-11]은 음성 언어, 즉 말소리의 생성과 관련된 생리 해부학적 구조에 대한 설명이다.

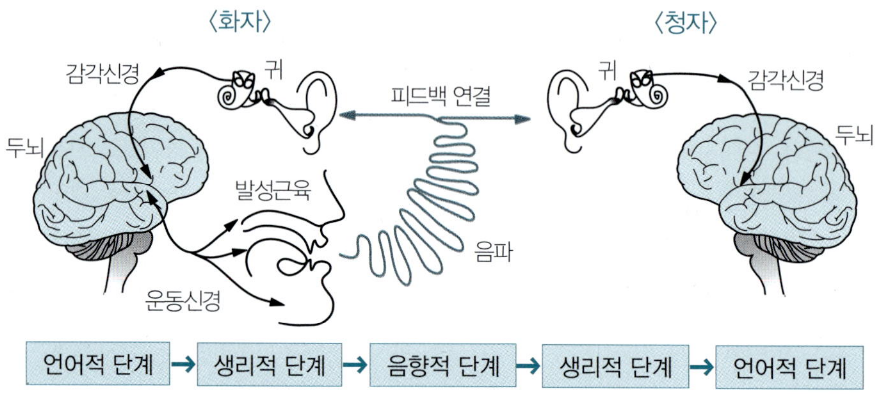

[그림 6-10] 말 연쇄(speech chain)

출처: 심현섭 외(2010). p. 96.

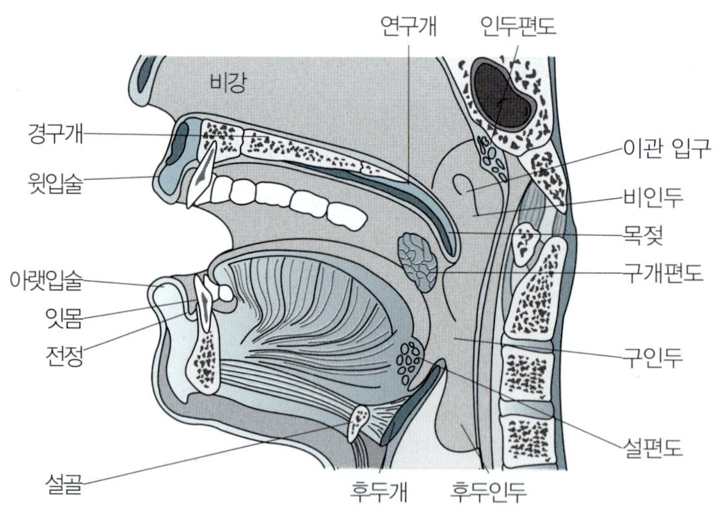

[그림 6-11] 말 산출기관 구조

출처: 고도흥(2013). p. 137.

3. 청각장애학생의 말소리

청각장애학생들은 청각적 결함으로 인하여 상대방이 말하는 말소리의 피드백에 곤란함을 가져 말소리를 산출하는 발성 과정에서 '말명료도, 조음, 음성, 말속도'에 부정적인 영향을 미친다.

1) 말명료도 특성

말소리의 명료도는 듣는 사람이 이해할 수 있는 말소리의 비율이다. 일반적으로 청력손실의 정도와 시기에 따라 말소리의 명료도는 다르게 나타난다. 경도에서 중등도의 청각장애학생은 모음 발성은 대부분 명료하나 자음의 발성과 음성 자질 및 초분절적 특성에서는 약한 강도, 높은 주파수, 짧은 지속 시간의 특성을 보인다(한국특수교육연구회, 2009).

- 말명료도를 청력손실의 정도에 따라 연구한 Carney에 의하면 말명료도의 범위는 0%에서 100%까지 다양했으나, 90dB 이상의 청력손실이 있는 심도 이상 청각장애학생의 말명료도의 평균은 약 20% 정도에 그쳤다고 한다(Carney, 1986).

최근 학령기 청각장애학생의 단어명료도 특성을 연구한 이지윤 등(2016)의 연구 결과에서는 '친숙 단어 → 비친숙 단어 → 비단어' 순으로 점수가 높게 나타났다고 보고하였다. 전음성 청각장애학생과 인공와우 착용 청각장애학생의 어음 명료도에 관한 김문정 등(2006)의 연구 결과에서는 전음성 청각장애학생과 인공와우 착용 청각장애학생의 어음 명료도는 유사하다고 하였다.

이러한 말의 명료도에 영향을 미치는 요인으로는 다음 [그림 6-12]와 같이 추정할 수 있다(윤미선 외, 2000).

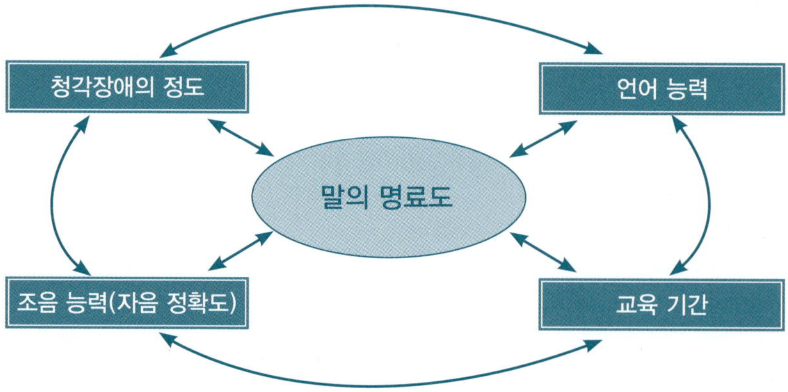

[그림 6-12] 말의 명료도에 영향을 미치는 요인

2) 음성 특성

음성은 목소리에 해당하는 것으로 효율적인 의사소통을 위하여 호흡, 발성, 공명의 밀접한 상호작용이 요구되며 이를 통해 음성의 음도, 강도, 공명 등이 자연스러운 음성을 산출하게 한다. 청각장애학생들은 음도, 강도, 그리고 공명의 문제가 지속적으로 나타나기 때문에 이들이 보이는 독특한 음성 특성에 대한 중재가 필요하며, 중재를 할수록 의사소통에 도움을 줄 수 있다. 청각장애학생이 지니는 독특한 음성의 특성은 다음과 같다(한국청각·언어장애교육학회, 2012).

(1) 음도 특성

청각장애학생의 음도 특성을 살펴보면, 억양의 높낮이 변화가 거의 없거나 한 음절에서도 높낮이가 변화하는 등의 비정상적인 변화를 보인다. 청인학생은 청소년기를 거치면서 음도가 저하되는데 청각장애학생은 연령이 증가함에 따라 청인학생과 비교해 볼 때 상대적으로 음도가 부적절하다고 할 만큼 높게 산출된다. 청각장애학생은 음도를 습득하기 위한 청각적인 피드백이 상대적으로 부족하기 때문에 음도가 높게 나타난다.

(2) 강도 특성

음성의 강도는 후두 생리와 밀접한 관련이 있다. 약한 강도, 큰 강도, 변화가 나타나지 않는 강도는 모두 청각장애학생의 발성에서 나타날 수 있는 특징이다. 큰 강도는 과도한 성문의 저항 때문에 나타날 수 있고 청각장애로 인한 청각적 피드백의 부족은 음 강도의 변화에 영향을 미칠 수 있다(이소희, 2009). 청각장애학생은 일반적으로 강도가 약하거나 강도가 크며, 변화가 없는 일관된 목소리 크기를 나타내는 등의 특징을 보인다.

(3) 공명 특성

성대의 진동음은 성대를 지나면서 성도의 특성에 따라 어떤 주파수는 선택되어 증폭되고, 어떤 주파수는 소거되는 등의 변형을 거치게 된다(Ferrand, 2007; Keith, 2003; Moya, 2006). 성도의 특성에 따라 특정 주파수가 증폭되는 것을 공명(resonance)이라고 한다.

공명과 관련하여 공명장애는 구강과 비강 사이의 불완전한 막힘에 의한 과대비성이나 비강 통로의 폐쇄로 인해 발생되는 과소비성뿐만 아니라, 차단되고 후방화되어 음성이 인두 후방에 머물러 있는 것으로 지각되는 맹관공명도 포함한다. 맹관공명은 과소비성과 무비성의 변형이라고 할 수 있다. /mi–mi–mi/를 산출하면서 손가락으로 비공을 막을 때 들리는 음성이 맹관공명이다. 이러한 공명 문제의 해결을 위해서는 소리의 초점을 앞으로 향하게 하는 것과 비강과 구강 공명의 균형을 맞추는 방법이 있다(Moya, 2006).

- 청각장애학생은 청각적 결함으로 인해 청각 자극을 받아들이는데 제한을 가져 청인학생에 비해 과대비성과 과소비성, 맹관공명이 높게 나타난다.

3) 조음 특성

청각장애학생의 말에 나타나는 조음의 오류는 매우 복잡하고 다양하다. 조음 문제의 정도는 청력손실이 클수록 심하게 나타나며, 모음보다 자음의 오류가 복잡하다. 자음의 오류 형태는 일반적으로 '생략 → 대치 → 왜곡 → 자음의 비음화' 순으로 많이 나타나며 특히, 종성의 생략이 가장 많이 문제가 된다.

▶생략: /선생님/ → /언앵니/, /텔레비전/ → /테이비저/
▶대치: /자동차/ → /다동타/, /주전자/ → /두던다/
▶왜곡: /사랑해/ → /@@애/, /아버지/ → /아@@/
(정확하게 생략, 대치로 그 소리를 식별하기 어렵게 발음하는 경우)
▶자음의 비음화: /컴퓨터/ → /컴뮤터/, /온라인/ → /온나인/

조음 문제의 원인이 분명한 경우에는 반드시 조음에 대한 지도가 필요하며, 선천성 청각장애학생은 조음의 발달을 촉진하고 오조음을 감소시키기 위해서 청각재활 교육 및 예방적인 지도가 실시되어야 한다고 Ling(1976)은 지적하고 있다.

(1) 자음 특성

- ▶자음은 모음보다 높은 주파수에서 에너지가 분포되기 때문에 고주파수 청력손실을 가진 청각장애학생은 무성 자음의 지각에 곤란을 느낀다.
- ▶청각장애학생의 자음 산출 시 오류 형태의 특성은 음소 탈락, 대치와 생략이 많으나 왜곡도 상당수 나타난다.
- ▶오조음의 형태는 초성과 종성 자음의 생략, 비음 오류 및 생략이 많고 특히 초성보다 종성에 오류가 많으며, 유성음과 무성음을 혼동한다.
- ▶조음 위치별 산출 특성에서는 치조음과 양순음을 경구개음이나 연구개음보다 더 정확하게 산출한다.
- ▶조음 방법별 산출 특성에서는 폐쇄음과 비음이 정확하게 산출되었지만, 마찰음, 파찰음, 유음 등은 오조음을 하는 경우가 많은 편이다.
- ▶조음 위치별 정조음 자음군은 성문음→양순음→치조음→연구개음→경구개음 순이고, 조음 방법에서는 어두→마찰음, 파찰음, 어중→설측음, 어말→연구개 비음 순으로 오류가 많이 나타난다(이지영, 2000).

(2) 모음 특성

- ▶모음 산출 시 모음 대치, 모음의 비음화, 이중 모음의 오류 등을 보이고, 혀를 입안 중앙에 위치하여 각 모음에 따라 조금씩만 움직이기 때문에 모음의 중성화가 나타나고 모음을 보다 길게 말한다.
- ▶중모음이나 저모음을 고모음보다 더 정확하게 산출한 반면, 이중 모음에서는 두 개의 음소를 연장하여 발음하기도 하고, 하나를 없애거나 중성화하여 산출한다.
- ▶혀 위치의 변동이 적고 모음 공간이 좁아 발음이 부정확하여 중립 모음과 비슷하게 지각될 수 있으며 정확한 조음 위치에서 산출하지 못하고 중앙에서 산출한다.

(3) 초분절적 특성

▶초분절적 요소인 '강세, 말의 속도, 호흡, 억양, 리듬' 등에 어려움을 보여 음성의 지속 시간이 짧고, 호흡의 양과 세기, 소리의 크기, 장단, 고저 등을 적당하게 발성하지 못하며, 비정상적으로 발성하기 쉬우므로 자연스러운 운율을 산출하지 못한다.
▶호흡과 말하기가 조화를 이루지 못하여 발화 흡기에 소리를 내거나 적절하지 못한 곳에서 숨을 쉬어 의미 전달이 어렵다.
▶초분절적 요소의 불완전한 사용은 말소리 명료도를 낮게 하여 말의 이해를 어렵게 한다. 특히, 비전형적인 억양은 전체적인 말소리 명료도를 저하시킨다(김영욱, 2007).
▶음절과 낱말 산출에서 말의 속도와 말의 리듬이 부적절하여 의미 전달이 어렵다.

4) 말속도 특성

청각장애인은 청인보다 거의 1.5~2배 정도 더 느리게 말한다(Tye-Murray, 1992). 느리게 말하는 정도는 개별 음소를 연장하는 것과 발화 사이에 휴지기가 길어지는 것과 관련이 있다. 청각장애인의 말속도는 청인의 말속도와 차이가 있는 것으로 나타난다(윤미선, 2004; pakhurst & Levitt, 1978). 윤미선(2004)의 연구에서 청각장애인은 말속도가 청인보다 느렸고(3.18 음절/초 vs. 5.0 음절/초), 전체 말에서 쉼 부분을 제외한 조음 속도도 청인보다 느린 것으로 나타났다(4.39 음절/초 vs. 6.14 음절/초).

▶청각장애인은 전반적으로 말의 속도가 청인보다 느릴 뿐 아니라, 쉼을 제외한 조음 부분만을 보았을 때도 청인보다 느린 속도로 분절음을 산출한다.
▶청각장애학생들은 동일한 강세를 주거나 적절하지 않은 곳에 강세를 두고, 말속도가 느리며 단어 내에서나 단어 사이에 자주 쉼을 두며, 그사이에 소리를 첨가하거나 단어를 연장하기도 한다.
▶청각장애학생은 호흡의 조절이 미숙하여 한 번의 호기에 많은 음절을 말하지 못하며 말소리에 오류를 보인다.

청각장애인은 해부학적이나 생리학적으로 말 빠르기를 조절하는 신경계나 근육 조직에 문제를 갖고 있지 않다. 그럼에도 불구하고 청인에 비해 말속도와 조음 속도가 느린 원인은 호흡 조절 능력의 부족으로 쉼이 자주 나타나고 청각적 피드백과 발화 산출의 부족으로 후두 구조의 발달이 미숙하기 때문으로 설명된다(Metz et al., 1985; 이규식 외, 2006). 학령기 청각장애학생의 말 자연스러움 특성에 관한 이지윤 등(2016)의 연구에서는 청각장애학생들이 일상적인 대화 능력은 '좋은 편'일지라도 발화 조건과 환경에 따라 명료도와 말의 자연스러움에서 청인 집단에 비해 부족한 모습을 보인다고 보고하였다.

3 청각장애학생의 인지·학업적 특성

1. 인지발달

인지란 지식, 의식, 사고, 시각적 및 청각적 지각, 문제 해결, 개념화, 분류, 주의, 기억, 지각, 지능, 학습 등의 모든 정신적인 과정을 포괄하는 개념이다.

1) 피아제(Piaget) 이론

Piaget는 아동의 인지발달은 각 단계에 따라 순서적으로 일어나는 과정이라고 〈표 6-3〉과 같이 설명하였다. 물리적 세계와 사회적 세계에서의 경험은 평형화를 추구하는 욕구와 결합하여 인지발달에 영향을 미친다. 발달기에 있는 학생은 그들의 경험을 그들이 세상을 이해하도록 도와주는 도식의 형태로 조직한다. 기존의 도식과 모순되지 않는 경험은 도식에 동화된다. 하지만 모순되는 경험은 평형화를 다시 획득하기 위해 기존 도식의 조절을 통하며 발달해 간다.

〈표 6-3〉 피아제(Piaget) 인지발달 단계와 특징

단 계	특 징	예
감각 운동기 (0~2세)	목표 지향 행동	뚜껑을 열면 인형이 튀어나오는 상자의 뚜껑을 연다.
	대상 영속성(대상을 기억에 표상하기)	부모의 등 뒤에 숨어 있는 물체를 찾는다.
전조작기 (2~7세)	언어 능력의 급격한 성장과 언어 사용의 과잉 일반화	"엄마, 할아버지가 식사하시고, (동생인) 철수도 식사를 하셔."
	상징적 사고	차창을 가리키며 "트럭!"이라고 말한다.
	지각에 의해 지배됨	세면대의 모든 물은 수도꼭지에서 나온다고 생각한다.
구체적 조작기 (7~11세)	구체적인 물체를 논리적으로 조작함	저울에서 평형을 이룬 두 물체는 하나가 다른 것보다 부피가 크더라도 질량은 같다고 결론을 짓는다.
	분류와 서열화를 함	그릇을 부피가 큰 순서로 배열한다.
형식적 조작기 (11세~성인)	추상적이고 가상인 문제를 해결함	제2차 세계 대전에서 영국이 패했다면 어떤 결과가 나타났을지 생각한다.
	조합적인 사고를 함	3가지 종류의 고기, 치즈, 빵을 가지고 몇 가지 샌드위치가 만들어질 수 있는지 체계적으로 생각할 수 있다.

Piaget는 이러한 모든 단계는 다른 사람과의 상호작용, 특히 언어를 통한 상호작용을 통한 사회적 경험도 중요한 역할을 수행한다고 강조하였다(Becker & Varelas, 2001). 사회적 경험은 학습자가 그들의 도식을 다른 사람들의 도식과 관련하여 확인해 볼 수 있는 기회를 통해 평형화와 적응으로 인지를 발달시켜 나간다.

• Piaget는 아동을 자신 스스로 아이디어를 탐색하고, 이 같은 경험을 통해 적극적으로 검증하는 존재로 보았다.

2) 비고츠키(Vygotsky) 이론

Vygotsky는 학생의 인지발달을 사회적 상호작용 속에서 학습을 통하여 개인의 인지 능력을 발달시켜 나간다고 하였다.

첫째, 다양한 사례의 학습은 사회적 상황이라는 맥락 속에서 직접 경험하며 발생하고 둘째, 학생의 사고 능력 발달은 사회적으로 경험과 지식이 더 많은 사람들, 특히 어른들과의 상호작용을 통해 이루어짐을 볼 수 있었다. 셋째, 이러한 상호작용을 통하여 학생은 혼자서는 얻지 못했을 이해 체계를 발달시켜 나감을 볼 수 있었다. 넷째, 더 많은 지식을 가진 사람들과 의미 있는 활동에 동참함으로써 문화적 자산을 학습한다고 믿었다. 활동은 대화가 일어날 수 있는 틀을 제공하고, 활동 속에서 발생하는 대화를 통해 교환되고 학생의 인지발달이 일어나게 되는 것이다.

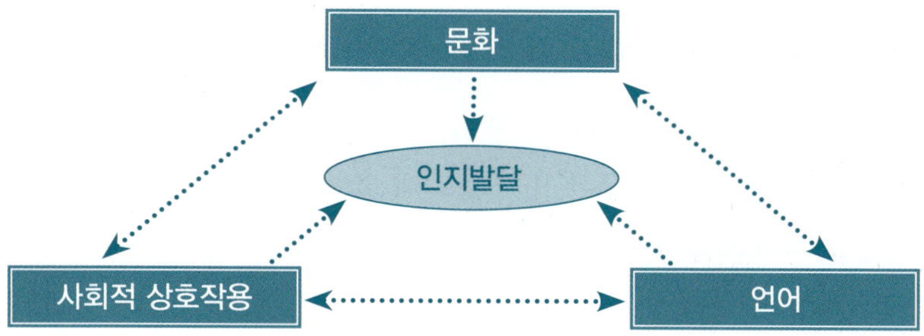

[그림 6-13] 사회적 상호작용과 인지발달

• Vygotsky는 학생의 인지발달에서 사회 문화적 요인을 강조하는 대안적인 견해를 제시하였다.

이처럼 학생이 더 많은 지식을 가진 사람과 상호작용하는 경험을 통해 일종의 교육적 혜택을 얻을 수 있을 때 이러한 상황을 근접 발달 영역에서 이루어지는 경험이라고 이야기 한다.

▶근접 발달 영역(zone of proximal development)
학생이 혼자서는 할 수 없지만 자신보다 유능한 타인의 도움을 받으면서 할 수 있는 과제의 범위를 말한다. 따라서 이 영역은 아이들과 상호작용하는 성인이 학생의 발달을 촉진시킬 수 있는 학습 상황을 나타낸다(Byrnes, 2001).

〈표 6-4〉 피아제(Piaget)**-비고츠키**(Vygotsky) **지식 구성에 대한 관점 비교**

	피아제(Piaget)	비고츠키(Vygotsky)
사회적 상호작용	도식을 검증하고 확인하는 수단을 제공한다.	언어습득과 생각을 문화적으로 교환하는 수단을 제공한다.
언어의 역할	상징적 사고의 발달을 돕는다. 하지만 지적 수준을 질적으로 높여 주지는 않는다.	사고, 문화, 자기 조절을 위한 필수적인 기제다. 지적 수준을 질적으로 높여 준다.
학습자 관점	사물과 개념을 적극적으로 조작한다.	사회적 맥락과 상호작용에 적극적이다.
교수 시사점	평형화를 깨뜨리는 경험을 계획하라.	발판의 제공과 상호작용을 하라.

2. 청각장애학생의 인지 특성

청각장애학생의 인지 능력을 이해하는 관점은 시대에 따라 변화되어 왔다. 가장 중요하게 기억해야 할 것은, 청각장애학생은 인지 능력에 결함이 있는 것이 아니라 단순히 잘 듣지 못하는 것이다(Moores, 2001). 이들은 청인학생과 똑같은 인지발달 단계를 따르나 조금 더 느리거나 지체되어 있을 뿐이다. 지금까지 청각장애학생의 인지 능력에 대한 연구 결과의 변화를 종합해 보면 다음과 같은 세 가지 입장에서 생각해 볼 수 있다(김일명 외, 2013).

첫째, 청각장애학생은 청인학생에 비해 지적으로 수준이 낮다. 이것은 20세기 전반까지 이루어진 연구 결과에 의한 것으로, 청인학생에 비해 청각장애학생의 지능 지수가 10정도

낮게 나타난다고 하였다. 이러한 결과는 청각장애학생에게는 불리한 조건이 되는 검사 환경에서 기인한 것으로 보아야 한다.

둘째, 청각장애학생의 지적 수준은 양적인 면에서는 청인학생과 크게 차이가 없지만 질적인 면에서는 차이가 난다는 입장이다. 이것은 청각장애학생의 지각적·개념적·추상적 기능의 질적인 측면은 청인학생과 다르게 나타나므로, 청각장애학생은 청인학생에 비해 지적 기능의 폭이나 정교성, 추상성 등에서 어려움을 나타낸다.

셋째, 청각장애학생은 지적으로 청인학생과 동등하다는 입장이다. 청각장애학생의 지능 검사 결과는 청인학생의 지능 검사 결과와 마찬가지로 정상 분포 곡선을 나타낸다는 것이 기본적인 가정이다. 그럼에도 청각장애학생이 청인학생에 비해 지적인 능력이 낮은 것으로 나타나는 이유는 지능 검사가 실시되는 환경이 청각장애학생과 의사소통이 원활하지 못한 검사자에 의해 실시되거나, 검사 문항이 청각장애학생의 특성을 잘 반영하지 못하는 도구가 활용되었기 때문이다.

다중 지능을 분석하여 청각장애학생의 강점과 약점을 알아본 김지숙, 허일(2004)의 연구 결과에서는 강점 영역은 신체-운동 지능으로 나타났고, 약점 영역은 언어 지능과 음악 지능으로 나타났다. 결론적으로 청각장애학생의 지적 능력은 대체로 동작성 검사에서 청인학생과 별 차이가 없고, 언어성 검사에서 현저한 차이가 나타났지만, 지능 검사 도구에서 언어성 요인이 적절히 통제된다면 이들의 점수는 정상적인 분포를 이룰 것이다.

3. 청각장애학생의 학습 특성

청각장애학생의 지적 능력이 정상 범위 안에 속한다 하더라도 그들의 학업 성취는 지체되어 나타난다. 왜냐하면 교과 학습의 시작은 언어기능에 의존하므로 청력손실에 의한 영향은 언어 능력뿐 아니라 학습 면에서도 나타나기 때문이다. 대부분의 청각장애학생의 학업 성취도는 학년이 진행되어도 초등학교 4~5학년 수준에 머문다고 지적하고 있다.

학자들마다 청각장애학생의 학업 성취에 대한 연구 결과는 다소 차이가 있지만 대체적으로 다음과 같다.

▶어휘 능력: 난청의 경우 2년, 농학생의 경우는 4~5년 정도 지체된다. 형용사와 부사와 같은 추상적인 의미를 내포하는 어휘 습득에 어려움을 보인다.
▶읽기 능력: 전반적인 읽기 이해 능력은 4~5학년 정도의 수준을 나타낸다. 특히, 문법, 비유적·은유적인 표현, 문맥 이해 등에서 어려움을 나타낸다.
▶쓰기 능력: 문법의 규칙 습득에 전반적인 어려움을 지닌다. 자기중심적 표현과 배경 내용을 알 수 있는 묘사에 부족함을 나타낸다. 특히, 조사 사용에 어려움이 많다. 문장을 구성할 때 단문장 형식으로 아주 짧게 표현하는 경향이 있다.
▶수학 능력: 수학 능력은 다른 학습 능력에 비하여 가장 높은 성취 수준을 보인다. 초등학교 고학년에서 중학교 저학년 수준까지 이른다.

1) 읽기 능력

읽기란 글 속에 내포된 의미를 획득하기 위해서 배경 지식, 언어 지식, 기능 지식, 문학 지식 등을 상호 관련지어 유기적으로 재구성해야 하는 역동적인 과정이다. 이러한 읽기는 인간의 지적 발달, 정서발달 및 사회성 발달에 중요한 요인이며, 생활에 필요 불가결한 도구이기도 하다. 특히, 학령기에는 읽기가 지식 획득의 수단과 지적 탐구의 기술로 사용된다. 청각장애학생은 일반적으로 언어적 경험을 청각적으로 표상화하고 내면화하는 청각적 언어 그리고 이와 밀접한 관계가 있는 경험적, 인지적, 언어적 기술의 습득이 지체되어 있다.

청각장애학생의 읽기 수준은 또래의 청인학생에 비해 상당히 뒤떨어지며, 대다수 학령기 이후 청각장애인이라도 초등학교 4~5학년 정도의 읽기 수준에 머물러 있다(김승국 외, 1998). 청각장애학생의 읽기에 대한 많은 연구들은 청인학생에 비해서 읽기 수준이 매우 낮다는 결론을 내리고 있다. 미국 청각장애학생의 읽기 능력에 대해 연구해 온 많은 연구자들은 거의 일관된 경향으로 결과를 보고하고 있다. 캐나다와 미국의 청각장애학생 5,000명 이상을 대상으로 MPT(Military Potential Test)를 이용한 기초 읽기 검사 결과 Wrightston 등(1963)은 10세 이상의 청각장애학생 중 10% 이하의 학생만이 4학년 수준의 읽기를 할 수 있다고 보고하였다(Wrightston, Aranow, & Moskowitz, 1963).

Center for Assessment and Demographic Studies(1991)에서 발표한 연구 자료에 따르면, 평균 18세 중도-최중도의 청각장애인의 읽기 수준은 3학년 초기의 청인학생의 읽기 수준을 나타내었으며, 18세의 청각장애인 중 오직 3%만이 같은 나이의 청인의 평균 수준과 같다고 하였다.

이와 같이 청각장애학생의 읽기 능력에 대한 많은 연구자들의 결과를 종합하여 보면 대부분의 청각장애학생이 성취하는 읽기 능력은 4학년 전후의 수준에 머무르고 있는 것을 알 수 있다.

읽기 능력에 대한 연구자들의 내용을 살펴보면 다음 〈표 6-5〉와 같다.

〈표 6-5〉 청각장애학생의 읽기 능력

▶통사 능력, 어휘 능력, 선행 지식, 추론 능력에 있어서 청인학생과 차이를 나타내며, 특히 어휘 능력에서 많은 지체를 보이고, 추상적인 어휘 능력을 요구하는 문항이나, 피동문, 부정문, 그리고 비유어와 지시 대명사가 내재된 문장에서 낮은 성취율을 나타내었다(장지희, 1996).

▶문장 이해력 검사를 통한 구문 이해 능력 연구에서 주어+서술어 문형이나, 주어+목적어+서술어 문형에서는 어려움을 보이지 않으나 주어+보어+서술어 구문과 주어가 생략된 서술 구문에서 이해가 곤란한 것으로 나타났다(최영주, 1990).

▶추론은 독자가 텍스트의 명확한 생각을 이끌어 냄과 동시에 그것을 독자가 이미 가지고 있는 사전 지식을 통합하는 복잡한 인지적 처리 과정인데, 청각장애학생은 이러한 추론 능력에서 읽기 수준과 관련 없이 대부분 청인학생보다 더 낮은 수행을 보였다(김지숙, 허일, 2004).

▶사례: 삽화 구성을 통한 청각장애학생의 관용어 이해와 쓰기지도(김영익, 권순우, 2012) 사례에서, 관용어 이해 문항 중 사지선다형 선택 정답의 오류를 보였다(예: "얼굴이 두껍다"를 "얼굴이 크고 살이 쪄서 두껍다"로 이해).

2) 쓰기 능력

쓰기는 매우 복잡한 과정이다. 글을 쓰기 전에 글 속에 포함되어야 할 내용과 그렇지 않은 내용을 구별하고, 글을 쓰는 동안 자신이 표현한 내용이 정확하거나 적절한지 끊임없이 살펴보아야 하며, 글을 쓰고 난 다음에도 자신이 의도에 맞게 수정해야 한다. 또한 글을 쓰는 동기와 목적에 대하여 글을 읽는 사람을 고려하여야 한다.

청각장애학생의 쓰기 능력 즉, 문장력은 어휘력의 영향을 받는다. 일반적으로 청인학생들은 자연스럽게 음성언어를 통하여 모국어를 획득하고, 그것을 바탕으로 읽기·쓰기를 비교적 쉽게 성취한다. 그러나 청각장애학생의 경우는 청력손실로 인해 발달 과정에서 어휘력의 부족으로 자연적인 음성언어를 습득하는데 어려움이 있고, 음성언어의 지체는 문자언어의 지체를 초래한다(김병하 외, 2005). 청각장애학생의 쓰기 능력은 청인학생에 비해 낮은 수준으로, 고등학교를 졸업하는 청각장애학생의 쓰기 문법 수준은 청인학생의 8~10

세 수준을 보인다(Marschark et al., 2002). 청각장애학생의 문장 구성을 통한 쓰기 능력을 연구한 Moores(1987)의 연구에서는 청각장애학생의 문장은 짧고 단문장으로 틀에 박힌 표현이 대부분이며 그 표현의 형식에는 한계가 있고 반복적이고 사용한 어휘도 한정되어 있다고 하였다.

이와 같이 청각장애학생의 쓰기 능력을 청인학생과 비교하면 발달이 현저히 뒤떨어져 있거나 지체되어 있다. 이는 단순하고 짧은 일관된 단문 형태의 사용, 문장 이해도가 낮고 문맥에 맞지 않는 어색한 문장의 형태, 다양한 어휘의 사용 곤란, 그리고 가장 어려워하는 조사 사용 등의 문법적인 오류로 인하여 문맥을 연결하는 의미를 이해하지 못하기 때문이다. 쓰기 능력에 대한 연구자의들의 내용을 살펴보면 다음 〈표 6-6〉과 같다.

〈표 6-6〉 청각장애학생의 쓰기 능력

- ▶사용 어휘 연구에 따르면, 명사 59.75%→동사 18.43%→형용사 순으로 많이 사용하였으며 감탄사는 거의 사용하지 않았다(원영조, 1990).
- ▶1년간 일기장에 사용한 어휘 연구에서는 명사를 53%로 가장 많이 사용하였으며, 그 다음으로 동사를 많이 사용하였다(김진식, 1990).
- ▶일기장을 분석하면 문장 형태의 97% 이상이 단문이며, 복합문으로의 변화는 미약하였으며, 문장의 오류는 조사의 오용으로 인한 것이 가장 많았다(손일수, 1989).
- ▶품사별 어휘 활용은 명사가 40%로 가장 많고 품사를 활용 기능별로 분석한 결과는 체언이 52%→수식어 30%→용언 16% 순으로 나타났다(손일수, 1989).
- ▶관용어 쓰기 문항 오류는 예를 들어 "입이 무겁다"는 "입안에 음식물이 많이 있어 무겁다", "손이 크다"는 "손이 큰 것"을 사전적 의미로 알고 있다(김영익, 2012).
- ▶조사 오류, 접속사 오류, 대명사 오류, 시제 오류 등에 많은 어려움을 가진다.

3) 수학 능력

수학 능력은 학습을 통하여 수학의 기초적인 개념, 원리, 법칙을 습득하고 기능을 익혀 자연과 사회에서 일어나는 현상이나 문제를 수학적인 방법으로 조직하고 해결할 수 있는 문제 해결 능력으로, 유연하고 다양한 사고 활동을 통하여 수학적 사고력과 창의력을 배양하는 것이다.

대부분의 청각장애학생은 청인학생보다 수학 성취도에서 낮은 성취도를 보인다. 청각장애학생의 수학 성취도에 대하여 광범위하게 연구한 Wood 등(1983: 1986)에 따르면, 농학교 졸업생 414명과 같은 연령의 청인학교 졸업생 465명과 비교한 결과 청인학교 졸업생의 수학 연령은 약 15.5세였고, 농학교 졸업생의 수학 연령은 12.3세로 통계적으로 유의미한 차이가 있었다.

국내외의 연구를 종합하여 살펴본 유은정 등(2010)의 연구에서도 지역이나 연구 대상마다 조금씩 차이는 있으나 전반적으로 청각장애학생의 수학 성취도가 청인학생에 비해 2~3.5학년 정도 뒤처져 있음을 보고하였다.

수학을 배울 때 청각장애학생과 청인학생은 학습 내용의 이해와 수용 면에서 차이를 보일 뿐만 아니라 추상적·창의적·응용적인 문제 해결에서도 차이를 보인다. 아래의 〈표 6-7〉은 학습 내용을 효율적으로 학습시키기 위해 수, 연산, 도형, 측정, 관계 영역과 같은 수학의 각 지도 영역별 청각장애학생의 학습 특성에 대하여 알아본 내용을 요약하였다.

〈표 6-7〉 청각장애학생의 수학 학습 특성

영 역	강점 및 약점
수	• 청각장애학생은 자연수, 정수, 분수보다 추상적인 소수 개념을 이해하기 어려워함
연산	• 자연수, 분수, 소수의 사칙 연산을 비교적 잘 이해함 • 서술형 문제에서의 응용력이 부족함
도형	• 평면 도형과 입체 도형의 구성 요소와 간단한 성질을 이해함 • 융통성과 추상성의 부족으로 공감각적 개념 형성이 어려움
측정	• 원리나 법칙의 적용을 실생활에 연계하여 지도하였을 때 아주 효과적임 • 부피 단위의 기초 기념에 이해가 부족함
관계	• 청각장애학생의 논리적 사고의 결함으로 인하여 반복적이고, 개별화된 학습 지도가 이루어져야 함

4 청각장애학생의 심리·사회적 특성

청각장애학생의 심리·사회적 특성에 대한 초기 연구에서는 청인학생에 비해 질투심과 고집이 세고, 사회 규범이나 도덕 규범의 발달이 미숙하고 비사회적인 행동을 나타낸다고 하였다. 그러나 최근의 연구에서는 청각장애학생의 심리·사회적 문제가 청각장애 자체에서 야기되는 것이 아니라 환경 내의 상호작용의 결과로 본다(김일명 외, 2013). 결국 정상 청력을 가진 학생의 심리·사회적 적응은 의사소통 기술과 가족구성원 및 학생의 환경 내의 다른 사람과의 상호작용에 달려 있다는 의미다.

청각장애학생의 심리·사회적 발달은 자신의 내적 요인뿐만 아니라 가정환경 등의 외적 요인에 영향을 받는다. 가정과 학교, 또래 집단에서의 수용, 특히 부모와의 상호작용은 정서를 바탕으로 하는 심리·사회적 발달에 중요한 역할을 하는 요인이 된다. 그러나 부모와의 의사소통이 잘 되지 않고, 학교에서는 학업 능력이 부족하거나 또래 친구들과 유대 관계를 유지하는 것이 쉽지 않기 때문에 청각장애학생은 심리적 불안감을 갖기 쉽다. 청인 학생들 사이에서 느끼는 의사소통의 단절, 고립감 등의 심리·사회적 요인은 정서적 발달에 부정적인 영향으로 작용할 수 있다. 본 절에서는 인간이 태어나 살아가면서 겪는 심리·사회적 발달과 관련되는 Erikson의 심리사회이론, Maslow의 욕구위계이론, Kohlberg의 도덕성발달이론에 대하여 살펴보고자 한다. 다음의 [그림 6-14]는 인간의 행동이나 심적 과정에 영향을 미치는 다양한 요소에 대한 것이다.

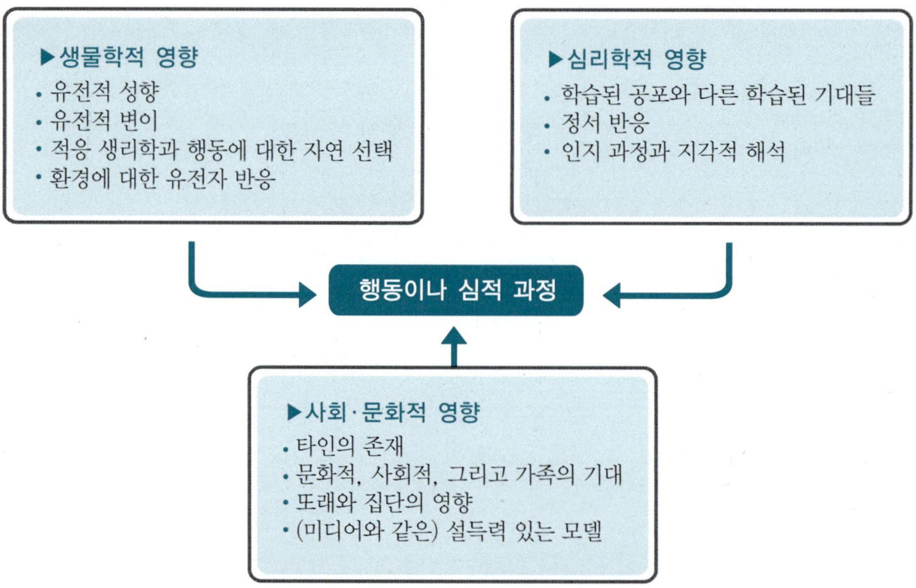

[그림 6-14] 인간의 행동이나 심적 과정에 영향을 미치는 요소

출처: 신현정, 김비아 역(2015). p. 15.

1. 에릭슨(Erikson)의 심리사회이론

Erikson(1902~1994)은 성격발달과 정서발달, 그리고 사회적 환경이 성격에 미치는 영향에 대해 관심을 많이 가지고 있었다. 그는 모든 인간은 기본적으로 같은 욕구를 가지고 있다고 보았다. 성격발달은 이러한 욕구를 채우는 과정에서 일어나고 사회적 환경, 특히 양육자가 제공하는 보살핌과 지원의 질에 영향을 받는다고 보았다(신정호 외, 2006). 발달은 단계별로 진행되고, 각 단계별로 특징적인 과제와 위기가 존재하는데, 이는 발달의 기회를 제공하는 심리·사회적인 도전을 의미한다. 각 단계의 심리·사회적 도전을 건강하게 해결하면, 다음 단계에서도 문제 해결이 건강하게 이루어질 가능성이 높다. Erikson이 제시하는 연령에 따른 단계와 성취해야 할 심리·사회적 과업은 다음 [그림 6-15]와 같다.

단계	시기	과업	내용
1단계	출생~ 2세 구강기	신뢰감 VS. 불신감	부모나 주위 세계의 일관성 있는 지지를 받으면 신뢰감을 얻을 수 있지만, 주위의 보호가 부적절하면 불신을 갖음
2단계	2~3세 항문기	자율성 VS. 수치심	부모나 주위의 분별력 있는 도움과 격려는 자율성을 키우게 되지만, 과잉 보호나 부적절한 도움은 자신에게 수치심을 느끼게 함
3단계	4~5세 남근기	주도성 VS. 죄책감	주변 세계를 탐색할 수 있는 기회와 자유는 어린이의 주도성을 발달시키지만, 그렇지 않으면 자신의 행동에 죄책감을 갖음
4단계	6~11세 잠복기	근면성 VS. 열등감	무엇을 성취하도록 기회를 부여받으면 그 결과 근면성을 갖게 되지만, 비만이나 좌절감을 경험하면 열등감을 갖게 됨
5단계	청소년기 생식기	자아정체감 VS. 자아정체감 혼미	정서적 안정과 좋은 성 역할의 모델이 있으면 자신에 대한 통찰과 자아정체감을 갖게 되지만, 그렇지 않으면 직업 선택이나 성 역할, 가치관의 확립에 있어 심한 갈등을 야기시킴
6단계	청년기	친밀감 VS. 고립감	부모, 배우자, 동료 등과 좋은 인간관계를 발전시키면 친밀감을 갖게 되지만, 그렇지 못하면 타인에 대한 두려움과 고립감이 생김
7단계	장년기	생산성 VS. 침체성	자신에게 몰두하기보다는 자녀와 직업을 통해 생산적인 활동에 참여하는데, 만일 그렇지 못하면 사회·심리적으로 침체됨
8단계	노년기	통합성 VS. 절망감	지금까지의 인생에 만족하면 생의 유한성도 수용하지만, 그렇지 않으면 공허함과 초조함을 느끼며 절망감을 느낌

[그림 6-15] 에릭슨(Erikson)의 8단계 심리·사회적 과업

2. 매슬로우(Maslow)의 욕구위계이론

Maslow(1908~1970)는 사람들은 자기실현을 위한 삶을 추구하며 욕구 위계에 의해 동기화된다고 제안하였다. 그러한 자기실현은 기본적인 생리적 욕구와 심리적 욕구가 만족되고 자기 존중감이 달성된 후에 발생하는 궁극적인 심리적 요구이며 자신의 잠재력을 충족하려는 동기라고 하였다. 청각장애학생의 심리적 특성으로 간주되는 '자기중심성' '의존성' '충동성' '고집성' 등과 같은 부정적인 문제의 원인은 성장을 위한 욕구 충족이 잘 이루어지지 않은 데에서 찾을 수 있다(고은, 2017). 다음의 [그림 6-16]은 Maslow의 5단계 욕구위계이론이다.

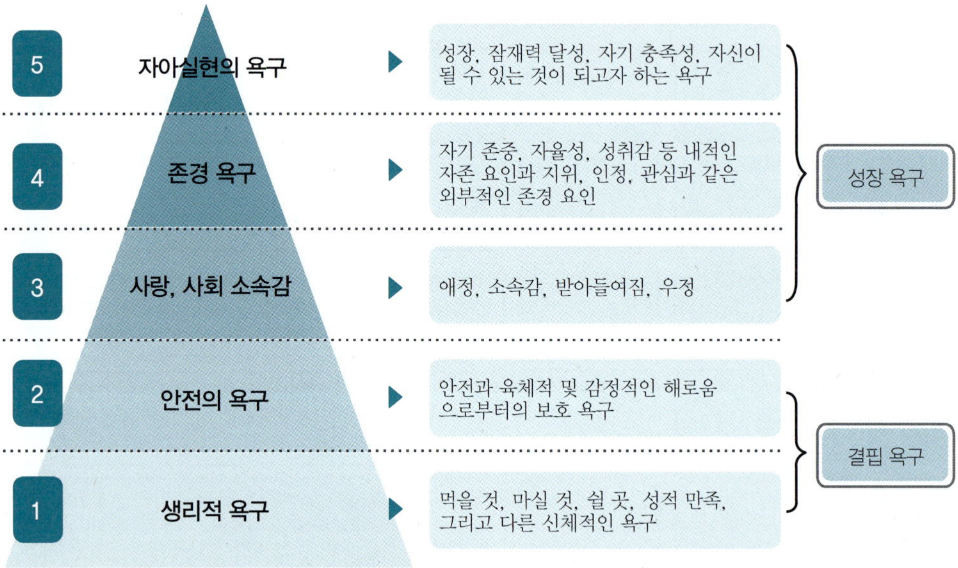

[그림 6-16] 매슬로우(Maslow)의 5단계 욕구위계이론

3. 콜버그(Kohlberg)의 도덕성 발달이론

Kohlberg(1927~1987)는 Piaget의 인지발달이론을 도덕성 발달로 확장하여 세부적으로 적용시켜 인간의 도덕성의 발달 수준을 전인습 수준, 인습 수준, 후인습 수준으로 분류하고 하위 6단계로 제시하였다. 기본적인 개념은 첫째, 구조적 조직으로 개인의 인지 구조

발달은 개인의 성장과 발달에 결정적으로 중요하다. 둘째, 발달의 계열성으로 개인의 인지 구조 발달이 단계에 따라 일어난다는 관점이다. 이 견해에 의하면 발달성으로 초기이고, 덜 복잡한 낮은 단계는 보다 높은 단계를 위한 필수적인 선행 조건으로 본다. 셋째, 상호작용주의 관점에서 개인의 도덕성 발달은 유기체(인간)와 환경 간의 상호 관계에 기초한다는 것이다.

다음의 〈표 6-8〉은 Kohlberg의 도덕성 발달 단계의 내용이다.

〈표 6-8〉 콜버그(Kohlberg)의 도덕성 발달 단계

수준① – 전인습 수준	자기중심성의 윤리로, 10세 이하의 학생에게서 일반적으로 나타난다. '전인습'이라고 불리는 이유는 학생이 일반적으로 타인에 의해 부과되는 규칙을 완전히 이해하지 못하기 때문이다.
1단계 처벌-복종	행동의 결과가 옳은지 그른지의 도덕적 판단을 결정하며, 이때 타인의 필요나 감정을 고려하지 않는다.
2단계 시장 교환	"나에게 좋은 것이 뭐지?"의 윤리. 자신에게 이득이 있는지에 따라 규칙을 지키고 호의를 나눌지가 결정된다.
수준② – 인습 수준	타인의 윤리로, 일반적으로 10~20세에 나타난다. 사회적 규칙과 계약에 순응하는 단계로 '인습'이라고 불린다.
3단계 타인과의 조화	타인이 어떻게 생각할지에 대한 염려에 기초해 윤리적 결정을 내린다. 타인을 기쁘게 하고, 도와주고, 타인이 허락하는지가 중요한 기준이 된다.
4단계 법과 질서	법과 규칙 그리고 사회 질서에 근거한 윤리. 규칙과 법은 절대적이고 그 자체로 존경받고 지켜져야 한다는 믿음이다.
수준③ – 후인습 수준	'원리'의 윤리로, 20세 이전에 도달하는 경우는 거의 없다. 전체 인구 중 적은 수만이 도달한다. 사회 규칙의 기저에 내재해 있는 보편적 원리에 초점을 맞춘다.
5단계 사회 계약	규칙과 법은 사회에 이로운 행동에 대한 사람들의 합의라는 믿음이다. 따라서 규칙이 더 이상 사회에 필요하지 않다면 규칙을 바꿀 수 있다는 생각을 가진다.
6단계 보편적 원리	보통 사람들에게는 거의 찾아볼 수 없다. 도덕성 또는 윤리에 대한 결정이 사회 규칙을 초월한 추상적, 보편적 원리에 근거해 이루어진다.

출처: 신종호 외(2006). p. 152.

Chapter 07

구어지도

1 청능훈련의 이해

2 청능 평가

3 청능훈련의 방법

4 독화지도의 이해

5 독화지도의 방법

6 말 · 언어지도

학습목표

1. 청능훈련과 독화지도의 개념을 이해할 수 있다.
2. 청각장애학생에 대한 청능훈련과 독화지도를 알고 지도할 수 있다.
3. 청각장애학생에 대한 말·언어교육 방법을 알고 지도할 수 있다.

생각나누기

금요일 저녁 시내 한복판의 시끌벅적한 식당 안, TV에서 즐겨 보는 드라마의 마지막 회가 방영된다. 마지막 회를 놓칠 수 없어 귀를 기울여 보지만, 옆 테이블에 앉은 아기가 큰 소리로 우는 바람에 배우들의 대화를 들을 수 없어 갑갑하다. 이때, 컴퓨터 인공 지능(AI)이 배우들의 입 모양을 읽어 실시간으로 자막을 만들어 준다. AI 덕에 식사를 하며 드라마 마지막 회를 '본방 사수'한다.

[독화 AI 시스템이 영국 BBC 출연자의 입 모양을 읽고 있는 모습]
출처: http://biz.chosun.com

구글이 대학 연구팀과 손잡고 개발한 독화(讀話), 사람의 입 모양을 보고 시각으로 언어를 읽는 방법이다. 이는 독순이라고도 한다. AI를 통해 충분히 실현 가능한 일이다. 이 기술 개발에는 한국인 대학원생도 참여해 화제를 모으고 있다. 구글의 자회사 딥 마인드와 옥스퍼드대 연구팀은 2016년 5월부터 사람의 입 모양만 보고 발화 내용을 읽어 내는 AI 시스템 '보고 듣고 집중해 철자 맞히기(Watch, Listen, Attend, and Spell)'를 개발해 왔다. 이는 음성 인식 AI보다 한 단계 더 나아간 기술이다. AI는 단어 단위로 학습한 뒤 구절이나 문장 단위로 훈련하는 전략을 취했다(노자운, 김민지, 2016).

1 청능훈련의 이해

사람은 누구나 듣고, 말하고, 읽고 쓰기를 통하여 의사소통을 발달시켜 나간다. 그러나 청각장애학생은 청력손실로 인한 1차적인 듣기 능력의 어려움이 2차적인 다양한 의사소통 습득에 어려움을 야기시킨다. 그러므로 청각장애학생에 대한 듣기 능력의 기술 향상을 위한 지도는 매우 중요하다고 할 수 있다. 듣기 능력의 기술 향상을 위한 지도를 의미하는 용어로 '청각재활, 청능재활, 청능훈련, 청능학습' 등이 다양하게 사용되지만 본 절에서는 청능훈련의 용어로 서술하고자 한다.

1. 청능훈련의 개념

청능훈련(auditory training)은 청각기능의 손상으로 인하여 듣기 능력에 어려움을 지니는 모든 영·유아에서부터 성인까지 집중적인 듣기 훈련을 통하여 새로운 소리에 대한 적응과 의사소통을 향상시키는데 꼭 필요한 과정이다. 즉 청능훈련이란 '잔존 청력을 최대한 효율적으로 이용할 수 있는 기술을 학습하는 방법으로 음성언어를 지각하고 청각적 단서를 이용하도록 지도하는 과정이다.' 실제 청능훈련 상황에서 수용 훈련과 표현 훈련을 엄격히 분리하여 수행하기는 어렵지만 청능훈련의 1차적인 목표는 수용언어 측면에서 의사소통을 최대화하는 것이다. 이러한 기본 목표를 성취함으로써 보다 능숙한 말과 언어기술의 획득, 교육·직업상의 진보, 그리고 성공적인 심리·사회적 적응과 같은 중요한 성취를 이룰 수 있다(김영욱, 2007).

[그림 7-1] 청능훈련 장면

출처: https://www.sonisord.com

▶청능훈련: 청각장애인을 대상으로 청취 가능한 모든 음향적 단서를 최대한 활용할 수 있도록 지도하는 훈련이다. 청능훈련의 방법은 청력 손상 시기와 청각장애의 유형에 따라 달라진다(국립특수교육원, 2009).

2. 청능훈련의 의의

청각장애학생 교육에 있어서 구화법의 개념은 독화와 발어에 청각을 이용하거나 그 협력 아래에서 이루어지는 것으로 개념이 전환되었다. 언어가 원래 청각적이므로 청각장애학생 교육에서 청각의 협력이 가장 어렵다고 생각되어 온 것이 사실인데 음의 피드백이 가능하게 된 청각장애인이 많이 생기게 되었고, 비록 음의 피드백이 되지 않더라도 언어의 이해나 독화 및 발어의 발달에 큰 도움을 주고 있다. 청능훈련은 집중적인 듣기 훈련을 행하는 것으로 새로운 소리에 대한 적응과 의사소통 향상을 위해 꼭 필요한 과정이다(Ross, 2011).

청능훈련은 듣고 변별하는 능력을 기르고 지각한 음을 해석하고 판단하는 능력을 기르며, 청각장애학생의 언어발달을 보다 효과적으로 진행시킴과 동시에 생활과 교육의 전 영역에 걸쳐 보청기 착용이나 인공와우 시술을 통한 청각 활용이 이루어질 수 있도록 교육적으로 배려하고, 환경음에 적응할 수 있도록 학생의 전반적인 발달 과정 속에서 이루어져야 한다. 청능훈련의 목표는 다음의 〈표 7-1〉과 같다(이규식 외, 2006).

〈표 7-1〉 청능훈련의 목표

① 음을 지각하고 음에는 의미가 있다는 것을 알도록 한다.
② 보청기 착용 및 인공와우 시술에 따른 소리 청취에 익숙하도록 한다.
③ 청각 자극에 유의하는 습관을 길러 청취 능력을 발달시키도록 한다.
④ 발성·발어 및 언어의 보다 나은 발달을 도모하도록 한다.
⑤ 환경 속의 음들을 이해하고 환경과의 연합이 잘 이루어지도록 한다.
⑥ 정서의 안정과 사회성 발달을 도모하도록 한다.
⑦ 음의 세계에 적응하도록 한다.
⑧ 전반적인 언어발달에 도움을 제공하도록 한다.

3. 청각기능의 발달과 요인

1) 청각기능의 발달

언어발달의 습득 과정은 듣고, 말하는 것에서부터 시작된다. 청각기능의 발달을 통한 듣기 능력은 언어의 수용으로 화자가 전달하는 말소리를 듣고 의미를 알아내는 것이다. 의미를 알아야 청자가 상대방에게 자신의 생각을 언어로 표현할 수 있다. 즉, 정확히 알아들을 수 있어야 정확히 말을 할 수 있는 것이다. 물 잔에 비유하면 컵에 물이 가득 찰 때까지는 언어의 수용이고, 컵에 물이 넘쳐 흐르는 것은 언어의 표현이라고 할 수 있다. 따라서 청각장애학생의 청능훈련에 있어서 청각정보를 사용하여 청각기능의 기술을 발달시키는 것은 매우 중요하다고 할 수 있다. 청능훈련은 청각기능의 발달 수준에 따라 위계적이고 순환적으로 지도하여야 할 것이다. 다음의 [그림 7-2]는 청인학생의 청각기능의 발달 과정이다.

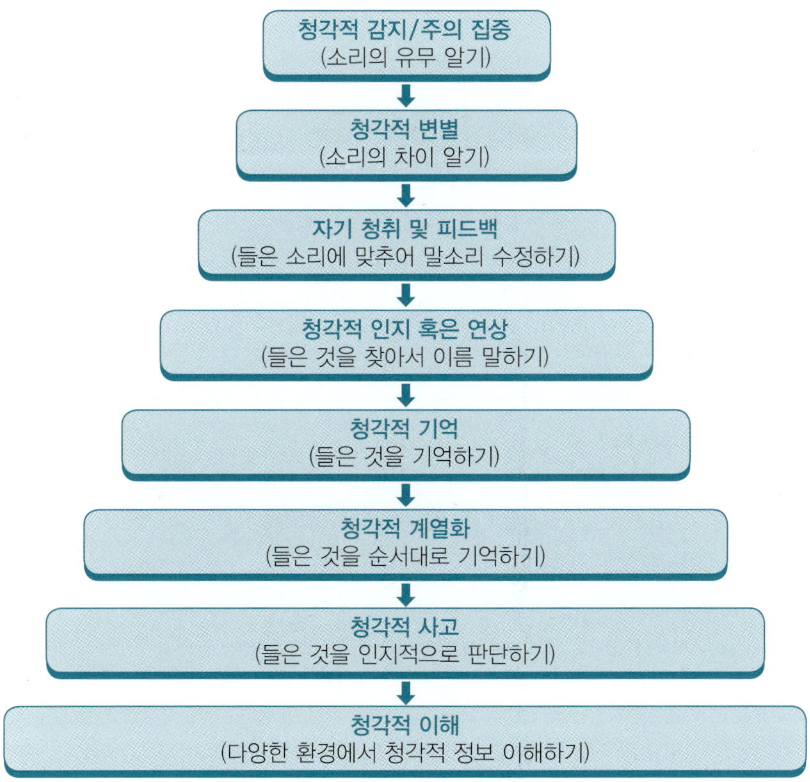

[그림 7-2] 청인학생의 청각기능 발달

출처: 김수진(2012). p. 172.

2) 청각 능력 발달의 요인

청각장애학생의 잔존 청력 혹은 보청기 착용이나 인공와우 시술 등 보장구를 통해 얻을 수 있는 청력을 최대한 활용하여 청능훈련을 극대화하기 위해서는 청각 능력의 발달 요인을 확인하고 반영하는 것이 중요하다고 할 수 있다. 이규식 등(2004)의 내용을 요약하여 살펴보면 다음과 같다.

(1) 적절한 증폭

기능적이며 적절한 증폭을 위해서는 보청기나 인공와우의 지속적 사용이 필요하다. 보청기를 구입하면 보청기로부터 최대 이익을 보장받을 수 있으며, 보청기 착용으로 청각 능력의 발달을 볼 수 없는 학생의 경우는 인공와우를 권장할 수 있다. 최근에는 이른 시기부터 영·유아들의 인공와우 시술이 급증하면서 시술 후의 청능훈련이 조기에 이루어져 적절한 증폭을 통한 청각기능의 발달에 긍정적인 결과를 이끌어 내고 있다.

(2) 듣기 환경

① 비언어학적 듣기 환경
청각장애학생의 부모는 보청기 착용이나 인공와우 시술 후 가능한 빨리 일상생활에서의 다양한 소리를 많이 듣게 한다. 또한 부모는 가정에서 소음 통제 환경을 제공하여 주의 산만한 소리를 조절함으로써 학생의 청각적 반응 능력을 향상시키도록 한다.

② 언어학적 듣기 환경
언어학적 듣기 환경은 학생의 생활 속에서 사람, 사물 그리고 활동들에 대해 지속적인 구어적 언급을 제공하는 것이다. 이와 같은 구어적 설명은 간단하고, 의미 있고, 흥미 있고, 반복적인 구와 문장의 형태들과 함께 운율적 요소도 제시하도록 한다.

③ 부모와 학생의 상호작용
초기의 청능훈련은 학생과 부모 사이의 주고받기에서 이루어지므로 부모는 학생의 수준에서 상호작용하고 학생의 상호작용 속도에 맞추어 의사소통을 하도록 해야 한다.

④ 듣기 경험 범위의 최대화
학생들에게 듣기 환경을 제공하는 마지막 요소는 듣기 학습 경험의 최대 범위를 제공하는 것이다(예: 영화관 소리, 자동차 소리, 기차 소리, 행사장 소리, 휘파람 소리 등).

(3) 듣기 태도

학생의 청각기능 발달의 성공을 위한 가장 중요한 준거는 학생이 들을 수 있다는 신념을 가지고 적절한 증폭을 제공하면서 학생과 의미 있는 상호작용을 지속하는 것이다. 즉, 학생과 의사소통 환경에 있는 부모, 교사, 또래 친구, 청능사, 교육자 등의 역할이 중요하다.

4. 청능훈련의 4가지 원리

청능훈련의 네 가지 보편적인 원리는 듣기 능력의 단계, 과제의 난이도, 활동의 방법, 그리고 자극 단위의 접근법을 고려하여 지도하는 것이다.

1) 듣기 능력의 단계

청능훈련을 단계별 계획에 따라 지도하는 것은 청각장애학생이 단순히 소리의 증폭을 통한 청력의 보상을 받을 수 있는 보청기 착용이나 인공와우 시술 등의 보장구 지원을 받는다고 해서 자연스럽게 듣기 능력의 기술이 발달되는 것이 아니기 때문이다. 청인학생의 경우 듣기 능력을 특별히 지도하지 않아도 자연스럽게 듣기 능력이 습득되지만, 청각장애학생은 청능훈련의 정도에 따라 혹은 청각장애학생의 다양한 생태학적 환경 요인에 따라 듣기 능력을 발달시킬 수 있는 잠재 능력의 가능성 때문이다.

청능훈련을 실시할 때는 개개인 난청 정도, 형태 및 언어습득 유무, 나이, 생활 환경 등을 모두 고려하여 계획을 수립해야 한다. 듣기 능력의 단계에 대한 지도 내용은 아래와 같다(Tye-Murray, 2009; 한국청각학교수협의회, 2017).

(1) 탐지(detection) 단계

탐지 단계는 소리의 유무를 구분하는 것이다. 이때는 단순한 어음, 악기, 환경음을 제시하여 소리의 유무를 구분하도록 한다. 학생의 경우는 정확한 보장구의 처방과 적합을 위하여 순음청력 검사의 또 다른 방법인 놀이검사를 통해 소리를 듣고 반응하는 훈련을 한다. 성인의 경우 어음을 이용하여 소리의 유무를 확인하는 훈련을 한다.

(2) 변별(discrimination) 단계

변별 단계는 두 개의 소리가 같고 다름을 구분하는 것이다. 쉬운 단계에서는 두 소리의 차이점을 구분하고, 어려운 단계에서는 두 소리의 성질이 비슷한 짝을 구분하는 훈련을 한다. 쉬운 단계에서는 1음절, 2음절 혹은 3음절의 단어가 같고 다름의 구분, 어려운 단계는 달과 발 등을 음절 수가 같고 초성만 다른 단어의 구분을 훈련한다.

(3) 패터닝(patterning) 단계

패터닝 단계는 소리의 리듬을 인지하는 하는 것이다. 이 단계는 음의 초분절적 요소의 인지와도 많은 상호 관련성이 있다. 소리의 빠르고 느림, 크고 작음(강약), 높고 낮음을 변별하는 훈련을 한다. 변별 단계와 패터닝 단계를 구분하기도 하고(Garber & Nervin, 2012), 변별의 한 단계로 패터닝 단계를 포함시키기도 한다(Tye-Murray, 2009).

(4) 확인(identification) 단계

확인 단계는 변별 단계와 혼동하기 쉬우나, 변별 단계는 소리가 같고 다름을 구분하였다면, 확인 단계에서는 소리가 어떠한 소리인지 알 수 있어야 한다. 예를 들면, 단어를 듣고 그것을 그림 카드와 짝지을 수 있어야 하고, 악기를 사용할 때는 들은 소리가 어떤 악기의 소리인지 알 수 있도록 훈련을 한다.

(5) 이해(comprehension) 단계

이해 단계는 가장 복잡한 단계로, 탐지, 변별, 패터닝, 확인 단계가 모두 가능해야 수행할 수 있다. 이해 단계에서는 대화 혹은 이야기 등의 자극을 이용하고, 대화 혹은 이야기를 듣고 이해하여 답변이나 질문을 하도록 하는 훈련을 한다.

듣기 능력의 발달 단계에 따라 청능훈련을 실시하는 단계는 다음의 〈표 7–2〉와 같다. 탐지→변별→패터닝→확인→이해의 순으로 진행된다.

〈표 7–2〉 청능훈련에서 듣기 능력의 단계와 예시

단 계	훈련의 예
탐지 (detection)	• 소리 나는 장난감을 가지고 소리에 대한 흥미 유발하기 • 다양한 악기 소리가 들릴 때마다 블록 넣기(블록을 넣을 수준이 되지 않을 경우 다양하게 반응할 수 있도록 유도) • Ling 6개음(/음/, /아/, /우/, /이/, /쉬/, /스/) 소리 듣고, 블록 넣기
변별 (discrimination)	• 동물 소리 변별하기 (음매 vs. 멍멍, 야옹 vs. 꿀꿀 등) • 음절의 수가 다른 단어를 듣고, 같고 다름을 변별하기 (사람 vs. 사과 나무, 바나나 vs. 바지 등) • 최소 변별 자질을 가진 단어의 짝을 듣고, 같고 다름을 변별하기 (발 vs. 달, 손 vs. 솔 등)
패터닝 (patterning)	• 빠른 음악과 느린 음악 변별하여 활동하기 • 높은 소리와 낮은 소리 변별하여 활동하기 • 긴 소리와 짧은 소리 변별하여 활동하기 • 작은 소리와 큰 소리 변별하여 활동하기
확인 (identification)	• 들은 단어를 그림 카드에서 찾기 • 숫자를 듣고, 알맞은 숫자 카드 찾기
이해 (comprehension)	• 이야기 듣고 질문에 답하기 • 명령에 따라 수행하기(예: "빨간 크레용을 집어 꽃을 그리세요.") • 스무고개 • 단어가 빠진 문장을 듣고, 문맥에 맞게 알맞은 단어 채우기

2) 과제의 난이도(difficulty level)

청능훈련에서 사용되는 자극이나 과제는 쉬운 것에서 어려운 것으로 난이도를 조절해 나가야 한다. 난이도 조절은 학생이 80% 이상 정반응을 보였을 때 올리고, 50% 미만일 경우에는 난이도를 감소시킨다(민병란, 2007). 난이도는 크게 환경 요소, 자극 요소, 상황적 맥락 그리고 활동 방법 등을 조작하여 다음의 〈표 7-3〉과 같이 결정한다(고은, 2017). 적절하게 잘 계획된 성취 가능한 과제의 난이도는 학생으로 하여금 의사소통의 심리적 측면에도 긍정적인 영향을 미친다.

〈표 7-3〉 과제 난이도 조절

변 인	낮은 난이도에서	→	높은 난이도로
환경 요소	• 배경 소음이 없는 장소 • 화자의 거리가 가까움 • 구조화된 구성	→	• 배경 소음이 있는 장소 • 화자의 거리가 점차 멀어짐 • 환경 중심의 구성
자극 요소	• 단어나 짧은 구 • 반복하여 제시 • 말의 길이가 짧고 단순한 말 • 말의 속도를 천천히 • 초분절적 요소를 많이 사용 • 친숙한 음성 • 통합적인 방법 • 자극의 유사성이 적음	→	• 완전한 문장 • 한 번만 제시 • 말이 길고 내용이 복잡한 말 • 말의 속도를 빠르게 • 초분절적 요소를 적게 사용 • 친숙하지 않은 음성 • 분석적인 방법 • 자극의 유사성이 큼
상황적 맥락	• 폐쇄형 과제 • 맥락에 의해 예측 가능	→	• 개방형 과제 • 예측하기 어려움
활동 방법	• 수업을 통한 구조화 • 교사와 1:1 또는 소집단 • 형식적 활동(formal)	→	• 자연스러운 의사소통 상황 • 일상생활을 활용 • 비형식적 활동(informal)

3) 활동의 방법

(1) 형식적(formal) 방법

형식적 방법은 구조화된 환경에서 정해진 시간에 학생과 교사가 일대일로 교사가 중심이 되어 제시하는 목표 내용에 대하여 반복적이고 집중적으로 이루어지는 일련의 체계적이고 계획된 활동의 방법이다. 청능의 기능적 활용이 어려운 청각장애학생에게 적합한 지도 방법이라고 할 수 있다.

(2) 비형식적(informal) 방법

비형식적 방법은 구조화되지 않은 일상생활의 다양한 장면과 환경 속에서 이루어지는 자연스러운 활동 방법으로, 영·유아나 경도의 청각장애학생에게 적합한 지도 방법이다. 그러나 때로는 대상 학생의 나이나 수준을 고려하여 형식적 방법과 비형식적 방법을 함께 병행하여 유용하게 지도하기도 한다.

4) 자극 단위의 접근

자극 단위의 접근은 청능훈련에서 제시되는 언어 자극 단위의 크기에 따라 분석적 훈련 접근법(analytic training approach)과 종합적 훈련 접근법(synthetic training approach)으로 나눌 수 있다(한국청각학교수협의회, 2017). 이러한 언어 자극 단위의 청능훈련은 듣기 능력의 수준을 결정한 후에 학생의 특성에 따라 음성학적 단계의 분석적 훈련 접근법으로 할 것인지 또는 문장 수준에서 종합적 훈련 접근법으로 할 것인지 고려하여 결정한다.

(1) 분석적 훈련 접근

언어를 구성하는 자음과 모음의 작은 단위를 구별하는 목표에서 시작하는 분석적 훈련 접근은 음소→음절→단어→구문장 순으로 진행된다(예: /바/와 /부/, /사/와 /수/ 또는 /공/과 /콩/, /바지/와 /가지/ 등의 변별과 확인).

(2) 종합적 훈련 접근

언어가 실제로 사용되는 환경에서의 맥락을 중심으로 하는 의사소통 상황을 구성하여 전제적인 의미를 파악하는데 목표를 둔다. 문맥을 통한 자극의 전체 패턴을 이해하도록 훈련하는 접근 방법으로 진행된다.

2 청능 평가

청능훈련을 위한 청능 평가는 다양한 상황의 의사소통 장면에서 잔존 청력을 최대한 활용할 수 있는 기능적 능력을 평가하는 것을 의미한다. 효과적인 청능훈련을 위해서는 청각장애학생의 청능 및 말 지각 발달 수준을 파악하는 것이 중요하다. 그 발달 단계를 기초로 하여 청능훈련의 장·단기 목표와 계획을 수립할 수 있기 때문이다(고은, 2017). 본 절에서는 국내에서 많이 사용되는 청능 평가 도구인 EARS-K(이상흔 외, 2003)와 국립특수교육원(2011)에서 개발한 말 지각 발달 검사(KNISE-DASP)를 중심으로 간략히 살펴보기로 하겠다.

1. EARS-K

1) 검사 개요

'청각 언어재활을 위한 평가 가이드'는 현재 EARS(Evaluation of Auditory Response to Speech-K)라는 이름으로 많은 국가에서 사용되고 있는 battery로 Allum 등(1996)이 인공와우를 사용하는 청각장애아동의 수술 전·후 청능발달을 평가하기 위한 도구로 개발한 것이다. 한국 버전인 EARS-K는 우리말의 음운 체계에 맞게 이상흔 등(2003)이 원저자 및 필리핀 버전 개발자의 도움과 선행 연구(Allum et al., 2000; Gstoetter et al., 2000; Hamzavi et al., 2000; Osberger et al., 1997)의 조사를 통해 수정한 것이다.

2) 검사 목적 및 구성

말소리에 대한 청각적 반응 능력에 대해 체계적이고 종합적인 평가를 위하여 평가 회기와 시기 및 각 하위 영역별 9개의 검사로 구성하였다. 객관적인 언어 테스트(speech test)가 7개, 질문지 형식의 검사가 2개로 검사 도구와 방법을 제시하였다. 각 하위 검사는 청각장애아동이 소리를 듣고 이해하는 단계에 따라 세부적인 영역으로 나누어 감지, 변별, 인지, 이해 등의 말소리 지각 수준에 따라 구성되어 있다. 환경음, 개별 음소, 단어, 문장 등의 자극 자료를 Closed-Set, Open-Set 상황에 따라 난이도를 조절하여 청능발달을 단계적이고 종합적으로 평가할 수 있다. 하위 검사별 구성은 다음의 〈표 7-4〉와 같다.

〈표 7-4〉 EARS-K 하위 검사 구성

	소음	음운	단어	문장	지시나 질문
detection	• 청력검사 (SDT) LiP	Ling-5-sounds LiP			
discrimination (Closed-Set)		• LiP			
identification (Closed-Set)			• MPT • Monosyllabic Words	Closed-Set Sentence Test	
recognition			Monosyllabic Words	• Language-Specific Sentences	GASP
comprehension (Open-Set)				Language-Specific Sentences	• GASP

3) 하위 검사 내용

EARS-K의 하위 검사별 평가 내용을 간략히 살펴보면 다음과 같다.

① LiP(Listening Profile): 환경음과 말소리에 대한 청각적 반응 행동 능력을 평가
② MTP(Monosyllable-Trochee-Polysyllabic): 음절 형태 및 단어 확인 능력을 평가
③ Closed-Set Monosyllabic: 1음절 단어를 확인하는 능력을 평가
④ Closed-Set Sentences Test: 연속적으로 제시되는 단어를 확인하는 능력을 평가
⑤ Open-Set Monosyllabic Words: 1음절 단어의 인지 능력을 평가
⑥ GASP(Glendonald Auditory Screening Procedure): 간단한 질문에 대한 인지 능력을 평가
⑦ Language Specific Open-Set Sentences: Open-Set에서 문장을 인지하는 능력을 평가
⑧ MAIS(Meaningful Auditory Integration Scale): 인공와우를 사용하여 일상생활의 청각 통합 능력을 평가
⑨ MUSS(Meaningful Use of Speech Scale): 인공와우 사용 아동의 음성 조절 능력, 말소리 산출 능력, 의사소통 전략 사용 능력을 평가

〈표 7-5〉 EARS-K 하위 검사별 실시 내용

검사	자극	구성	반응	Chance	나이	검사 시간
Tests for Children with Low-Linguistic Level						
LiP	악기 음성 음운/이름	다양함	Closed-Set	-	1+	10~20분
MPT	음절 수가 다른 단어	3, 6, 12개의 그림 물건, 단어	Closed-Set	8, 16 or 33%	2+	10~20분
Words						
Closed-Set Monosyllabic Words	1음절 단어	4, 12개 항목 그림, 실물, 단어	Closed-set Monosyllic Words-set	25% & 9%	3+	5~15분
Open-Set Monosyllabic Words	1음절 단어	동일한 모음-자음 패턴	Open-Set	→0%	5+	5~10분
Sentences						
Closed-Set Sentence Test	구와 문장	Picture Matrix	Closed-Set	50% 33% 25%	4~5 5~6 7+	15~25분
GASP	질문		Open-Set	→0%	6+	5~10분
Language- Specific Sentences	Common Sentences		Open-Set	→0%	6+	5~10분
질문지						
MAIS 부모, 교사		인터뷰 또는 체크리스트	5점 척도	-	1+	20~40분
MUSS 부모, 교사		인터뷰 또는 체크리스트	5점 척도	-	1+	20~40분

2. 말 지각 발달 검사(KNISE–DASP)

1) 검사 개요

청각장애학생의 청능훈련에 대한 교육 목표 설정과 실행을 위한 기초를 제공하고자 국립특수교육원(2011)에서 말 지각 발달 및 평가의 범위를 고려하여 개발된 말 지각 발달 검사(KNISE–DASP; Korea National Institute for Special Education–Developmental Assessment of Speech Perception)는 청능 및 말 지각 발달 단계와 관련된 이론을 위계적으로 재정리하여 대상자는 만 3세에서 17세의 청각장애학생에게 효과적인 청능훈련을 지원하기 위하여 각각의 하위 검사별로 가형과 나형 등 2종 이상의 동형 검사로 개발되었다.

2) 검사 목적 및 구성

청각장애학생에 대한 체계적이고 효율적인 청능훈련을 위하여 현재 학생의 청능 수준을 말 지각 발달에 기초하여 정확하게 평가하고, 이러한 평가 결과를 통하여 개개인의 특성에 적합한 청능훈련을 계획하기 위함이다. 더 나아가 학생에게 적합한 교육 방법을 모색하는 기초 자료를 제공하는 것이다. 말 지각 발달 검사(KNISE–DASP)의 구성은 학생의 말 지각 발달을 위계적으로 평가할 수 있도록 말소리 자극 단위에 따라 여덟 가지 하위 검사가 위계적으로 구성되어 있는 복수심리검사(battery)로 개발되었다. 하위 검사 구성과 검사별 실시 내용의 예시는 다음의 〈표 7–6〉, 〈표 7–7〉과 같다.

3) 하위 검사 내용

KNISE-DASP의 하위 검사별 평가 내용을 간략히 살펴보면 다음과 같다.

① Ling 6개음 검사: /음/, /우/, /아/, /이/, /쉬/, /스/로 전반적인 주파수에 대한 학생의 청능 평가 및 보장구의 기능을 평가

② 자·모음 검사: 자음과 모음의 변별 및 확인 능력을 측정하기 위한 평가와 음절 패턴을 습득한 후 단어 인지 및 문장 인지 발달 단계에서 학생의 자음과 모음의 변별 및 확인 시 나타나는 오류 유형을 평가

③ 단어 패턴·인지 검사: 1~3음절 이상으로 구성된 단어를 그림판과 함께 제시하여 학생에게 해당되는 단어를 그림판에서 찾아 반응하도록 하는 것으로, 음절 수뿐만 아니라 소리의 크기, 길이, 지속음과 단속음들에 대한 변별 및 확인 능력에 관한 평가

④ 단어 인지 검사: Closed-Set 상황에서 1음절과 2음절 단어 인지 능력을 측정하기 위해 그림판을 보여 주고 각 단어를 들려주어 변별 및 확인 반응을 하도록 하는 평가

⑤ 문장 인지 검사: 듣기에 가장 적절한 강도로 문장을 제시하였을 때, 정확히 확인하는 정도(%)를 측정하는 것으로 일상생활에서의 실질적인 듣기 능력에 대한 정보를 제공하여 청능훈련 계획을 수립하기 위한 기초적인 자료 제공을 위한 평가

⑥ 문장 이해 검사: 듣기에 가장 적절한 강도로 문장을 제시하였을 때, 정확히 확인하는 정도(%)를 측정하는 것으로 검사자가 Closed-Set이나 Open-Set 상황에서 학생의 연령을 고려해 쉬운 문장(Easy)이나 어려운 문장(Hard)을 통하여 평가

⑦ 문장 기억·순서화 검사: 문장의 이해 수준으로 Closed-Set 상황에서 문장을 기억하고 순서화하는 능력을 평가하는 것으로, 청각 기억과 순서화는 청각장애학생을 위한 청능훈련에서 활발히 실시되고 있음(Sweetow & Henderson-Sabes, 2004).

⑧ 이야기 이해 검사: 만 6세 이상부터 사용할 수 있으며 피검자의 이야기 이해 능력을 평가하는 것으로, 연속되는 문장을 듣고 이해하기 위해서는 청각적 정보에 대하여 기억하고 순서화하며 듣기를 마치면서 문맥적인 정보를 이용하는 등의 종합적인 듣기 능력이 포함됨

〈표 7-6〉 말 지각 발달 단계에 따른 검사 도구

말 지각 발달 단계	자극 단위	검사 도구
음소의 탐지, 변별 및 확인	음소	• KNISE-DASP(Ling 6개음 검사) • KNISE-DASP(자 · 모음 검사)
말소리의 패턴 인지 불가능 (No pattern perception) ↓ 패턴 인지 가능 (Pattern perception) ↓	단어	• KNISE-DASP(단어 패턴 · 인지 검사)
Closed-Set : 몇몇의 단어 인지 (Some word recognition) ↓ Closed-Set : 지속적인 단어 인지 (Consistent word recongnition) ↓ Open-Set : 지속적인 단어 인지 (Consistent word recongnition) ↓	단어	• KNISE-DASP(단어 인지 검사)
문장 이해 (Unedrstanding details in sentesces) ↓	문장	• KNISE-DASP(문장 인지 검사) • KNISE-DASP(문장 이해 검사) • KNISE-DASP(문장 기억 · 순서화 검사)
이야기 이해 (Unedrstanding connected speech) ↓	이야기	• KNISE-DASP(이야기 이해 검사)
다양한 듣기 상황에서 말소리 이해 (Understanding connected speech in various listening situation)		

출처: 국립특수교육원(2011). p. 14.

〈표 7-7〉 KNISE-DASP 하위 검사별 내용 예시

하위 검사	문항(예시)
Ling 6개음 검사	• /아/ 음을 들려주며 해당하는 그림 카드를 고르도록 한다.
자·모음 검사	• 선생님 말을 잘 듣고 소리를 글자판에서 고르도록 한다. 예) 구(ㄱ + ㅜ), 바(ㅂ + ㅏ)
단어 패턴 인지 검사	• 선생님이 말하는 단어를 그림판에서 찾아보도록 한다. 이때 그림판의 단어들은 음절 수가 다른 단어들로 구성되어 있다.
단어 인지 검사	• 1음절 단어(공, 눈, 닭…)를 들려주고 그림 카드를 고르도록 한다. • 2음절 단어(그네, 구름, 나팔…)를 들려주고 그림 카드를 고르도록 한다.
문장 인지 검사	• 선생님이 말하는 문장을 따라 말하도록 한다. 예) 호랑이가 침대에서 자요, 사슴이 가방을 들어요.
문장 이해 검사	• 문장을 잘 이해했는지 질문을 한다. 예) 하늘을 나는 게 뭐야?, 유치원(학교)에서 친한 친구가 누구야?
문장 기억·순서화 검사	• 준비물(공, 나비, 물고기, 연필, 새, 상자)로 검사를 실시한다.(5세 이상) 예) 연필을 흔들고 공을 빨간 상자에 넣으세요. 나비를 파란 상자에 넣고 새와 공을 흔드세요. 새와 물고기를 노란 상자에 넣고 연필을 주세요.
이야기 이해 검사	• 이야기를 들려주고 질문을 통해 이해도를 검사한다. 예) 점심 시간에 점심을 먹고 있는데 친구가 내 앞에 있는 휴지를 치우라고 큰 소리로 말하는 바람에 아이들이 모두 나를 바라보았다(……) → 왜 언짢은 기분이 풀렸나요?

4) 검사 질문 유형

▶폐쇄형: 그림판 또는 실물을 제시하여 질문을 하는 것이다(예: [그림 7-3]을 보여 주면서 "아프면 가는 곳이 어디야?" 또는 "학교에서 운동하러 가는 곳은 어디야?").

[그림 7-3] 문장 이해 검사(Closed) **그림판**

▶개방형: 학생에게 보기 없이 선택의 범위가 제시되는 않는 질문을 하는 것이다(예: "오늘 날씨는 어때?" 또는 "아침에 뭐 먹었니?").

다음의 〈표 7-8〉과 〈표 7-9〉는 말 지각 발달 검사(KNISE-DASP)의 결과 사례로 말 지각지수 산출의 결과로 말 지각 능력의 정도를 알 수 있다.

〈표 7-8〉 KNISE-DASP 검사 결과 사례(7세 3개월, 1학년) **– 말 지각지수 산출**

검사 도구			총점수	원점수	백분율(%)	백분위 점수	환산 점수	연령 기준	비고
Ling 6개음 검사	Closed	–	18	18	100.0%			만 3세	준거 참조
자·모음 검사	Closed or Open	모음 확인	21	21	100.0%				
	Closed	자음 확인	30	28	93.3%				
단어 패턴·인지 검사	Closed	12문항-패턴	36	36	100.0%				
		12문항-단어	36	36	100.0%				
		6문항	18	–	–				
		3문항	18	–	–				
단어 인지 검사	Closed	2음절	12	12	100.0%				
		1음절	12	12	100.0%				
문장 인지 검사	Closed	Easy	12	–	–				
		Hard	12	12	100.0%				
	Open	Hard	40	36		6	3	현재 연령	규준 참조
문장 이해 검사	Closed	Easy	10	–	–			만 4세	준거 참조
	Closed	Hard	10	8		9	3	현재 연령	규준 참조
	Open	Easy	20	–		–	–		
		Hard	20	13		3	0		
문장 기억·순서화 검사	Closed	문장 기억	37/ 48/ 63	47		4	2		
		문장 순서화	5/ 8/ 9	5		8	5		
이야기 이해 검사	Open	Hard	28	2		2	2		
합 계				① 111	② 99.1%	③ 5.3	④ 15		
말 지각지수						60			

① 규준참조 검사 원점수의 합 ② 준거참조 검사 백분율의 평균

③ 규준참조 검사 백분위점수의 평균 ④ 규준참조 검사 환산점수의 합

〈표 7-9〉 KNISE-DASP 검사 결과 사례 – 말 지각지수 분류

말 지각지수	심리 검사의 일반적인 분류	말 지각 능력 분류	포함된 비율(%)
130 이상	최우수(very superior)	어려움이 없음	2.2
120~129	우수(superior)		6.7
110~119	평균상(high average)		16.1
90~109	평균(average)		50.0
80~89	평균하(low average)	약간 어려움	16.1
70~79	지체(under)	상당한 어려움	6.7
69 이하	심한 지체(severe under)	매우 심하게 어려움	2.2

▶검사 결과 사례 해석

사례 학생의 말 지각지수 60점은 평균 100점, 표준 편차 15를 기준으로 할 때 –2 표준 편차 이하의 점수이므로 정상 청력을 가진 1학년 동년배에 비해 말 지각지수가 상당히 뒤떨어져 있는 심한 지체(severe under)라고 해석할 수 있다.

3 청능훈련의 방법

1. 전통적 청능훈련 프로그램

전통적 청능훈련 프로그램은 기본적으로 앞에서 언급한 청능훈련의 원리를 바탕으로 청각장애학생의 전반적인 청능발달을 고려하여 이루어진다. 다음의 〈표 7-10〉은 탐지, 변별, 패터닝, 확인, 이해 단계를 중심으로 한 청능훈련 프로그램의 실시 내용이다.

〈표 7-10〉 청능훈련 프로그램

단 계	내 용
탐지 (감지)	• 주제 : 환경음과 말소리 탐지하기 • 제시 : 장난감 소리, 청소기 소리, TV 소리, 의성어, 노랫소리, 호명 • 지도 : 특정한 소리가 나면 자리에서 일어나 음원을 찾아가도록 한다.
변별	• 주제 : 다양한 소리를 듣고 음원을 찾아 변별하기 • 제시 : 수돗물 소리와 청소기 소리, 강아지 짖는 소리와 고양이 소리 아버지와 어머니 말소리, 사람의 웃는 소리와 우는 소리 등
패터닝	• 주제 : 빠른 음악과 느린 음악을 변별하여 걷기 동작을 사용해 표현하기 높은 소리, 낮은 소리를 변별하여 손동작을 사용하여 표현하기 • 제시 : 음악의 속도와 높낮이를 변별할 수 있는 동요를 선정하여 들려주기 • 지도 : 음악 속도에 맞추어 걷기 동작 표현, 높낮이에 대하여 손동작 표현
확인	• 주제 : 환경음(그림), 말소리(음절 수가 다른 단어)를 듣고 찾아 확인하기 말소리(구나 문장의 길이가 다른 내용)를 듣고 찾아 확인하기 등 • 제시 : 초인종 소리, TV 소리, 음절 수가 다른 단어 또는 길이가 다른 문장 • 지도 : 환경음을 그림에서 찾기, 음절 수 또는 문장의 길이가 다른 것을 찾기
이해	• 주제 : 상황 중심의 대화 및 들려주는 이야기를 듣고 이해하기 • 제시 : 색연필, 크레파스, 가위, 이야기 책 등 • 지도 : "파란색 크레파스 주세요", "가위로 동그라미 모양으로 오려요", "이야기 속 주인공이 어디에서 무엇을 보았나요?" 등

2. 최근의 청능훈련 프로그램

최근 개발된 청능훈련 프로그램은 대부분 형식적이고 분석적 전략을 사용하지만 실제 활동은 화용적 상황에서 실시함으로써 일상생활에서 청각을 통하여 대화 시 필요한 정보를 얻도록 지도하고 있다. 이러한 청능훈련 프로그램은 다음과 같다(한국청각·언어장애교육학회, 2012).

1) SPICE(Speech Perception Instruction Curriculum and Evaluation)

SPICE은 Moog 등(1995)이 개발한 어음 지각 훈련 프로그램으로 평가 양식지를 포함하고 있어 4단계로 청각장애학생의 현 듣기 수준을 평가할 수 있다.

▶1단계: 탐지 ▶2단계: 초분절적 지각 ▶3단계: 자 · 모음 지각 ▶4단계 : 연결된 구와 문장

매우 형식적 교수법이므로 교수 활동 설계 시 학생의 나이와 관심, 과제의 난이도 등을 충분히 고려하여, 학생 수준에 맞도록 목표는 세분화하고 프로그램은 동기 유발을 할 수 있도록 계획할 것을 권고하였다(Moog, Biedenstein, & Davidson, 1995).

2) SKI-HI(Sensory Kids Impaired-Home Intervention)

SKI-HI는 청각장애학생과 부모 간의 효과적인 상호작용 촉진에 중점을 둔 가정 중재 프로그램이다. 발달 단계를 고려하여 4단계, 11가지 항목으로 구성되어 있다(Watkins & Clark, 1993).

▶1단계: 주의 집중하기, 기초 발성하기
▶2단계: 환경음과 말소리 차이 인식하기, 음원 알기, 다양한 억양을 이용한 발성하기
▶3단계: 다양한 거리에서 음원 파악하기, 모음과 자음 산출하기
▶4단계: 환경음의 변별과 이해하기, 음성의 변별과 이해하기, 말의 변별과 이해하기, 말 모방과 말하기

진단 및 평가, 가족 지원 서비스, 학생 지원 서비스 등으로 구성되어 있고, 각 개인의 청력 수준과 특성에 따라 유연하게 프로그램을 계획하고 적용할 수 있다.

3) CAI(Computer-Assisted Instruction)

특수교육공학의 교육 현장 교수방법으로 청각장애학생의 청능훈련을 위한 CAI(컴퓨터 지원 교수) 접근이 이루어지고 있다. CAI는 학습자 중심의 접근으로 학생이 직접 컴퓨터를 활용하여 즉각적인 피드백을 받으면서 시간과 공간의 제약을 받지 않는 자기 주도형 청능훈련의 교수방법이라고 할 수 있다. CAI는 멀티미디어 환경의 다양한 웹 기반을 통하여 학생으로 하여금 재미있는 청능훈련을 위한 동기 유발을 자연스럽게 이끌어 낸다. 다음의 [그림 7-4]와 [그림 7-5]는 CAI 활용을 통한 청능훈련의 예시다.

[그림 7-4] '말소리' 청능훈련

출처: http://www.nise.go.kr

[그림 7-5] 청능훈련 기능성 게임

출처: 이춘호(2014). p. 68.

3. 청능훈련 프로그램의 실제

• 1단계: 환경음과 말소리 탐지

문항	환경음	말소리	제시/반응
1	현관문 초인종 소리	안녕하세요?	
2	전화기 벨소리	더운 여름	
3	진공 청소기 소리	가족	
4	개 짖는 소리	잘 가세요.	
5	TV 광고 소리	어머니	
6	화장실 물소리	집에 갑니다.	
7	새소리	날씨가 좋아요.	
8	설거지 소리	우산	
9	주전자 '삐' 소리	내일 다시 만나요.	
10	사이렌 소리	밥	

• 2단계: 말소리의 변별

문항	음절 수(단어)		어절 문장		반응
	같은 낱말	다른 낱말	길이가 같은 어절 문장과 다른 어절 문장		
1	팔–팔	컵–컵	친구가 멋있다.	친구가 멋있다.	
2	주전자–주스	숟가락–수저	학교가 멀다.	학교가 집에서 멀다.	
3	토마토–토마토	학교–학교	운동을 한다.	운동을 함께 한다.	
4	발–발	자전거–자석	식사를 한다.	식사를 한다.	
5	아버지–아이	우유–우유	친구와 함께 공부한다.	친구와 공부한다.	
6	신발–신발장	수박–수수깡	같이 오세요?	아버지와 같이 여기에 오세요?	
7	아파트–아파	바지–바지	음악을 듣는다.	어떤 음악을 듣나요?	
8	손–손발	책–책가방	잘 안되나요?	잘 안되나요?	
9	머리–머리	모자–모자	여행을 갑니다.	괌으로 여행을 갑니다.	
10	자동차–자리	옷–옷걸이	최신형 휴대폰입니다.	최신형 휴대폰입니다.	

※ 참고: 의문문 및 평서문 억양 변별, 길이가 같은 문장 변별 등의 말소리 변별이 있음

• 3단계: 말소리의 확인

말소리의 확인을 위한 단계별 청능훈련의 세부 실시 내용은 다음과 같다.

① 남자 및 여자의 성별 목소리 확인

② 억양 확인

③ 길이가 다른 낱말 확인, 길이가 같은 낱말 확인

④ 길이가 다른 문장 확인, 길이가 같은 문장 확인

⑤ 문장 완성

• 성별 목소리와 억양의 확인

문항	성별 목소리		억양의 확인		반응
	남성	여성	의문문	평서문	
1	날씨		친구들이 했어요		
2		텔레비전		교실에 아무도 없지	
3	음악	음악	운동이 힘들었어요		
4	친구		날씨가 추웠어요		
5		학교생활		전화가 왔어요	
6	안녕하세요		식사했어요		
7		체육공원		시험이 어려웠어요	
8	아름다운 꽃		함께 갔어요		
9		교통기관		나하고 같이 가요	
10	엘리베이터			이번 여행 즐거웠어요	

• 길이가 다른 문장과 같은 문장 완성

문항	길이가 다른 문장의 완성	반응
1	나는 ( )을 좋아한다. – 운동을, 산책하기를, 노래 듣기를	
2	여름에는 비가 ( ) – 온다, 많이 온다, 와야 도움이 된다.	
3	게임하는 것은 ( ) – 재밌다. 도움된다. 적절히 해야 한다.	
문항	길이가 같은 문장의 완성	반응
1	학교에서 나는 ( ) – 공부를 한다. 친구를 본다. 운동을 한다.	
2	나는 방과 후에 ( ) – 학원에 간다. 학교에 간다. 마트에 간다.	
3	배가 아파서 ( ) – 병원에 갔다. 약국에 갔다. 약을 먹었다.	

• 4단계: 말소리의 이해

마지막 단계인 말소리의 이해는 듣고 어느 것인지 확인하는 과제의 단계로 말소리를 따라 말하고 또한 의미를 이해하는 것을 목표로 한다(윤미선, 2011).

① 지시 따르기: 빨간색과 파란색을 집으세요. 초록색과 파란색을 집으세요. 보라색과 검정색을 집으세요. 빨간색으로 동그라미를 그리세요. 보라색으로 직선을 그리세요.

② 따라 말하기: 음절 수준(1음절 10개 1세트) → 단어 수준(10개 단어 1세트) → 구문장 수준(10개 구문장 1세트)

③ 이야기 듣기: 우리 가족은 지난 토요일에 1박 2일로 김해 국제공항에서 비행기를 타고 제주도로 재미있는 여행을 다녀왔습니다. 1시 30분에 제주 국제공항에 도착하여 인근 식당에서 갈치구이와 맛있는 성게 미역국을 먹었습니다. 식사 후 제주민속촌이 있는 곳으로 출발하였습니다.

▶우리 가족이 여행간 곳은 어디인가요? ▶우리 가족은 점심 때 어떤 음식을 먹었나요?
▶점심을 먹고 어디로 출발하였나요? ▶제주도 여행을 다녀온 요일은 언제인가요?

4 독화지도의 이해

1. 독화의 개념

1) 독화의 정의

청각장애학생들은 청각적 활용과 더불어 독화를 중요한 의사소통 수단으로 사용하고 있다. 독화(speech reading)란 말을 시각을 통해 이해하는 의사소통 양식으로 '말 읽기'라고도 한다(한국청각·언어장애교육학회, 2012). 즉, 독화는 대화 상황에서 화자가 말을 할 때 청자는 자신의 눈으로 화자의 입술 모양이나 혀의 움직임 그리고 얼굴 표정 등 의사소통 전달 기능의 모든 시각적인 요소들에 대한 정보를 인지하여 말의 의미를 이해하는 능력이라고 할 수 있다.

▶speech reading: 시각(얼굴 전체, 제스처, 상황, 심리 상태)을 통하여 말을 이해하는 의사소통 양식 ⇨ 독화
▶lip reading: 시각(입술 움직임)을 통하여 말을 이해하는 의사소통 양식 ⇨ 독순

독순이라는 말은 시각의 초점을 주로 입술 운동에 두어 정보를 이해한다는 점을 중요시하는 용어인 반면에 독화는 상대방의 말을 읽을 때, 입술 운동만 보고 이해하는 것이 아니라 말소리와 더불어 얼굴 표정, 몸동작, 주어진 상황, 심리 상태 등을 종합적으로 고려해 이해하는 것으로 볼 수 있다(이규식 외, 2006).

2) 독화기능의 구성 요소

독화는 감각을 통한 운동 형태의 수용, 운동 형태의 지각, 개념화 또는 해석 등의 과정을 거친다. 그러나 시각 기능이 조음기관의 움직임을 하나도 빠짐없이 완전히 수용하기는 불가능하다. 또한 말의 시각적 요소는 각각이 분명하게 구별이 되지 않고 의미와의 연합도 완전하게 이루어지지 않기 때문에 다른 능력들이 요구된다(이필상 외, 2015).

독화의 과정에 관련된 구성 요소의 변인 중 특히 화자의 조음운동에 의해 나타나는 시각 정보, 화자의 안면 표정, 제스처, 제시 상황, 말의 통사 구조와 화용론적 맥락 등은 독화에서 중요한 단서로 작용한다(김영욱, 2007). 독화기능의 구성 요소는 다음의 〈표 7-11〉과 같다.

〈표 7-11〉 독화기능의 구성 요소

상황 요인	구성 요소	내 용
독화자 요인	지각 능력	• 시지각: 말소리의 인식 능력(시지각 능력의 시력 및 시지각 주의 집중) • 지각 속도: 말 요소의 지각 속도 • 주변 지각: 입에 초점을 두면서 얼굴 표정이나 환경의 맥락으로부터 정보를 얻는 주변 시력
	종합 능력	• 지각 종결: 단어나 어구의 일부분으로 전체적인 형태를 인식하는 능력 – 요소와 조직의 분류 – 추측에 의한 조직: 사고를 통해 누락된 요소 보충 – 전체적인 형태의 잠정적인 인식 • 개념 종결: 전달 내용을 인식하는 능력 – 개념의 연상 – 추측 종결: 사고에 의한 보충 – 전달 내용의 인식(잠정적, 최종적)
	융통성	• 지각 종결: 시각 기억, 추상적·귀납적 추리, 리듬을 통한 수정 • 개념 종결: 언어적·귀납적 추리, 사회적 인식을 통한 개념 종결의 수정
화자 요인	대화 시 유의 사항	• 자연스럽게 말소리를 냄(과장된 입 모양은 부자연스러움) • 청각을 최대한 이용할 수 있도록 교사의 목소리 크기를 조금 높이고 말의 속도는 늦춤 • 말을 할 때 조음기관을 지나치게 과장하지 않음 • 얼굴 표정은 풍부하게 하되, 불필요한 몸짓은 자제하고, 짧은 문장으로 간결하게 표현하도록 함
환경 요인	조명, 속도, 거리, 화자 확인	• 독화 시 적정 조도는 대략 400~700룩스(Lux) • 화자가 해를 등지고 말을 하면 독화 시 눈부심이 발생하기 때문에 피해야 하며, 입 모양이 잘 보이는 밝은 곳이 좋음 • 말의 속도는 조금 느리게, 거리는 2~3m 정도 유지 • 여러 사람이 말하는 상황에서는 화자가 누구인지 독화가 어려울 수 있으므로 화자는 손을 들어 알려 줌

출처: 이필상 외(2015), 고은(2017).

2. 독화 능력의 평가

청각장애학생의 독화 능력을 향상시키기 위해서는 독화 능력에 대해 신뢰할 수 있고 타당한 평가가 우선되어야 하나 대부분의 평가가 그렇지 못하다. 독화 과정의 복잡성과 독화에 영향을 주는 변인의 다양성이 주된 문제이기는 하지만 평가 방법의 개선에 관한 연구의 부족도 그 이유가 된다. 그럼에도 불구하고 임상가들은 독화 훈련의 효율성 평가와 개인에게 맞는 시각적 의사소통 훈련 방법의 결정을 위해서는 독화 능력의 사정이 중요함을 인정하고, 다음과 같은 평가 방법을 사용하고 있다(김영욱, 2007).

• 형식적 독화검사

검사는 학생용과 성인용으로 나눌 수 있으며, 음절, 단어, 문장, 이야기, 그리고 네 가지의 혼합 구성으로 이루어져 있다. 독화검사의 조건은 청각적 단서 없이 시각적 단서만 제시되는 조건과 시·청각 자극이 함께 제시되는 조건이 있다. 주로 대면법(face-to-face)으로 자극을 제시하는 형태로 이루어진다.

• 비형식적 독화검사

검사는 임상가들이 임의로 선택하여 구성한다. 내용은 대상 연령과 언어 능력을 고려하여 선정한다. 독화 과제는 단어, 구, 문장 등으로 구성하며, 제시 형태는 단어, 구, 문장을 별도로 제시하거나 문장 속에 포함하여 제시한다. 독화 사정은 관련 음향적 단서의 제공 없이 시각적 자극만을 제시할 수도 있다. 이러한 검사는 청각장애학생의 시각·청각적 정보의 통합 능력을 알아보는 데도 유용하다(Garstecki, 1983).

• 시각검사

독화 기술은 시각의 예민성과 밀접한 관련이 있다. 시각의 예민성이 낮은 학생은 독화 기술의 습득이 매우 어렵다. 따라서 독화지도를 하기 위해서는 반드시 시각검사를 하여야 한다. 미국의 경우 청각장애인의 38~58%가 시각 결함을 수반하고 있는 것으로 나타났다(Johnson et al., 1981).

• 의사소통 기술의 평가

독화지도의 효과를 높이기 위해서는 학생의 의사소통 기술 수준을 알아야 한다. 이를 위해서는 학생의 표현·수용언어의 수준과 장단점에 대한 관찰과 평가가 이루어져야 한다. 이러한 평가는 교사에 의한 평가와 학생 자신에 의한 자기 평가가 함께 이루어져야 한다.

3. 독화소의 이해

1) 독화소(visual phoneme: visemes)

음성언어에서 음소는 말의 뜻을 구별해 주는 가장 작은 단위를 말한다. 한국어의 '바보'를 음성학적 기호로 표시하면 [pabo]가 된다. 그러나 [babo]라고 발음하더라도 의미 변별을 일으키지 않기 때문에 앞의 /ㅂ/과 뒤의 /ㅂ/은 동일한 음소이다. 그러나 볼의 [pul]과 풀의 [phul]은 의미를 변별시키기 때문에 /ㅂ/과 /ㅍ/은 별도의 음소로 인정한다. 독화에는 이와 유사한 개념으로 '독화소'가 있다(고은, 2017).

독화소는 말소리의 청각적 특성은 차이가 있으나 시각적으로 유사한 음소들을 하나로 묶어 동일한 시각적 변별 자질로 본다. 즉, 음성의 가장 작은 시각적 단위라 할 수 있다. 음소에 여러 가지 변이음이 있듯이 독화소에도 한 음성 이상이 포함되어 있는 경우가 많다. 하나의 독화소에 포함되는 음성들의 대립 정도는 음소의 변이음 간에 나타나는 것보다 훨씬 차이가 크다고 할 수 있다. 그러나 한 독화소에 포함되는 음성들은 운동 형태가 모두 시각적으로 유사하며, 우리의 지각이 하나의 대략적인 형태로 인식된다(이필상 외, 2015).

2) 독화소 단위의 분류

독화의 기본 단위인 독화소는 화자의 입 모양, 산출되는 음의 가시도, 그리고 주변의 독화 환경 등에 영향을 미치는 다양한 관련 요인에 따라서 연구자 마다 약간의 차이가 있다. 대표적인 한국어 자·모음의 독화소 단위의 분류를 살펴보면, 우선 이규식(1993)은 자음의 독화소 단위를 /ㅂ, ㅍ, ㅁ /, /ㄷ, ㅌ, ㄴ, ㄹ /, /ㅅ, ㅈ, ㅊ/, /ㄱ, ㅋ, ㅇ/ 4개로, 모음의 독화소 단위를 /오, 우/, /으, 이/, /에, 애/, /아, 어/ 4개로 분류하였다. 김영욱(2007)은 자음의 독화소 단위를 /ㅂ, ㅃ, ㅍ, ㅁ /, /ㄷ, ㄸ, ㅌ, ㄴ /, /ㅇ/, /ㅅ, ㅆ/, /ㄱ, ㄲ, ㅋ, ㄹ, ㅎ/, /ㅈ ,ㅉ, ㅊ/ 6개로, 모음의 독화소는 이중 모음을 포함하여 /아, 야/, /오, 요/, /우, 유/, /어, 여/, /이, 으, 의/, /위/, /워/, /에, 애, 예, 얘/, /외, 왜, 웨, 와/ 9개의 단위로 분류하였다.

다음의 〈표 7-12〉는 한국의 독화소 단위를 연구한 여러 연구자들의 결과를 분류하여 정리한 내용이다.

〈표 7-12〉 독화소 단위의 분류

자·모음	이규식, 백준기, 권요한(1979)	이규식(1993)	김영욱(2007)
자음	/ㅂ, ㅁ, ㅍ/, /ㄷ, ㅌ, ㄴ, ㄹ/, /ㅅ, ㅈ, ㅊ/, /ㄱ, ㅋ, ㅇ/,	/ㅂ, ㅁ, ㅍ/, /ㄷ,ㅌ, ㄴ, ㄹ/, /ㅅ, ㅈ, ㅊ/, /ㄱ, ㅋ, ㅇ/,	/ㅂ, ㅃ, ㅁ, ㅍ/, /ㄷ, ㄸ, ㅌ, ㄴ/, /ㅅ, ㅆ/, /ㅈ, ㅉ, ㅊ/, /ㄱ, ㄲ, ㅋ, ㄹ, ㅎ/, /ㅇ/
모음	/오, 우/, /으, 이/, /아, 어/, /에, 애/	/오, 우/, /으, 이/, /아, 어/, /에, 애/	/아, 야/, /오, 요/, /우, 유/, /어, 여/, /이, 으, 의/, /위/, /워/, /에, 애, 예, 예 /, /외, 왜, 웨, 와 /

4. 독화의 한계점

청각장애학생이 독화를 하기 위하여 시각적 수용 능력을 통하여 최대화한다고 해도 모든 독화소를 이해하는 데는 한계점이 있다. 언어는 청각적인 현상으로, 듣도록 구성된 것이지 보도록 구성된 것이 아니기 때문에 시각적인 의사소통의 수단으로서는 많은 한계점이 존재한다. 이와 같은 한계점은 다음과 같이 여섯 가지로 요약할 수 있다(이규식 외, 2006).

(1) 말소리의 가시도가 낮다

말소리 산출에 따른 조음의 대부분이 입안의 구강 구조에서 혀의 근육 운동으로 이루어져 발생하므로 독화자는 치조음, 경구개음, 연구개음 등을 시각적으로 확인하기가 매우 어렵다. 입술 운동은 음성을 만드는 데 비교적 적은 역할을 한다.

(2) 입 모양이 같게 보이는 말이 많다

/봄, 몸, 봅/, /부리, 무리/, /엄지, 검지, 염치/ 등은 소리 철자가 다르지만 입의 움직이는 모양은 비슷하게 보이므로, 독화만으로 의미를 파악하기에는 많은 어려움이 뒤따른다. 특히, 평상적인 관찰 조건에서는 더욱 어렵다.

(3) 정상적인 말은 속도가 빠르다

Nitchie(1917)는 말의 평균 속도가 1초당 13개의 어음을 산출하는데 비해 사람의 눈이 의식적으로 볼 수 있는 말소리의 수는 8~10개에 불과하다고 하였다. 또한 독화는 의식적인 과정이 아니기 때문에 의식적으로 최대한 받아들인다고 하여도 독화자는 일반적으로 자기에게 필요한 정보를 빠짐없이 눈으로 받아들일 수 없다.

(4) 전이효과가 많이 작용한다

음성이 만들어지는 방법과 그 겉모양은 앞이나 뒤에 있는 음성에 따라 달라진다. 예를 들면, '밭'과 '언덕'을 한 단어씩 발음하면 그 음가가 그대로 발음되지만 '밭언덕'으로 붙여서 발음하면 /바던덕/이 되어 조음하는 방법과 입 모양이 바뀌게 된다.

(5) 조음운동에는 개인차가 있다

조음운동은 사람마다 차이가 있고, 동일한 사람이 동일한 말을 하더라도 차이가 있을 수 있다. /아/라는 음운이 이론상으로는 모든 사람에게 동일하게 이해될 수 있을지 모르지만 이것을 발음할 때 입을 벌리는 정도, 혀의 위치 등 조음기관의 운동과 입 모양은 사람에 따라 모두 다를 것이다.

(6) 환경에서 오는 제약이 많다

두 사람이 대화를 나누거나 한 사람이 이야기를 할 경우에, 그 말을 보거나 듣는 사람이 화자의 얼굴이나 입을 시종일관 주목할 수 없다. 독화자가 잠시 등을 돌리거나, 한눈을 팔거나 다른 생각을 한다면 정보를 부분적으로 놓치게 된다. 또한 조명 상태가 좋지 않거나, 화자가 자기도 모르게 얼굴을 다른 쪽으로 돌려 입이 보이지 않거나 또는 물체에 가려지거나 얼굴 위치에 무의식중에 손을 올려 코를 만지는 등의 동작도 마찬가지 현상이다.

위에서 언급한 독화의 한계점을 보완하기 위하여 독화 이외에 음성언어의 보조 수단으로 보다 정확하게 청각적 메시지를 시각적으로 전달해 주는 큐드 스피치(cued speech)가 있다. 큐드 스피치는 1967년 Gallaudet University의 Cornet에 의해 개발되었는데 청각장애학생의 부모에게 습득하게 하여 청각장애학생과 부모가 원활한 의사소통을 할 수 있도록 하는 데 목적이 있다(고은, 2017).

※ 큐드 스피치(Cused Speech)란?

큐드 스피치는 독화가 부족한 부분을 손가락 기호(Cued)를 사용하여 보조하는 방법이다. 구어언어를 바탕으로 하는 시각적 음소 단위의 변환체계로 청인학생이 큐드 스피치 기호만 습득하면 큐드 스피치로 청각장애인과 소통할 수 있다. 큐드 스피치에서 시각적으로 전달되는 소리는 손의 큐와 위치, 입술의 움직임이 통합되었을 때 구별이 가능하다. 하지만 실제적으로 우리나라 농인 문화에서는 많이 사용하고 있지는 않다.

5 독화지도의 방법

1. 전통적 독화지도 방법

독화지도는 1940년대부터 개발되어 사용되었다. 전통적인 독화지도 방법에서는 주로 시각만을 활용하였으며, 단계적이고 체계적인 형식적 교수법이 사용되었다. 지도 방법에는 분석적 접근법과 종합적 접근법으로 나누어 접근할 수 있다(김승국 외, 1998).

1) 분석적 접근법(analyical approach)

분석적 접근법은 음운인식 단계에서부터 시작하여 자음과 모음의 기본 단위로 구성되는 음절, 단어, 구, 문장, 문단 순으로 상향식(bottom-up)으로 지도하는 것이다. 시각 요소의 소리, 조음 산출기관의 운동과 말소리의 연합이 신속하고 정확하게 일어날 수 있도록 지도 한다. 분석적 접근법은 독화기능의 하위 요소 가운데 시각 능력의 신장에 중점을 둔다. 자음 중 입의 앞쪽에서 생성되는 자음의 경우 가시도가 높지만 입의 중간과 뒤쪽에서 생성되는 자음은 부분적으로 보이거나 시각적으로 전혀 확인이 안 될 수도 있다. 자음의 가시도는 말속도, 화자의 조음 정확도, 조명, 화자의 거리와 같은 요인에 따라 달라진다. 자음 지도 방법의 예시는 다음 〈표 7-13〉과 같다(유은정 외, 2013).

〈표 7-13〉 조음 위치와 조음 방법에 따른 자음 지도

- 유성성과 자음의 조음 방법은 같고, 조음 위치만 다른 자음 쌍을 구분한다.
  (예: /칼/과 /팔/)
- 자음의 조음 위치는 같고, 유성성과 조음 방법이 다른 자음 쌍을 구분한다.
  (예: /말/과 /발/)
- 자음의 조음 위치와 조음 방법 혹은 유성성이 같은 자음 쌍을 구분한다.
  (예: /팔/과 /발/)
- 자음의 조음 위치와 조음 방법 그리고 유성성과 같은 자음을 4~6개의 보기 중에서 찾아낸다.
- 자음의 조음 위치와 조음 방법이 같은 자음을 4~6개의 보기 중에서 찾아낸다.

출처: Tye-Murray(2004). 수정.

2) 종합적 접근법(synthetic approach)

종합적 접근법은 화자의 말을 단어부터 시작하여 문장, 문단 순으로 지각하고 이해하는 방법으로 지도하는 것이며, 의사소통의 맥락 속에서 언어적 또는 상황적 단서들을 통하여 의미를 파악하는 것을 강조하는 방법이다. 종합적 접근은 낱소리나 낱말의 지각보다는 전체적인 의미의 이해에 초점을 둔 지도 방법으로 개념 주도적인 하향식(top–down) 훈련 과제는 문장 수준의 청능훈련 과제와 유사하게 보이지만 난이도가 훨씬 높다. 자음 훈련의 과제 예시는 다음의 〈표 7–14〉와 같다.

〈표 7–14〉 자음 훈련의 과제

- 보기가 주어진 조건에서 간단한 지시를 따른다.
  (예: 바다를 파란색으로 색칠하세요.)
- 4개의 유사성이 없는 그림에서 문장을 확인한다.
- 4개의 유사한 그림에서 문장을 확인한다.
- 특정 주제와 관련된 문장을 따라 말하거나 바꾸어 말한다.
  (예: 냄비에 라면을 넣으세요. 물이 끓으면 준비하세요. 정수기 물을 담아요.)
- 2개의 관련된 문장을 그림으로 그리거나 바꾸어 말한다.
- 단락 수준의 이야기를 이해하여 질문에 대답한다.

출처: Tye–Murray(2004). 수정.

2. 최근의 독화지도 방법

최근의 독화 기술은 청각적 기술과 통합하여 효과적으로 사용할 수 있도록 시각적 단서뿐만 아니라 청각적 단서와 통합하여 개념의 이해를 통한 의미 간의 상호작용을 지도하는 방법으로, ‘자연적 접근(naturalistic approach)’이나 ‘기능적 치료(functional therapy)’를 강조하는 총체적 접근법(wholistic approach)을 선호하는 입장이다(김승국 외, 2007).

1) 총체적 접근법

총체적 접근법은 Yoshinaga–Itano(1988)가 발전시킨 독화지도 방법으로 모든 학생들에게 한 가지 기법만을 사용하지 않는다는 점에서 전통적인 독화지도 방법과 다르다. 이 방법은 학생의 의사소통에 대한 동기화, 인내력, 책임감의 향상에 초점을 두고 있다. 접근법에서 사용되는 자극은 학생 중심적이며, 반복 연습보다는 기능성과 요구에 기초하여 지도하는 점이 특징이다. 특히 흥미 있는 활동을 통하여 독화 기술을 습득하도록 하는 것을 강조한다(김승국 외, 2007). 또한 학생이 관심 있어 하는 주제를 선정하여 제시하면 자연스러운 동기 부여와 함께 주의 집중을 통한 효과적인 의사소통을 기대할 수 있다.

2) 말 추적법

말 추적법(tracking method)은 De Filippo와 Scott(1978)가 대화의 맥락에서 사용하는 의사소통 담화에 대한 인지도를 측정하고 훈련하기 위해 독창적으로 사용한 기술이다. 기본적인 절차는 전달자인 화자가 미리 준비된 내용을 짤막짤막하게 읽어 주고 수신자인 독화자는 전달자가 말한 그대로를 되풀이해서 말하는 것이다(김승국 외, 2007). 즉, 말 따라하기 방법으로 독화자인 학생에게 의미 있고 동기를 부여할 수 있는 흥미로운 주제를 제시하여 대화 유지가 지속되도록 하는 것이다. 말 추적법의 예시는 다음의 〈표 7-15〉와 같다.

〈표 7-15〉 말 추적법(주제 : 학교 현장 학습 이야기)

교사: 내일 현장 학습 가는 장소는 대구 수목원입니다.
학생: 내일…… 현장……? 선생님 잘 못 들었습니다.
교사: 내일 현장 학습 가는 장소는 대구 수목원입니다.
학생: 내일 현장 학습 가는 장소는 대구 수…… 대구 수 다음에 다시 말해 주세요.
교사: 수목원
학생: 수목원! 아~
교사: 맞아요! 수목원
학생: 내일 현장 학습 가는 장소는 대구 수목원이다.
교사: ○○아, 다시 들어봐! 대구 수목원입니다.
학생: 아~ 내일 현장 학습 가는 장소는 대구 수목원입니다.
교사: ○○아, 맞아요! (맞다는 손동작의 제스처도 함께) 잘 따라 말했어요!

학생은 대화 내용을 모두 이해할 때까지 문장 전체, 또는 일부분을 다시 반복하여 말해 달라고 요청하는 다양한 전략을 사용할 수 있어야 한다.

3. 독화지도 시 고려 사항

교사는 청각장애학생의 독화지도에 있어서 독화 능력은 개인의 내외적 요인에 따라 차이가 있을 수 있으므로 독화에 영향을 미치는 변인에 대한 개인의 능력을 평가하고, 독화 기술은 학습과 훈련을 통해 향상될 수 있으므로(Ling, 1989), 이러한 사항들을 충분히 고려하여 지도를 하여야 한다. 독화를 직접 지도하거나 혹은 학급에 독화를 하는 청각장애 학생이 있을 경우 교사는 다음의 〈표 7-16〉의 내용에 유의하여 수업을 진행하여야 한다.

〈표 7-16〉 교사가 독화지도 시 고려할 사항

- 학급의 수업 진행 상황에서 가능한 독화 단서를 모두 활용하도록 지도하여야 한다.
- 교사는 말을 과장하지 않고 자연스럽게 표현하며, 차폐물이 없는 밝은 곳에서 약 2~3m 내외의 거리를 유지한다.
- 교사는 독화 과정에 대한 지식을 가지고 있어야 한다. 시각적으로 분명하게 보이는 말소리와 그렇지 않은 말소리를 구분할 줄 알고, 그에 따른 혼란이 없도록 한다.
- 학생들의 정서적 문제와 요구에 교사는 민감하게 대처해야 한다. 학생이 독화에 대해 긍정적인 반응을 보이지 않을지라도 교사는 독려하면서 함께 노력해야 한다.
- 교사는 말을 할 때 가만히 서서 하되, 가능하면 학생과 눈높이를 맞추어 비슷한 위치를 유지하도록 노력하여 학생으로 하여금 독화의 효율성을 높이도록 배려한다.
- 교사는 말하는 습관을 개선해야 한다. 입 모양을 좀 더 분명하게 하고, 정상적인 형태를 유지하면서 명확한 발음의 산출 방법을 익혀야 한다.
- 학생의 독화 수준에 따라 난이도를 조절해야 한다. 또한 처음 사용하는 단어는 가시도가 높고 친숙한 단어여야 하며, 내용을 연상시킬 수 있는 사전 단서를 제시하는 것이 좋다.
- 독화에는 가시도(visibility), 친숙도(familiarity), 연상(association)이 중요한 요소이다. 초기 단계에서는 가시도가 높고 친숙한 어휘나 문장 그리고 쉽게 연관되는 내용을 제시하여 의사소통의 성취감을 가질 수 있도록 지도한다.
- 수업에서 말할 때는 항상 좀 더 큰 소리로 말해야 하며, 1~2개의 핵심 단어를 칠판에 써 놓으면 독화를 하는데 단서 제시의 정보로 도움이 된다.
- 교사는 말하면서 판서를 하지 않으며, 학생의 위치를 고려하여 좌석 배치를 해야 한다. O형이나 U형 배치는 집단 토의를 할 때 독화를 좀 더 용이하게 하는 장점이 있다.
- 필기 시간은 별도로 배정하여 수업 중에 이해하지 못하고 넘어가는 일이 없도록 살펴야 한다.
- 교과서를 읽을 때 입을 가리지 않고, 말을 할 때 교사의 위치를 고정시켜 독화를 하는 학생에게 방해 요인을 최소화해 주어야 한다.
- 학습의 내용을 좀 더 알기 쉽고 폭넓게 전달하기 위해 필요시 자료를 수정해 준다. 예를 들면, 가시도와 친숙도가 더 높은 단어나 어휘로 구성된 문장을 제시한다.

출처: 고은 외(2012), 한국청각·언어장애교육학회(2012).

6 말·언어지도

잔존 청력을 활용하여 듣기를 훈련하고, 듣기를 보조하여 독화를 훈련으로 수용언어를 잘 받아들이게 된 다음은 표현언어의 지도가 필요하다.

청각장애인들이 말을 하지 못하는 이유는 조음에서의 문제가 아니라 말소리를 듣지 못하기 때문이다. 우리가 언어를 습득할 때는 양육자로부터 수 백 번, 수 만 번의 같은 말소리를 들으며 언어가 수용되고, 수용된 언어를 표현언어 즉, 말로 표현하게 된다. 그러나 청각장애인으로 태어난 아동들은 소리를 들을 수 없으므로 언어가 수용되지 못한다. 언어가 수용되지 못하기 때문에 어떻게 소리로 언어를 표현하는지도 알 수 없는 것이다.

그러나 청각장애인들도 언어재활을 통하여 말소리를 낼 수 있고, 인공와우 수술과 보청기의 기술 발달로 어느 정도 청력을 회복할 수 있어 이들의 말·언어지도는 중요한 과제가 되었다.

1. 말·언어 평가

청각장애학생의 말·언어 능력 평가에는 공식적 검사와 비공식적 검사가 사용된다. 공식적 검사에서는 언어의 각 영역별로 조음, 어휘, 형태-구문론적 이해력 등을 평가하는 표준화 검사가 사용되며, 영·유아와 학령 전 아동의 언어 이해력과 표현력을 종합적으로 평가할 수 있는 검사 도구도 사용되고 있다. 검사자가 아동에게 직접 검사 자극을 제공하여 언어 능력을 측정하는 검사도 있으며, 주 양육자의 보고를 통해 간접적으로 평가하는 척도 형식의 검사도 있다(유은정 외, 2013).

〈표 7-17〉 국내에서 사용되고 있는 말·언어 검사의 종류

평가 영역	검사 도구명	내 용	대상 연령
말	우리말 조음·음운 평가 (김영태 외, 1996)	단어, 문장 수준에서 음소 정확도 평가	만 2~12세
	아동용 발음 평가 (김민정 외, 2007)	단어, 문장 수준에서 조음 능력 평가	만 3세~ 취학 전 아동

평가 영역	검사 도구명	내 용	대상 연령
언어	영·유아 언어발달 선별검사 (김영태 외, 2003)	영·유아의 수용 및 표현언어 능력 평가, 부모 보고식 체크리스트	4~36개월
	취학 전 아동의 수용 및 표현언어 검사 (김영태 외, 2006)	취학 전 아동의 수용 및 표현언어 능력 평가	만 2~6세
	MBCDI-K (배소영, 2006)	유아의 수용 및 표현 어휘 능력 평가, 부모 보고식 체크리스트	30개월 미만
	수용 및 표현 어휘 검사 (김영태 외, 2008)	수용 및 표현 어휘 능력 평가	만 2세~성인
	구문 의미 이해력 검사 (배소영 외, 2004)	형태론적·구문론적 이해 능력 평가	만 4세~9세
	언어 문제 해결력 검사 (배소영, 임선숙, 이지희, 2000)	논리적 사고 과정을 언어화하는 상위기술 평가	만 5~12세

청각장애학생의 일반적인 말·언어 평가 내용을 포함하여 현재의 말·언어 수준을 평가할 때 고려해야 할 사항이 있다. '듣기'와 관련된 부분 및 청력손실로 유발될 수 있는 모든 영역을 포함하여야 한다. 특히 고려해야 할 것은 청력손실로 인하여 야기될 수 있는 구어 및 언어 문제이다. 청각장애학생의 듣기 문제는 대개 조음장애를 야기할 수 있으므로, 구어의 물리 음향학적 특성을 충분히 고려하여 구어를 평가하여야 한다(한국청각·언어장애교육학회, 2012).

〈표 7-18〉 일반적인 말·언어 평가 내용

구 분	내 용
구어 메커니즘 평가	• 구강-안면 검사: 휴식 시, 기능적 검사 • 호흡 검사: 구어 시 , 호흡 시
말소리 산출과 명료도	• 구어 명료도 • 조음 음운 평가 – 자음 및 모음 정확도: 오류 형태(생략, 대치, 왜곡, 첨가 등) – 음운 변동 분석: 초분절(속도, 운율, 억양 등)
음성	• 음질: 기식화된 음성, 거친 음성, 목쉰 음성, 부적절한 음질 • 음도: 너무 높은 음도, 너무 낮은 음도, 부적절한 음도 • 강도: 너무 큰 강도, 너무 작은 강도, 부적절한 강도 • 공명: 과대비성, 과소비성, 부적절한 공명
언어	• 수용 및 표현언어 능력: 주로 공식적 검사 이용 • 언어 요소 능력(언어 샘플 수집): 화용론적, 의미론적, 구문-형태론적 평가
유창성	• 말더듬 및 속화 평가

2. 의사소통 전략

의사소통에서는 말하기가 가장 많은 정보를 제공하는 수단이지만, 그 외에도 몸동작, 얼굴 표정, 시선, 화자와 청자의 거리, 수어 같은 비구어적인 수단도 사용된다. 의사소통 전략이란 화자와 청자가 의사소통을 하는 과정을 쉽게 하거나 강화하거나 혹은 회복하는 것으로 정의할 수 있다. 의사소통 전략은 사용 가능한 의사소통 사건을 예측하여 의사소통을 미리 준비할 수 있도록 돕는다. 또한 의사소통을 하는 동안 발화의 내용이나 형태를 수정하여 의사소통을 자연스럽게 유지할 수 있도록 돕고, 의사소통이 중단되었을 때 의사소통의 과정을 재확립할 수 있도록 한다(이필상 외, 2015).

〈표 7-19〉 의사소통의 전략

전략	내용
예기 전략	• 청각장애아동이 의사소통의 내용 및 상호작용을 사전에 준비 • 사용 가능한 어휘, 질문, 의사소통에서 예측되는 어려움을 미리 검토
수정 전략	• 아동이 의사소통을 하는데 화자의 부적당한 행동이나 환경에 어려움이 있는 경우 수정하도록 요구하기 • 화자의 말이 지나치게 빠르거나 입을 가리는 행동을 할 때 혹은 주변의 소음이 너무 크거나 조명이 너무 어두워 화자의 얼굴을 제대로 볼 수 없는 경우 등 곤란을 주는 문제를 확인하여 수정하려고 노력하기
회복 전략	• 메시지의 내용과 구조 혹은 화자의 의사소통 행동 모두를 수정하기(예: 더 천천히, 더 분명하게 해 달라고 요구하기) • 부분적으로 반복하기, 바꾸어 말하기, 핵심 단어 말하기, 철자 말하기, 허공 혹은 손바닥에 쓰기, 쓰기 등 부가 설명을 요구하기

의사소통 전략에서 발화 수정 전략은 청각장애학생의 말을 상대방이 잘 알아듣지 못했을 경우 청각장애학생이 스스로 회복할 수 있는 전략이다. 발화 수정 전략은 서로 의사소통이 단절되었을 때 메시지를 수정하거나 변경해서 의사소통을 유지하기 위한 목적을 갖는다. 매우 불분명한 발음으로 인하여 상대방이 이해하지 못했을 때 청각장애학생 스스로가 수정 전략을 사용하여 의사소통을 유지할 수 있다. 즉 화자의 입장에서 발화 내용이나 형태를 수정하는 것이다(고은, 2017).

〈표 7-20〉 발화 수정 전략의 유형

유 형	정 의	예 시
반복	이전 발화의 내용을 똑같이 반복한다.	A: 칭찬받았어요. B: 뭐라고? A: 칭찬받았어요.
수정	발화를 새로운 단어나 구문으로 반복한다.	A: 오늘 영화는 다 매진이래. B: 뭐라고? A: 오늘 영화는 자리가 없대.
부연 설명	이전 발화를 자세히 설명한다.	A: 기상이 봤어? B: 뭐라고? A: 아까 모임에서 기상이 봤냐고.
구어 확인	청자가 요청한 정보만을 구어로 제시한다.	A: 그 집은 자장면 얼마야? B: 자장면? A: 응 자장면.
비구어 반응	몸짓으로 청자의 질문에 대답하는 것이다.	A: 그 중국집 좋네. B: 맛있어서? A: (고개 끄덕임)
부적절한 반응	반응하지 않거나 이전 발화와 관련 없는 단어나 구문으로 반응한다.	A: 야단맞았어요. B: 뭐라고? A: ——

3. 언어지도 접근법

청각장애학생을 위해 사용되는 언어지도 접근법은 크게 언어 경험 접근법, 총체적 언어 접근법, 프로젝트 접근법으로 나눌 수 있다(유은정 외, 2013).

첫째, 언어 경험 접근법은 정상 언어발달이론에 기초를 두고 있으며, 청각장애학생이 자신의 환경 내에서 실제 경험을 통해 언어를 습득할 때 쉽게 이해할 수 있다는 점을 강조한다.

둘째, 총체적 언어접근법은 행동주의에 기초한 전통적인 언어지도 방식의 문제점이 제기되면서 그 대안으로 대두된 언어지도 방법이다. 전통적인 언어지도법에서 교사는 개별 아동에게 언어의 구성 요소를 분리된 형태로 가르치며, 기초적인 언어 기술의 반복 연습과 강화에 기초한 지도 방법을 사용하였다. 반면 총체적 언어접근법은 사회적 구성주의를 바탕으로 문식성에 기초를 둔 접근법으로, 아동은 학습의 필요성을 느낄 때 개념을 가장 빨리 이해할 수 있다고 본다. 총체적 언어접근법은 아동이 완벽하고, 자연스러운 구어와 문어에 접근할 수 있게 하고, 학생 자신의 학습 목표와 전략을 선택할 수 있는 다양한 기회를 제공한다는 면에서 청각장애학생의 언어지도 방법으로 널리 사용되었다.

셋째, 프로젝트 접근법은 총체적 언어접근법과 유사한 점이 많지만, 주제 중심 접근이라는 점에서 차이가 있다. 프로젝트 접근법에서 아동은 자신이 좋아하는 일상생활과 관련된 활동에 참여하여 특정 주제에 대해 심도 있는 탐구 활동을 하면서 언어의 다양한 측면을 습득한다.

이 접근법은 크게 프로젝트 계획, 학습 활동, 마무리 활동의 세 단계로 이루어진다. 프로젝트 계획 단계에서 교사는 아동의 발달 단계에 적합하면서도 흥미 있는 주제를 선택하고, 아동이 습득해야 할 언어 기술을 확인한 후 학습 자료, 견학, 자료 수집의 출처 등을 계획한다. 학습 활동 단계에서 아동은 토론, 관련 전문가와의 인터뷰, 정보 수집, 조사, 탐구 활동을 수행한다. 마무리 활동은 지금까지 학습한 내용을 학급 신문이나 웹 페이지로 만드는 등 의미 있는 활동에 참여하는 단계이다. 이러한 활동을 통해서 언어기술의 습득뿐만 아니라 자신감과 자존감이 높아지는 효과가 있다.

Chapter 08

수어지도

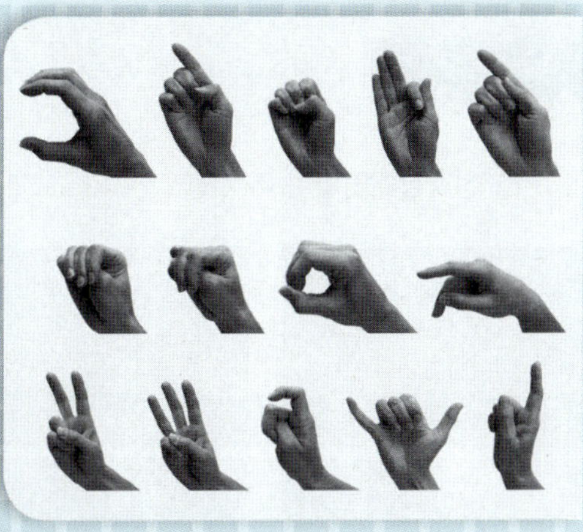

학습목표

1. 우리나라 수어의 동향을 이해할 수 있다.
2. 수어의 언어적 특성과 문법을 이해할 수 있다.
3. 농사회와 농문화를 이해할 수 있다.

생각나누기

• **청각장애인의 수어 사용**(과거와 현재)

[과거 1910년대 – 농인과 수어]

출처: 한국의 특수교육의 역사(2002).

[현재 2000년대 – 농인과 수어]

출처: 대구대학교 농학생 임원 간담회.

위의 왼쪽 사진은 1910년대 Rosetta Sherwood Hall에 의해 시작된 평양맹아학교 학생들의 사진이다. 사진에서 농학생들은 영어 알파벳 r, x, g 등을 나타내고 있다. 이는 평양맹아학교가 이익민에 의해 구어법으로 학생들을 지도한 기록이 있기는 하지만 사진으로 보아 농인들이 영어 알파벳을 미국수어 지문자를 활용해 배웠을 것이라고 짐작할 수 있는 대목이다.

언어는 인간 삶에서 없어서는 안 될 가장 중요한 도구이며, 과거의 역사와 현재의 삶과 다가올 미래를 연결하는 매개체이기도 하다. 이는 과거의 기억을 언어로 기록하거나 구전으로 현재에 전하며, 현재는 현대의 언어로 기억되어 미래 후손에게 또 하나의 과거가 되어 전해진다.

이렇게 인류의 삶 속에 중요한 역할을 하고 있는 언어에는 음성언어만 있는 것이 아니다. 바로 농인들이 제1언어로 사용하는 시각–청각 채널의 수어도 있다. 하지만 음성언어를 사용하는 주류 사회 속에서 농인들의 언어인 수어의 중요성이 간과되어 왔던 것은 사실이다. 그러나 이제는 「한국수화언어법」이 2016년 2월 3일 제정되어 수어의 위상이 한국어와 동등하게 인정받게 되었으므로 청각장애를 가진 학생들을 교육할 때 그들의 언어인 수어를 이해하고 활용하는 것은 매우 당연한 일이 되었다. 본 장에서는 수어의 역사와 수어의 언어적 특성, 농사회와 농문화에 대해 다루고자 한다.

1 우리나라 수어의 동향

한국에서 수어 사용에 대한 기록은 역사가 짧다. 수어는 기록할 수 있는 문자가 없기 때문이기도 하지만 한국에서 수어 농공동체는 농교육이 시작되면서 농학교를 중심으로 나타났기 때문이다. 하지만 농공동체가 형성되기 전에 농인이 살고 있는 곳에서는 그 농인만의 방법으로 의사 표현을 하는 손짓, 즉 수어(home sign)가 있었을 것이다. 지역적이고 지엽적인 홈 사인이 교육의 형태로 모인 농인들의 공동체 내에서 조정되고 체계화되어 수어로 발전했다.

1. 우리나라 초기의 수어

우리나라에서 농교육은 1909년 Rosseta Sherwood Hall에 의해 평양맹아학교가 설립되면서 시작되었다. Hall 여사의 평양맹아학교에서 농교육은 중국 체후맹아학교의 농교육 방법을 전수받고 온 이익민에 의해 진행되었다. 이익민의 농교육 방법은 수어법이 아니라 한국어식 벨 시화법으로 구어로 교육한 기록이 남아 있다(한국청각장애교육100년사, 2009).

하지만 박재현 감독의 다큐멘터리 영화 '한국농역사'(2018)를 제작하기 위해 만난 많은 원로 농인들의 이야기는 광복 후 평양맹아학교에서 내려온 농인들이 일본수어와는 다른 수어를 사용하였다는 증언이 있다. 또한 광복 후 평양광명맹아학교 교사로 있다가 국립맹아학교에 부임한 박윤삼 교사가 수어에 능숙했다는 증언도 있다.

이는 농인들이 의사소통 수단으로 보편적으로 수어를 사용하였음을 의미한다. 전쟁으로 남과 북이 분단된 후 평양광명맹아학교와 단절되어 초기 수어 사용이 지금 수어에 어떤 영향을 끼쳤는지는 알 수 없다.

일본에 의해 세워진 제생원에서도 의사소통 수단으로, 또 교육의 수단으로 일본수어를 사용하였다. 제생원의 교사는 거의 일본인 교사였고, 일본인 교사가 한국 농학생과 일본 농학생이 함께 공부하는 교실에서 일본어 구어로의 수업에는 한계가 있기 때문에 일본수어를 활용하여 수업이 진행되었을 것으로 보인다.

박재현 감독의 다큐멘터리 영화 '한국농역사'(2018)에서 원로 농인 김동식의 증언에 따르면 1913년부터 16년 간 제생원에 유일한 한국인 교사로 재직한 박두성은 점자를 만들었을 뿐만 아니라 농인을 위해 지문자 연구도 시작하였다고 한다.

> 농아인에게는 지문자의 공부(연구), 손 흉내, 발음의 연구 등에 심혈을 기울여 과정의 좋은 결과를 배우니…(중략) (김동식이) 작년에 귀국 즉시로 제생원 맹아부 교사 박두성 선생을 방문하야 인사를 드렸다.
>
> – 영화 '한국농역사' 김동식의 증언 중
>
> 출처: 박재현(2018).

박두성의 지문자 연구는 결실을 보지 못했으며, 훗날 1947년 국립맹아학교 교장이던 윤백원에 의해 완성된다([그림 8-1] 참고).

여기에 제생원에서 수어를 사용했다는 사실에 대한 공식적인 기록이 있다. 그것은 졸업식에서 수어를 사용하였다는 1919년 3월 26일자 매일신보 기사다.

> 조선총독부 제생원 맹아학교의 졸업증서 수여식에서…(중략) 농아인 대표 권오용은 손짓으로 답사하였으며 4년생의 임남원은 이것을 번역하여서 내빈들을 놀라게 하여서…(생략)
>
> – 매일신보(1919. 3. 26.)
>
> 출처: 박재현(2018).

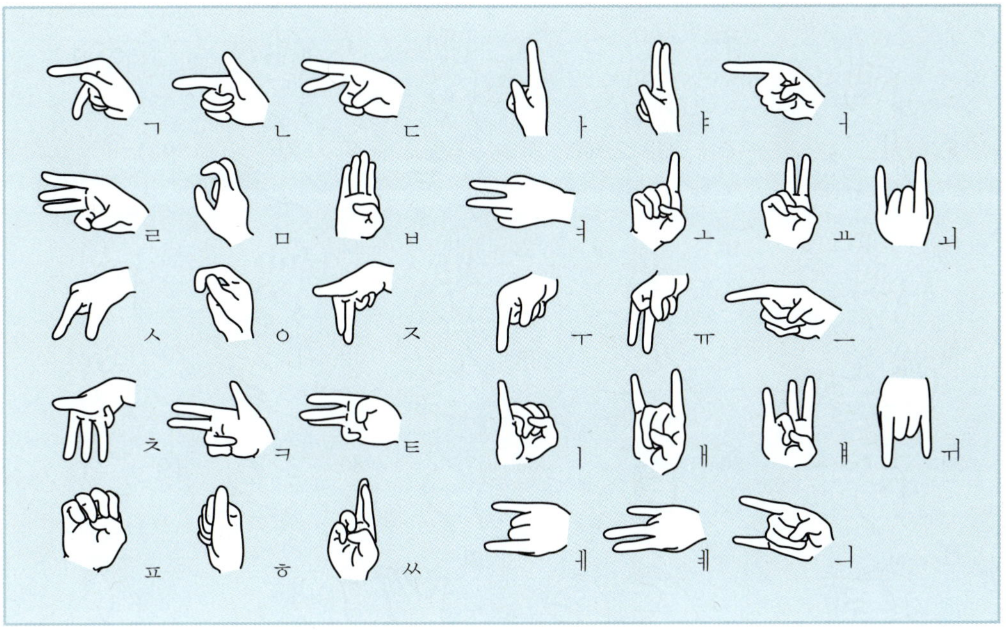

[그림 8-1] 1947년 지문자

출처: 김칠관(1998).

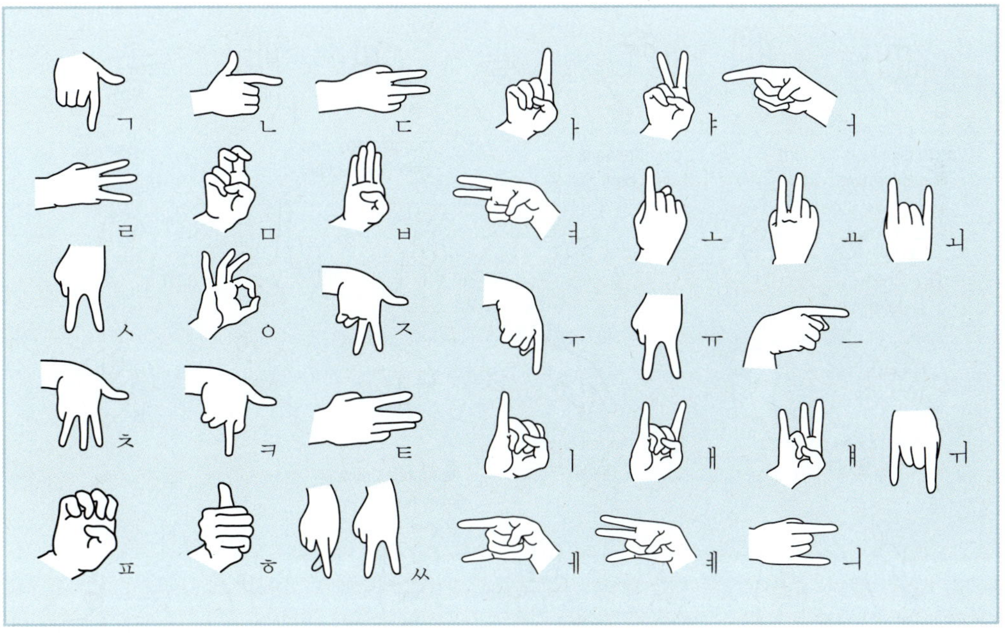

[그림 8-2] 현재의 지문자

출처: 김칠관(1998).

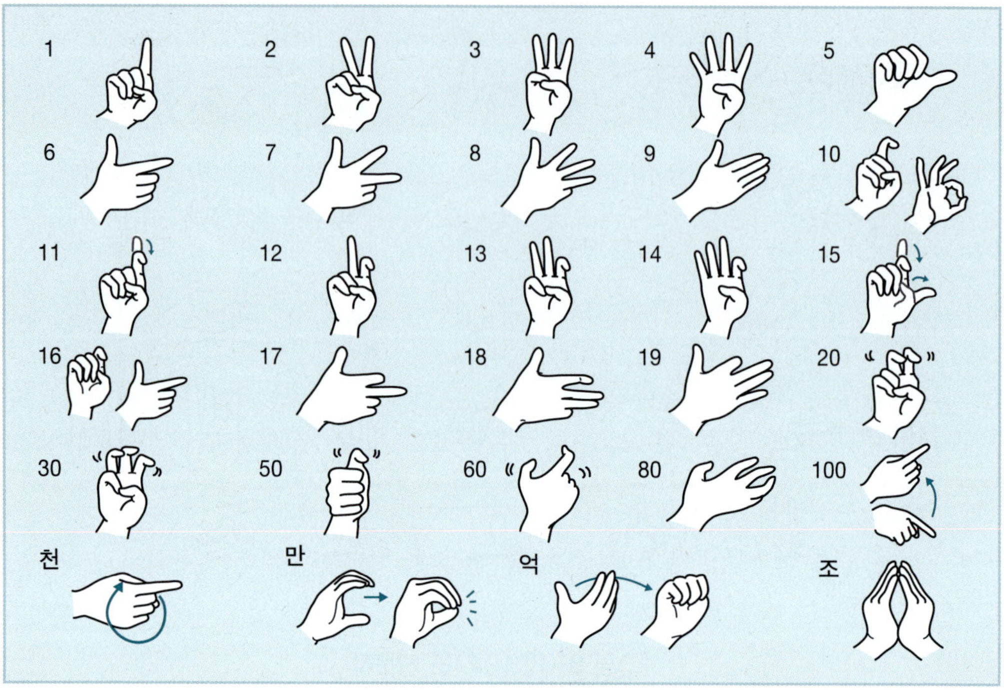

[그림 8-3] 지숫자

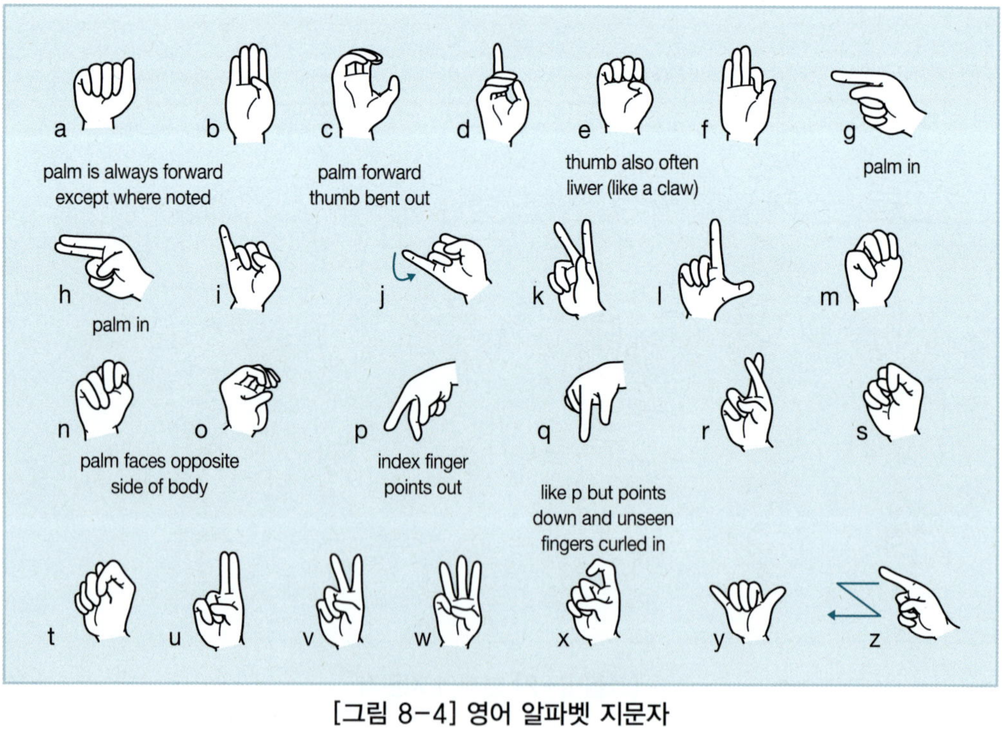

[그림 8-4] 영어 알파벳 지문자

출처: (사) 한국농아인협회.

그리고 제생원에서 수어를 가르치기 위한 수어 교실이 열린 기록이 있다. 김칠관(1999)은 1920년대 말 수화 강습회가 제생원 맹아부 주관으로 농학생들의 학부모 35명과 직원 5명을 대상으로 열렸음을 일본에서 발견한 제생원 당시의 자료를 연구하여 밝혀냈다.

김칠관(1999)은 일본에서 수집한 수화 강습회에 관한 자료의 내용을 다음과 같이 번역하였다.

> 농아교육의 철저를 기하는 데는 가정으로 하여금 농아인 본래의 언어인 수화라고 하는 원활한 말을 이해할 수 있도록 해 두는 것이 매우 필요하다고 생각하는데, 한 번 분발해 보는 것이 어떻겠느냐는 과장의 말이 있었다.
>
> ……(중략)……
>
> 농아인 본래의 언어는 수화이다. 이즈음 흔히 구화법이나 독순법 등을 주창하고 있으나 이것은 양념을 맛보는 것 같은 것이다. 바꾸어 말하면, 그것은 농아인의 본성을 중심으로 보는 것이 아니라 일반인을 상대할 때의 편리함에 더 이끌리고 있는 것으로서 열이면 열 사람 모두 구화 독순이 되는 것도 아니다. 따라서 농아인은 수화를 가장 편리한 언어로 하고 있는 것이다.
>
> ……(생략)……

번역된 자료를 보면 당시 제생원에서 수어를 농인의 언어로 인식하고 있어 농인과의 의사소통 측면에서 수어가 중요하기 때문에 농인과 함께 생활하는 가족을 대상으로 수화 강습회를 열게 된다.

이와 같이 여러 자료에서 나타나는 정황은 제생원에서 수어가 사용되었다는 것이다. 농인들 간의 의사소통 수단으로 사용됨은 물론이거니와 교육을 할 때도 수어로 교육했으리라 짐작할 수 있다. 물론 제생원의 수어는 일본인 교사에 의한 일본수어이다. 결국 우리나라 농사회에서 최초의 언어로 체계화된 것은 일본수어였고, 광복 후 일본수어의 어휘들은 한국수어 어휘들로 대부분 교체되었다.

2. 수어의 확산과 발전기

광복 후 제생원은 국립맹아학교로 교명이 바뀌고 초대 교장으로 윤백원이 부임한다. 해방이 되었지만 교육 내용은 일제 시대의 교육 방법을 그대로 따랐는데 일본어 대신 한글을 가르쳐야 하므로 한글 지문자의 필요성을 느껴 윤백원 교장이 농학생 이광호와 함께 지문자를 연구 끝에 창안하여 학교 교육에 적용하였다(장윤명, 2006).

국립맹아학교가 맹학교와 농학교로 분리되고, 3년제의 사범과가 설치되어 맹인 교사와 농인 교사를 양성하여 1964년 사범과가 폐지되기까지 맹과에서 124명, 농과에서 230명의 졸업생이 배출되었다(장윤명, 2006, 재인용).

사범과를 졸업한 농인은 교사 자격을 가짐으로 전국의 농학교에서 농학생들을 직접 가르쳤으며 이들의 교육 방법은 수어였다. 수어라는 공통의 언어를 가르치고 배웠던 농인들은 지식의 습득뿐만 아니라 농교사 자체가 농학생들의 롤모델이 되었다. 그러나 지금은 농학교 현장에 농교사로 재직하고 있는 수가 매우 적으며, 농교사가 한 명도 없는 농학교도 있다. 진정으로 농학생들을 위한 교육이 무엇인지 한번쯤 돌아봐야 할 때인 것 같다.

농학교를 중심으로 일어난 농사회는 그들의 자조 집단인 협회를 통해 견고해졌다. 한국농아인협회의 전신인 한국농아복지회는 1981년 7월 20일 수화 강습회를 실시하였다. 제1회 수화 강습회의 의의는 이전에 농인 교회와 농학교에서 수어 교육이 있었으나 농아인사회 활동에 절실히 요구되는 수화 통역사의 양성과 농인이 사용하는 수화를 널리 보급하기 위한 목적으로 민간 단체가 주관한 수어 교육은 한국농아복지회가 처음이라는 것이다(한국농아인협회 70년사, 2016).

한국농아복지회에서 실시하는 수어 교실 수강생이 점점 많아지면서 중·고등학교, 대학교, 종교 단체와 KBS 제3TV에까지 확대되었다. 이러한 수어 교육의 확산으로 인하여 수어 인구의 저변이 확대되었고, 크고 작은 농인 행사에 많은 자원봉사자들이 참여할 수 있는 계기가 마련되었다. 또한 수어를 익힌 수화 통역 봉사원들의 모임이 조직되면서 농인의 일상생활에 필요한 수화 통역 봉사 활동이 가능하게 되었다(한국농아인협회 70년사, 2016).

1998년은 민간 자격으로 수화 통역사 자격증이 발급된 해이기도 하고 고등교육 기관에서 공식적으로 수화 통역이 이루진 해이다. 전문 대학인 미래대학에서 4년제 대학인 한일장신대에서 수업 시간에 농학생을 위한 전문 수화 통역사를 유급으로 고용하여 농학생들에게 청인 학생들과 같은 환경에서 수업을 받을 수 있도록 한 것이었다. 지금은 대구대학교를 비롯하여 나사렛대학교, 한국복지대학교, 강남대학교 등 농인 학생이 있는 대학에서는 수화 통역 서비스와 속기 서비스를 지원하고 있으며 필요에 따라 특정 중·고등학교에서도 수화 통역 서비스가 제공되고 있다.

이렇게 대학교, 방송국, 축제장, 인터넷 강좌 등 사회 곳곳에서 수화 통역을 접할 수 있으며 이런 수화 통역 서비스의 확대로 인해 수어를 모르고 구어로 자랐던 청각장애인들도 수어를 배우는 계기가 되었다. 이에 수어는 농인들의 언어로서의 자리를 확고히 다져 나가고 있다.

3. 「한국수화언어법」의 제정

수어를 사용하는 농인들은 청인 주류 사회에서 수어 사용을 금지 당하고 구어를 강요받으며 수어 통역이 없는 상황에서 많은 불이익을 당해 왔다. 이런 불이익의 상황 속에서 수어를 하나의 언어로 인정받기 위한 투쟁이 시작되었고, 드디어 2016년 2월 3일 「한국수화언어법」(약칭 한국수어법)이 제정되었다.

외국의 경우 법으로 수어를 인정하고 있는 나라들이 많다. 그 유형을 살펴보면 첫 번째로 브라질, 체코, 에콰도르, 핀란드, 포르투갈, 남아프리카공화국, 우간다, 베네수엘라는 헌법에 수어를 언어로 명기하고 있고, 두 번째로 호주와 벨기에, 캐나다, 브라질, 미국 등과 같은 나라에서는 법률이나 정책으로 수어를 인정하고 있으며, 마지막으로 영국이나 쿠바와 같은 나라들은 정부가 수어를 공식 언어로 공인하고 있다. 2006년 뉴질랜드에서는 '뉴질랜드 수화법'을 제정하여 수어를 농인 언어공동체가 사용하는 언어로 인정하고, 뉴질랜드 공용어인 영어와 마우리어와 함께 공용어로 정하였다(김칠관, 2011)

이미 1960년 미국의 William Stokoe가 '수화의 구조: 미국 농인의 시각적 커뮤니케이션 시스템의 개요(Sign Language Structure: An Outline of the Visual Communication Systems of the American Deaf)'라는 논문을 발표하면서 수어가 일반 음성언어와 다름없는 체계적인 구조를 가진 언어임을 최초로 밝혔다. 수어에 대한 연구들이 본격적으로 시작되어 많은 결과물들이 쏟아져 나오고, 많은 나라에서는 자국의 수어를 자국어와 동등한 법적 자격을 부여하고 있는 상황에서 조금 늦은 감은 있지만 우리나라에서도 시류에 편승하여 농인들의 끈질긴 요구에 의해 「한국수화언어법」이 탄생하게 된 것이다.

「한국수화언어법」의 내용을 보면 수어와 한국어의 동등한 법적 자격을 명시하고, 수어에 관련된 정책 수립을 의무화하였다. 5년마다 수어발전기본계획을 수립하고, 한국수어언어심의회의를 두고, 연구소를 운영하며, 수어 표준화와 수어 교재 개발, 수어 전문가 양성, 수어 교육 방안을 갖추도록 하였다. 관련 단체나 법인에 예산을 지원하고 수화 통역 서비스센터를 운영하며, 통신망 이용에 대한 정책 수립도 명시하였다.

무엇보다도 '수화'냐 '수어'냐에 대한 논란이 있었는데 이 법의 제정으로 '한국수화언어'를 줄여 '수어'로 통일해서 사용하도록 하였다. 하지만 아직도 현장에서는 '수화'와 '수어'가 혼용되고 있고, 협회에서 운영하고 있는 수화 통역 서비스센터나, 수화 통역사의 명칭이 공식적으로 바뀌지 않고 있어(2018년 기준) 이 교재에서도 '수화'와 '수어'의 용어를 필요에 따라 혼용하여 사용한다.

2 수어의 언어적 특성

언어는 인간에게 고유하고 중요한 정신적 능력이다. 인간은 매일의 삶 속에서 언어로 소통하며 사회를 만들고 문화를 만든다. 농인들의 언어인 수어 또한 마찬가지로 수어로 소통하며 모이는 농인들의 공동체가 농사회가 되고 농문화를 만든다. 그렇다면 일반 음성언어의 특성과 수어의 특성은 어떠한지 살펴 볼 필요가 있다. 일반 음성언어와 수어는 언어로서 공통적인 특성을 가지기도 하고, 청각-음성 채널과 다른 시각-제스처 채널을 가진 수어만의 독특한 특성이 있기도 하다.

1. 언어의 특성

1) 기호성

기호학을 창시한 Saussure는 언어를 하나의 기호라고 정의하면서, 어떠한 기호를 실체 대상인 뜻과 그것의 표현인 말소리로 나누고, 이 둘의 관계가 자의적인 것에 대하여 설명하였다. 기호는 반드시 일정한 내용과 외면적인 형식을 갖추고 있는데, 이 기호의 외면적인 형식이 인간의 말소리로 나타나는 기호가 바로 언어라고 설명한다. 즉, 언어의 내용(의미)을 외면적 형식(기호)으로 나타낸다는 것이다. 예를 들면, 학교를 다니면서 공부하는 사람을 우리는 '학생'이라는 기호로 말하며 쓰기도 한다. 이것이 언어의 기호성이다.

수어 역시 학교를 다니면서 공부하는 사람을 양 손바닥을 마주하고 한 손은 얼굴 앞에서 나머지 한 손은 몸 앞에서 흔들면서 '학생'이라고 나타낼 수 있다. 이때 수어의 동작이 바로 수어 기호가 되는 것이다. 모든 음성언어에 '말소리'가 있듯이 수어 또한 손으로 표현하는 '소리'가 있다.

수어에도 구체물뿐만 아니라 추상적인 개념까지도 손으로 표현할 수 있는 '소리'가 있다. 예를 들어 어떤 사실이나 현상이 현실로 존재하는 상태를 의미하는 '있다'라는 기호는 한 손의 엄지손가락과 새끼손가락을 펴고 엄지손가락을 코에 대고 '있다'를 표현할 수 있다.

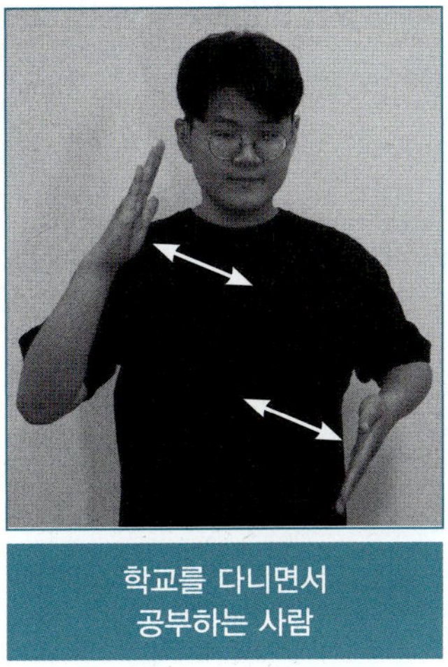

[그림 8-5] 학생

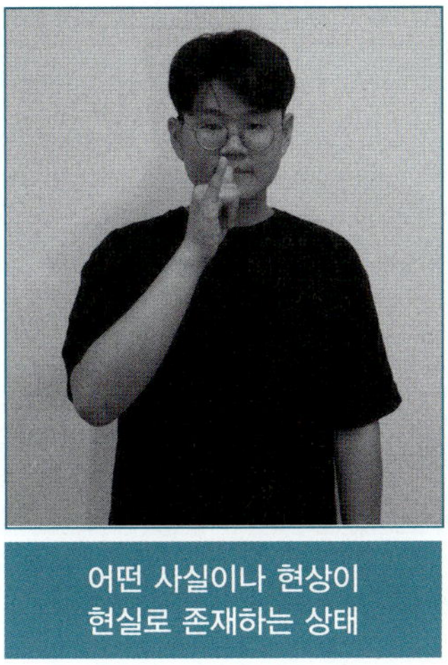

[그림 8-6] 있다

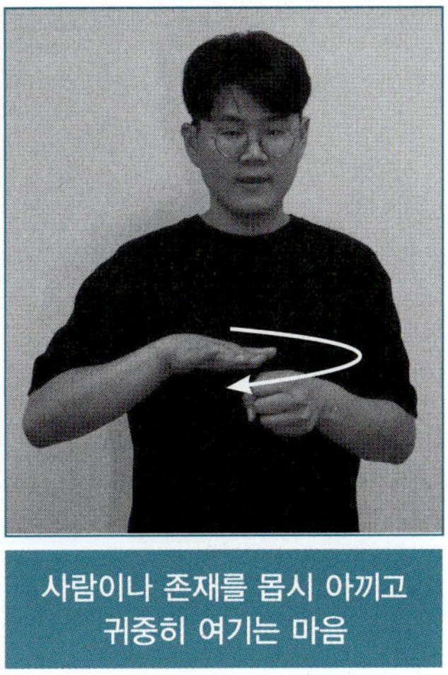

[그림 8-7] 사랑

2) 자의성

언어의 본질은 언어 기호를 구성하는 두 가지 기본 요소인 개념과 형식, 즉 말뜻(혹은 사물)과 말소리(명칭)의 관계가 어떠한가의 문제이다. 이 두 요소가 맺어진 관계가 어느 정도 자연적이고 필연적인가 아니면 어느 정도 관습적이고 자의적인가의 문제이다. 이 언어 본질의 문제에서 보통의 음성언어는 자의적인 것으로 보고 있다. 즉, 말뜻(혹은 사물)과 말소리(명칭)는 그 문화 속에서 약속된 것으로 서로 직접적인 관련성이 없다. 언어가 자의적이기 때문에 나라마다 다른 것이다. 간혹 의성어에서 필연적인 경우가 있기는 하지만 그 수가 적고, 의성어조차도 나라마다 다르게 표현하는 것이 많다.

수어 역시 나라마다 다르다. 즉 자의성을 가지고 있다. 물론 시각언어의 특성으로 음성 언어 보다는 필연적으로 표현할 수 있는 어휘가 많다. 그러나 대부분의 수어는 나라마다 표현의 방법이 다르다. 그것은 각 나라의 수어가 그 나라의 음성언어와 문화의 영향을 받기 때문이다. 예를 들어 우리나라에서 '사랑'은 머리를 쓰다듬어 주는 동작으로 표현하지만 미국에서의 'love'는 포옹하는 동작으로 표현한다.

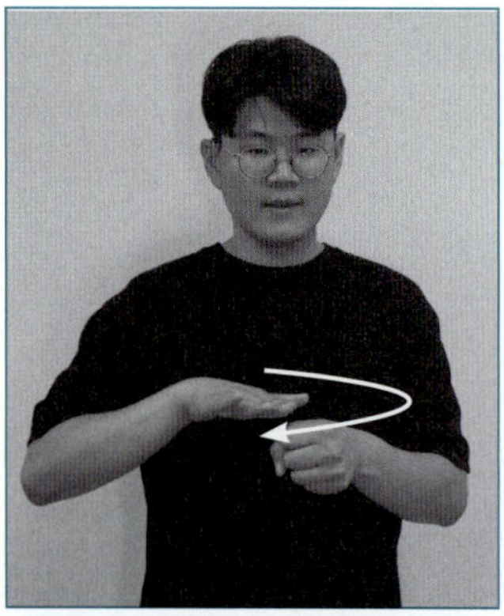

머리를 쓰다듬는 동작

[그림 8-8] 사랑(우리나라)

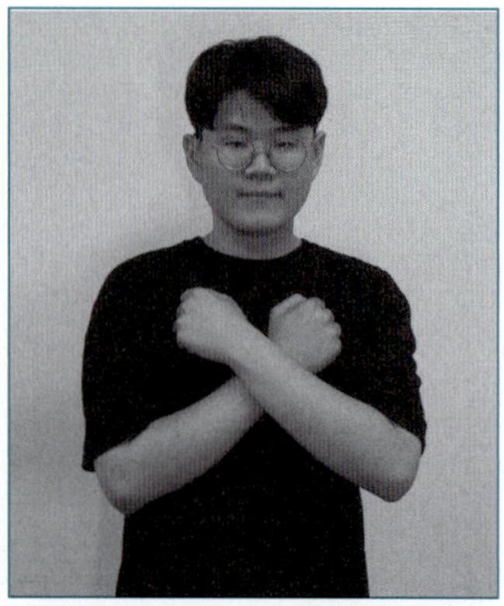

포옹하는 동작

[그림 8-9] love(미국)

3) 사회성

사람들이 모여 형성된 사회에서는 한 가지 공통의 의소사통 수단과 규칙이 있어야만 서로 이해와 소통이 가능하다. 공통의 의사소통 수단과 규칙은 한번 정해지면 마음대로 바꿀 수 없다. 그것이 언어의 사회성이다. 우리나라에서는 공통의 의사소통 수단으로 '한글'이 있고 공통된 규칙으로 '한국어 문법'이 있다.

농인들의 언어인 수어도 농사회에서 공통의 의사소통 수단으로 사용되며 수어 문법이 존재한다. 다만 수어를 사용하지 않고 구어를 사용하는 청각장애인들도 있다. 이들은 청인과 마찬가지로 성장 과정에서 한글과 한국어 문법을 사용하여 성인이 된 후 뒤늦게 수어를 배우게 되면 수어 문법보다는 한국어 문법에 더 익숙해진다. 그러나 농문화를 함께 공유하며 수어를 제1언어로 사용하는 농인들의 경우는 한국수어와 수어 문법을 공통적으로 사용한다. 이것이 수어의 사회성이라 하겠다.

4) 역사성

언어의 사회성에서 언어는 임의로 바꿀 수 없다고 했다. 하지만 언어는 시대가 변하고 세대가 변함에 따라 자연스럽게 소멸되기도 하고, 변화하기도 하고, 새롭게 탄생하기도 한다. 이것이 언어의 역사성이다.

먼저 언어의 소멸로는 '가람', '뫼' 등의 순우리말로 지금은 '강'과 '산'으로 표현되고 있다. 처음 한글이 창제되었을 당시 사용되었던 'ㆆ'나 'ㅸ'도 지금은 사용되고 있지 않다. 두 번째로 언어 변화의 예로는 의미의 변화로 훈민정음에 나오는 '어린 백성이'에서 '어리다'는

'어리석다'라는 의미였는데 지금은 '나이가 어린 사람'을 의미하는 것으로 변화하였다. 또 '자장면'만을 표준어로 인정하다가 지금은 '짜장면'도 표준어로 함께 인정하고 있다. 마지막으로 언어의 탄생으로 '컴퓨터', '휴대폰', 'KTX' 등 많은 언어가 새롭게 탄생하고 있다.

수어도 음성언어와 마찬가지로 역사성을 가지고 있는데 수어를 기록할 수 있는 표기 문자가 없어 수어의 옛 모습을 확실하게 알기는 어렵다. 그러나 농인 어르신들의 기억 속에 있는 수어의 모습을 통해 수어의 역사성을 설명할 수 있다.

먼저 수어 소멸의 예로 '앵벌이'라는 수어가 있다. 가난하던 한국 근대 사회에서 농인들이 많이 했던 '앵벌이'가 지금은 없어지면서 자연스럽게 수어도 사라졌다. 두 번째로 수어의 변화이다. 시대가 변하고 음성언어가 변함에 따라 수어도 함께 변화한다. 수어의 의미 변화로는 '전보'라는 수어를 예로 들 수 있는데 지금은 전보를 보내는 일이 거의 없고 휴대 전화로 문자 보내는 것이 더 일상화 되어 '전보' 수어는 '문자 보내다'라는 의미로 변화하였다.

[수어의 소멸]
손바닥 위에 돈

[그림 8-10] 앵벌이

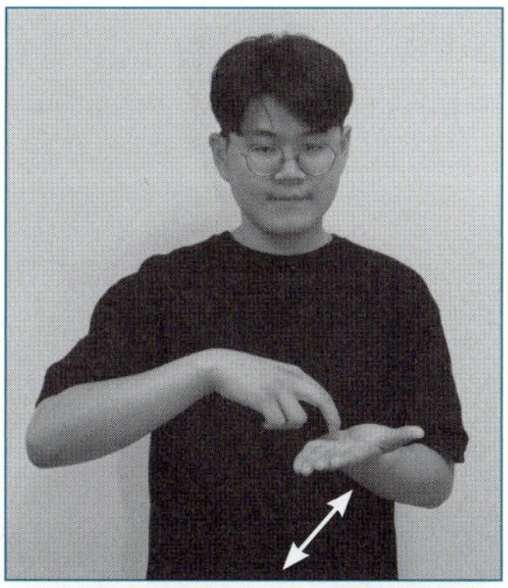

[수어의 의미 변화]
전보 보내는 형상

[그림 8-11] 문자 보내다

형태 변화의 예로는 박재현 감독의 다큐멘터리 영화 '한국농역사'(2018)를 만들기 위해 수집한 농인 어르신들의 인터뷰 영상에서 발견한 것으로 '살다' 수어이다. 예전의 '살다' 수어의 형태는 검지를 서로 마주하고(만나다 수형) 돌리는 것으로 나온다. 그러나 지금은 엄지와 검지를 펴고 손바닥을 앞으로 향하게 한 후 돌리는 동작이다.

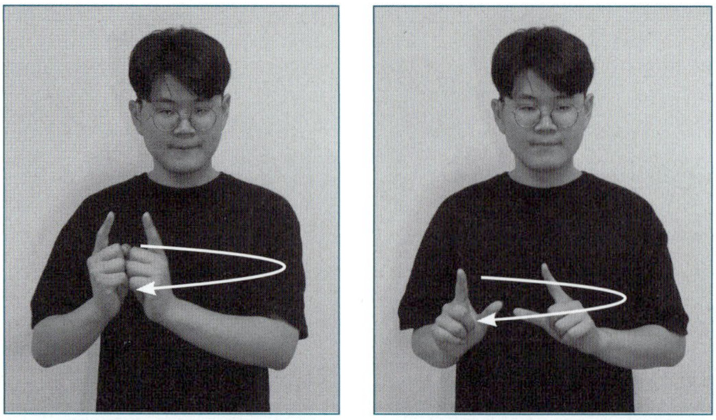

과거의 ‘살다’ 지금의 ‘살다’

[그림 8-12] 살다 수어의 형태 변화

수어의 탄생은 많은 어휘들이 있다. 음성언어에서 새롭게 탄생되는 어휘가 수어로도 만들어지기 때문이다. 물론 음성언어의 새로운 어휘 수만큼 수어가 빠르게 만들어지지는 않는다. 더 많이 알려지고, 더 많이 사용되는 어휘부터 선택되어 만들어진다.

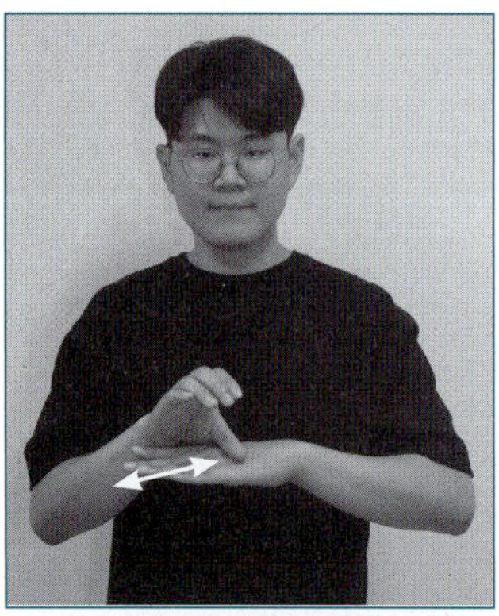

[수어의 탄생]
‘C’로 손등 위에서 왕복

[그림 8-13] 컴퓨터

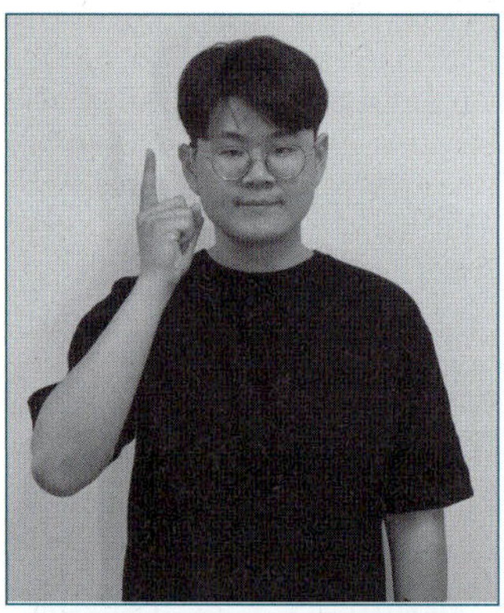

[수어의 탄생]
처음 휴대폰의 안테나

[그림 8-14] 휴대폰

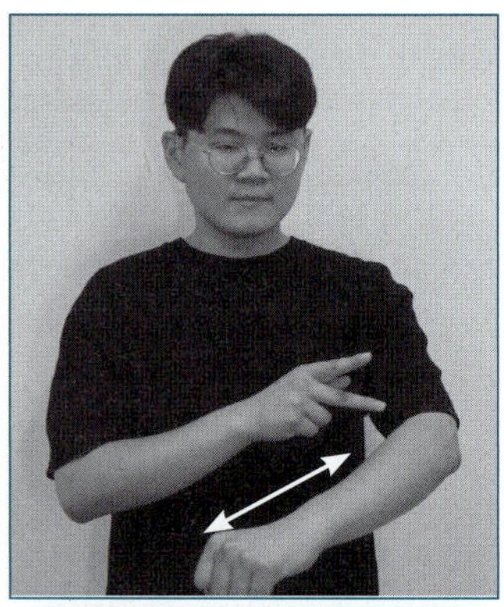

[수어의 탄생]
알파벳 ‘K’로 팔에서 한번

[그림 8-15] KTX

5) 규칙성

언어로 우리의 생각을 표현할 때 아무렇게나 단어들을 결합하여 말하지 않는다. 스스로 인식하지는 못하지만 일정한 규칙에 따라 단어들을 일정한 방식으로 결합하여 표현하게 된다. 이러한 규칙이나 방식은 평소에 의식하고 있지는 않지만 언어가 습득되면 자연스럽게 뇌 속에 내재화되어 언어 규칙에 맞는 표현들을 하게 되는 것이다. 이것이 바로 언어의 규칙성이다.

수어를 제1언어로 사용하는 농인들도 수어를 습득하면서 자연스럽게 내재화된 수어의 규칙이 있다. 이 규칙이 수어 문법이다. 수어 문법과 한국어 문법은 다르다. 농인들 중에는 수어 문법에 익숙한 농인이 있고, 한국어를 제1언어로 습득한 후 수어를 배워 수어 문법보다 한국어 문법에 더 익숙한 농인도 있다. 한국어 문법에 익숙한 농인들은 한국수어보다 문장식 수어 혹은 문법식 수어로 불리는 한국어대응식수어를 더 편하게 생각하기도 한다. 한국수어든 한국어대응식수어든 수어에 규칙성을 가진다는 것은 동일하다.

6) 창조성

우리는 언어로 예술을 만들어 낸다. 즉, 언어로 서로 다른 이야기를 쓰고, 누구도 쓰지 않았던 시를 쓰고, 누구도 부른 적이 없는 노래를 부른다. 이 모든 것은 언어의 창조성 때문에 가능하다. 누구도 표현해 보지 않은 새로운 문장과 표현을 할 수 있고, 그 새로운 문장과 표현을 듣고 무슨 의미인지 알 수 있다. 이것이 바로 언어의 창조성이다.

수어 또한 수어로 언어 예술을 만들어 낸다. 일찍이 미국 농사회를 중심으로 수어 만담이라는 것이 발달했다. 청인들이 책으로 소설을 쓰고 시를 쓴다면 농인들은 직접 만담가가 수어로 이야기를 하고 수어로 시를 표현한다. 청인의 글을 수어로 번역하는 것이 아니라 농인이 직접 수어로 이야기를 창작하고 시를 창작하는 것이다. 아시아 지역에서는 일본의 수어 만담이 일찍이 발달하였는데 대표적인 농인으로는 『농문화의 이해』(2002) 저자인 요나이야마 하키히로가 있다. 우리나라에서는 인터넷 방송으로 한국농아방송이 있는데 이 공간을 통해 뉴스를 수어로 전달하거나 농인의 삶, 수어 유머 등 많은 수어 이야기들을 만들어 가고 있다.

2. 한국수어의 독특한 특성

1) 도상성

앞서 언어의 본질로서 두 가지 기본 요소인 개념과 형식이 어느 정도 필연적인가, 어느 정도 자의적인가를 살피면서 언어의 자의성에 대해 살펴보았다. 대부분의 음성언어는 자의적이다. 하지만 수어는 시각언어이기 때문에 상당 부분 도상적인 경우가 많다. 수어의 도상성은 두 가지 측면에서 찾아볼 수 있다. 먼저 같은 문화 속에서 만들어지는 도상성이다. 이는 농인의 언어이지만 같은 문화 속에서 살고 있기 때문에 수어를 모르는 청인이 봤을 때도 의미를 알 수 있는 도상성이다. 예를 들어 '집', '전화기', '여자' 수어이다.

집의 지붕

[그림 8-16] 집

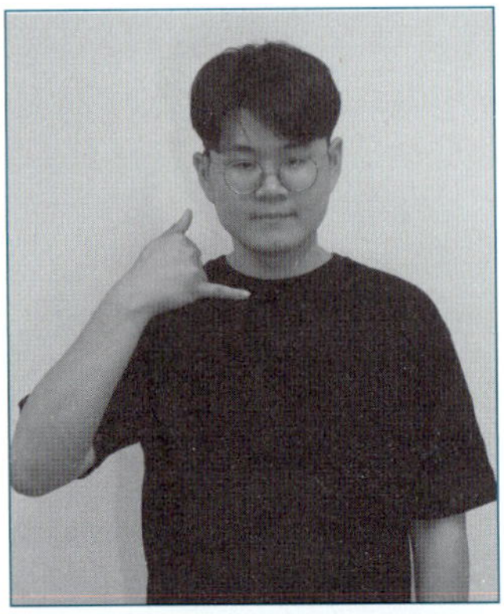

유선 전화기의 모양

[그림 8-17] 전화기

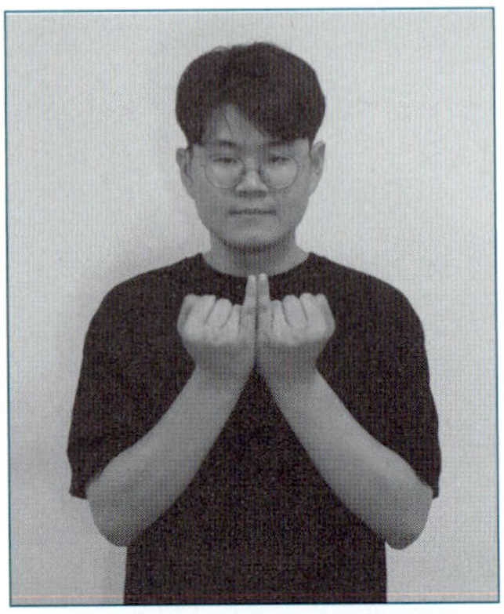

새끼손가락

[그림 8-18] 여자

두 번째로 수어의 도상적 특성은 수어가 다른 타 문화 간에도 소통할 수 있게 해 준다. 수어의 도상적 특성으로 인해 서로 다른 나라의 수어를 사용하는 농인들이 만났을 때 반나절만 지나면 서로 소통이 된다. 또 수어에는 국제적으로 통용되는 국제수어가 있다. 국제적인 농인 관련 행사가 있을 때는 미국수어가 아닌 국제수어로 통역을 한다. 'name', 'this', 'who' 등의 국제수어는 어느 나라 농인이든 단번에 무슨 의미인지 알 수 있는 어휘들이다.

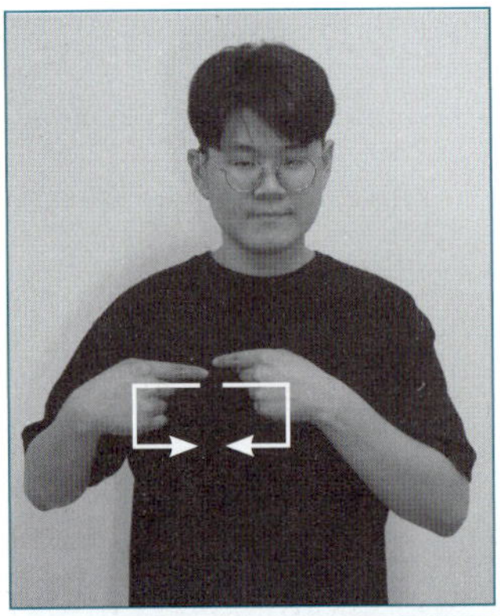

가슴 앞의 명찰

[그림 8-19] name

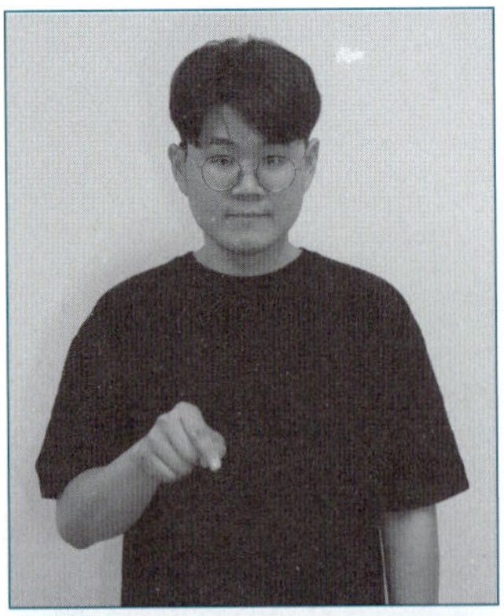

이것을 가리키는 동작

[그림 8-20] this

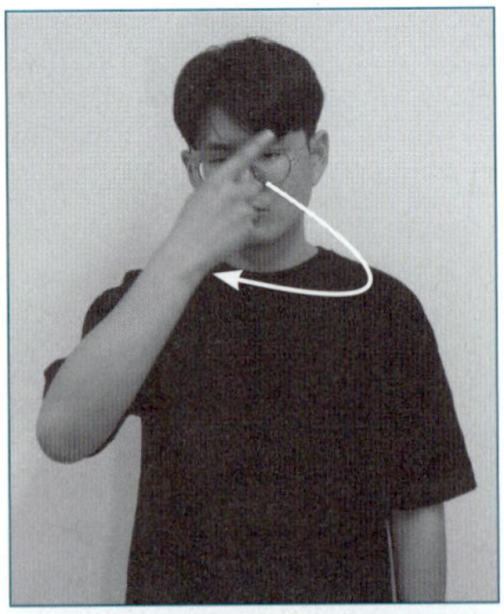

얼굴을 가리키는 동작

[그림 8-21] who

2) 동시성

음성언어는 읽을 때 낱말의 순서대로 읽어야 한다. 낱말을 순서대로 읽지 않고 한꺼번에 동시에 소리 내서 읽을 수 없다. 그것이 바로 언어의 선조성이다. 그러나 수어는 시각언어이므로 순서대로 표현하지 않고 동시에 표현할 수 있다. 이것은 수어만이 가지고 있는 독특한 특성이고 이를 수어의 동시성이라 한다. 수어의 동시적 특성은 음운적 동시성과 통사적 동시성, 의미적 동시성으로 다시 구분할 수 있다.

먼저 음운적 동시성이다. 예를 들어 음성언어에서 '예쁘다'는 'ㅇ+ㅔ+ㅃ+ㅡ+ㄷ+ㅏ'의 순서로 써야 하고, '예+쁘+다'의 순서대로 읽어야 한다. 그러나 수어에서는 검지를 볼에 찍어 주는 동작 한번으로 '예쁘다'를 표현한다. 이것이 수어의 음운적 동시성이라 하겠다.

두 번째는 통사적 동시성이다. 예를 들어 음성언어에서 '산으로 헬리곱터가 날아가다.'라고 할 때 '산'이라는 명사에 '으로'라는 움직임의 경로를 나타내는 격 조사를 붙이고 '헬리곱터'라는 주어에 '날아가다'는 동사를 순서대로 나열해야 한다. 수어로는 한 손은 '산' 수어를, 다른 손은 '헬리곱터' 수어를 하고 '산' 수어 가까이로 가면 된다. 즉 양손을 동시에 사용할 수 있으므로 '으로'라는 격 조사를 따로 표현할 필요가 없으며, '헬리곱터'의 '날아가는' 모양을 동시에 표현할 수 있어 '날아가다'라는 동사를 따로 표현할 필요가 없다. 즉, 수어로는 한 번에 쉽게 '산으로 헬리곱터가 날아가다.'가 표현된다.

세 번째 의미의 동시성이다. 이는 특정 어휘에 대해 그 의미를 한 손으로 풀어서 표현할 수 있는 수어를 양손으로 동시에 표현할 수 있는 것을 의미한다. 예를 들어 '등산'이라는 수어를 표현할 때 '산' 수어와 '올라가다' 수어를 풀어서 따로 표현할 수도 있지만 '산에 오르다'를 양손으로 한 번에 표현할 수 있다.

검지를 볼에 댄다 → 예쁘다

[그림 8-22] 음운적 동시성

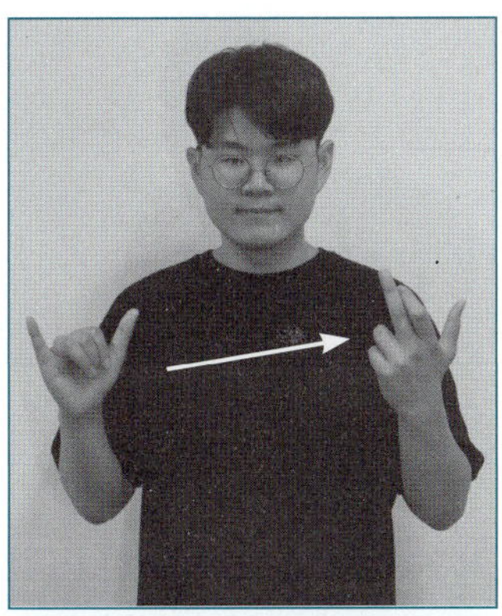

산으로 헬리곱터가 날아가다

[그림 8-23] 통사적 동시성

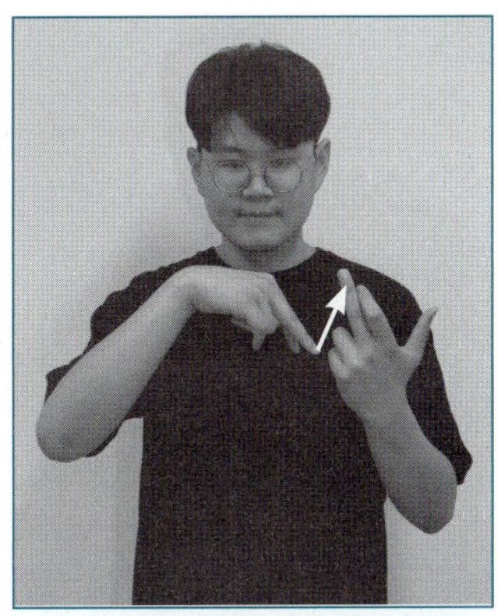

산 + 올라가다 → 등산

[그림 8-24] 의미적 동시성

3) 가역성

음성언어에서 가역성(可易性)은 언어가 시대의 흐름에 따라 바뀔 수 있다는 의미인데, 수어의 가역성(可逆性)은 어떤 물질이 그 상태가 변했다가 시간이 지나면 다시 원래의 모습으로 되돌아오는 것을 말한다. 즉, 수어 한 동작의 반대되는 동작이 반대 의미를 나타낸다는 것이다. 예를 들면 '낮'과 '밤'을 표현할 때 '낮' 수어의 반대 동작이 '밤'이 되는 것이다. 수어의 가역성은 일치 동사를 표현하는 원리가 된다.

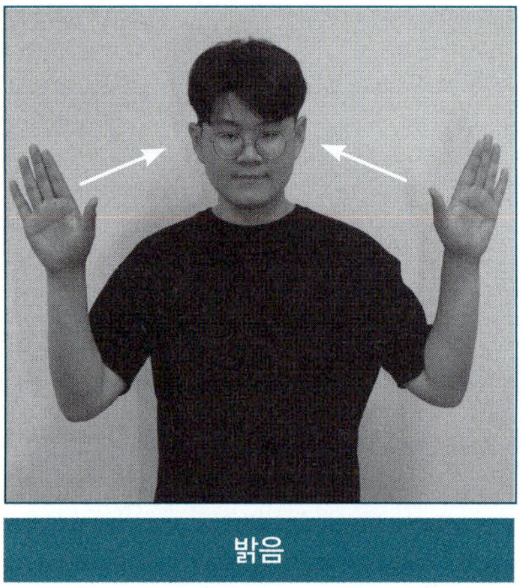

[그림 8-25] 낮

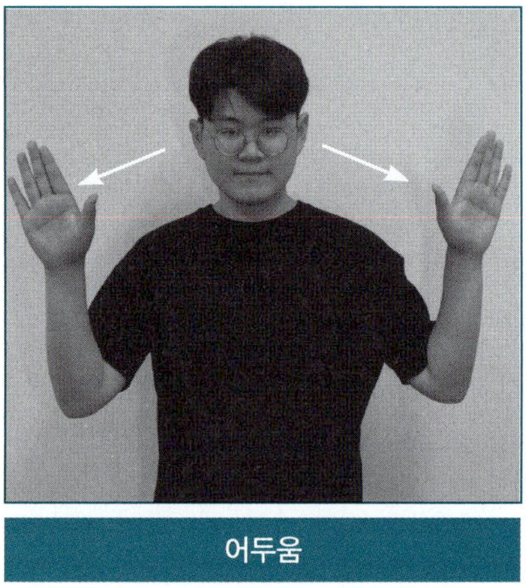

[그림 8-26] 밤

4) 문법표지

흔히들 수어가 조사를 표현할 수 없어 문법을 가지고 있지 않다고 오해를 한다. 이는 한국어의 기준으로 수어를 보았기 때문에 나타나는 오해이다. 수어도 수어만의 문법을 가지고 있으며, 인간 삶의 모든 장면들을 표현할 수 있는 언어이다. 그러므로 제1언어로 수어가 완전하게 습득된 농인의 경우 제2언어인 한국어 습득에도 매우 용이하다. 이것이 바로 '이중 언어 · 이중 문화 접근법(2Bi; bilingual-bicultural method)'으로 최근에 농인의 언어교육에 중요한 언어 학습 방법으로 대두되고 있다. 이에 대해 농인 부모 밑에서 태어나 어릴 때부터 수어를 제1언어로 습득할 수 있는 환경에서 자란 농인들은 한국어 문해력이 상당히 좋은 것을 여러 연구를 통해 알 수 있다.

수어 문법표지의 첫 번째로 비수지신호가 있다. 비수지신호는 어휘를 손으로 표현하는 수(手)어 이외에 얼굴 표정, 몸의 움직임 등의 비수지신호를 의미한다. 이 비수지신호는 수어의 문법을 나타내는 역할도 하지만 음성언어에서 목소리로 느낄 수 있는 감정을 수어에서는 얼굴 표정에서 느낄 수 있으며, 음성언어에서 미사어구를 붙여 아름다운 글을 쓰는 것처럼 비수지신호로 수어의 아름다움을 표현할 수 있다. 그리고 비수지신호는 높임말의 역할을 한다. 즉 공손의 표정과 몸동작으로 상대를 높이는 정도를 나타낼 수 있다. 그리고 비수지신호는 수어 어휘의 뜻을 더욱 명확하게 해 준다. 특히 다의어 수어는 비수지신호에 의해 구분될 수 있다.

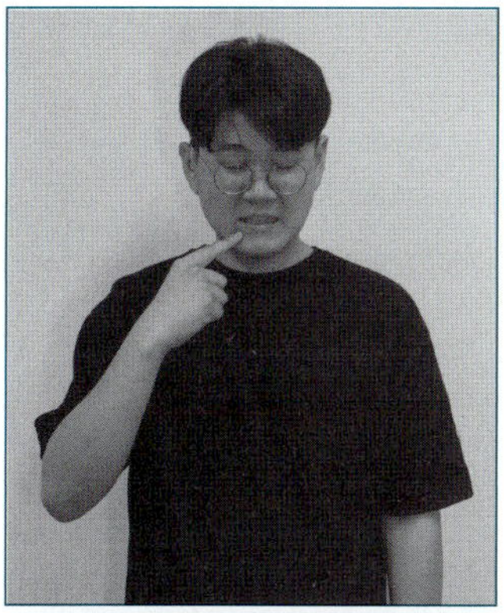

신 표정

[그림 8-27] 시다

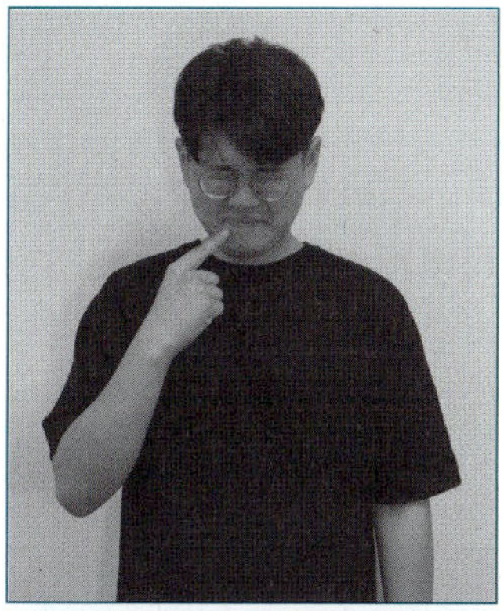

쓴 표정

[그림 8-28] 쓰다

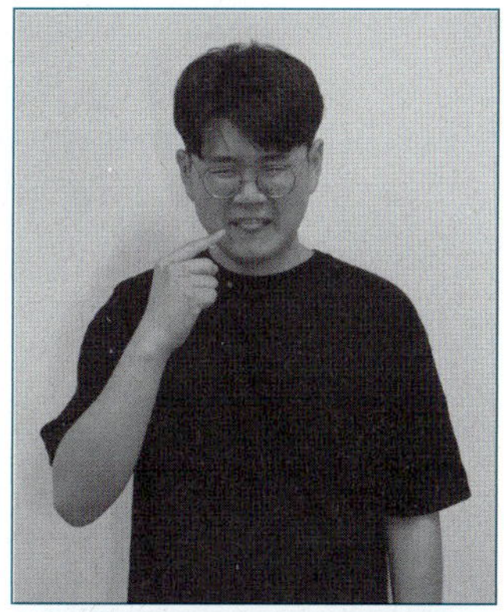

짠 표정

[그림 8-29] 짜다

두 번째로 공간 활용 및 역할 전환이 있다. 수어는 눈으로 보는 언어이기 때문에 보여지는 공간이 매우 중요하다. 즉, 수어 화자 앞에 그림이 그려지듯 이야기가 펼쳐져야 수어 청자가 이해하기가 쉽다. 수어 화자가 1인칭으로 이야기를 할 때는 공간에 2인칭의 위치와 동사의 이동 방향이 정해져야 한다. 또한 수어 화자가 3인칭 시점에서 이야기를 하고자 할 때도 역시 몸 앞 공간에서 1인칭과 2인칭, 이들을 향한 동사의 이동 방향이 정해져야 한다. 이렇게 공간에서 인칭이 정해지고 동사의 이동 방향이 정해지면 그에 따라 역할 전환이 일어나야 한다. 즉, 수어 화자가 1인칭이 되어 수어를 하다가도 2인칭이 되고, 또 3인칭이 되어 각각의 공간에서 수어를 해 주는 것이 역할 전환이다. 그래서 수어 화자는 움직이지 않고 가만히 이야기하기보다는 역할에 따라 자리를 이동하는 등 몸의 비수지신호 동작들을 더 많이 사용하게 된다. 공간 활용은 인칭의 표현뿐만 아니라 사물의 위치, 지리적 위치, 주어와 목적어의 위치 등 다양하게 활용될 수 있으며 공간 활용이 잘 될 때 수어를 수어답게 표현할 수 있다. 예를 들어, '시다', '쓰다', '짜다'의 수어는 모두 같은 동작으로 비수지신호로 의미를 구분할 수 있다.

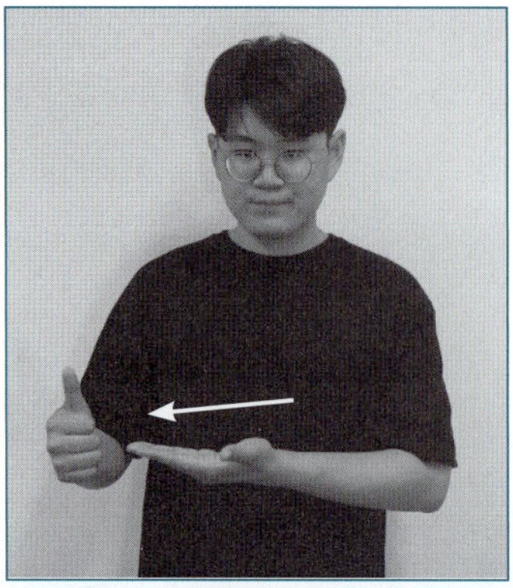

1인칭에서 2인칭 표현

[그림 8-30] 내가 너에게 주다

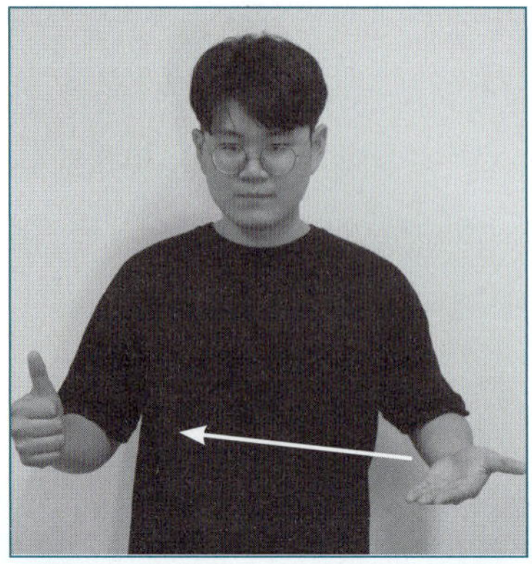

2인칭에서 3인칭 표현

[그림 8-31] 그가 그에게 주다

세 번째로 일치 동사가 있다. 수어 동사는 방향성이 없는 일반 동사와 대상에 따라 방향성을 가지는 일치 동사로 나눌 수 있다. 방향성이 없는 일반 동사는 '먹다', '살다', '웃다', '울다' 등과 같은 어휘들이다. 즉, 수어의 일반 동사는 대상이 필요한 행위가 아닌 경우이다. 반면에 일치 동사는 대상이 필요한 동사이다. '돕다', '주다', '빌리다' 등이 있는데 이를 수어의 일치 동사로 표현할 때 공간을 활용하여 방향 전환이 일어난다. 예를 들어 '내가 너를 돕다'는 '나', '너' 수어를 표현하지 않고 공간을 활용하여 1인칭인 '나'의 공간에서 2인칭인 '너'의 공간으로 '돕다' 수어를 표현하면 된다. 반대로 '네가 나를 돕다'는 '너'의 공간에서 '나'의 공간으로 '돕다', 즉 수어의 방향 전환만으로 표현이 가능하다. 이것이 일치 동사이다. 한국수어의 일치 동사 연구는 홍성은(2013)에 의해 본격적으로 이루어졌다.

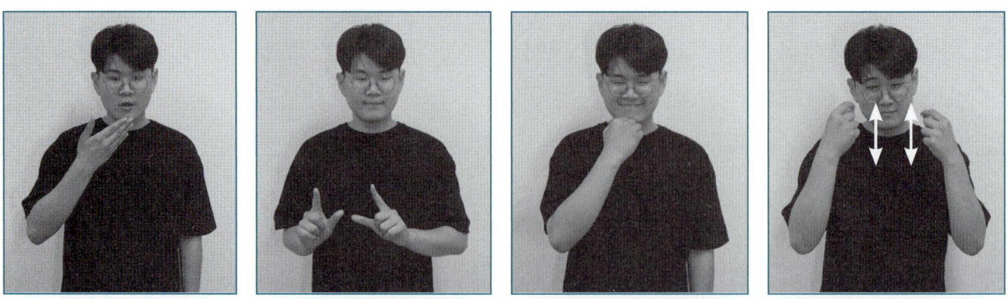

먹다 살다 웃다 울다

[그림 8-32] 일반 동사

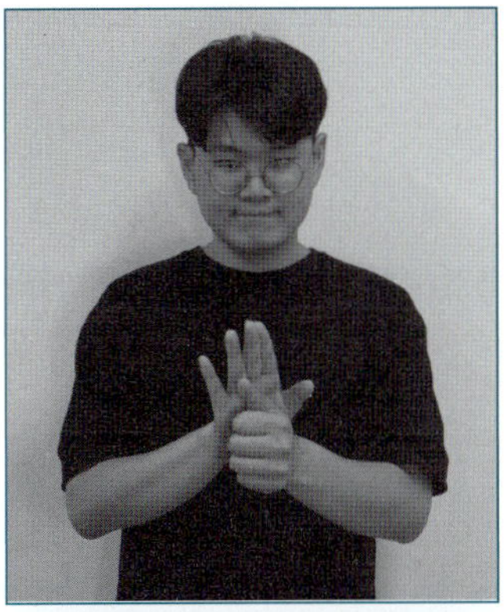

내가 너를 돕다

네가 나를 돕다

[그림 8-33] 일치 동사

3 수어의 언어 구조

1960년 William Stokoe는 '수화의 구조: 미국 농인의 시각적 커뮤니케이션 시스템의 개요(Sign Language Structure: An Outline of the Visual Communication Systems of the American Deaf)'라는 논문을 발표함으로써 수어도 언어 구조를 갖춘 언어임을 최초로 주창하게 된다. 이를 계기로 많은 미국수어 연구자들이 탄생하게 되고, Stokoe는 후에 자신의 초기 논문을 보강하여 1978년 교재로 출판하였다.

우리나라에서도 특수교육을 전공한 사람들에 의해 수어가 연구되었지만 2001년 나사렛대학교 재활복지대학원 국제수화통역학과가 설치되면서 본격적인 수어 연구 전문가가 배출되기 시작하였다. 그리고 한국수어를 언어 구조로 분석하고 연구한 자료로 나사렛대학교 국제수화통역학과 대학원에서 강의 교재로 사용된 김칠관(2008)의 '한국수화언어학입문'이 있다. 이 자료는 수화언어학 최초의 교재였으나 아쉽게도 출판되지 못하고 미간행물로 남아 있다. 후에 이준우, 남기현(2014)의 공저로 '한국수어학개론'이 출판되었다. 이 두 교재를 바탕으로 한국수어의 언어 구조를 살펴보고자 한다.

1. 음운론

음운론(phonology)은 음성언어의 말소리를 연구하는 분야이다. 즉 음운론은 음소 즉, 자음과 모음의 결합으로 어떻게 말소리를 만드는지를 분석하는 학문이다.

수어에도 음소에 해당되는 수어소가 있다. 수어의 수어소로는 수어의 형태-수형, 수어의 동작-수동, 수어의 위치-수위, 수어의 방향-수향, 비수지신호가 있다.

수어의 형태-수형은 수어를 나타내는 손가락의 모양을 의미한다. 예를 들어 '예쁘다' 수어를 나타낼 때는 수형이 숫자 1, 즉 검지를 편 손가락의 모양으로 '1형'의 모양이다. '어렵다'의 경우는 '주먹형'의 모양이다.

음음론에서 최소 대립쌍에 대한 연구가 있는 것처럼 수어에서도 최소 대립쌍이 존재한다. 수어의 최소 대립쌍을 이해하면 수어소에 대한 이해가 용이하다. 수형의 최소 대립쌍 예로는 '예쁘다/어렵다'가 있다. 이는 수동, 수위, 수향, 비수지신호는 같으나 수형의 형태만이 다른 경우이다.

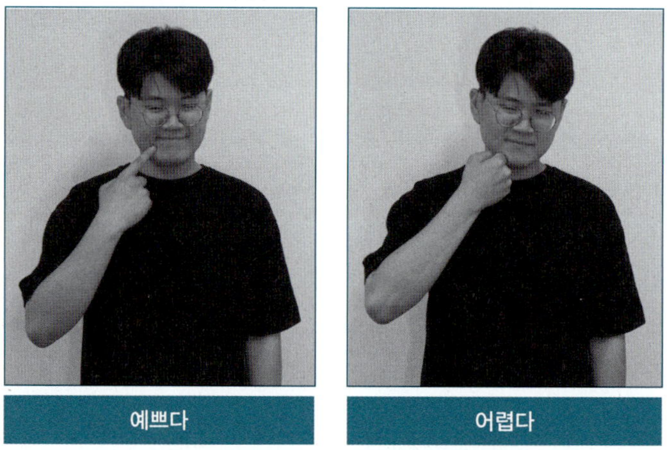

[그림 8-34] 수형의 최소 대립쌍

수어의 동작-수동은 수어를 행하는 동작을 의미한다. 예를 들어 '걱정'은 가슴 앞에서 손가락 구부린 형태(90형)로 돌린다. 이때 돌리는 동작이 수동에 해당된다. '위험'은 역시 손가락을 구부린 형태(90형)로 가슴을 손가락 끝으로 몇 번 친다. 수동의 최소 대립쌍의 예로는 '걱정/위험'이 있다.

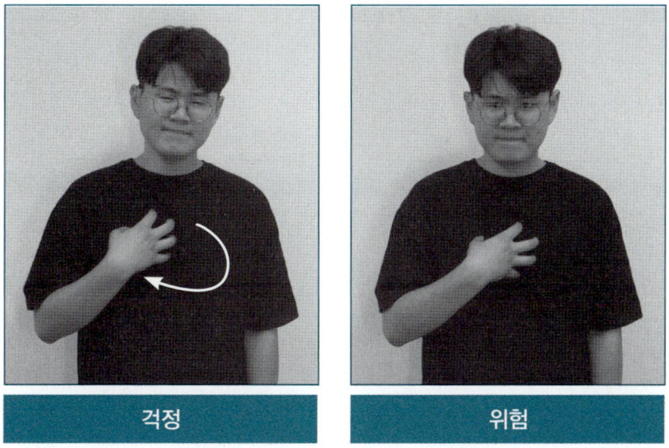

[그림 8-35] 수동의 최소 대립쌍

수어의 위치-수위는 수어를 표현하는 위치를 의미한다. 주로 수어가 표현되는 공간은 이마, 눈, 코, 입 등 얼굴 전체의 각 부분들과 머리, 가슴, 배 등 몸 전체이다. 수위의 예를 들면, '닭'은 손가락은 모두 펴고(9형) 엄지를 이마에 대고 흔든다. '바보'는 손가락은 모두 펴고(9형) 엄지를 코에 대고 흔든다. 수의의 최소 대립쌍의 예로는 '닭/바보'가 있다.

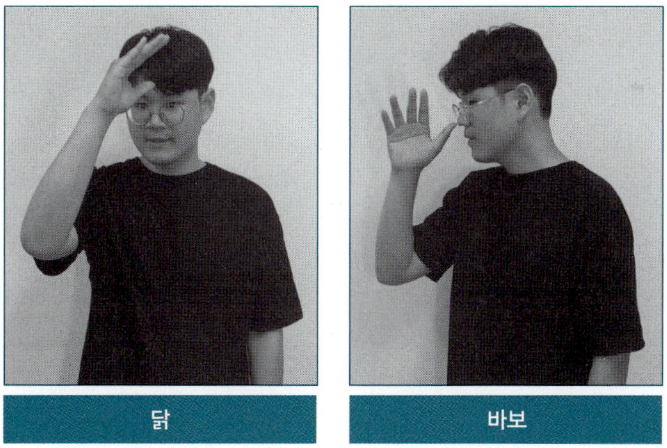

[그림 8-36] 수위의 최소 대립쌍

수어의 방향-수향은 수어를 나타내는 손바닥의 방향을 의미한다. 수향의 예를 들면, '고맙다'는 한 손을 편 형태(9형)에 방향이 아래로 가게하고, 그 손 위에 현 형태(9형)를 새끼손가락이 닿을 수 있게 몇 번 두드린다. 금지형의 수어 '하지마' 수어는 '고맙다' 수어에서 한 손의 방향을 위로하고 같은 동작을 하면 된다. 수향의 최소 대립쌍의 예로는 '고맙다/하지마'가 있다.

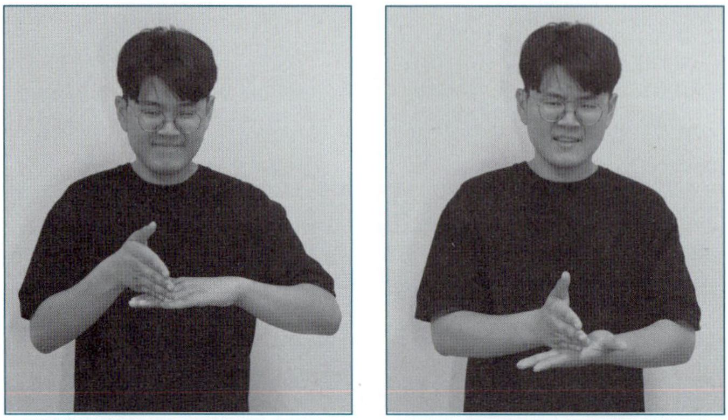

고맙다 하지마

[그림 8-37] 수향의 최소 대립쌍

비수지신호는 흔히 말하는 얼굴 표정을 의미하는데 좀 더 넓게는 몸 전체의 움직임을 포함한다. 예를 들어 '귀엽다'를 표현할 때는 비수지신호로 귀여운 표정이 함께 표현되어야 한다. 그리고 의문을 표현할 때도 수어의 의문표지 수어가 없더라도 비수지신호만으로도 의문을 나타낼 수 있다. 비수지신호의 최소 대립쌍은 '귀엽다/아깝다'가 있다.

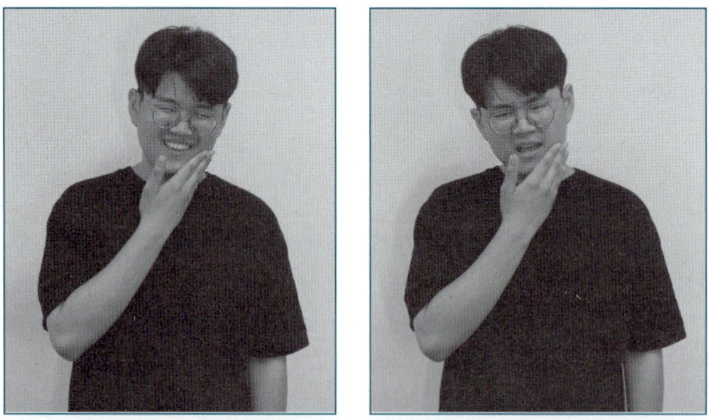

귀엽다 아깝다

[그림 8-38] 비수지신호의 최소 대립쌍

2. 형태론

형태론(morphology)은 의미를 가진 작은 단위와 이 단어들이 단어를 만들기 위해 어떻게 결합하는지를 연구하는 분야이다. 즉, 의미를 가진 작은 단위, 형태소와 단어와 단어들이 어떻게 형성되고 문장에서 문법적인 역할을 하기 위해 어떻게 변하는지를 보는 것이다. 수어에서 형태론은 그 범위가 다양하지만 몇 가지만 예로 다루고자 한다.

먼저 수어에서의 형태소이다. 형태소는 의미를 가진 최소 단위라고 할 수 있다. 음성언어에서 형태소는 '집', '여자', '공부' 등이 있다. 수어에서 형태소는 두 가지 경우로 나타난다. 예를 들어 '집', '여자', '공부'는 음성언어와 마찬가지로 자립 형태소가 한 단어이다. 그러나 '과일'은 '사과+여러 가지'로 표현하고, 음성 통역을 할 때는 '과일'로 표현한다. 이를 하나의 자립 형태소로 볼 것인지 합성어로 볼 것인지에 대한 명확한 구분은 없다.

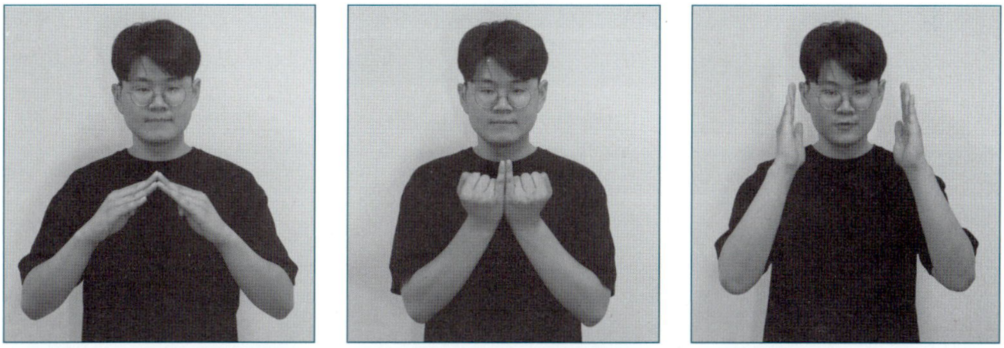

집 | 여자 | 공부

[그림 8-39] 수어의 형태소

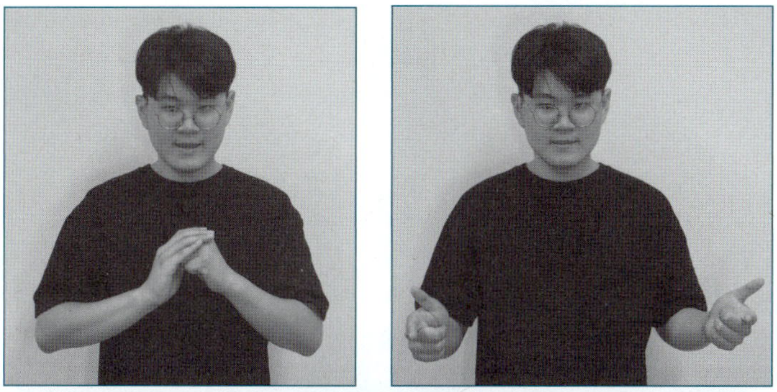

사과 + 여러가지 → 과일

[그림 8-40] 수어의 형태소 '과일'

수어에서 단어 형성 방법 중에 수사포합이 있다. 수사포합은 지숫자를 활용하여 단어를 만드는 것을 의미한다. 예를 들어 '점심' 수어를 보면 숫자 12를 이마에 댄다. 이는 점심 시간 12시를 표현하기 위해 숫자가 포함된 단어로 수사포합이라 할 수 있다. 이 밖에도 수사포합은 주로 시간을 나타낼 때와 숫자의 의미가 포함된 수어에 대부분 나타난다.

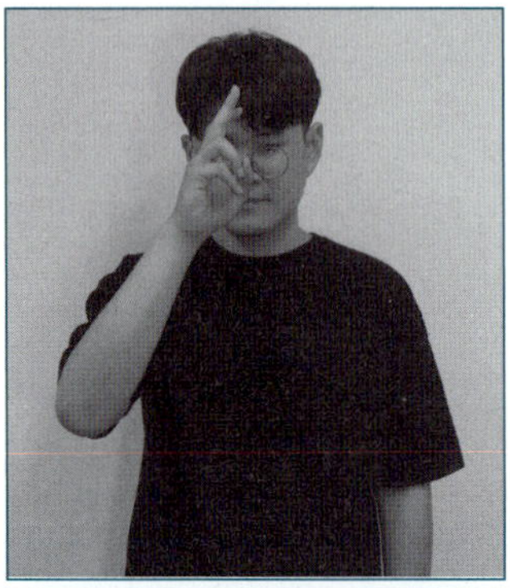

점심

[그림 8-41] 수사포합어

수어에서 또 다른 단어 형성 방법 중에 지문자어가 있다. 이는 수어의 의미를 분화시키기 위해 원래 수어 동작에 지문자를 활용하는 방법이다. 예를 들어 '지금' 수어는 원래 '오늘'이라는 수어로 사용하였다. 그러나 '오늘'과 '지금'은 다른 의미로 시간의 차이가 크다. 그래서 '오늘'의 수어소에 수형을 지문자 'ㅈ'을 넣어서 '지금'을 표현하게 되었는데 이것이 지문자어이다. 지문자어로는 '환경', '주변', '제정', '해' 등이 있다.

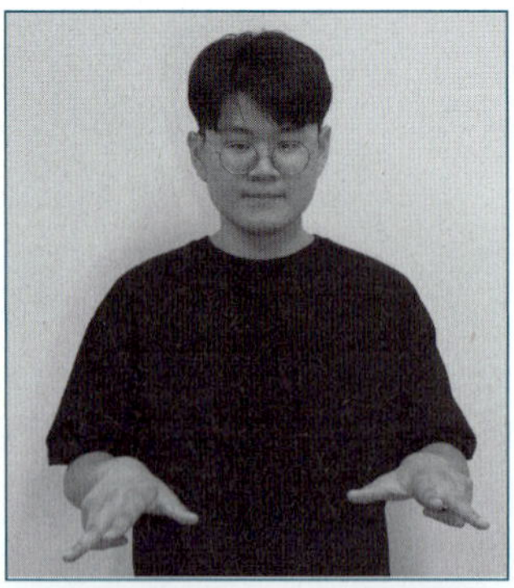

지금

[그림 8-42] 지문자어

이 밖에도 수어 신조어를 형성할 때 많이 사용되는 방법이 합성어이다. 기존의 수어로 표현할 수 없을 경우 두 가지 수어를 합성으로 신조어를 표현하기도 하고 외국 수어를 그대로 차용하기도 한다. 글로벌 시대에 맞게 농사회에서도 미국과 유럽, 일본과 중국 등의 국제 교류가 늘고 있고, 국제 행사에서 국제수어가 공통으로 사용되고 있어 이들 나라의 수어도 차용되어 사용하는 경우가 늘고 있다.

3. 통사론

통사론(syntax)은 구, 절, 문장을 구성하는 여러 요소들의 배열 양식을 연구하는 분야이다. 한국어 문법을 구성하는 요소로는 명사, 대명사, 수사, 조사, 동사, 형용사, 부사, 관형사, 감탄사의 9품사가 있다.

수어에서도 이러한 품사들이 수어로 표현되는데 수어 어휘만으로 품사를 표현하는 것이 아니라 공간의 활용, 방향의 움직임, 역할 전환, 비수지신호들을 함께 표현할 때 9품사의 표현이 가능하다. 예를 들어 감탄사의 경우는 감탄의 표정이 있고, 동사의 경우 방향을 나타낼 때는 일치 동사로, 부사의 경우는 한국어와 다른 문장 배열로 나타나기도 한다. 조사의 경우는 공간의 활용으로 표현할 수 있고, 부정어의 경우는 한국어 문장 배열과 다르게 문장의 끝으로 가야 한다.

수어에서 어순은 한국어와 다르게 자유롭다. 보는 언어인 수어는 중요 단어나 부정어, 강조하고 싶은 단어는 문장의 끝으로 보낸다.

수어 문장을 표현할 때에는 돌려 말하거나, 꾸미는 말이 많거나, 복문이 많으면 상대방이 이해하기가 어렵다. 농인이 알아듣기 쉽도록 직설적인 표현이나 단순한 문장 구조로 전달해야 이해가 빠르다.

4. 의미론

의미론(semantics)은 어휘의 의미와 문장의 의미를 연구하는 분야이다.

강범모(2017)는 의미론을 크게 두 가지 입장으로 설명하는데 하나는 언어 표현의 의미를 그것이 지시하는 세상의 사물로 파악하는 입장인 지시적 관점이고, 다른 하나는 언어 표현의 의미를 심상적 표상으로 파악하는 표상적 관점이다.

수어를 의미론적 관점으로 본다면 지시적 관점과 표상적 관점이 확연히 드러난다. 보는 언어인 수어는 지시적 관점의 의미론으로 물건의 형상을 그대로 만들어 내는 경우가 많다. '컵'을 표현할 때는 컵을 잡고 있는 모습 그대로 표현하며, 신체 일부 즉, 눈, 코, 입 등을 표현할 때는 눈, 코, 입 등을 손가락으로 가리킨다.

눈으로 볼 수 없는 추상적인 어휘들은 표상적 관점의 수어 단어로 그 의미를 나타낸다. 즉, 사랑, 우정, 배우다, 공부하다 등 추상적인 어휘들도 모두 수어로 표현할 수 있다. 물론 농사회에서 많이 사용하지 않는 한국어 어휘들은 수어로 존재하지 않는다. 어휘들은 필요에 의해 생겨나기 때문에 농인들의 언어에서 한 번도 거론되지 않는 어휘는 굳이 수어로 만들 필요가 없기 때문이다.

수어의 어휘 관계를 보면 먼저 다의어의 경우 의미를 구분하기 위해서는 비수지신호를 잘 파악하고 문맥을 잘 읽어야 구분이 가능하다. 예를 들어 '떡'과 '목적'은 수어가 같다. 그러므로 문장 안에서 '떡'을 의미하는지 '목적'을 의미하는지는 문맥의 흐름을 파악하는 것이 중요하다.

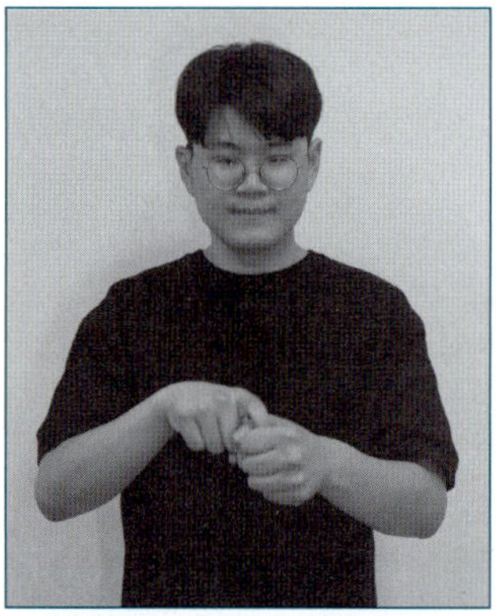

떡 = 목적

[그림 8-43] 다의어

수어에도 음성언어처럼 방언이 있다. 서울 지역의 수어와 경북 지역의 수어, 충청도, 전라도, 제주도 모든 지역의 수어가 동일한 것은 아니다. 지역 문화가 다르기 때문에 수어가 다르게 나타난다. 예를 들어 일반적으로 '제일', '첫 번째'의 뜻으로 사용되는 수어가 대구에서는 '초등학교'로 사용된다.

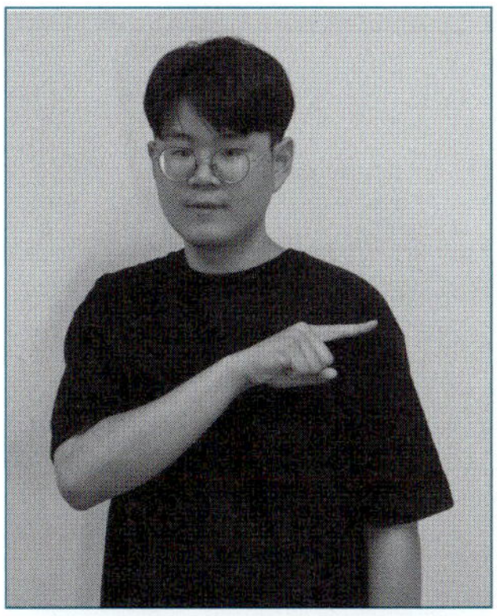

제일 = 초등학교(대구 지역)

[그림 8-44] 지역 수어

수어를 사용하는 농인들 사이에 세대 간의 수어 의미 차이도 있다. 세대 간의 의미 차이는 젊은 세대가 인공와우나 보청기로 소리를 어느 정도 들을 수 있는 환경이 되어 한국수어(농식)보다 한국어대응식수어에 더 익숙하기 때문이기도 한다. 그래서 젊은 농인들은 농노인들의 수어를 보고 이해하지 못하는 경우가 있다. 반대로 젊은 농인들이 한국어 신조어에 대한 수어를 만들어 사용하기도 하는데 이런 경우는 농노인들이 그 수어를 이해하지 못하기도 한다. 그리고 같은 수어를 다르게 사용하기도 한다. 예를 들어 농노인들이 '운동장'으로 사용하고 있는 수어가 젊은 세대에게는 'ㅎ'을 활용한 '환경'을 의미하는 지문자어로 사용되고 있다.

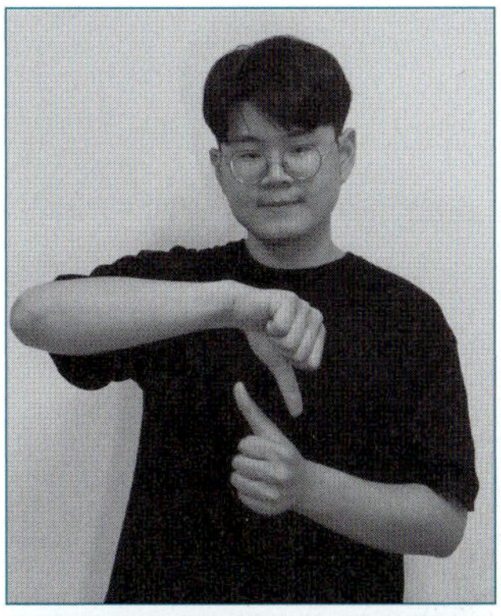

운동장(농노인)
= 환경(젊은 세대)

[그림 8-45] 세대 간 수어 의미 차이

수어를 농인이 이해하기 쉽게 표현하려면 수어 어휘를 많이 아는 것만으로는 부족하다. 수어는 비수지신호의 능숙함과 공간 활용, 역할 전환 등의 표현이 능숙해야만 잘 전달될 수 있고 잘 읽을 수 있다. 이러한 표현 능력이 뛰어난 농교육 현장의 교사는 교과목을 가르칠 때 수어로 충분히 가능하다. 농학생을 가르치는 교사가 수화 통역사만큼의 수어 실력은 아니라도 수어 표현에 능숙함이 있다면 농학생들의 학업 성취도는 분명히 향상될 것이다.

4 농사회와 농문화

사람들이 모여 살아가는 곳에는 어디든 문화가 발생하게 된다. 농사회도 예외는 아니다. 농인들이 모여 농사회를 형성하면서 그들만의 독특한 문화가 생겨났다. 농문화를 이해하지 않고는 수어를 깊이 있게 이해할 수 없고 그들을 가르치는 것도 한계가 있다. 청인 문화의 입장에서 농인을 바라보며 틀렸다고 하기보다 문화의 다름을 인정하고 바라볼 때 농인을 더욱 잘 이해할 수 있다.

1. 농인 공동체 : 농사회

Nora Ellen Groce는 미국의 '마서즈 비느어드'라는 섬을 주목했다. 작은 섬이지만 섬 사람들은 농인들과 더불어 살면서 농인이 아닌 청인들조차도 수어가 능통했고, 수어가 능통한 청인들은 수어로 인한 자부심이 상당했었다는 사실에 흥미를 가지고 그 섬을 연구하였다. Groce의 민족 지적 연구로 밝혀진 사실은 마서즈 비느어드 섬에서 농인 출현율이 20%를 넘어 섬 사람들은 농인뿐만 아니라 청인들까지도 제2외국어를 배우듯 수어를 배워 사용하였고, 농인들은 섬의 청인들과 더불어 수어라는 언어를 통해 함께 살아가는 사회를 만들었다는 사실을 밝혔다(Nora Ellen Groce, 박승희 역, 2003).

마서즈 비느어드 섬의 농사회는 Gallaudet에 의해 Hartford에 농학교가 세워지면서 학교로 이어지게 된다. 교육을 위해 모인 농인들은 기숙사 생활을 하면서 그들의 언어인 수어를 체계화하여 공통의 수어 언어로 탄생시키고, 수어 언어로 뭉쳐 농사회를 만들게 된다. 농사회의 단결된 힘은 매우 컸다. 농인종합대학인 Gallaudet University가 농인을 위한 대학임에도 오랫동안 청인이 총장이었던 것에 반발하여 작은 운동이 일어나게 되었고 이 작은 운동은 전 세계의 농인들을 한 자리에 모이게 하였다. 결국 농인들의 힘으로 농인종합대학에 농인 총장을 선임하게 되는 놀라운 일을 이룬다(장진석 역, 2007).

우리나라도 미국과 마찬가지로 농학교를 통해 농인들이 모이게 된다. 그 첫 번째 학교가 평양맹아학교이고, 첫 공립 학교는 제생원이다. 해방 후 제생원은 국립맹아학교가 되고 다시 서울농학교로 이름이 바뀌지만, 여전히 농사회의 중심이 되어 농사회를 이끌어갈 인물들을 배출하였다.

처음으로 한국 농사회를 조직한 사람은 일본인이었다. 1920년 일본인 구리다에 의해 조선맹농아협회가 발족되었고, 1935년 서울에 사단법인 일본농아협회 조선지부가 설립되었다. 광복 후 나라가 독립이 되면서 일본인이 돌아가고 한국 농인들이 모여 1946년 조선농아인협회를 다시 조직하여 활동을 시작하였고, 질곡의 세월을 넘어 오늘날의 한국농아인협회가 되었다. 지금의 한국농아인협회는 농사회의 중심에서 농사회 발전을 위해 많은 일들을 하고 있다(한국농아인협회 70년사, 2016).

2. 농문화

광복 후 농사회에서는 한국 농인들이 모여 조선농아인협회를 설립하였다. 흥미로운 것은 협회 안에 연예부가 포함되어 협회 직속으로 '벙어리 극단'이 창단되었다. 정동섭의 연출로 '남 모르는 세상'이라는 제목의 연극을 공연하였는데 청인 사회에 볼거리가 많지 않은 상황에서 이 연극은 제법 흥행하였다(한국농아인협회 70년사, 2016). '벙어리 극단'을 시작으로 재능이 있는 농인들이 모여 예술문화 공연단을 창단하여 농문화를 만들어 청인들에게 알리는 역할을 했으며, 전국 단위의 농아인협회 주관으로 수어예술제가 만들어져 오늘날까지 이어져 오고 있다.

또한 1950년에는 『침묵의 벗』이라는 월간지를 창간하여 출판물 제작을 시작하였다(한국농아인협회 70년사, 2016). 지금은 농인 본인들의 자서전과 각종 수어 책들로 다양한 출판물들이 제작되고 있다.

농인 예술 분야에서 빠질 수 없는 것이 그림일 것이다. 운보 김기창 화백은 대표적인 농인 화가로 지금의 청음복지관의 전신인 청음회관을 건립하기도 했다. 지금도 그림을 그리는 농인들이 '농미회'라는 이름을 가지고 각종 국내 전시회, 국제 전시회 등을 열고 있으며 각자의 자리에서 예술의 혼을 불태우며 제2의 김기창을 꿈꾸고 있다.

이처럼 음성언어 체계와는 다른 수어를 사용하는 농인들은 그들의 문화계에서 다양한 활동을 벌이며 청인들과는 다른 독특한 문화를 가지게 된다. 이는 듣는 문화를 가진 청인들과는 다르게 농인들은 보는 문화로 살아왔기 때문이다. 문화를 단순히 젓가락 사용이냐 포크의 사용이냐의 일상생활 양식으로 본다면 농인들은 초인종 소리를 듣지 못하니 깜빡불을 설치하여 사용하고 화장실의 노크 소리를 듣지 못하니 반드시 화장실 문은 잠

그고 사용하며, 농인을 부를 때는 소리로 부르는 것이 아니라 직접 농인의 시선이 닿는 곳으로 가서 손사래를 치거나 어깨를 가볍게 두드려 주는 등 생활에서 듣지 못함으로 생겨나는 청인들과는 다른 일상생활 양식이 있다.

그리고 농사회에서 농인들만이 향유하고 있는 수어의 문화예술이 있다.

미국의 경우 농문학, 농유머, 농수필, 수어시 낭송, 가나다 및 숫자로 표현하는 시와 이야기, 재담과 만담, 수어 노래와 연극 등을 농인이 직접 창작하거나 발표한다(김병하, 2009). 우리나라에도 한국농아방송을 통해 농사회에서 일어나는 사건과 사고를 뉴스로 전하고 수어 문화예술 공연을 홍보하기도 하고 공유하기도 한다. 국제화된 지금은 유튜브를 통해 세계의 농인들이 문화예술을 공유하며 본인의 수어 시나 수어 노래들을 올리기도 한다.

듣지 못함으로 생기는 오해들도 있다. 농인은 수어를 사용할 때 비수지신호의 사용으로 감정의 표현이 얼굴 표정으로 그대로 드러나는데, 이를 화를 잘 낸다고 오해하기도 한다. 또한 농인들은 알람 소리를 듣지 못해 아침에 늦잠을 자는 경우가 많은데 이를 게으르다고 오해하거나, 휴대폰이 없던 시절 갑자기 급한 일이 생길 경우 음성 전화를 사용하지 못해 직장에 늦는다는 연락을 미리 할 수 없어 그냥 지각을 하는 경우에 이를 농인은 지각과 결근이 잦은 사람이라고 오해를 하기도 한다. 이러한 오해들은 모두 듣는 문화를 가진 청인의 입장에서 농인들을 판단해 왔기 때문이다. 이제는 보는 문화를 가진 농인의 입장이 되어 농문화를 이해하는 자세가 필요하다.

3. 농사회 농문화의 변화

급변하는 사회에서 문화도 빠르게 변화하고 있다. 전쟁 이후 어려웠던 시절을 지나 경제 발전기를 살아온 윗 세대와 경제적인 풍요로움으로 어려움을 모르고 자란 젊은 세대 간에는 분명 문화 차이가 존재한다.

농사회에서도 이러한 변화가 있다. 고가의 보청기를 구입하지 못해 잔존 청력마저 활용하지 못하고, 휴대폰이 없어 문자로 연락하지 못 하고, 듣지 못해 음성 전화기는 무용지물이던 시절을 살아온 농인들과 인공와우라는 신기술과 디지털 보청기의 고성능 보조기로 어느 정도 소리를 들을 수 있고, 휴대폰으로 언제 어디서나 마음껏 자신의 생각과 의견을 문자로 주고받을 수 있는 젊은 농인들은 분명 문화 차이가 존재한다.

가장 큰 문화 차이는 언어에서 나타난다. 문자를 주고받는 문화가 익숙하지 않은 옛 농인들은 한국 고유의 한국수어 즉, 농식수어를 더 편하게 구사한다. 그러나 문자로 자기 의사를 표현하며 자란 지금의 농인들은 문자를 주고받으며 청인과의 소통이 늘어나면서 한글의 수어 간섭 현상으로 농식수어보다 한국어대응식수어에 더 익숙해지고 있다. 이들은 한국수어(농식수어)를 잘 모른다. 한국수어를 보존하고자 하는 노력 없이 시간이 흘러 한국수어를 편하게 구사하는 농인들의 세대가 사라지면 한국수어도 같이 사라지고 한국어대응식수어만이 남을 지도 모른다.

또한 농사회의 변화로는 청인 문화 간섭 현상이 있다. 농문화에서는 아무렇지도 않았던 '무식'의 단어가 청인들이 매우 기분 나쁜 표현으로 받아들이고 있다는 이유만으로 농인들 사이에서도 기분 나쁜 단어가 되었다. 농문화에서 '괜찮다'는 수어도 청인 문화 간섭 현상으로 의미가 바뀌고 있다. 예를 들어 '커피 한 잔 드실래요?'라는 질문에 수어로 '괜찮다'라고 대답할 경우 농문화에서는 '커피 마시는 것 괜찮으니 주세요.'라는 의미인데, 청인 문화에서는 사양하는 '괜찮다'의 의미이다. 이러한 청인의 문화가 농문화로 들어와서 지금은 농인들도 '괜찮다'를 사양의 의미로 사용하고 있다.

결국 청인과의 의사소통의 수단이 단절되었던 시절에는 농문화를 만들어 가고 지켜 갈 수가 있었지만 과학 기술의 발달로 수어 통역사 없이 청인과 소통할 수 있게 된 지금은 그것으로 인해 오히려 농인만의 고유한 문화가 청인 문화에 의해 잠식되고 있다.

(가)는 ○○ 고등학교에 재학 중인 청각장애 학생 A의 특성이고, (나)는 특수 교사와 일반 교사가 나눈 대화이다. 〈작성 방법〉에 따라 서술하시오. [4점]

(가) 학생 A의 특성

〈작성 방법〉

- 평균 순음청력역치 : 왼쪽 85 dB HL, 오른쪽 80 dB HL
- 양쪽 귀에 보청기를 착용하고 있음.
- 제1언어로 한국어를 사용함.
- 한국수어를 배워 사용함.

(나) 특수 교사와 일반 교사의 대화

일반 교사: 선생님, 학생 A는 80dB HL보다 작은 소리는 못 듣는 것으로 알고 있어요. 그런데 저하고 개인 상담을 할 때는 제 이야기를 잘 이해하고, 답도 적절하게 했어요.

특수 교사: 학생 A가 보청기를 착용하고 있어 교정 청력역치로 듣기 때문에 선생님과의 대화가 가능했을 거예요. 하지만 멀리서 말하거나 주변 소음이 심하거나 판서하면서 말하거나 ㉠ <u>교실 안의 반향</u>이 심하면 듣는 데 어려움이 있어요.

… (중략) …

일반 교사: 학생 A는 한쪽 귀에만 보청기를 착용해도 될 것 같은데, 왜 양쪽 귀에 보청기를 착용하고 있나요?

특수 교사: 양쪽 귀에 보청기를 착용하면 ㉡ <u>양이 효과</u>를 얻을 수 있기 때문이에요.

… (중략) …

일반 교사: 학생 A에게 9월 23일 세계 수어의 날을 기념해서 수어로 축하 영상을 보냈는데, 답장을 보내왔어요. 한번 봐주세요.

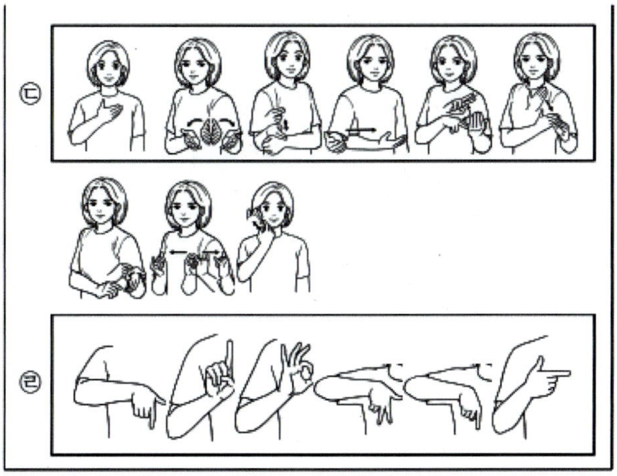

〈작성 방법〉

- (나)의 밑줄 친 ㉠을 개선하기 위한 방법 1가지 쓸 것.
- (나)의 밑줄 친 ㉡을 소음 측면에서 1가지 서술할 것.
- (가)를 참고하여 (나)의 수어 문장 ㉢에서 목적어를 나타내는 데 사용된 수어의 구성 특성을 1가지 쓰고, (나)의 ㉣을 한글로 쓸 것.

(가)는 청각장애 학생 A의 특성이고, (나)는 교수·학습 지원에 대해 두 교사가 나눈 대화의 일부이다. 〈작성 방법〉에 따라 서술하시오. [4점]

- 음성언어를 사용하여 의사소통함
- 지문자를 사용함
- 말읽기(독화)를 함
- 보청기를 착용하고 있으며, 청능훈련을 지속적으로 하고 있음
- 어음명료도가 70% 정도임

통합학급 교사: 학생 A는 수업 중 제 얼굴만 계속 쳐다보는 것 같습니다.

특수 교사: 그것은 선생님의 입술 모양을 통해 듣지 못하는 정보를 얻으려고 하는 것입니다. 이를 말읽기 또는 독화라고 합니다.

통합학급 교사: 수업 중에 학생 A에게 도움이 될 수 있도록 말읽기에 대해 설명해 주세요.

특수 교사: 말읽기는 (㉠) 능력을 사용합니다. 학생 A는 선생님의 입술 모양을 보며 낱낱의 부분들을 의미 있게 연결하여 전체적으로 의미를 구성하게 됩니다.

통합학급 교사: 그렇군요. 그럼 (㉠) 능력만으로 모든 음성언어를 이해할 수 있나요?

특수 교사: 그렇지 않습니다. 시각적으로 유사한 음소들이 많아 이를 정확하게 구분하기 어렵기 때문에 학생 A는 자신이 받아들인 잘못된 정보를 상황에 따라 수정해 나가게 됩니다.

… (중략) …

통합학급 교사: 학생 A는 /ㅅ/를 듣지 못합니다. 혹시 개선시킬 수 있는 방법은 없을까요?

특수 교사: 청능훈련을 통해 개선시키고 있습니다.

통합학급 교사: 그럼, 청능훈련은 어떻게 합니까?

특수 교사: 청능훈련은 청각 발달에 맞춰 단계적으로 실시합니다.

통합학급 교사: 어떤 단계가 있나요?

특수 교사: 일반적으로 탐지, (㉡), 확인, 이해가 있습니다.

통합학급 교사: 그렇군요. 시간이 되면 자세히 소개해 주세요. 그 밖에 학생 A를 위해 필요한 것은 또 없을까요?

특수 교사: 지문자를 배우면 좋습니다. 학생 A가 듣지 못하는 음소가 들어 있는 단어들을 지문자로 제시하면 그것들을 보다 정확하게 이해할 것입니다. 예를 들면 다음과 같습니다.

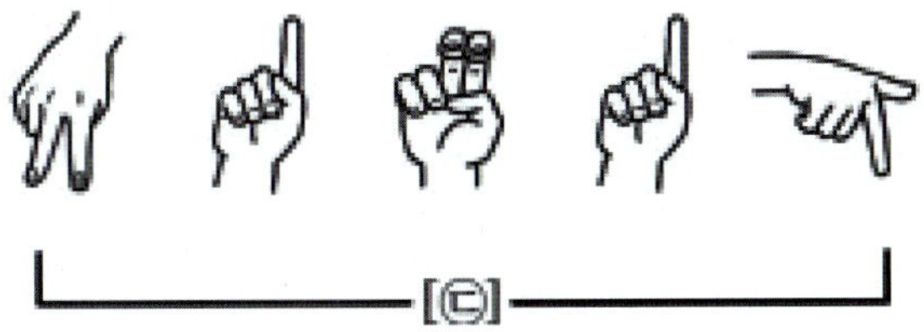

〈작성 방법〉

- (나)의 괄호 안 ㉠에 공통으로 해당하는 용어를 쓸 것.
- (나)의 괄호 안 ㉡에 해당하는 용어를 쓰고, '탐지'와 괄호 안의 ㉡과의 차이점을 1가지 서술할 것.
- (나)의 ㉢에 해당하는 지문자를 한글 단어로 쓸 것.

Chapter 09

읽기 및 쓰기지도

학습목표

1. 청인학생의 읽기와 쓰기발달에 대하여 이해할 수 있다.
2. 청각장애학생의 읽기 특성을 이해하고, 읽기지도를 할 수 있다.
3. 청각장애학생의 쓰기 특성을 이해하고, 쓰기지도를 할 수 있다.

생각나누기

출처: 정순우(2013).

의사소통에 어려움을 가지는 청각장애학생이나 언어발달에 어려움을 가지는 위험군의 청인학생들은 취학 전 시기의 듣고 말하는 음성언어의 발달에 어려움으로 인하여 취학 후 학령기 학교 교육에서 이루어지는 대부분의 문자언어인 읽기와 쓰기의 학습에 어려움을 가질 가능성이 매우 높다.

• 청각장애학생 읽기, 쓰기지도: 삽화와 쉬운 글 •

청각장애학생의 강점으로 제시하는 시각매체 교수자료인 삽화와 누구나 읽고 이해하기 쉬운 글 구성을 통한 관용어 지도는 청각장애학생의 학습 특성을 반영한 효과적인 특수교육의 보편적 학습설계 적용하는 것이라고 할 수 있다.

함축적 의미의 내용으로 표현되는 삽화와 쉬운 글 구성으로 제시된 내용은 청각장애학생에게 시각적으로 단어의 의미를 이끌어 내고, 사고 능력은 물론 추론 능력과 실제적인 관용어 이해와 쓰기능력의 향상으로 이어져 전반적인 문해력 향상에도 긍정적일 것이다.

관용어: " 한턱(을) 내다 "

진희: 현수야, 이번에도 지난번 시험 점수를 높이 받아 학교에서 주는 장학금을 받는다고 소식을 들었어. 축하해.
(현수야, 이번에도 교내 장학생에 선발되어 장학금을 수여받는다고 공지한 내용을 들었어.)

현수: 고마워. 진희는 시험 문제에 답을 잘 적었어?
(고마워. 진희는 시험 잘 봤어?)

진희: 아니야. 나는 이번 시험 점수가 완전히 낮아! 그래서 지금 내 기분이 좋지 않아.
(아니야. 나는 이번 시험 망쳤어! 그래서 지금 내 기분이 꿀꿀해!)

현수: 힘내, 진희야. 다음 시험은 높은 점수를 받을 수 있을 거야. 우리 같이 공부하자! 내가 도와줄게.
(힘내, 진희야. 다음 시험은 잘 볼 수 있을 거야. 우리 같이 스터디 하자. 내가 도와줄게.)

진희: 정말? 고마워. 아, 현수야. 오늘 장학금도 받았는데 맛난 마라탕 먹으러 가자!

현수: 그래, 오늘 기분이 좋으니 우리 둘이 먹은 마라탕 돈 계산 내가 다 할게.
(한턱 낼게.)

[삽화와 쉬운 글 구성을 통한 관용어 읽기지도 사례]

– 누구나 알기 쉬운 글 –

- 무단투기: 쓰레기를 정해진 장소가 아닌 곳(길거리)에 버리는 것.
- 금일제출: 오늘까지 관련된 자료를 담당자에게 가져다 주는 것 (또는 메일로 보내주는 것).
- 시험이 코앞: 시험을 실시하는 날짜가 가까워져 얼마 남지 않은 것.

청인학생은 듣고 말하는 음성언어의 의사소통 수단을 통한 상호작용뿐만 아니라 4차 산업 혁명 시대가 도래하고 있는 지금 다양한 스마트 기기의 융합 기술 발달로 시간과 공간을 초월한 실시간 읽고 쓰는 문자언어의 효율적인 의사소통 수단을 통하여 정보를 전달하고 공유한다. 이러한 환경 속에서 메시지의 의미를 알고 소통하는 기술은 매우 중요한 역할을 한다. 따라서 청각장애학생에게 있어서도 문자언어인 읽기와 쓰기의 지도는 꼭 필요하다고 할 수 있다.

1 읽기와 쓰기발달

1. 읽기발달

1) 읽기 개념

읽기란 문자가 의미하는 상징 부호에 대한 단어 재인과 이해 요소로 구성되며, 정확하고 유창한 해독(decoding) 과정을 통해 언어를 이해하는 과정이라고 할 수 있다(Gouhgh & Tunmer, 1986). 즉 읽기는 시각을 통하여 문자를 지각하고 문자를 음성 기호로 옮기며, 의미를 이해하고, 이해한 것을 분석, 비판, 수용, 적용하는 고차원적인 인지 활동이라고 할 수 있다. 이러한 읽기는 단순한 차원에서부터 높은 수준의 사고력을 요구하는 능력까지의 다양한 차원으로 이루어져 있다(강위영, 정대영, 2001).

단어 재인은 문자에 대한 해독을 의미하는 것으로 다음과 같은 분석 과정을 통해 진행된다.

형태 분석 → 음소 분석 → 음절 분석 → 문맥 분석 → 문장 의미 분석

읽기 초기 단계에서는 문자 기호를 음성으로 변환하고 그 말소리를 지금까지 일상생활에서 듣고 배운 의미와 결부시킨 후 그 문자의 의미를 파악하게 되나, 숙련된 단계에서는 문자 자극을 지각하자마자 그 의미를 파악하는 일이 가능하다. 결국, 읽기에는 문자를 말소리로 바꾸어 읽는 과정과 문자를 읽고 의미를 파악하는 과정이 모두 필요하지만 읽기

초기 단계에서는 문자를 말소리로 바꾸어 읽는 과정이며 이후에는 문자를 읽고 의미를 파악하는 과정이 주로 강조됨을 알 수 있다. 교육에 있어 읽기는 모든 교과의 학습에 필요한 도구로 매우 중요한 위치를 차지하고 있다(권순우 외, 2003).

2) 읽기발달의 특징

읽기에 대한 정의는 학자마다 조금씩 견해를 달리하지만 인쇄된 문자를 시각적으로 지각하고 청각적으로 부호화한 후, 의미 있는 인지 활동을 통하여 해석하는 과정으로 보고 있다. 발달 초기 단계에서 아동은 문자를 알지 못하더라도 혼자 책을 읽는 척하는 모습을 발견할 수 있다. 이는 책 속에는 문자가 있고, 어떤 의미를 전달하고 있다는 것을 이해할 수 있을 뿐만 아니라 자기가 알고 있는 재미있는 이야기가 문자로 적혀 있다는 사실에 대해 흥미를 가지게 되기 때문이다. 아동의 읽기 능력은 기본적으로 문자를 왼쪽에서 오른쪽으로, 위에서 아래로 읽어가는 방향을 인식하는 읽기 준비 과정과 말(speech)과 문자를 연결 지을 수 있는 학습 과정을 통해 발달시켜 나갈 수 있다.

아동이 말(speech)과 문자를 연결 짓는 방법으로는 아동 자신이 일상생활에서 자주 접할 수 있는 주변 환경의 친숙한 인쇄된 문자들을 보여 준다. 예를 들어 과자 포장지의 상표, TV 만화 프로그램, 아동 이름, 장난감 이름 등이다. 이때 아동은 인쇄된 문자를 문자로서 읽기보다는 그림을 보고 기억하는 경우가 많다. 그림, 문자의 형태, 문자의 배경, 색깔 등 전체적인 맥락에서 인식되어 읽게 되는 것이다. 아동이 문자를 읽을 때 시각적으로 인식하는 발달의 특징이 나타나는데, 문자의 구조적인 특징에 관심을 가지면서 문자와 말의 관계를 이용하기 시작한다. 그러나 문자와 말을 일대일 대응하기에는 어려움이 있다. 이러한 특징은 점차적으로 문자와 말의 일대일 대응을 할 수 있는 능력으로 발달하게 되고, 모르는 문자를 읽어 보려는 시도와 함께 문자의 의미에 대해 관심을 가지게 된다.

아동의 발달 과정으로 나타나는 읽기 능력은 처음 단계에서는 읽어 주는 내용을 듣고 이해하면서 말없이 그림만 보거나 그림이 무엇인지 명칭을 이야기해 보기도 한다. 그런 다음에 아동은 그림을 보면서 자기 마음대로 이야기를 만들어 보기도 하고 의미를 비슷하게 꾸며서 말하기도 한다. 그리고 그림이나 개인의 경험에 도움을 받아 단어나 구절을 암기해서 읽어 보기도 하고, 모르는 문자에 대해서는 읽을 줄 모른다는 의사 표현과 함께 무슨 문자인가에 대한 질문도 하게 된다. 아동은 질문을 반복하고 문자를 수정해 가면서 읽게 되고, 마침내 문장을 올바르게 읽을 수 있게 된다.

이러한 읽기발달의 과정은 읽을 수 있는 기회를 많이 제공함으로써 읽기에 대한 흥미를 가지도록 도와주며, 책을 반복적으로 읽어 주어 아동으로 하여금 읽기에 대한 동기 부여와 칭찬을 해줌으로써 이루어질 수 있는 것이다. 따라서 읽기 능력은 형식적인 훈련과 지시적인 방법에 의해서 보다는 재미있는 이야기를 자주 들려주고 아동이 인쇄된 문자에 대하여 흥미를 가질 때 좀 더 쉽게 발달될 수 있을 것이다.

3) 읽기 모형

읽기발달에 대한 대표적인 3가지 이론적 모형은 상향식 모형과 하향식 모형 그리고 상호작용적 모형이 있다. 세 가지 모형 중 상호작용적 관점에서 모형의 읽기 과정을 이해하는 것이 최근의 일반적 추세다.

첫 번째, 상향식 모형은 읽기를 어떤 정보의 문자–음성적 수준의 처리(단어 인지, 음소 분석, 단어 확인)에서 통사론 수준의 처리를 거쳐 의미론적 수준의 처리(담화 수준 분석, 쉐마 수준 분석)에 이르는 일련의 단계를 거치는 과정으로 다음의 [그림 9–1]과 같이 설명하고 있다. 두 번째, 하향식 모형은 상향식 모형과는 정반대 방향의 처리 과정을 거친다. 세 번째, 상호작용적 모형은 독자를 텍스트의 의미를 적극적으로 이해하려고 하는 정보 처리자로 생각하며 독자가 적극적으로 이해를 추구할 때 필요에 따라 하향적 혹은 상향적 처리가 상호 보완적으로 기능한다는 견해이다. [그림 9–2]는 하향식 처리에 중점을 둔 상호작용 모형을 나타낸 것이다(김승국 외, 1998).

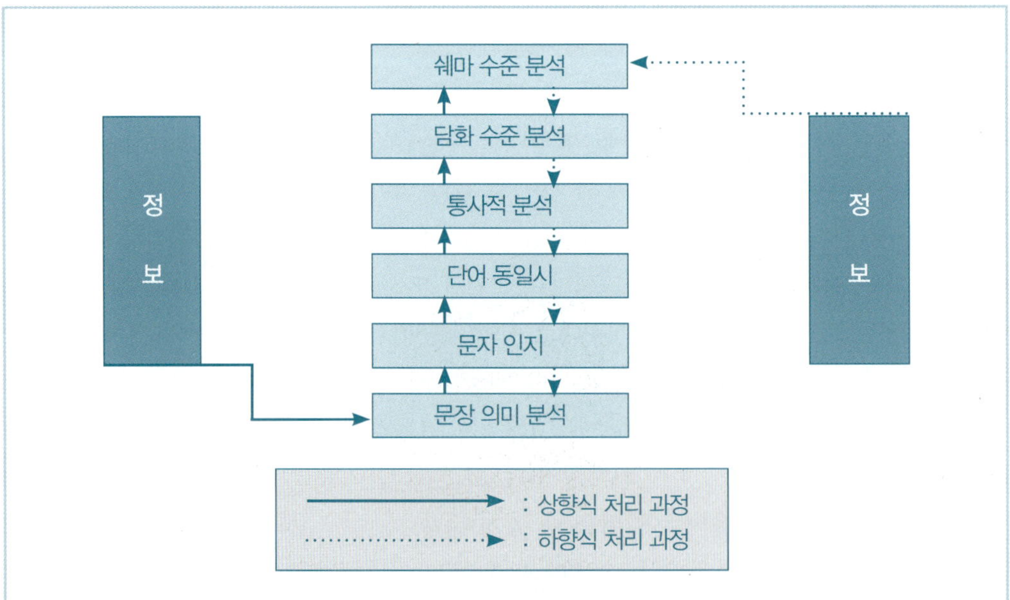

[그림 9–1] 상향식, 하향식 모형

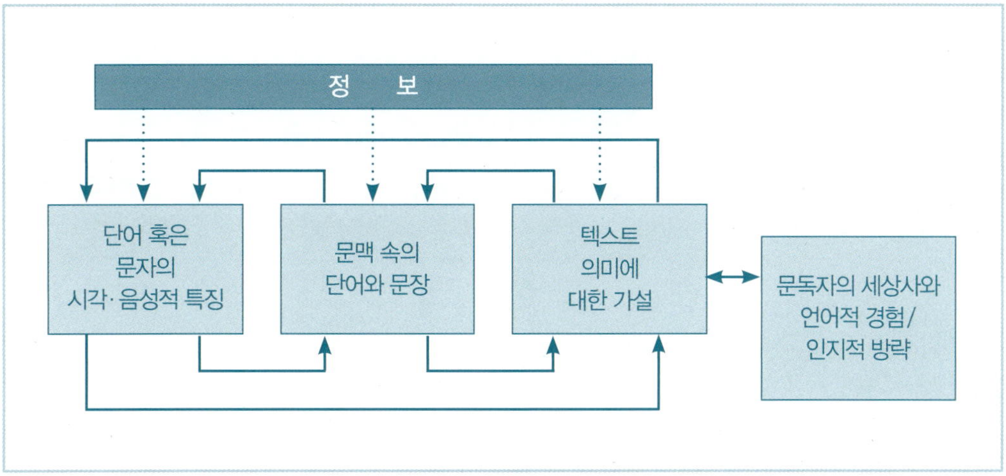

[그림 9-2] 상호작용 모형

4) 읽기발달의 단계

(1) 첼(Chall)의 읽기발달 단계

읽기발달의 단계를 설명하기 위한 대표적인 학자로 Chall(1983)은 읽기 능력의 발달을 0단계(읽기 전 단계)~5단계(통합 사고의 단계)까지 다음과 같이 6단계로 나누어 제시했다.

• 0단계 – 읽기 전 단계 (생후~학령기 전까지 시기)

읽기 전 단계는 태어나서 초등학교 입학하기 전까지의 시기에 해당되며, 다른 단계에 비해 좀 더 긴 시간과 더 많은 변화를 포함하는 단계이다. 이때 아동은 일정한 문자 체계를 가진 문화권에서 생활하면서 문자, 단어, 그리고 책들에 관련된 일련의 지식들을 축적한다.

• 1단계 – 초기 읽기 및 문자 해독 단계 (초등학교 1~2학년 시기)

읽기를 시작하게 되는 1단계의 핵심적인 특징은 문자 체계를 습득하여, 각 문자에 대응하는 음성 단어의 부분을 연결시킬 수 있다는 것이다. 이 단계에서 학생과 성인은 읽기에 대한 지식을 습득한다.

• 2단계 – 유창성 단계 (초등학교 2~3학년 시기)

읽기는 새로운 정보를 얻기 위한 것이 아니라, 이미 알고 있는 바를 확고히 하기 위한 경우가 많다. 읽은 내용에 대하여 친숙하므로 학생은 인쇄된 단어에 주의를 집중할 수 있다. 1단계에서 습득한 기본적인 문자 해독 기술과 통찰을 활용하여 책을 읽으면서 자신의 지식이나 언어와 비교해 보는 기회를 갖는다.

↓

• 3단계 – 새로운 것을 배우기 위한 읽기 단계 (초등학교 고학년 이후)

학생은 새로운 지식, 정보, 생각들과 경험을 학습하기 위해 읽기라는 장기적인 과정을 본격적으로 시작하게 된다. 아직 이 단계에서는 배경 지식이나 어휘, 인지적 능력들이 한계가 있으므로, 우선 한 가지 시각에서 명확하게 읽는 것이 필요하다.

↓

• 4단계 – 다양한 관점이 생기는 시기의 단계 (중등학교 이후)

개인이 읽기에서 한 가지 이상의 관점을 지닌다는 것이다. 가령 3단계의 읽기 수준을 가정하고 만든 초등학교 역사 교과서와는 달리, 고등학교 교과서는 다양한 관점을 다룰 수 있다. 내용이 방대한 것은 내용의 깊이가 더 깊어졌을 뿐만 아니라, 관점도 더 다양해진 것으로 설명할 수 있다.

↓

• 5단계 – 구성과 재구성, 세계관의 폭 넓은 사고의 단계 (18세 이후, 대학교)

구성적인 읽기 단계의 완성으로 타인의 의견을 읽음으로써, 독자는 자기 스스로 지식을 구성하게 된다. 이 과정은 분석과 종합, 그리고 판단에 의존한다. 독자는 무엇을, 어느 정도에서, 어떤 속도로, 그리고 얼마나 세밀한 부분까지 읽어야 할 것인지를 판단한다.

(2) 천경록의 읽기발달 단계

우리나라 학생에 대한 읽기발달 과정을 연구한 천경록(1999)은 [그림 9-3]과 같이 읽기 발달 단계를 7단계로 제시하였다.

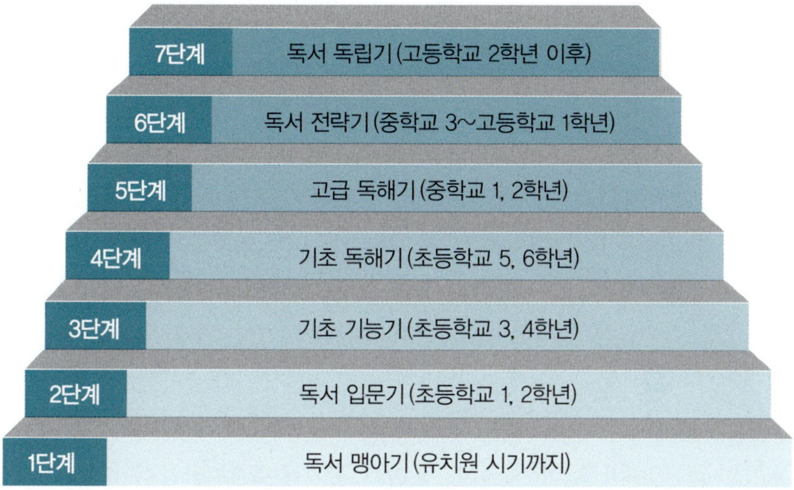

[그림 9-3] 천경록의 읽기발달 7단계

출처: 천경록(1999).

2. 쓰기발달

1) 쓰기 개념

쓰기란 고도의 지적 능력을 필요로 하는 대단히 복잡한 정신 작용이다(박영목, 2008). 쓰기는 문자를 사용하여 자신의 생각과 표현하고자 하는 의미와 의도를 명확하게 다른 사람에게 전달하는 활동이며, 개인의 지식, 기본 기술, 인지 전략 그리고 인지 과정을 통합하여 조직화시키는 복잡한 고등정신 능력의 활동 과정이다. 쓰기에는 언어발달의 듣고 말하기에서 습득된 음운 체계 지식을 시각화하여 국어의 맞춤법이나 철자법을 기본으로 하여 문자로 표현된 것 뿐만 아니라 그림이나, 낙서, 알아볼 수 없는 긁적거림까지도 포함이 된다. 성숙주의적 견해를 가진 학자들은 취학 전 쓰기 경험을 해서는 안 된다고 생각하는 경향이 많다. 의사소통의 수단으로 자신의 생각이나 느낌, 감정, 정보 공유나 전달을 위해 표현되는 상위 인지 정보 처리 기술로써 자연스럽게 쓰기발달이 이루어져야 하는

데 교사가 쓰기를 강요한다면 첫 쓰기 경험에서 학습에 의욕을 잃어버릴 것이다. 따라서 자발적인 학습을 유도하기 위한 환경을 조성하는 것이 중요하다. 현대 사회에서 쓰기는 정보를 기록하고 의사소통을 위한 목적으로 매우 중요한 기능을 갖는다. 따라서 쓰기에 문제가 있다면 학업이나 대인 관계에서 불가피한 어려움을 겪게 될 것이다. 특히, 학령기의 쓰기는 학습을 위한 중요한 도구가 되고, 이 시기의 쓰기 문제는 청소년기·성인기 사회에서 성공적으로 살아가는데 부정적인 결과를 초래할 수 있기에 그 중요성은 아무리 강조해도 지나침이 없을 것이다.

2) 쓰기 기능

쓰기의 기능은 언어적 전달 내용을 기호로 변환하는 과정으로, 언어의 말소리를 정확한 문자 형태, 즉 자음과 모음의 결합을 통한 문자 기호로 나타내는 것이다. 언어 기술에서 가장 복잡하고 고차원적인 영역이 쓰기이다. 단순한 낮은 수준의 능력에서부터 자신의 생각을 문자로 표현하는 높은 수준의 능력까지 그 범위는 다양하다. 학생이 쓰기를 통해 의사소통을 하기 위해서는 구어 기술과 읽기 기술을 적용해야 한다. 또한 주제에 따라서 생각하고 조직할 수 있어야 하며, 단어를 쓰면서 필기를 통한 철자를 바르게 표현할 수 있어야 한다.

3) 쓰기발달의 단계

(1) 베라이터(Bereiter)의 쓰기발달 단계

쓰기발달과 관련하여 가장 영향력 있는 논의는 Bereiter(1980)에 의해 진행되었다. 그는 인지주의 관점에서 쓰기발달의 단계를 설정하여 쓰기발달에 대한 이론적 근거를 마련하였다(가은아, 2011). 다음의 [그림 9-4]는 Bereiter가 제시한 쓰기발달 단계로 연상적 쓰기 단계, 수행적 쓰기 단계, 의사소통적 쓰기 단계, 통합적 쓰기 단계, 인식적 쓰기 단계이다.

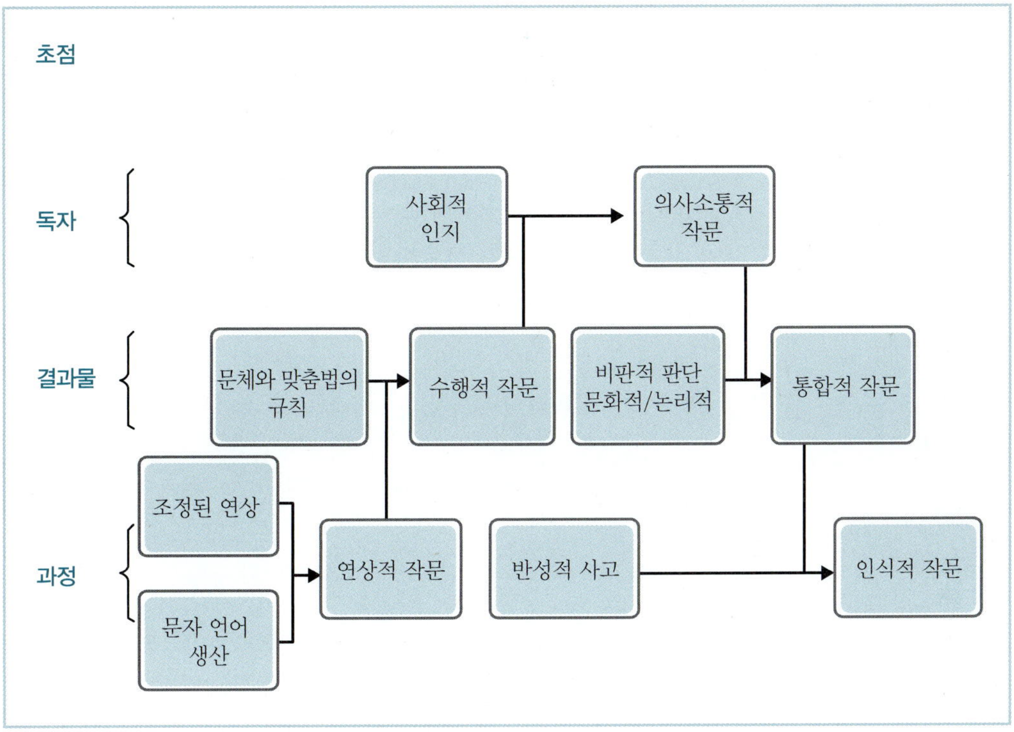

[그림 9-4] 베라이터(Bereiter)**의 쓰기발달 단계**

- ▶연상적 쓰기 단계: 머릿속에 떠오르는 생각을 생각난 순서대로 기록하게 된다.
- ▶수행적 쓰기 단계: 문체적 관습에 대한 지식과 연상적 쓰기의 통합으로 구성하는 것으로, 연상적 쓰기 기능을 갖춘 필자가 맞춤법, 문체, 관습에 익숙해짐으로써 도달하게 된다.
- ▶의사소통적 쓰기 단계: 독자를 고려한 문자 표현의 구성을 통하여 쓸 수 있는 기능을 갖는다.
- ▶통합적 쓰기 단계: 다른 사람의 관점은 물론 독자로서의 필자 자신의 관점까지 고려하여 글을 쓸 수 있게 된다.
- ▶인식적 쓰기 단계: 통합적 쓰기에 반성적 사고에 대한 기능 체계가 통합될 때 나타난다. 자신의 지식, 쓰기의 과정 등에 대한 반성적 사고를 활성화하여 글을 씀으로써 자신과 세상에 대한 새로운 인식을 얻게 된다.

(2) 맥키오프(McKeough) 등의 쓰기발달 단계

McKeough 등(2007)은 4, 6, 8, 10, 12살 학생들을 대상으로 서사문의 발달 특성을 분석한 후 이를 활용하여 서사문 쓰기의 실제를 구안하였다. 이들은 학령기 이전의 학생들의 이야기가 주로 사회적 스크립트의 특징이 있고 사건의 연속을 토대로 한 행동을 주로 포함하는 반면 학년이 올라가고 많은 경험을 획득하면서 인물의 내면적 심리 상태와 인물의 의도에 대한 묘사가 많아진다고 다음과 같이 서술하였다.

▶1학년(6살): 물리적 세계 및 심리적 세계에 대한 조망이 나타나기 시작한다.
▶3학년(8살): 보다 복잡한 의도를 지닌 인물들이 등장하고 복잡한 구성으로 이야기 구조를 정교화한다.
▶5학년(10살): 배경이 상당히 정교해지고 복합적인 하위 구성을 설정하며, 인물의 심리 상태를 보다 풍부하고 명확하게 서술한다.
▶7학년(12살): 초점을 순간적인 인물의 심리 상태를 그리는 데에서 벗어나, 인물의 특성으로 보다 지속적인 심리 상태를 표현하는 데 중점을 둔다.

(3) 우리나라의 쓰기발달 연구

주영미(2001)는 초등학교 3학년에서 고등학교 2학년의 학생들을 대상으로 1차적으로 글의 내용, 조직, 표현의 측면에서 쓰기 능력을 평가하고, 2차적으로 내용 측면을 더 세부적으로 평가하여 발달 특성을 살펴보았다. 연구 결과는 초등학교 4학년, 중학교 1학년과 2학년, 그리고 고등학교 1학년에서 쓰기 능력 발달의 전환점이 나타났으며, 학생들은 글에 대한 주제를 명확히 설정하지만 내용을 논리적으로 조직하는 능력은 부족한 것으로 나타났다.

임천택(2005)은 초등학교 1학년에서 6학년 학생들이 쓴 180편의 설명적 텍스트를 대상으로 쓰기발달 특성을 살펴보았다. 평가 범주로 목적, 내용, 조직, 표현을 설정하고 분석적 방법을 사용하여 평가한 결과, 저학년의 쓰기발달은 가파르게 나타난 반면 고학년의 쓰기발달은 더딘 것을 발견하였다. 목적, 내용, 조직, 표현은 동일한 발달 순서나 경향을 따르지 않았으며, 각 요소별로는 내용 요소에 대한 발달이나 변화가 가장 크고, 목적 요소에 대한 발달이나 변화가 가장 적다는 것을 밝혔다. 전체적으로는 표현, 내용, 조직, 목적의 순서로 점수를 획득하여 초등학생들이 내용 생성이나 표현 기능은 대체로 양호하나 상대적으로 목적 인식과 글의 조직 기능이 부족하다고 하였다.

2 청각장애학생의 읽기 특성

1. 읽기 능력

청각장애학생은 일반적으로 언어적 경험을 청각적으로 표상화하고 내면화하는 청각적 언어 그리고 이와 밀접한 관계가 있는 경험적, 인지적, 언어적 기술의 습득이 지체되어 있다. Maxwell(1986)은 언어습득과 사용에 있어서 언어이해 능력이 지체된 청각장애학생들은 이로 인하여 독해력에 심각한 어려움을 나타내고, 청인학생들이 읽기와 쓰기만을 통해서 일반적으로 지각적 왜곡 없이 의사소통의 상황에서 사회적 언어의 경험을 가지는 반면 청각장애학생들은 대부분 읽기에서 거의 이해를 하지 못한다고 하였다.

청각장애학생이 읽기 능력의 어려움을 보이는 이유로는, 청각적 정보 수용 제한으로 인한 부호화의 문제, 낮은 어휘력, 비효율적 전략 사용 등이 복잡하게 얽혀 있다(유정희, 2006). 청각장애는 그 자체로 읽기 능력의 습득에 아무런 영향을 미치지 않는다. 청각장애학생은 청인학생과 똑같은 지적 능력을 가지고 있다. 태어나면서부터 수어든, 구어든, 언어를 접하면서 학습과 관련된 장애가 전혀 없으며, 일상적 학습의 기회가 충분히 제공되고 일상생활의 일부로써 읽기 능력을 길러줄 수 있는 환경에서 자라는 청각장애학생은 성공적으로 읽기 능력이 발달할 가능성이 크다(Miller, 2004a; Moores, 2001; 최성규 외, 2012, 재인용). 따라서 교사는 읽기에 대한 어휘 지식이나 문법 기술 등이 부족한 청각장애학생에게 다양한 교수 매체로 학생이 경험한 구체적인 사례를 제시하여 내용을 쉽게 이해할 수 있도록 해 주어야 한다. 또한 읽기 이해에 초점을 두어야할 뿐만 아니라 동기유발이 부여되는 심리적 활동을 통하여 의미에 접근할 수 있도록 자기 점검을 통한 전반적인 읽기 능력 향상을 위한 지도를 해야 할 것이다.

2. 어휘 능력

어휘 능력은 읽기 능력과 매우 많은 상호 관련성이 있는데 청각장애학생의 경우, 어휘에 대한 지식은 우연 학습의 결핍 등과 같은 언어 경험의 부족이라는 여러 요인에 의해 영향을 받을 것이다. 따라서 청각장애학생은 어린 시절부터 또래의 청인학생에 비해 어휘 능력이 지체되고 있음을 알 수 있다. Kyle(1980)은 청각장애학생의 어휘 능력은 습득 어휘가 적고, 습득 어휘는 명사나 동사에 편중되어 있다고 하였으며, Paul(1984)은 청각장애학생은 또래 청인학생에 비하여 언어이해의 토대가 되는 어휘 습득의 양이 적으며, 다의어 습득에서 또한 어려움을 나타낸다고 하였다. 조희은(2006)이 연구한 청각장애학생의 다의어 의미 이해에서는 읽기 능력이 높은 학생이 읽기 능력이 낮은 학생에 비해 다의어 검사에서 높은 점수를 받았다고 한다.

최성규와 성학기(2003)는 초등학교 1학년에서 6학년 학생을 대상으로 문자로 제시된 어휘에 대한 이해력을 검사하였는데, 또래 청인학생에 비해 현저하게 지체되어 있다고 하였다. 특히 청각장애학생은 청인학생과 마찬가지로 학년이 증가함에 따라 어휘에 대한 이해력이 증가하기는 하지만 그 발달 속도가 느려 초등학교 4학년에서 그 차이가 현저하게 나타났으며 6학년이 되어도 4학년 수준에 도달하지 못하였다. 더욱이 중학생의 경우 25%가 3학년 수준이고 고등학생의 경우는 58%가 초등학교 5학년과 6학년 수준이었다(한국청각·언어장애교육학회, 2012). 이와 같이 어휘 능력은 청각장애학생의 읽기 능력에 영향을 미치는 것을 알 수가 있다. 따라서 다양한 어휘 능력의 습득 지도를 통하여 읽기 능력의 향상을 이끌어 내어야 할 것이다.

3. 통사 능력

읽기 능력은 문장의 이해 능력과 직결된다. 그리고 문장의 이해는 문장의 통사적 단서, 문장 내용과 직결되는 선행 지식과 경험 등에 의존한 의미적 단서를 사용할 수 있는 능력에 의해 결정된다(최성규, 2004). 그러나 청각장애학생의 문장 이해 능력은 청인학생과 유사하여도 발달 속도가 느리며, 청각장애학생만의 독특한 특징이 나타난다. 또한 청각장애학생은 문장 내용을 이해하기 위해서 통사적 구조보다 의미에 관심을 두고 해석하는 경향이 높으므로 청각장애학생의 읽기발달은 목적어가 있는 단문과 자동사 중심의 어형 발달이 우선한다는 것이다. 즉 목적어가 없는 문형이나 타동사 또는 수동 문형에 있어서 어려움을 겪는다(배형일, 2010).

특히 청각장애학생은 읽기에 있어서 수동문을 능동문으로 해석하는 경향이 있는데, 이는 어휘의 의미에 관점을 두고 읽는 특성 중의 하나이다. 즉 문법 형태소에서 나타나는 조사에 의한 문장 해석보다는 어순 중심으로 문장을 해석하려는 경향이 높다. 조사의 활용이 생략된 실사 구조의 문장 해석은 심층 구조를 표층 구조화하는데 어려움을 제공한다. 따라서 문장의 의미를 잘못 이해할 수 있다(최성규, 2004). 최영주(1990)는 청각장애학생들이 구문 구조에서 주어+서술어, 주어+목적어+서술어 문형에는 크게 어려움을 보이지 않으나, 주어+보어+서술어 구문과 주어가 생략된 서술어 구문에서는 읽기 이해에 어려움을 가지고, 조사에서는 주격 조사 '가'를 중등부에서 습득하고 주격 조사 '은, 는'을 고등부에서 습득하는 경향을 보였다고 하였다. 또한 청인아동의 초기 언어습득 순서와 동일하게 속도는 느리지만 같은 발달 단계를 가지는 것을 알 수 있었고, 복합문에 있어서 청각장애학생들은 내포문 중에서도 연결 관계 대등 접속문과 인과 관계로 구성된 문장을 이해하는데 곤란함을 겪는다고 하였다.

이러한 연구들을 종합하면 청각장애학생들은 단문으로 구성된 문장과 명사, 동사는 쉽게 이해하지만 조사(격 조사, 보조사), 접속사, 관형사, 형용사, 부사, 수식어 등이 포함된 문장의 이해와 수동문, 접속문으로 연결된 인과 관계로 구성된 문장의 이해에 많은 어려움을 가진다고 할 수 있다.

4. 관용어 능력

관용어(비유, 은유, 속담)가 가지는 특성은 그 민족 고유의 문화적 속성과 관련되고 오랜 세월의 시간 흐름 속에 많은 사람들에 의해서 관습적으로 자주 사용되어지고 그 의미가 비유적, 은유적, 추상적, 풍자적 표현 어휘 등과 맥을 같이하는데(김영익, 2012), 관용어는 글자 그대로 쓰여진 단어의 사전적 의미가 아니라 단어와 단어가 결합하여 새로운 제3의 의미를 가지는 것이다. 예를 들면, '미역국을 먹다.'는 관용어 의미로 '시험에 떨어지다.'라고 할 수 있다.

청각장애학생에 대한 은유적 표현 능력에 대하여 살펴본 석동일(2009)은 청각장애학생과 청인학생의 은유 이해 능력 비교 연구에서 청각장애학생들은 직접적 표현 방법에 의한 문자 그대로의 의미에 대해서는 별다른 어려움을 나타내지 않지만, 관용적 표현과 은유적 표현 등과 같은 비유적 의미에 의한 의사소통 방식에 대해서는 많은 어려움을 나타내어 청인학생에 비해 낮은 수준을 보였다고 하였다.

김영욱 등(2006)은 청각장애학생에 대한 은유 이해 연구에서 문맥이 제공된 은유 이해에서는 읽기 능력이 높은 아동들이 읽기 능력이 낮은 아동보다 더 잘 이해하였으나, 문맥이 제공되지 않은 은유 과제에서는 차이가 없었다고 하였다. 이는 읽기 능력이 높은 청각장애학생은 문맥 단서를 활용하여 은유적 매체와 관련이 있고 적절하지 않은 속성은 억제하지만, 읽기 능력이 높더라도 은유 표현을 문자 그대로 이해하려고 한다(한국청각·언어장애교육학회, 2012). 이는 관용어를 단일 의미로서의 사전적 의미만으로 이해를 하려는 경향이 강하기 때문일 것이다.

청각장애학생들이 관용어 표현을 어려워하는 내용은 다른 학자들의 연구에서도 보고되고 있다. Nippold와 Fey(1983)는 관용어가 은유성을 지니고 있다는 점을 고려할 때 과거에 언어장애가 있었던 학생이 다른 집단에 비해 은유적 의미보다는 사전적 의미를 선호하는 경향을 보였다고 밝혔다. 그리고 청각장애학생이 또래 청인학생보다 은유 이해 능력이 떨어진다고 보고한 Higham 등(1999)의 연구는 청각장애학생이 청인학생에 비하여 관용어를 습득하거나 이해하는데 어려움이 많은 것을 짐작할 수 있게 해 준다.

청각장애학생은 시각에 의존하여 정보를 처리하는 경우가 일반적이다. 따라서 관용어의 표현은 청소년기를 거쳐 성인기 사회로 진출하여 지역 사회의 구성원으로 삶을 살아갈 때 청인들과 실제 의사소통 상황의 문맥에서 사용되어지는 음성언어와 문어는 강한 글의 느낌을 가지게 되므로, 관용어 습득을 통한 의미의 이해와 사용 능력은 대인 관계에서 매우 중요하다고 할 수 있다.

▶ 청각장애학생의 읽기 능력

- 단어 이해의 어려움이 구문장 수준의 어려움으로 이어져 문단 전체 글의 이해 능력 부족이 나타나며, 대부분 읽기 능력이 10~11세, 4~5학년 수준에 머무른다.
- 단문장의 짧은 문장 사용, 다양한 어휘 수가 또래 청인학생보다 많이 지체된다.
- 어휘 활용은 명사와 동사가 가장 많으며, 다의어의 이해에 어려움을 보인다.
- 조사의 사용은 부사격 → 목적격 → 주격 순으로 많이 사용했으며, 조사의 오류는 부사격 → 주격 → 목적격 순으로 많이 나타났다('을'/'를', '~에서, ~부터, ~으로', '그러나, 그리고, 그러므로' 등에 어려움)
- 오류 형태는 대치 → 생략 → 첨가 순으로 많이 나타났다.
- 통사적 구조보다 의미 중심으로 이해하려는 경향이 있다.
- 수동문을 능동문으로 이해하는 오류, 접속문으로 연결된 인과 관계 문장의 이해에 어려움을 보인다.
- 문맥과 상황의 이해 어려움과 관용적 표현(속담, 비유어, 은유어)을 이해하는데 많은 어려움이 나타났다.

▶ 인공와우를 이식한 청각장애학생의 학습 능력

최근에는 청각장애로 어려움을 가지는 영·유아에게 인공와우 이식 수술에 대한 건강보험 적용의 지원과 확대 그리고 조기 통합교육을 통하여 대부분의 영·유아들이 2살 전·후의 이른 시기에 인공와우 이식 수술을 받고 듣고 말하는 능력의 향상을 위한 전문적인 청능재활을 시작한다. 이러한 결과로 취학 전 듣고, 말하는 능력이 많이 향상되어, 취학 후 학교생활의 학습에 있어서 듣기를 통한 읽기와 쓰기 등의 학습 능력은 또래 청인학생들의 평균 수준을 뛰어 넘거나 또는 평균 수준에 미치는 못하는 학습 능력의 차이를 보인다. 다만, 인공와우 이식 수술의 혜택을 받지 못한 전통적인 청각장애학생들과의 학습 능력을 비교할 때는 평균적으로 높은 수준을 보인다. 물론 소수의 기존 청각장애학생들은 인공와우를 착용하지 않고도 개인을 둘러싼 생애주기별 생태학적 환경 요인에 따른 교육으로 높은 수준의 학습 능력을 나타내기도 한다.

3 청각장애학생의 읽기지도

1. 읽기지도 이론

읽기 과정을 설명하는 관점으로 크게 정보처리론적 관점과 구성주의적 관점이 있다. 정보처리론적 관점에서 읽기는 언어라는 정보를 다루는 과정이며, 언어 기호로 제시된 글을 해독하는 것이라고 가정한다. 반면, 구성주의적 관점에서 읽기는 글에 대한 이해이며, 이해는 인간의 심리적인 작용으로 본다. 따라서 글 자체보다는 독자의 정신 작용, 글의 의미와 독자의 의미 간의 상호작용을 강조한다. 정보처리론적 관점의 대표적 이론으로는 상향식 이론이 있으며, 하향식 이론 및 상호작용 이론은 구성주의적 관점의 이론에 해당된다(최정원, 이영호, 2006). 다음의 〈표 9-1〉은 이 세 가지 이론에 대한 내용이다.

〈표 9-1〉 읽기지도 이론

이론	내용
상향식 이론	읽기 과정을 가장 작은 낱낱의 문자에 대한 지각 및 확인에서 시작하여 점차 큰 언어적 단위인 단어, 구, 문장, 문단으로 확대하고, 글 전체로 이어짐으로써 글의 의미를 파악하게 되는 직선적인 일련의 정보처리 과정으로 보는 것이다. 이 이론에서는 무엇보다도 글을 정확하게 해독하는 것을 강조한다.
하향식 이론	읽기 과정이 독자의 기대와 경험에 기초하여 글의 의미에 관한 가설을 세움으로써 시작된다고 가정한다. 즉, 글의 내용이 무엇을 표현하는 것인지 알면 각 문장을 이해하는 것이 쉽고, 문장의 구조나 의미를 알게 되면 각 단어에 대한 이해와 문자 인식이 어렵지 않다고 보는 것이다. 이 이론에서는 독자의 능동적이고 창조적인 참여를 강조한다.
상호작용 이론	읽기 과정을 상향식과 하향식 간의 상호작용으로 보면서 글 자체의 영향과 독자의 영향을 모두 인정한다. 즉, 텍스트에 대한 이해는 내용에 대한 독자의 배경 지식, 가정과 추측뿐 아니라 글 자체에 대한 정확한 확인이 상호작용하며 이루어진다는 것이다.

2. 읽기지도의 원리

청각장애학생에 대한 읽기지도의 원리는 단어 재인을 통한 의미의 이해를 바탕으로 한다. 이는 다음과 같은 다양한 구성 요소의 읽기 활동을 통해 쓰여진 글(텍스트)이 전달하고자 하는 전체적인 내용의 의미를 이해하는 것이다.

1) 단어 재인 지도

형태 분석: 문자의 시각적 특징이나 단서에 근거해 단어를 인식하는 활동

↓

음소 분석: 단어를 구성하고 있는 문자소(grapheme)와 음소(phoneme)의 대응 관계 분석을 통해 단어를 재인하는 활동

↓

음절 분석: 단어를 구성하고 있는 각 음절에 해당되는 소리를 분석적으로 지각함으로써 전체 단어를 재인하는 활동

↓

문맥 분석: 문맥에 있어서 전·후 단어나 의미에 의존해서 생소한 단어를 해독하는 활동

↓

일견 읽기: 단어에 대한 의식적인 음소나 음절 분석을 하지 않으면서 즉각적으로 단어를 재인하는 활동

2) 읽기 활동 지도

청각장애학생의 효과적인 읽기 활동 지도 방법에 대한 국내 연구를 살펴보면, 대부분 청각장애학생의 장점을 중심으로 한 시각적인 교수 매체 제시를 통한 활동 지도이다. 연구의 활동 내용들을 종합하여 요약하면 다음의 〈표 9-2〉와 같으며, 읽기 활동의 구체적인 단계별 지도는 [그림 9-5]와 같다.

〈표 9-2〉 효과적인 읽기 활동의 접근

▶그림 동화책	▶학습 만화	▶TV 매체	▶독서 활동
▶영화 개입	▶삽화 구성	▶신문 활용	▶인터넷 활용
▶마인드맵	▶상보적 교수법	▶멀티미디어 언어 학습	
▶총체적 언어 접근	▶균형 있는 문해	▶발음 중심	

단어 이해 : 전체적인 내용에 대한 이해 및 기억을 위한 기초가 되는 것

↓

사실적 이해 : 객관적이고 기본적인 읽기 활동으로서 자료에서 제시된 내용을 사실 그대로 의미화 하는 것

↓

추론적 이해 : 사실적 이해를 기초로 하여 인과 관계, 결론 및 의도를 추론하는 것보다 발전된 것으로 정보를 창조적으로 구성해 내는 것

↓

비판적·평가적 이해 : 지식, 경험 및 가치 체계 등의 내외적 근거를 중심으로 읽기 자료에서 제시된 내용의 정확성, 저자의 의도 및 정보의 유용성 등을 판단하는 것

↓

감상적 이해 : 읽기 자료에 대한 정서적 측면의 반응으로서 자신의 관점에서 해석, 동일시 및 미적 가치의 내면화 등이 이루어지는 것

[그림 9-5] 읽기 활동 지도 단계

3. 읽기지도 전략

청각장애학생에 대한 읽기지도 전략으로 직접 교수 전략, 명시적 교수 전략, 그리고 상보적 교수 전략으로 나누어 살펴보기로 하겠다.

1) 직접 교수 지도

직접 교수 전략의 구성 요소는 일련의 과정으로 각 단계를 선정하고, 각 단계별 전략에 대한 명시적 지도를 한다. 청각장애학생의 읽기 오류에 대하여 전략적 수정을 하며 교사 중심 활동의 점진적 축소로 청각장애학생 중심의 독립적 활동으로 확대해 간다. 체계적인 연습과 지속적이고 반복적인 복습과 예견되는 오류에 대한 학습 활동을 제공하도록 한다.

2) 명시적 교수 지도

전략에 대한 설명(목적, 방법, 이유 및 시간)과 함께 직접 시범을 보인다. 청각장애학생들이 스스로 과제를 수행할 수 있을 때까지 안내된 연습을 통해 과제 완수에 대한 책임감

을 함양시킨다. 교사는 학습된 전략을 새로운 읽기 상황에도 적용시킬 수 있는지에 대해 관심을 가진다.

3) 상보적 교수 지도

글 내용에 대한 이해와 기억을 목표로 하여 집단 토론 방법의 도입으로 질문, 명료화, 요약 및 예언의 네 가지 전략을 사용한다.

4. 읽기지도 방법

청각장애학생에 대한 읽기지도 방법으로 음성언어를 시각화하여 문자언어로 표현한 글자의 의미를 알 수 있는 발음 중심 지도법과 학생의 경험에 의한 의미 중심의 언어 경험 지도법 그리고 청각장애학생의 텍스트 상세화에 따른 읽기지도 방법을 중심으로 살펴보고자 한다.

1) 구조적인 – 발음 중심 지도법

발음 중심 지도법은 설명과 지시, 그리고 반복적인 훈련 등을 핵심으로 하는 교사 중심적 성격을 가진 직접적 형태의 언어 수업 방식이다. 문자 기호를 음성 기호로 옮기도록 하는 것이고, 학생은 읽기로부터 의미를 획득하기 전에 읽기의 하위 기술을 학습해야 하는 것이다. 따라서 자·모음이 결합하여 글자가 이루어지는 원리를 체계적으로 지도하는 것이다(송혜경, 2009).

(1) 낱말 읽기: 낱말 읽기는 교사나 부모가 소리를 내어 읽은 낱말을 따라 읽게 하며 글자를 읽을 수 있게 하는 것으로, 처음에 글자 하나하나를 익히고 난 다음에 낱말을 읽게 한 후 다시 글자 하나하나를 익히게 하는 방법을 제시하는 것이다.

(2) 음절 읽기: 음절 읽기는 낱말 읽기가 되면 아동 스스로 새로운 낱말을 읽을 수 있는 능력을 길러 주기 위해 낱말보다 작은 단위인 음절을 나타내는 글자의 모양과 말소리를 학습시키는 것으로, 스스로 새로운 낱말을 읽는데 필요한 가장 기초적인 능력이다.

(3) 낱소리 익히기: 학생이 스스로 읽을 수 있는 글자를 끝소리 자음(받침)이 없는 음절로 제한하여 학습하는 것이다(김경진 외, 2002).

2) 비구조적인 – 의미 중심 지도법

의미 중심 지도법은 언어 경험적 방법, 하향식 이론 등의 용어와 같은 의미로 사용되며, 읽기·쓰기지도를 학습자와 언어와 경험에 근거한 의미 중심의 비구조적인 언어 수업 방식이다. 의미를 지니는 단어나 문장 형태를 개별 학생에게 제시하고 의미를 이해하는 것에 중점을 두고 그 속에서 자연스럽게 글자가 읽힐 수 있도록 지도하는 것이다(고은주, 2009). 어휘력의 증진을 위해 다양한 문맥에서 경험하고 사용하는 어휘를 선정하여 함께 지도하도록 한다.

3) 텍스트 상세화 지도법

청각장애학생들은 교과 내용을 처음 접할 때부터 읽기 능력과 배경 지식이 충분히 갖추어지지 않은 경우가 많아서 내용의 이해를 돕기 위한 수정 기준을 만들어 단어나 문장 또는 문단의 이해에 어려움을 가지지 않도록 해야 한다(김호정, 2011). 이러한 읽기를 통한 이해의 문제를 줄이고 잘 모르는 것을 보상하기 위하여 잉여 정보와 명백한 요소로 구성되는 텍스트 상세화 지도법은 [그림 9-6]과 같이 어휘의 상세화와 구조의 상세화로 나눌 수 있다.

		어휘 상세화	구조 상세화
단어 수준	• 어휘 지식 부족 • 갖고 있는 어휘를 적당히 관련지어 해석 • 조사와 대명사 사용 부족	• 어려운 어휘에 정의, 동의어, 예 추가 • 대명사가 구체적으로 가리키는 어휘를 추가적으로 제시	• 어려운 어휘들이 많이 포함되어 전반적 문장 이해가 어려울 경우 요약 문장을 덧붙임
문장 수준	• 조사 단서보다는 어순 전략 사용 • 사동문, 피동문, 비유, 관용적 표현에 대한 이해 부족 • 주어가 생략된 부분 이해 부족	• 문항 반복을 이용해 부연 설명 (생략된 요소들로 인해 문장 표현이 간소화 되어 의미 전달이 어려울 경우 관련 어휘를 중심으로 적절한 대용어나 명사구를 활용해 쉽게 서술해 주는 문장을 더함)	• 사동문이나 피동문을 주동문이나 능동문으로 쉽게 재 진술한 문장을 추가 • 주어나 목적어가 생략된 부분에 생략된 요소들을 추가해 설명을 덧붙임 • 비유나 관용적 표현 뒤에 요약 문장을 덧붙임
단락 수준	• 적절한 접속어를 이용한 논리적 연결이 어려움	• 어휘 상세화 예 ▶ 인구감소 ➜ 사람이 줄어드는 ▶ 더 나은 음식점 ➜ 좀 더 음식 맛이 좋고 나은 음식점	• 복문으로 된 복잡한 문장을 단문으로 나누고 적절한 접속어를 이용해 문장을 연결해 줌

[그림 9-6] 청각장애학생을 위한 텍스트 상세화

증강현실(virtual relity)을 기반으로 스마트 기기를 활용한 학습 지도는 시간과 공간에 제약을 받지 않고 다양한 주제의 탐색으로 학습자로 하여금 동기 유발과 주의 집중을 이끌어 낼 수 있어(김영익 외, 2018), 청각장애학생에게 시각적으로 의미 있는 상황적 맥락이 포함된 내용으로 읽기지도를 할 수 있다.

4 청각장애학생의 쓰기 특성

1. 문장 쓰기 능력

청각장애학생의 문장 쓰기 능력은 어휘력의 영향을 받는다. 청각장애학생의 경우는 청력손실로 인해 발달 과정에서 어휘력의 부족으로 청인학생에 비해 제한적이고 고착화된 짧은 문장의 형태를 보이며 어미 활용에서는 연결의 '~고'와 '~어서'가 절반 이상을 차지하고 있다(김병하, 김욱희, 권순우, 2005). 청각장애학생의 쓰기 능력에서 나타난 어휘의 특성을 살펴보면, 활용 빈도는 체언, 관계언, 용언, 수식언 순으로, 오류 빈도는 관계언, 용언, 수식언, 체언의 순으로 높게 나타났으며, 또래 청인학생에 비해 적은 어휘 수, 부적절하고 제한된 어휘의 사용, 수어의 영향에 의해 나타나는 어휘의 오류가 발견된다(한국청각·언어장애교육학회, 2012).

문장 형태에 대하여 연구한 Wilbur(1987)는 청각장애학생과 청인학생의 작문을 분석한 결과, 작문의 길이에 있어 양적인 차이는 없었지만, 청각장애학생은 좀 더 단순하고 짧으며, 덜 유연한 어순법을 사용한다고 하였다. 또한 청각장애학생은 문법의 규칙 습득에 전반적인 어려움을 지니고, 자기중심적 표현과 배경 내용을 알 수 있는 묘사에 부족함을 나타낸다. 특히 조사 사용에 어려움이 많다(권순우 외, 2017).

Moores(1987)는 청각장애학생의 문장은 짧고 단문장으로 틀에 박힌 표현이 대부분이며 그 표현의 형식에 한계가 있고 반복적이고 사용한 어휘도 한정되어 있다고 하였다. 김영욱 등(2013)은 청각장애학생의 문장 쓰기 능력은 짧거나 맥락 없는 문장들을 사용하며 행동의 결과만을 나열하는 경향과 배경 묘사, 감정 표현, 설명적 기술에서 부족한 면이 많았으며 쓰기에 나타나는 어휘 사용에서 같은 단어와 구절들을 반복적으로 사용하고, 내용어를 지나치게 많이 사용하였다고 한다. 그리고 기능어의 출현도가 낮은 편이고 또래 청인학생에 비해 짧은 문장으로 작문을 하는 경향을 보인다고 하였다. 박주희(2013) 또한 청각장애학생들이 작성한 문장을 보면 대부분 제한된 어휘로 인하여 문장의 길이가 짧고 중복적인 어휘를 많이 사용한다고 하였다.

Yoshinaga와 Snyder(1985)는 10~15세의 청각장애학생 49명과 청인학생 49명에게 그림언어 이야기 검사를 실시하여 문법 능력, 문장 의미 사용 능력, 문맥 의미 사용 능력을 분석한 결과 청각장애학생은 청인학생에 비해 충분하지는 못하나 쓰기의 통사론적, 의미론적 측면에 있어서는 유사한 발달 경향이 나타났다고 하였다. 또한 쓰기의 통사론적 발달은 직선적 증가 경향과 함께 읽기 수준과도 관련이 있음이 나타났고, 생활 연령과 더욱 밀접한 관계를 보였다. 의미론적 발달은 반원형 발달(증가 후 감소) 경향을 보이고, 읽기 수준과 밀접한 관계가 있음이 나타났다고 보고하고 있다(김승국 외, 1998).

2. 품사별 어휘 능력

우장석(1984)은 품사별 어휘 사용 능력의 빈도율을 분석한 결과 명사가 59.73%로 가장 많았으며 동사 18.42%, 형용사, 부사, 관형사, 대명사 순으로 나타나고 감탄사는 거의 사용하지 않는다고 하였다. 또한 한 문장 내의 어휘 중 추상성 어휘 수준을 비교할 때 청각장애학생은 17세가 되어도 청인학생의 11세 수준에도 도달하지 못한다고 하였다.

김진식(1990)은 청각장애학교 초등부 1~6학년 청각장애학생의 일기문을 분석하여 품사별 어휘 사용의 내용이 어떻게 변화하는지를 알아 보았다. 그 결과 대부분 학년이 올라갈수록 품사별 어휘 사용 능력이 증가하기는 하지만 조사와 대명사의 사용이 낮았으며 이는 청각장애학생의 통사 기능의 발달이 어렵다는 것을 나타내 주는 것이라고 하였다.

청각장애학생의 문장에서는 조사의 오류가 많은 편이다. 청각장애 초등학생과 중학생의 문장 쓰기에서 조사의 사용을 분석한 결과, 오류 빈도 면에서는 주격 조사가 가장 많았고, 그 다음으로 부사격 조사, 목적격 조사, 조사 탈락, 보격 조사, 보조사, 조사 첨가 순으로 오류를 보였다(김용세, 2009).

이규식 등(2004)도 청각장애학생이 문장을 구성하기 위한 쓰기 능력에서 가장 큰 어려움을 나타내는 것이 조사의 활용이라고 하였다. 문장 완성법에 의한 문장 이해력을 측정한 결과, 청각장애학생은 학년이 상승해도 조사의 표현에 공통된 저항을 갖고 있다고 지적하고 더불어 조사의 오용으로 인하여 문맥이 맞지 않고 어색한 문장이 많이 나타난다고 하였다.

이와 같이 청각장애학생의 일반적인 쓰기 능력을 청인학생과 비교하면 많이 뒤떨어져 있거나 지체되어 있는 것을 알 수 있다. 이는 단순하고 짧은 일관된 단문 형태의 사용, 문장 이해도가 낮고 문맥에 맞지 않은 어색한 문장의 형태, 다양한 어휘의 사용 곤란 그리고 가장 어려워하는 조사 사용 등의 문법적인 오류로 인하여 문맥을 연결하는 의미를 이해하지 못하기 때문이다. 그렇지만 청인학생과 동일한 지적 능력을 가지고 있어 일상적 학습의 기회가 제공되고, 일상생활의 일부로써 읽기와 쓰기를 충분히 지도해 줄 수 있다면 청각장애학생은 성공적으로 발달할 가능성이 크다(Miller, 2004a; Moores, 2001).

5 청각장애학생의 쓰기지도

청각장애학생의 쓰기지도 방법으로 권순우(2004)는 어휘력 향상을 위한 지도 방법, 최성규(2005)는 삽화를 이용한 대체 사고전략 지도 방법, 손일수(1989)는 경험한 내용을 배경지식으로 하는 일기 지도를 통한 방법 등을 제안하였다. 이처럼 청각장애학생에 대한 쓰기지도는 개인의 쓰기 능력 특성과 현재의 쓰기 능력 수준에 따라 성취 가능하도록 다양한 요인들의 분석을 통하여 종합적으로 계획하여 접근해야 할 것이다.

1. 쓰기지도의 기초와 전략

의사소통 수단 중 듣고 이해하는 것이 읽고 이해하는 과정이라고 하면 이러한 내용을 바탕으로 자신이 이해한 것을 음성언어로 표현한 것은 말이고 문자언어로 표현한 것은 쓰기인 것이다. 이처럼 쓰기는 대뇌 언어중추신경계의 읽기 이해 과정을 통해 필기구를 잡은 손과 눈의 시지각 협응 동작 등의 여러 복잡한 연쇄 과정을 통하여 산출되는 것이다. 즉 언어라는 상징 기호를 시각화하여 선과 원 그리고 곡선의 전사를 통하여 쓰기로 표현하는 것이다.

(1) 쓰기지도의 기초

쓰기지도의 기초를 준비시키기 위해서는 일상생활에서 가능한 한 많은 경험을 하도록 하며, 회화지도를 통해 말로 생활 경험을 발표하도록 하며, 읽는 독서 습관을 길러야 한다. 실제로 쓰는 지도를 하기 전에는 다른 학생의 표현 활동을 주의 깊게 관찰하여 직관력을 기르고, 쓰는 목적을 인식시키며, '말하고 싶다.', '쓰고 싶다.'라는 자발적인 동기 부여를 통한 욕구를 불러 일으켜야 한다. 그림일기 지도는 쓰기의 기초를 형성하는 한 가지 방법이다. 경험을 그림으로 표현하도록 하고, 표현한 그림을 간단한 문자나 문장으로 설명하도록 하며, 학생 자신이 그림을 음미하도록 하여 문장을 쓰는 것에 대해 흥미와 관심을 갖도록 하여 쓰는 즐거움을 느끼도록 하고, 점차 그림일기와 같이 그림과 문장을 나누어 쓰도록 지도한다(김승국 외, 1998). 학교에서 실시하는 체험 현장 학습을 통하여 직접 보고 듣고 느끼는 창의적인 활동을 마친 후, 또래 학생과 함께 협력해 그린 그림과 마인드맵 활동 내용을 이용한 쓰기지도 또한 효과적일 것이다.

(2) 쓰기지도의 전략

교사는 청각장애학생에게 효과적인 쓰기를 위한 지도 전략으로 먼저 학생들이 관심이 있고 선호하는 주제를 선정하도록 하고 글을 쓰고자 하는 목적 등을 파악하는 능력을 길러 주어야 한다. Troia(2012)는 효과적인 쓰기를 위하여 다음의 〈표 9-3〉과 같이 몇 가지 전략을 제안하였다(이필상 외, 2015).

〈표 9-3〉 효과적인 쓰기지도 전략

- ▶학생들에게 계획하기, 수정하기, 편집하기 전략을 지도한다. 교사가 목표로 하는 전략을 사용하는 방법을 시범적으로 보여 주고, 학생들이 그 전략을 사용할 수 있을 때까지 도움을 제공한다.
- ▶읽기 내용에 대한 요약하기 전략과 절차를 가르친다. 이러한 지도는 학생들이 습득한 정보를 글로 간결하고 정확하게 표현할 수 있는 능력을 길러 준다.
- ▶학생들이 쓰기를 하면서 달성해야 할 목표를 구체적으로 명시하여 설정한다.
- ▶쓰기 도구로 워드 프로세서를 사용하도록 하는 것은 학생들의 글쓰기에 긍정적인 영향을 준다.
- ▶복잡한 문장을 쓰는 방법은 점진적으로 복잡한 문장으로 나아가도록 지도한다. 복잡한 문장과 상대적으로 간단한 문장을 결합하게 하는 지도는 학생들이 작성한 글의 질을 높이는 데 기여할 수 있다.
- ▶학생들에게 문장 결합을 지도할 때에는 일반적으로 교사가 둘 혹은 그 이상의 문장을 하나의 복잡한 문장으로 결합시키는 방법에 대해 시범을 보여야 한다. 학생들은 시범을 통해 본 것과 동일한 유형의 문장을 작성하기 위해 연습한다.
- ▶과정 중심의 쓰기지도 방법을 실시한다.
- ▶탐구를 통해 쓰기 기능을 기를 수 있도록 설계된 쓰기 활동에 학생들을 참여하게 한다. 쓰기에서의 효과적인 탐구 활동은 분명하고도 구체적인 목표, 구체적이고 직접적인 자료 분석, 이러한 분석을 수행하기 위해 구체적인 전략을 사용하는 것, 학습한 것을 적용하는 것 등으로 특징지을 수 있다.
- ▶학생들이 초고를 쓰기 전에 아이디어를 모으고 조직하는 것을 돕는 활동에 참여하게 한다.
- ▶학생들이 계획하기, 초고 쓰기, 수정하기, 편집하기를 또래들과 함께 협력할 수 있도록 지도 내용을 제시한다.
- ▶학생들에게 쓰기를 지도할 때 쓰기 유형의 모범적인 글을 예시로 보여 준다. 예시된 모범적인 글을 학생들이 스스로 분석하게 하고, 교사는 학생들이 그 글이 포함하고 있는 주요 요소들을 모방하도록 격려한다.
- ▶발화 분석 활동이나 문장 분석 활동 등과 같은 형식적인 방법을 사용한 문법 지도는 피한다.

2. 과정 중심 쓰기지도

쓰기지도의 방법을 구분하는 방식 중 하나는 결과 중심과 과정 중심으로 나누는 것이다. 결과 중심 접근법은 결과 자체를 강조한다. 쓴 글에 대해 논평해 주는 방식으로 지도하는 것이며, 과정 중심 접근법은 아이디어를 생성, 조직, 표현하는 과정에서 학생이 필요로 하는 기능이나 전략을 직접 가르침으로써 학생들의 쓰기 능력을 기르는 방식이다. '과정 중심 쓰기지도 교육'은 쓰기를 역동적인 의미 구성 행위로 파악하면서 내용을 생성, 조직, 표현, 수정하는 일련의 쓰기 과정에서 교사가 역동적으로 개입하여 학생들의 쓰기 능력과 문제 해결 능력을 촉진하고자 하는 쓰기 교육에 대한 하나의 관점이자 접근 방식을 말한다(유봉현, 2010). 글 작성을 위한 쓰기로 전사하기 위해서는 계획하기, 내용 작성, 수정의 단계를 거치게 된다. 이러한 단계를 거치는 과정 중심 쓰기지도에 대하여 살펴보면 다음의 [그림 9-7]과 같다.

계획하기	• 글을 쓰기 전에 글을 쓸 준비를 하는 것이다. 글을 쓰는 목적과 주제를 생각하고, 독자를 설정하며, 제시된 조건과 글의 형태를 고려해 본다.
내용 생성하기	• 글을 쓰기 위해 생각을 떠올리고 자료를 수집하는 것이다. • 지도 방법으로 빠르게 떠올리기(브레인스토밍), 열거하기, 이야기 나누기, 읽기, 역할놀이 및 연극, 명상하기, 경험하기, 일기 쓰기 등이 있다. • 빠르게 떠올리기의 예를 들면, 여름이면 생각나는 것은? 수박, 얼음, 에어컨 등이 있다.
내용 조직하기	• 여러 자료를 조직하여 응집성과 통일성을 높이는 활동을 하는 것이다. • 지도 방법으로 관련 있는 것 범주화하기, 글 요약하기, 줄여 쓰기, 문단별 중요 단어 쓰기, 문단에서 중심 문장 모아 쓰기 등이 있다.
표현하기	• 앞 단계 과정을 지나 생각나는 대로 기본적인 쓰기의 활동을 하는 것이다. 완벽하게 쓰려고 하기 보다는 고치는 과정을 통하여 쓴다(회귀성). • 지도 방법으로 말로 쓰기, 내리 쓰기, 문장 쓰기 전략 활용하기, 의미 표현을 위한 마인드맵 지도 그리기 등이 있다.
수정하기	• 첨가, 삭제, 대체, 이동, 재배열의 다섯 단계 고쳐 쓰기로 이루어진다. • 지도 방법으로 훑어 읽기, 평가하기, 돌려 읽기, 비평 집단 운영하기, 토론 활동 및 철자 맞춤법 게임 등이 있다.
조정하기	• 글쓰기의 전 과정에서 이루어진다. 자기 평가, 자기 기록, 자기 질문, 자기 교수, 자기 강화 등의 메타 인지가 작동하는 과정이다.

[그림 9-7] 과정 중심 쓰기지도

3. 스마트 기기 환경 쓰기지도

1) 스마트 기기 교육환경의 개념

스마트 교육과 함께 스마트 교육환경이라는 용어가 흔히 사용되고 있는데 그 의미를 간략히 알고 스마트 교육환경의 쓰기지도에 대하여 알아보기로 하겠다. 교육환경은 학교와 교실에 어떠한 교구나 장비 등의 시설이 갖추어졌는가에 따라 세 가지 유형으로 구분할 수 있다.

첫째, 전통적 패러다임에 따른 '전통적 교육환경', 둘째, 이 전통적 교육환경에서 성장하고 변화한 '컴퓨터 교육환경', 셋째, 스마트 기기의 도입으로 구축된 '스마트 교육환경'이 그것이다.

특히 스마트 교육환경에서는 스마트 폰이나 스마트 패드를 통해 인터넷에 자유롭게 접속할 수 있도록 돕는 장치도 중요한 장비로 간주된다. 스마트 기기는 휴대와 이동이 쉽지 않은 컴퓨터와 달리 개인이 휴대한 채로 이동이 가능하다는 특징이 있는데, 이를 바탕으로 하여 교사의 교수 활동과 학생의 활동을 확장하는 장점을 누릴 수 있다(박영민, 2014). 스마트 기기는 기존의 특수교육용 기자재의 단점을 보완하여 새로운 교육 미디어로서 그 잠재력이 기대되는 매체이다(임장현, 박은혜, 2012).

2) 스마트 기기 쓰기지도

전사는 두 가지 유형으로 구분된다. 하나는 손으로 직접 글을 쓰는 손 글씨 쓰기이고, 다른 하나는 워드 프로세서로 글자를 입력하는 타이핑이다. 스마트 교육환경에서는 이 두 전사 기능이 모두 효과적으로 읽힐 수 있다. 전통적 교육환경에서는 손 글씨가 전사 기능의 중심을 이루고 컴퓨터 교육환경에서는 타이핑이 전사 기능의 중심을 이루지만, 스마트 교육환경에서는 이 두 가지 전사 기능을 스마트 기기를 통해 병행할 수 있기 때문이다. 스마트 기기는 손가락으로 글자를 입력할 수도 있고 전자 연필로 손 글씨를 쓸 수 있기 때문이다(박영민, 2014). 스마트 기기 쓰기는 인터넷 접속을 통하여 언제든 내용 생성 전략을 사용할 수 있기 때문에 학생들에게 풍부한 정보를 제공하여 글을 쓰는 데 필요한 다양한 자료에 매우 손쉽게 접근할 수 있게 한다. 전통적인 손 글씨와 비교해서 더 빠른 시간 내에, 더 많은 글을 간단하게 작성하여 생성할 수 있고, 틀린 내용을 수정하며, 글의 문장 길이와 글 속에 포함되어 있는 내용 또한 다양하게 구성하여 의미를 보다 쉽게 전달할 수 있다.

임용시험 기출문제

(가)는 ○○중학교에 재학 중인 청각장애 학생 A의 특성이고, (나)는 일반 교사와 특수 교사의 대화 중 일부이다. 〈작성 방법〉에 따라 서술하시오. [4점]

(가) 학생 A의 특성

- 순음청력검사 결과가 왼쪽 귀 60dB HL, 오른쪽 귀 90dB HL으로 나타남.
- 오른쪽 귀만 보청기를 착용하고 있음.
- 보청기 착용으로 말읽기를 통하여 수업에 참여하고 있음.

(나) 일반 교사와 특수 교사의 대화

일반 교사: 선생님, 학생 A는 오른쪽 귀에 보청기를 착용하고 있는데도 수업 시간에 말소리를 듣고 이해하는 것을 어려워하고, 음원의 위치 파악이 가끔씩 잘 안 될 때도 있더라고요.

특수 교사: 학생 A는 특성상 양쪽 귀에 보청기를 착용하면 좋을 것 같더군요. 이런 경우에는 (㉠)의 착용이 효과적일 수 있어요.

… (중략) …

일반 교사: 학생 A는 친구들과 대화하는 데 어려움을 느끼는 것 같아요. 학생 A가 어떻게 하면 대화에 더 적극적으로 참여할 수 있을까요?

특수 교사: 듣는 정보가 부족하고 알고 있는 어휘 수도 적은 편이어서 의사소통이 잘되지 않을 수 있어요. 학생 A가 ㉡ 예상하는 전략과 ㉢ 회복하는 전략을 사용할 수 있도록 지도하면 됩니다.

일반 교사: 그렇군요. 그럼 다음 주에 '박물관 학예사 체험하기 활동'을 하면서 ㉣ 학예사의 활동 알아보기와 ㉤ 학예사 역할 체험을 계획하였는데, 학생 A에게 적용해 보면 좋겠습니다.

〈작성 방법〉

- (가)를 참고하여 (나)의 괄호 안의 ㉠에 해당하는 보청기의 유형을 쓰고, 학생 A가 ㉠을 착용했을 때의 효과를 1가지 서술할 것.
- (나)의 밑줄 친 ㉡을 ㉣ 활동에 적용하는 예와 ㉢을 ㉤ 활동에 적용하는 예를 1가지씩 각각 서술할 것. (단, ㉢은 '언어 정보 전체를 이해하지 못한 경우'에 한하여 작성할 것.)

※ 상기 임용시험 기출문제는 5장 p.150에도 제시하였다. 이유는 각 장에 해당하는 관련된 내용이 함께 있어서 쉽게 이해하도록 9장에도 제시한 점을 참고하기 바란다.

Chapter 10

청각장애학생의 교육과정과 교과교육

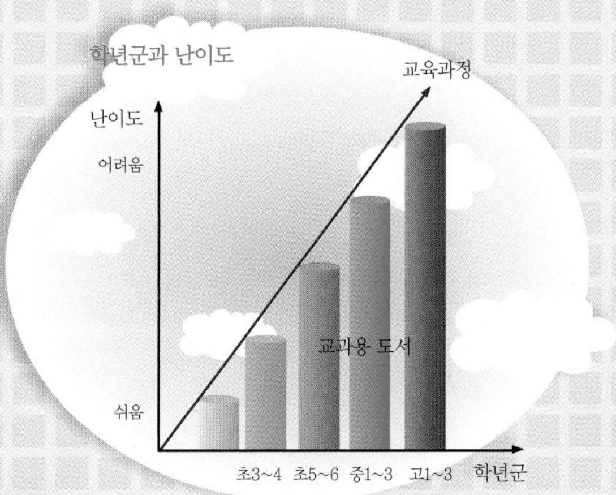

1 교육과정
2 교과교육의 요구
3 교과교육의 실제

학습목표

1. 청각장애학생 교육의 변천 과정을 이해할 수 있다.
2. '특수학교'와 '특수교육'의 교육과정의 차이점을 이해할 수 있다.
3. 청각장애학생의 학습 특성을 이해할 수 있다.

생각나누기

• 청각장애용 교과서와 공통 교육과정 교과서

[청각장애용 보조 교과서 – 언어]

출처: http://www.egbn.kr

[공통 교육과정 교과서 – 중학교]

출처: http://news.joins.com

청각장애학생을 위한 교과서는 교육과정의 보편성과 특수성에 따라 변천되어 왔다. 1980년대에는 청각장애학생의 특수성에 따라 청각장애학교용 교과서가 출판되어 보급되었다. 그러나 1990년대 후반에 들어서는 통합교육의 강조로 보편성을 중시하면서 청각장애학생은 일반학교에서 사용하는 교과서를 사용하게 되었다. 최근에는 청각장애학생의 특수성을 고려하여 별도의 청각장애학생용 보조 교과서를 출판하여 보급하고 있다. 청각장애학생을 위한 교육과정은 보편성과 특수성이 어떻게 균형을 이뤄야 할까?

1 교육과정

1. 교육과정의 정의

교육과정이라는 용어는 영어의 커리큘럼(curriculum)의 번역어로, 라틴어인 '쿠레레(currere)'에서 유래된 말이다. 그 의미는 '달린다', '뛴다'라는 뜻으로 '경마장의 경주로(course of race)'와 '경주하는 그 자체(the race itself)'에 해당하는 것으로 활동의 장소나 활동의 연속을 의미한다. 따라서 교육과정은 공부하는 학생들이 '따라가야 할 코스'를 의미한다고 볼 수 있다.

[그림 10-1] 쿠레레: 말이 달리는 경주로 트렉

현대적 의미에서 본다면 교육과정이란 교육을 통해 달성해야 할 기대되는 인간상은 무엇이며, 그러한 인간상을 육성하는 데 요구되는 교육 내용과 방법은 어떠해야 하는지가 구체적으로 제시된 교육의 모든 사전 계획을 의미한다.

또한 교육과정이란 용어가 일관성 있게 사용되지 않고 다의성을 지니고 있음을 발견하게 된다. 몇 가지 교육과정의 의미를 살펴보면 다음과 같다(김재춘, 2005).

- 문서로서의 교육과정: 계획된 교육과정
- 실천으로서의 교육과정: 전개된 교육과정
- 성과/산출로서의 교육과정: 실현된 교육과정
- 의도되지 않은 산출로서의 교육과정: 잠재적 교육과정
- 배제로서의 교육과정: 영 교육과정

본 절에서 다루는 교육과정이란 문서로서의 교육과정이며, 우리나라 교육과정은 국가 법령으로 제시하는 국가 수준의 교육과정이라고도 한다. 즉, 공식적 교육과정이며, 우리

나라 교육과정은 국가가 법령으로 제시한다. 국가 수준의 교육과정은 교육과정 개정의 필요성이 발생할 경우 개정하였다. 해방 직후 미군정기의 교육과정(1945~1948)에서부터 시작하여 6차까지 전면 개정을 하였으며, 7차 교육과정부터 수시로 개정하였다.

최근 개정된 교육과정은 2022년 12월 22일 교육부가 고시한 국가 교육과정. 대한민국의 11번째 교육과정이자 7차 교육과정 이래 4번째 수시 개정 교육과정이다. 2022 개정 교육과정은 「초·중등교육법」 제23조 제2항에 의거하여, 초·중등학교 교육과정 고시(교육부 고시 제2022-33호)에 따라 다음 〈표 10-1〉과 같이 초등학교 1, 2학년부터 순차적으로 적용한다.

2022 개정 교육과정은 최근 사회변화(디지털 전환, 기후·생태환경 및 인구구조 변화, 사회의 복잡성과 다양성 확대) 및 시대적 요구(학생 개개인의 특성과 진로에 맞는 학습을 지원해 주는 맞춤형 교육 필요, 교육과정 자율화 및 분권화)를 반영하여 '포용성과 창의성을 갖춘 주도적인 사람'을 교육과정 개정방향으로 설정하고, 이를 위하여 다음의 인간상과 핵심역량, 미래사회의 불확실성에 대응할 수 있는 역량들을 설정하였다.

〈표 10-1〉 2022 개정 교육과정 적용 연도

학교명 \ 연도	2024년 3월	2025년 3월	2026년 3월	2027년 3월
초등학교	1, 2학년	3, 4학년	5, 6학년	
중학교		1학년	2학년	3학년
고등학교		1학년	2학년	3학년

2. 청각장애 특수학교 교육과정의 변천

청각장애학생을 위한 특수학교 교육과정은 1967년 문교부령으로 맹학교와 농아 학교 교육과정을 제정·공포하였고, 청인학생을 위한 문교부 검정 교과서와 함께 동일하게 사용하였다. 그리고 청각장애학생을 위한 교과서 개발의 필요성에 대한 학교 현장의 요구에 따라 제3차 특수학교 교육과정부터 청각장애용 검정 교과서가 개발·보급되었다. 그러나 제5차 특수학교 교육과정은 국민공통기본교육과정의 적용에 따라 청각장애학교에서는 다시 청인학생용 교과서를 사용하게 되었다. 즉 교육과정의 변천에 따라 청각장애학교 교육과정의 특수성이 축소되고, 일반학교 교육과정을 적용하는 보편성이 두드러지게 나타나고 있다(권순우, 2005). 우리나라 청각장애 특수학교 교육과정의 변천에 따른 주요 특징은 다음 〈표 10-2〉와 같다.

〈표 10-2〉 우리나라 청각장애 특수학교 교육과정 주요 내용

구 분	특 징	주요 내용
제1차 교육과정 (1967~1978)	• 경험 중심 교육과정 • 별책6. 농아 학교 교육과정 • 일반 목표와 특수 목표	• 교육 목표: 일반 목표와 특수 목표를 두고 특수 목표는 청각장애 및 이에 기인하는 심신 발달상의 결함을 보충·보상하기 위한 목표를 지님 • 교육과정 구성 방침: ① 일반성과 특수성의 조화, ② 전인성의 강조, ③ 자기실현의 강조, ④ 자주성의 강조, ⑤ 유용성과 생산성의 강조 • 조직 및 운영: 합리성을 강조하고 교육과정 운영상의 융통성 이외에도 청각장애학생의 이차적 장애를 보상하고, 개인의 독특한 교육적 욕구에 부응한 교육을 실시하기 위해 개별성 강조
제2차 교육과정 (1979~1983)	• 청각장애학교 교육과정 • 치료 교육 활동 • 고등부 (보통 교과+)	• 교육 목표: 일반학교 교육과정과 동일하게 일반 목표만 선정 • 청각장애 보상: 목표나 내용이 달리 편성되어 있지 않음 • 조직 및 운영: 학교 재량에 따라 청각장애를 보상하기 위한 치료 교육 활동을 별도 운영
제3차 교육과정 (1984~1989)	• 교육과정 적합성 • 교육과정의 수준, 양 조정 • 장애 보상 교육 실시 • 직업 교육 강화 • 학교급별 특수 목표 제시	• 교육 목표: 청각장애학교 특수 목표 제시 • 교과 내용: 정선 및 수준의 적정화 강조, 장애 극복 의지와 능력의 신장, 국민 정신 교육의 강화 및 교육의 질 개선 • 청각장애 보상: 장애 특성에 따른 교육 내용의 수준과 양의 조정, 장애 보상 교육의 실시, 적성·직업 교육의 강화 • 조직 및 운영: 요육 활동, 언어 수용 활동, 언어 표현 활동, 생활 적응 활동 제시
제4차 교육과정 (1990~1998)	• 조기 교육, 교육과정 운영의 내실화 • 학교의 자율적 운영 • 성취 목표 추가 • 요육 활동 • 학교 재량 시간 추가	• 교육 목표: 교육과정, 교육 목표 그대로 적용 • 청각장애 보상: 장애 극복에 필요한 성취 목표 추가 • 조직 및 운영: 교과, 요육 특별 활동, 학교 재량 시간 편성 • 요육 활동: 언어 수용 활동과 언어 표현 활동 2개 영역 편성
제5차 교육과정 (1998~)	• 통합교육 • 학생 중심, 현실화 • 탄력적 치료 교육	• 교육 목표: 일반 목표와 세부 목표 제시 • 청각장애 보상: 청각장애 구분 특수 목표 제시 • 조직 및 운영: 국민 공통 기본 교육과정(초등학교 1학년부터 고등학교 1학년까지), 선택 중심 교육과정(고등학교 2, 3학년), 특별 활동, 재량 활동, 치료 교육 활동

출처: 권순황(2016). p. 7.

제5차 특수학교 교육과정이 국민공통기본교육과정을 10년간 적용하게 되면서 청각장애 학교에서도 영향을 받게 되었다. 이러한 흐름은 '2008 개정 특수학교 교육과정'에서도 계속되었다. 주요 특징은 아래 〈표 10-3〉과 같다.

〈표 10-3〉 2008 개정 특수학교 교육과정의 주요 내용

특 징	주요 내용
• 치료 교육 활동 삭제 및 재량 활동 시간에 치료 지원 마련 • 기본 교육과정의 교과교육과정 구조 및 내용 개선	• 교과: 8개 교과(국어, 사회, 수학, 과학, 체육, 음악, 미술, 실과/직업) 확대 개편 • 신설: 초등학교 '우리들은 1학년'과 5, 6학년 '실과/직업' 교과 포함 • 확대: 기존 교육과정 I 단계를 기능적 생활 중심 내용으로 확대 • 재량권: 순회 교육, 통합교육, 영아 교육, 전공과에 대해 특수교육의 특성을 반영한 교육과정 편성·운영의 재량권 부여

출처: 권순황(2016). p. 7.

3. '특수교육' 교육과정

2008 개정 특수학교 교육과정 이후 '특수학교' 교육과정이라는 용어 대신 '특수교육' 교육과정이라는 용어를 사용하기 시작하면서, 2011 개정 특수교육 교육과정, 2015 개정 특수교육 교육과정, 2022 개정 특수교육 교육과정이라는 명칭으로 개정되었다. 이는 일반 초·중학교 교육과정인 공통 교육과정과 고등학교 교육과정인 선택 교육과정의 기본 틀을 근간으로 특수교육대상자의 교육적 요구의 보편성과 특수성을 반영하여 연관·조정한 교육과정을 말한다. 또한 '특수교육' 교육과정은 「장애인 등에 대한 특수교육법」 제20조 규정에 따른다.

〈표 10-4〉「장애인 등에 대한 특수교육법」 제20조

제20조(교육과정의 운영 등)

① 특수교육 기관의 유치원·초등학교·중학교·고등학교 과정의 교육과정은 장애의 종별 및 정도를 고려하여 교육부령으로 정하고, 영아 교육과정과 전공과의 교육과정은 교육감의 승인을 받아 학교장이 정한다.

② 특수교육 기관의 장 및 특수교육대상자가 배치된 일반학교의 장은 제1항에 따른 교육과정의 범위 안에서 특수교육대상자 개인의 장애 종별과 정도, 연령, 현재 및 미래의 교육 요구 등을 고려하여 교육과정의 내용을 조정하여 운영할 수 있다.

③ 특수학교의 장은 교육감의 승인을 받아 유치원·초등학교·중학교·고등학교 과정을 통합하여 운영할 수 있다.

제20조의 규정에 따르면, 특수교육 기관의 교육과정은 국가 수준의 교육과정이며, 영아 교육과정과 전공과의 교육과정은 학교장이 교육감의 승인을 받아 교육과정을 정하도록 되어 있다. 또한 일반학교의 장은 특수교육대상자가 배치되어 있는 경우 특수교육대상자에게 제1항에 따라 일반교육과정과 기본 교육과정 두 가지를 모두 적용할 수 있다. 다시 말해서, 특수교육대상자에게 적합한 교육과정을 운영할 수 있는 재량권을 부여한 것이다. 또한 제3항에 따르면 특수학교는 학교급에 제한받지 않고 다른 학교급의 교육과정을 적용할 수 있도록 하고 있다. 「장애인 등에 대한 특수교육법」 시행규칙 제3조 2에서는 다음 〈표 10-5〉와 같이 적용할 수 있는 교육과정을 구체적으로 설명하고 있다.

〈표 10-5〉 「장애인 등에 대한 특수교육법」 시행규칙 제3조의 2

제3조의 2(교육과정)

① 법 제20조 제1항에 따른 특수교육 기관의 교육과정은 유치원 교육과정, 공통 교육과정, 선택 교육과정 및 기본 교육과정으로 구분한다.

② 제1항에 따른 교육과정의 대상 및 내용은 다음 각 호와 같다.

1. 유치원 교육과정: 만 3세부터 초등학교 취학 전까지의 어린이를 대상으로 하고, 「유아교육법」 제13조 제2항에 따라 교육부장관이 정하는 유치원 교육과정에 준하여 편성된 과정
2. 공통 교육과정: 초등학생 및 중학생을 대상으로 하고, 「초·중등교육법」 제23조 제2항에 따라 교육부장관이 정하는 초등학교 및 중학교 교육과정에 준하여 편성된 과정
3. 선택 교육과정: 고등학생을 대상으로 하고, 「초·중등교육법」 제23조 제2항에 따라 교육부장관이 정하는 고등학교 교육과정에 준하여 편성된 과정
4. 기본 교육과정: 특수교육대상자의 장애 종별 및 정도를 고려하여 제2호 및 제3호의 교육과정을 적용하기 어려운 학생을 대상으로 하고, 대상자의 능력에 따라 학년의 구분 없이 다음 각 목의 어느 하나에 해당하는 교과의 수준을 다르게 적용할 수 있도록 편성된 과정
   가. 국어, 사회, 수학, 과학, 실과, 체육, 음악, 미술 및 교육부장관이 필요하다고 인정하는 교과
   나. 특수교육대상자의 진로 및 직업에 관한 교과

③ 제1항 및 제2항에서 규정된 사항 외에 교육과정의 내용 및 기준에 관하여 필요한 세부 사항은 교육부장관이 정하여 고시한다.

위에서 본 바와 같이 특수교육대상자는 일반학생과 동일하게 교육과정을 밟을 수 있지만, 특수교육대상자의 특성을 고려하여 적합한 교육과정을 운영할 수 있도록 기본 교육과정도 적용할 수 있도록 하였다. 각 교육과정의 유형 및 활용 대상은 다음 〈표 10-6〉과 같다.

〈표 10-6〉 특수교육 교육과정의 유형별 성격 및 적용 대상

유 형	성 격	적용 대상
(특수교육) 유치원 교육과정	일반 유치원 교육과정(3~5세 누리과정)을 근간으로 하는 교육과정	만 3~5세
(특수교육) 공통 교육과정	보편성과 특수성을 기반으로 편성 · 운영하는 과정으로 특수학교에서는 시각 • 청각 • 지체장애 학생에게 국어, 체육, 미술에 한하여 실시하는 교육과정	초1 ~ 중3학년
(특수교육) 학점 기반 선택 중심 교육과정	고등학교 과정에서 보편성과 특수성을 기반으로 편성 · 운영하는 과정으로 다양한 특성을 지니는 장애학생에 대하여 선택 중심 교육과정 특수교육 전문 교과(직업 · 생활) '안정된 직업생활'과 '농인의 생활과 문화', '기초작업기술', 특수교육 전문 교과(이료) 등이 있다.	고1 ~고3학년
기본교육과정	기본 교육과정은 특수학교에 재학 중인 초등학교 1학년부터 고등학교 3학년까지의 학생을 대상으로 편성 • 운영하는 교육과정	특수학교 재학중인 초1 ~ 고3학년

※ 특수학교는 특수교육 대상 학생의 교육적 요구와 학교의 실정을 고려하여 공통 교육과정 및 선택 중심 교육과정을 기본 교육과정과 병행하여 편성 • 운영할 수 있다.

※ 청각장애 학생이 다른 장애가 함께 있는 경우 교육적 요구를 지원하는 별도의 교육 활동을 병행하거나 대체하여 편성 • 운영할 수 있다.

〈표 10-6〉에 따르면 청각장애학교에서는 공통 교육과정을 따르되, 특수학교에서는 청각장애학생의 특성을 반영하여 국어, 체육, 미술에 한해서 별도로 개발된 '특수교육 공통 교육과정'을 활용할 수 있다. 또한 일반학교 내에 설치된 특수학급의 경우 청각장애학생의 장애 특성 및 정도를 고려하여 공통 교육과정을 조정하거나 특수교육 교육과정의 교과(군) 내용과 연계, 대체하여 운영할 수 있다.

2 교과교육의 요구

교과는 교육 내용을 학교 교육의 목적에 맞게 조직해 놓은 묶음으로 일반적으로 교과목을 의미한다. 이러한 교과의 종류 및 그 내용은 교육과정으로 고시된다. 교과교육은 교육과정에 의하여 특별히 지정된 교과를 지정된 수만큼 이수하도록 하는 교육 활동이라고 할 수 있다(서울대학교 교육연구소, 1999).

청각장애학생은 청인학생과 동등하게 공통 교육과정을 이수하지만, 청각장애학생의 학습 특성을 고려하여 특수교육 공통 교육과정 내 '국어', '영어', '체육'을 활용할 수 있다.

1. 청각장애학생 교과교육의 역사적 맥락

Aristoteles는 "언어란 인간이 선천적으로 타고나는 것인데, 농아인은 사상을 나르는 언어를 갖지 못했기에 이성도 없고 교육을 받을 수 없다."는 언어 선천설을 주장하였다(윤삼호, 김의수, 2009). 즉 청각장애학생은 듣지 못하기 때문에 교육을 받을 수 없다는 교육불가론을 주장하였다.

그러나 르네상스와 종교 개혁을 거치면서 청각장애학생을 대상으로 한 교육이 이뤄질 수 있는 환경이 마련되었다. 그럼에도 불구하고 전통적으로 청각장애교육에 있어서 교육과정이나 교과교육은 등한시하였다. 오히려 정상화론에 입각하여 구어, 독순, 잔존 청력을 활용하는 구어 교수법을 통해 청각장애학생이 청인학생처럼 말을 하도록 훈련시킴으로써 성취하여야 한다고 하였다. 즉 구어 교육에 지나치게 집중한 결과 교과교육을 소홀히 하여 청각장애학생의 교과교육을 통한 성공적인 사례는 매우 제한적이다.

2. 청각장애학생의 학습 특성

청각장애학생이 대부분 초등학교 4학년 수준의 학력에 머무는 학력 고원 현상을 보인다고 하였다(Moores, 2006). 이러한 고원 현상에 대해 많은 학자들은 수용 및 표현언어의 지체, 고집성, 융통성의 결핍, 자기중심성 등과 같은 부정적인 측면에서 원인을 제시하였다. 하지만 청각장애학생이 지닌 청각장애로 인하여 그들이 교과교육에 어려움을 겪는 것은 아니다. 청각장애학생은 청인학생과 동등한 지적 능력을 가지고 있다. 오히려 청각장애가 그들의 교과 학습에 직접적인 영향을 미치지 않는다.

그러나 청각장애학생들의 지능이 청인학생과 큰 차이가 없다 할지라도, 청각장애로 인해 음성언어의 습득 지체와 구어를 통한 의사소통 능력의 어려움으로 그들이 가지고 있는 지적 및 인지 능력보다 낮은 학업 성취도를 보이는 것은 사실이다. 이러한 원인에 대해 연구자들은 다음 〈표 10-7〉과 같이 추정하였다.

〈표 10-7〉 청각장애학생의 낮은 학업 성취 능력의 일반적 원인

① 듣기, 말하기, 읽기, 쓰기, 셈하기 등 기초 학습 능력에 현저한 지체 현상을 보인다(권요한, 2013).
② 청각장애로 인해 언어발달이 지체되면서 수업에서 이루어지는 정보를 받아들이는 데에 제한이 따른다.
③ 학업에 대한 부정적 태도, 낮은 자아개념 및 낮은 학업에 대한 성취 동기 등은 학업에 부정적인 영향을 미친다.
④ 청각장애학생들은 수어라는 그들만의 독특한 언어를 사용하기 때문에 국어의 문법적 체계와는 거리가 먼 문장을 구사한다(김경진, 2001).
⑤ 특수교사 및 관련 서비스 전문가들의 지원을 받는다 할지라도 통합교육 현장에서 청각장애학생은 자신이 가지고 있는 장애와 정도에 따른 교육과정 지원을 받지 못하고 있다.

출처: 고은(2017). p. 396.

〈표 10-7〉에서 언급한 청각장애학생의 낮은 학업 성취 능력의 원인을 살펴보면, 청각장애학생을 사회 · 문화적인 맥락에서 다른 언어적 배경이라는 인식보다는 틀린 언어 사용자로 인식하는 것이다. 즉 청각장애학생에게 본인의 의지와는 상관없이 보청기 착용과 인공와우 등과 같은 보장구를 착용하고, 통합교육을 우선시하며, 수어보다는 구어라는 의사소통 양식에 적응할 것을 요구하게 된다. 이는 프랑스 학생에게 한국어로, 한국 학생에게 프랑스어로 교과교육을 하나, 낮은 학업 성취도의 원인을 학생에게 귀속하는 것이다.

한 사례로 농인 부모를 가진 청각장애학생(DCDP; Deaf Children of Deaf Parents)이 청인 부모를 가진 청각장애학생(DCHP; Deaf Children of Hearing Parents)에 비하여 많은 차별성을 보인다. 즉 심리·정서적 안정, 사회성 발달, 학업 성취 수준, 대학교 진학, 진로 결정과 사회 경제적 지위 등에서 농인 부모를 가진 청각장애학생은 청인 부모를 가진 청각장애학생보다 긍정적인 과정과 결과를 보인다. 또한 청인 부모를 가진 청각장애학생은 부모와 수어로 의사소통하는 경우에는 언어발달 등에서 농인 부모를 가진 청각장애학생과 유사한 특성을 보이는 것으로 나타났다. 이는 청각장애학생의 낮은 학력 고원 현상은 청각장애가 아닌 언어적 의사소통의 상이함이 직접적인 원인이며, 언어적 사고를 할 수 있는 기회 제공의 결핍이라는 구조적인 문제를 제시한다.

3. 공통 교육과정 운영

역사적으로 청각장애 교육과정은 청각장애학교를 중심으로 독자적으로 운영되다가 제5차 특수학교 교육과정의 적용으로 공통 교육과정을 청각장애학교에서 적용하게 되었다. 이로 인해 교육과정의 적정화에 대한 논란이 깊어지게 되었다.

우리나라 청각장애교육의 여건은 다수의 청각장애학생이 통합교육을 선택하여 청각장애학교에서 청각장애학생 수가 급감하였고, 지적장애학생과 중도·중복장애학생이 청각장애학교의 주된 구성원으로 증가하고 있다. 이러한 상황에서 현재 적용되고 있는 공통 교육과정이 청각장애학생의 인지발달 측면과 학교의 현실을 반영한 것인지 제고해 봐야 할 것이다.

청각장애학교에서 공통 교육과정 운영에 따른 청각장애학생의 교육과정 적정성에 따른 논의는 다음과 같다(권순황, 2014).

첫째, 교육과정 적합성에 관한 문제 제기는 청각장애학생의 인지발달과 청인학생 중심의 교육과정의 불일치에서 그 원인을 찾을 수 있다. 인간이 지각할 수 있는 정보는 시각, 청각과 촉각 등으로 전달되는데 그중 하나 이상의 감각기관의 손상은 인지 활동에 곤란을 가져온다. 특히 인지적 측면에서 초등학교 저학년 수준의 읽기 수준이라 하더라도 생활 연령과 더불어 축적된 경험의 성장은 질적으로 다를 수밖에 없다(허일, 2008). 따라서 청각장애학생은 인지적 장벽에 가로막혀 초등학교 5학년 이후부터 공통 교육과정에 도달하기 어려운 형편이다.

둘째, 교육과정 적합성에 관한 문제 제기는 통합교육으로 시작된 특수학교 중심의 교육과정 해체에서 그 원인을 찾을 수 있다. 즉 발달장애 중심으로 확산되는 통합교육을 동일선상에서 청각장애교육에 적용시키는 것은 교육과정의 파행을 가져올 수 있다(김선애, 2008; 김승희, 2002). 오히려 청각장애학생의 학력 격차를 최소화하기 위해서는 일방적인 공통 교육과정으로의 통합이 교육 평등권을 보장하는 것이라고 주장하기 힘들다. 그 원인은 일반학급의 과밀화와 입시 중심의 학교 교육 풍토가 개선되지 않는 한 청각장애학생의 통합교육 배치 환경은 양질의 서비스를 제공받기 어렵기 때문이다. 따라서 청각장애학생의 학력 격차를 최소화하기 위해서는 일방적인 일반교육과정으로의 통합이 교육 평등권을 의미하지는 않으며 청각장애학생과 청각장애학교가 주체가 되는 통합교육 현장 조성을 위한 새로운 방향으로서의 교육과정 운영이 더욱 절실하다고 하겠다(김병하, 2010; 김선애, 2008).

셋째, 청각장애학생을 위한 공통 교육과정의 성패는 청각장애학생을 지도하는 교사의 수행 역량과 자질에 따라 좌우될 수 있다(김선애, 2008; 이한선, 2007). 청각장애학생 교육을 담당하는 교사의 전문성 측면에서 살펴볼 때 교사의 전문성을 고려하지 않는 청각장애 통합교육은 교육과정 통합과는 거리가 먼 물리적인 수준에 머물게 할 뿐이다. 또한 현재 통합교육환경에서 재학 중에 있는 청각장애학생을 위한 농문화 또는 농정체성을 획득할 수 있는 교육과정이 고려되어야 한다. 따라서 청각장애학생에게 가장 적합한 학습 환경을 조성해 주고 청각장애교육 전문 교사의 지원을 적극적으로 받아들일 수 있도록 하는 교육 지원이 요구된다고 볼 수 있다.

이상 논의한 바와 같이 현 교육과정은 청인학생의 언어적·교육적 경험을 중심으로 구성되어 있다. 또한 청각장애학생은 특수학교와 일반학교(특수학급 혹은 통합학급)에 분포되어 있어 이들의 다양한 교육적 요구를 반영하는 것은 쉽지 않다. 그러므로 청각장애학생 개인별로 나타나는 청력, 지적 능력, 사회·정서적 발달, 사회 환경 등에서 발생되는 개인차와 청각장애학생의 언어적 특성을 고려한 교육과정의 재구성을 통해 교과교육이 이루어져야 한다.

3 교과교육의 실제

앞에서 청각장애학생은 청인학생과 동등하게 공통 교육과정을 이수하며, 청각장애학생의 학습 특성을 고려하여 특수교육 공통 교육과정 내 '국어', '영어', '체육'을 활용할 수 있다고 하였다.

이 세 가지 교과 중에 '국어' 교과는 언어를 학습하는 교과이며, 이는 읽고 쓰는 능력을 포함하여 지식과 기술을 습득하는 도구가 된다(Moores, 2006). 또한 사회적 상호작용을 위한 의사소통은 사고의 수단이 된다. 그 외에도 감정을 표현하고, 현실을 통제하며, 정체성을 나타내고, 정보를 기록하는 기능도 한다(Paul, 2001). 그러나 청각장애학생은 학교에서 사용하는 언어와 그들이 사용하는 언어가 상이하거나 혹은 언어에 대한 경험이 부족한 경우라면 언어를 학습하는데 청인학생보다 어려움을 겪을 수 있다.

물론 청각장애학생에게는 그들만의 언어인 수어가 있고, 수어가 언어의 기능을 수행한다고 한다. 그러나 구어 혹은 수어로 정보를 습득하면 그것을 기록하기 위해서는 읽고 쓰는 능력이 요구된다. 또한 청각장애학생이 농사회와 더불어 농사회를 둘러싼 더 큰 사회인 청인 사회에서 원활하게 살아가기 위해서도 역시 읽고 쓰는 능력이 필수적이다. 그리고 읽고 쓰는 능력은 청각장애학생에게 국어 외 다른 교과 학습도 원활하게 해 준다. 그러므로 언어 능력을 발달시켜주는 '국어' 교과는 무엇보다 중요하다고 할 수 있다. 그러므로 본 절에서는 '국어' 교과를 중점으로 살펴보고자 한다.

1. 국어과 교육의 목표

2022 개정 특수교육 공통 교육과정에서 국어과 교육의 목표는 국어 의사소통의 맥락과 요소를 이해하고 다양한 의사소통의 과정에 협력적으로 참여하면서 언어생활을 성찰하고 국어문화를 향유함으로써 미래 사회에서 요구되는 높은 수준의 국어 능력을 기르는 것이다(교육부, 2022)(〈표 10-8〉 참조).

〈표 10-8〉 2022 특수교육 공통 교육과정 국어과 목표

(1) 다양한 유형의 담화, 글, 지문자, 수어, 국어 자료, 작품, 복합 매체 자료를 비판적으로 이해하고 자신의 생각을 창의적으로 표현한다.
(2) 다양성에 대한 이해를 바탕으로 타인의 의견과 감정, 가치관을 존중하면서 협력적으로 의사소통한다.
(3) 민주시민으로서 의사소통에 적극적으로 참여하여 개인과 공동체의 문제를 해결한다.
(4) 공동체의 언어문화를 탐구하고 자신의 언어생활을 성찰하고 개선한다.
(5) 다양한 사상과 정서가 반영되어 있는 국어문화를 감상하고 향유한다.
(6) 말 · 글 · 수어 등의 다양한 의사소통 양식을 익히고 활용함으로써 국어 기본 능력을 갖추고 가치 있는 국어문화 생활을 영위한다.

[그림 10-2] 국어과(청각장애) 공통 교육과정의 설계 개요

출처: 교육부(2022).

2. 국어과 학습 요소 및 성취 기준

국어과(청각장애) 공통 교육과정의 영역의 내용 체계 구성은 '듣기·말하기, 읽기, 쓰기, 문법, 문학, 매체'의 여섯 영역으로 설정하였다. '듣기·말하기'는 음성 언어 의사소통을 중심으로, '읽기', '쓰기'는 문자 언어 의사소통을 중심으로, '문법'은 언어에 대한 이해와 탐구를 중심으로, '문학'은 문학에 대한 이해와 수용·창작을 중심으로 하여 내용을 구성해 온 전통적 영역이다. '매체'는 신설한 영역으로, 청각장애 학생의 수어를 비롯하여 기존 영역에 부분적으로 반영해 온 매체 관련 내용 요소를 수정·보완하되, 디지털 매체를 기반으로 하는 새로운 의사소통 환경에서 중요하게 부각되고 있는 내용 요소를 교육 내용에 포함하였다(2022, 교육부). 청각장애학생의 특성과 요구를 반영한 성취 기준은 〈표 10-9〉와 같이 학년별로 간략히 발췌하여 제시하였다.

※ 국어과 성격

국어는 대한민국의 공용어로서 사고와 의사소통의 도구이자 문화를 창조하고 전승하는 기반이다. 학습자는 음성 언어, 문자 언어, 시각 언어 등 다양한 양식의 기호와 매체가 활용되는 국어를 통하여 자아를 인식하고 타인과 교류하며 세계를 이해한다. 또한 다양한 국어 활동을 통해 지식과 정보를 소통하며 사회적 관계를 형성하고 문화를 향유하면서 민주 사회의 시민적 소양을 길러 나간다. 이러한 과정에서 성공적이고 행복한 삶을 영위하기 위해서는 일상생활 및 사회생활에서 요구되는 높은 수준의 국어 능력을 갖추어야 한다. 특히 과학기술의 고도화로 급격하게 변화하고 있는 의사소통 환경에 능동적으로 대처하기 위해서는 학교생활을 통해 폭넓은 국어 경험을 쌓으면서 체계적인 국어 학습을 할 필요가 있다. 이를 바탕으로 학습자는 더 깊이 있게 사고하고 효율적으로 소통하면서 개인과 공동체가 직면하는 문제를 해결하고 나아가 국어문화를 향유하면서 삶의 행복과 공동체의 발전을 추구할 수 있을 것이다.

초등학교 및 중학교 '국어(청각장애)'는 국어를 정확하고 효과적으로 사용하는 능력을 기르고, 가치 있는 국어 활동을 통해 바람직한 인성과 공동체 의식을 함양하며, 비판적이고 창의적인 사고와 활동을 바탕으로 국어문화를 향유하도록 하는 교과이다. 청각장애 학생은 보편적인 삶의 내용과 특수한 삶의 방식을 함께 고려하며 지문자 및 수어 등 다양한 의사소통 방식을 함께 다룸으로써 배움의 행복과 가치를 느낄 수 있는 기회를 제공하고, 국어 공동체 문화에 주도적으로 참여할 수 있게 한다. 또한 '국어(청각장애)'의 학습으로 국어 교과에서 추구하는 다양한 역량을 기를 수 있다. '국어(청각장애)' 학습자는 다양한 매체를 효과적으로 사용함으로써 일상생활은 물론 학교생활을 포함한 사회생활에서 요구되는 지식과 정보를 수용하고 생산할 수 있다. 다양한 담화와 글, 지문자, 수어, 국어 자료, 작품, 매체로 표현된 텍스트를 분석하면서 비판적 사고력을 함양하고, 자신의 생각을 창의적으로 표현할 수 있다. 의사소통 참여자를 존중하면서 개방적이고도 포용적인 자세로 협력적인 의사소통을 하는 것 또한 국어교육을 통하여 기를 수 있는 중요한 역량이다. 학습자는 자신이 속한 공동체의 언어문화에 관심을 가지고 탐구하면서 자신의 언어생활을 성찰하고 개선하는 자세를 함양할 수 있다. 이와 함께 다양한 사상과 정서가 반영되어 있는 국어문화를 감상하고 향유할 수 있을 것이다.

〈표 10-9〉 2022 개정 특수교육 공통 교육과정-국어과 내용 체계 및 성취 기준

학 년	내용체계	성취 기준
1~2학년	듣기·말하기	• 중요한 내용이나 일이 일어난 순서를 고려하며 듣고 말한다. • 상대의 말을 집중하여 듣고 말차례를 지키며 대화한다. • 표현하는 사람의 표정과 동작에 집중하여 수어로 대화한다. • 말 · 수어로 표현한 질문에 간단한 말 · 수어로 답한다.
	읽기	• 글자, 단어, 문장, 짧은 글을 정확하게 소리 내어 읽는다. • 의미가 잘 드러나도록 문장과 짧은 글을 알맞게 띄어 읽는다. • 인물의 마음이나 생각을 짐작하고 이를 자신과 비교하며 글을 읽는다. • 다양한 수어 영상 자료에서 지문자나 수어로 표현된 단어를 읽고 의미를 파악한다.
	쓰기	• 글자와 단어를 바르게 쓴다. • 쓰기에 흥미를 가지며 자신의 생각이나 느낌을 문장으로 표현한다. • 겪은 일을 표현하는 글을 자유롭게 쓰고, 쓴 글을 함께 읽고 생각과 느낌을 나눈다. • 수어 사용에 흥미를 가지고 글자나 단어를 지문자로 바르게 표현한다.
	문법	• 한글 자모의 이름과 소릿값을 알고 정확하게 발음하고 쓴다. • 소리와 표기가 다를 수 있음을 알고 단어를 바르게 읽고 쓴다. • 문장과 문장 부호를 알맞게 쓰고 한글에 호기심을 가진다. • 한글 자모의 지문자를 알고 바르게 쓰며 수어에 호기심을 가진다.
	문학	• 말놀이, 낭송 등을 통해 말의 재미와 즐거움을 느낀다. • 작품을 듣거나 읽으면서 느끼거나 생각한 점을 말한다. • 작품 속 인물의 모습, 행동, 마음을 상상하여 시, 이야기, 그림 등으로 표현한다. • 노래, 수어 동시, 수어 이야기 등에 대한 느낀 점을 표현한다.
	매체	• 일상의 다양한 매체와 매체 자료에 흥미와 관심을 가진다. • 일상의 경험과 생각을 글과 그림으로 표현한다. • 수어 및 자막 지원 매체와 매체 자료에 관심을 가진다.
3~4학년	듣기·말하기	• 중요한 내용과 주제를 파악하며 듣고 들은 내용을 요약한다. • 상황에 적절한 준언어 · 비언어적 표현을 활용하여 듣고 말한다. • 주제에 적절한 의견과 이유를 제시하고 서로의 생각을 교환하며 토의한다. • 말 · 수어로 듣거나 본 내용에서 주제나 의견을 찾아내어 대화를 나눈다.
	읽기	• 글의 의미를 파악하며 유창하게 글을 읽는다. • 문단과 글에서 중심 생각을 파악하고 내용을 간추린다. • 글에 나타난 사실과 의견을 구분하고 필자와 자신의 의견을 비교한다. • 글 또는 수어 영상 자료를 보고 주요한 내용을 파악하여 말 · 수어로 표현한다.

학 년	내용체계	성취 기준
3~4학년	쓰기	• 중심 문장과 뒷받침 문장을 갖춘 문단을 쓰고, 문장과 문단을 중심으로 고쳐 쓴다. • 대상에 대한 자신의 의견과 그렇게 생각한 이유가 드러나게 글을 쓴다. • 자막이나 수어를 포함하는 시각적 영상 자료를 보고 마음을 표현하는 글을 쓴다. • 작문 활동 시 이어 주는 말을 적절하게 사용하여 문장을 쓰려는 태도를 함양한다.
	문법	• 단어와 단어 간의 의미 관계를 파악한다. • 글과 담화에 쓰인 높임 표현과 지시 · 접속 표현을 이해하고 상황에 맞게 표현한다. • 언어가 의사소통과 관계 형성의 수단임을 이해하고 국어 및 수어를 소중히 여기는 태도를 지닌다.
	문학	• 인물과 이야기의 흐름을 중심으로 작품을 감상한다. • 작품을 듣거나 읽고 마음에 드는 작품을 소개한다. • 재미나 감동을 느끼며 작품을 즐겨 감상하는 태도를 지닌다. • 작품의 이야기 흐름을 말 · 글 · 수어 등의 적절한 의사소통 양식으로 표현한다.
	매체	• 인터넷에서 학습에 필요한 다양한 자료를 탐색하고 목적에 맞게 자료를 선택한다. • 매체 소통 윤리를 고려하여 매체 자료를 활용하고 공유한다. • 인터넷 수어 사전을 활용하여 다양한 어휘를 탐색하고 익힌다.
5~6학년	듣기·말하기	• 대화에서 생략된 내용을 추론하며 듣는다. • 주제와 관련하여 궁금한 내용을 질문하며 적극적으로 듣고 말한다. • 자료를 선별해 정보를 중심으로 내용을 구성하고 매체를 활용해 발표한다. • 대화, 토의, 의견 발표 등의 상황에서 말과 수어를 함께 사용해 표현한다.
	읽기	• 글의 구조를 고려하며 주장이나 주제를 파악하고 글 내용을 요약한다. • 글이나 자료를 읽고 내용의 타당성과 표현의 적절성을 평가한다. • 긍정적인 읽기 동기를 형성하고 적극적으로 읽기에 참여하는 태도를 기른다. • 글의 내용과 어울리는 다양한 시각적 영상 자료를 스스로 찾아 활용하며 글의 내용을 파악한다.
	쓰기	• 알맞은 내용을 선정하여 대상의 특성이 나타나게 설명하는 글을 쓴다. • 쓰기에 적극적으로 참여하며 자신의 글을 독자와 공유하는 태도를 지닌다. • 청각장애 학생 특성에 따라 개별화하여 제공된 시각적 영상 자료를 보고 주어진 글의 특성과 내용을 파악하여 글로 표현한다.
	문법	• 음성언어 및 문자언어 특성을 이해하고 다양한 매체자료에서 표현 효과를 평가한다. • 고유어와 관용 표현의 쓰임과 가치를 이해하고 상황에 맞게 표현한다. • 글과 담화에 쓰인 시간 표현을 이해하고 상황에 맞게 표현한다. • 바른 수어 사용의 필요성을 알고, 수어를 정확하게 사용한다.
	문학	• 작가의 의도를 생각하며 작품을 읽는다. • 작품을 읽고 자신의 삶과 연관 지어 성찰하는 태도를 지닌다. • 말 · 수어 비유 표현으로 동시, 이야기를 창작한다.
	매체	• 정보 검색 도구를 활용하여 자신의 목적에 맞는 매체 자료를 찾는다. • 수어, 자막이 사용된 뉴스 및 각종 정보 매체 자료의 신뢰성을 평가한다. • 적합한 양식과 수용자의 반응을 고려해 복합양식 매체 자료를 제작하고 공유한다

학 년	내용체계	성취 기준
중학교 1~3학년	듣기·말하기	• 화자의 의도와 관점을 추론하며 듣는다. • 상대의 말을 경청하고 상대의 감정과 입장에 공감하는 반응을 보이며 대 • 그림, 영상, 수어 영상 도서 등 다양한 시각적 영상 자료를 보고 자신의 의견이나 주장을 적절한 의사소통 전략을 사용하여 말 · 수어로 표현한다.
	읽기	• 읽기는 사회 · 문화적 맥락에서 의미를 구성하는 과정임을 이해하며 사회적 독서에 참여하고 사회적 독서 문화 형성에 기여한다. • 읽기 목적과 글의 구조를 고려하며 글을 효과적으로 요약한다. • 동일 화제를 다룬 글과 수어 영상 도서 등 다양한 시각적 영상 자료를 통해 자신의 삶과 연관성을 성찰하며 읽는다.
	쓰기	• 대상의 특성에 적합한 설명 방법을 활용하여 글을 쓴다. • 다양한 표현을 활용해 자신의 생각과 느낌이 드러나는 글을 쓰고 독자와 공유한다. • 그림, 영상, 수어 영상 도서 등 다양한 시각적 영상 자료를 보고 자신의 경험과 관련된 글을 쓰고, 독자와 공유한다.
	문법	• 국어의 음운 체계와 문자 체계를 이해하고 국어생활에 활용한다. • 자신과 주변의 다양한 국어 실천 양상을 비판적으로 분석하여 언어와 자아 및 세계 사이의 관계를 인식한다. • 수어의 문법 요소 표현을 이해하고, 상황에 따라 적절하게 활용한다
	문학	• 운율, 비유, 상징의 특성과 효과에 유의하며 작품을 감상하고 창작한다. • 문학을 통해 타자를 이해하고 공동체의 문제에 참여하는 태도를 지닌다. • 작품의 생각과 느낌을 말 · 글 · 수어 등 적절한 의사소통 양식으로 비교 해석한다.
	매체	• 대중매체와 개인 인터넷 방송의 특성과 영향력을 비교한다. • 복합양식성을 고려해 수어나 자막을 사용한 영상 매체 자료를 제작하고 공유한다. • 매체자료의 재현방식을 이해하고 수어나 자막이 사용된 광고나 홍보물을 분석한다. • 사회 · 문화적 맥락을 고려하여 매체 자료의 공정성을 평가한다.

3. 청각장애학생의 국어과 지도 방안

청각장애학생이 성공적으로 언어를 학습하기 위해서는 여러 가지 요인이 작용할 수 있다. 먼저 청각장애학생 가정의 언어 환경이 청인 부모인지 농인 부모인지에 따라 달라질 수 있으며, 청각장애학생 본인의 인지 능력 정도에 따라 차이가 날 수 있고, 언어를 체계적으로 지도받기 시작한 연령에 따라 달라질 수 있다. 하지만 인간의 보편적 언어 능력(Chomsky, 1965)이라는 측면에서 기본적으로 언어를 습득하고 학습할 능력을 청각장애학생도 보편적으로 가지고 있다고 전제한다면 학교는 청각장애학생이 언어를 배우는데 매우 중요한 변수로 작용한다(강창욱, 2012).

또한 국어과를 지도할 때 말하기, 듣기, 읽기, 쓰기로 영역을 구분하여 각각의 능력을 신장시키는 언어학적 측면의 지식보다는 의사소통의 능력을 신장하는 사회학적 측면의 지식을 강조하여야 한다. 따라서 총체적 언어접근법과 청각장애학생의 의사소통 양식에 중점을 둔 이중언어접근법을 중점으로 다루고자 한다.

1) 총체적 언어접근법(Whole Language Approach)

총체적 언어접근법은 인간중심주의 심리학에 기초한 하나의 철학이다. 이는 지금까지 행동주의 심리학에 기초한 과제 분석적 접근에 대한 문제점의 제기에서 비롯되었다. 즉 행동주의 심리학에서는 인간의 행동을 부분으로 나눌 수 있으며, 각 부분을 완성하면 전체를 완성할 수 있다고 보는 반면에, 인간중심주의 심리학에서는 인간의 행동을 부분적으로 나눌 수 없으며 전체 행동 단위로 완성해 간다고 본다. 그래서 청각장애학생은 청인학생처럼 동일 과정으로 언어를 습득해야 한다고 본다.

따라서 Goodman(1986)에 의하면 총체적 언어접근법은 의미를 이루는 큰 부분을 먼저 이해하고 싶은 욕구에서 출발하여 그것을 예측하고 수정하면서 지속적인 학습 동기를 유발하여 작은 단위까지 스스로 배우도록 해야 한다는 것이다. 따라서 음소나 낱자를 중심으로 가르치는 것이 아니라 전체적으로 의미를 이루는 덩어리인 원문(text)으로 보도록 지도하며, 다른 사람과 청각장애학생을 이어 주는 의사소통 수단, 나아가서는 생존 문제를 위한 수단으로써 언어를 받아들인다. 청각장애학생에게는 쪼개진 것은 언어가 아니며, 의미 있는 내용이 전체를 이룰 때에야 언어라고 할 수 있는 것이다.

Goodman(1986)은 총체적 언어접근법의 개념을 바람직한 언어 학습 과정의 측면에서 다음 〈표 10-10〉과 같이 설명하고 있다.

〈표 10-10〉 총체적 언어접근법의 개념

① 언어기능이 언어의 형식보다 먼저 발달한다.
② 전체에서 부분으로 학습한다.
③ 먼저 어떻게 의미하는지를 배운다.
④ 언어발달 과정은 학교 안에서나 학교 밖에서나 똑같은 방법으로 이루어져야 한다. 따라서 학교 안에서의 언어교육은 자연어 발달에 위배되어서는 안 된다.
⑤ 학습자가 학습 활동의 과정을 소유하고 결정하게 해야 한다.

출처: 석동일(2007). p. 11.

총체적 언어접근법의 차원에서 언어 학습 전략을 요약하면 다음 〈표 10-11〉과 같다.

〈표 10-11〉 총체적 언어접근법의 학습 전략

① 청각장애학생의 실수를 수용한다.
② 학습에 관한 책임은 청각장애학생에게 있다.
③ 학부모의 개입을 촉진시킨다.
④ 평가는 학습자의 능력을 규정짓는 평가가 아니라 학습자에게 그 자신에 관한 정보를 주는 것이며 학습자가 더 나은 학습을 할 수 있도록 도와주는 것이다.
⑤ 교실 환경은 학습을 촉진시키는 전략이다.
⑥ 청각장애학생에게 질문을 하여 사고를 자극하고 더 나아가 청각장애학생 스스로 질문을 만들어 보게 하여 사고의 내용과 방향을 스스로 정하게 한다.
⑦ 청각장애학생에게 말·수어로 표현하고 말·수어로 수용할 수 있는 기회를 많이 제공하여 읽기와 쓰기에 관심을 가지게 하여야 한다.
⑧ 그림책을 많이 보여 주고, 이야기책을 많이 읽어 준다.
⑨ 청각장애학생에 대하여 끊임없는 관심을 가지는 일이 중요하다.

출처: 석동일(2007). p. 12.

총체적 언어접근법의 프로그램 요소 측면에서 다음과 같은 세 가지를 제시할 수 있다.

(1) 주제 요구 접근법 : 언어의 사용과 지식을 확장시켜 주는 청각장애학생과 교사 사이의 대화를 고무시켜 주는 것으로 기능한다(Moon, 1996). 주제의 구성은 아래 〈표 10-12〉와 같은 단계들로 진행된다.

〈표 10-12〉 주제 구성의 단계

① 청각장애학생의 흥미와 경험으로부터 교사는 주제를 끌어내기 위해 관찰하고 기록한다.
② 주제를 정의한다.
③ 청각장애학생들이 알고 알기를 원하는 것을 발견하려고 노력한다.
④ 가능한 활동들을 생각한다(학교 안과 밖에서).
⑤ 지도가 가능한 목표를 결정한다.
⑥ 범위, 시야, 어휘, 중심 주제 그리고 활동 등을 지적한다.
⑦ 교실 환경, 보조 교사, 방문자, 자원봉사자와 논의한다(교실, 운동장 혹은 학습센터에서 무슨 일이 일어날 것인가?).
⑧ 개인과 그룹 활동에 대한 구체적인 계획을 만든다.
⑨ 필요한 목록을 만든다.
⑩ 교육과정 활동을 결정한다(주로 '재생' 혹은 '대단원').
⑪ 만약 필요하다면, 시간표를 만든다(매일의 계획은 예상되어질 수 있다).
⑫ 평가 기준을 만든다.

출처: 석동일(2007). p. 13.

(2) 거미줄 모형 접근법 : 교사는 중심 주제와 관련된 가능한 학습 활동을 정의하고, 이들 활동을 함에 의해 주제의 학습을 할 수 있도록 한다(Moon, 1996).

(3) 프로젝트 접근법 : 프로젝트를 통한 학습 내용의 선정 및 교수방법을 말하는 것이다. 이는 청각장애학생들이 교사나 다른 또래 친구들의 도움을 받아 개인이나 집단별로 관심 주제를 탐구하면서 그 과정에서 문제를 해결하고 관련 지식과 기능을 증대시켜 나가는 방법이다. 프로젝트의 전개는 주제의 성격, 실시 기간, 청각장애학생의 특성, 교사의 역량, 주변 환경 등에 따라 융통성 있게 이루어져야 한다. 프로젝트는 주제와 청각장애학생의 연령에 따라 짧게는 2~3주에서 몇 달까지도 지속될 수 있다. 청각장애학생들은 프로젝트를 수행함으로써 가작 놀이, 구성 놀이, 그림 그리기 등을 통하여, 또는 과학이나 사회 영역에서 직접 경험하는 기회를 가져 볼 수 있으며, 이 같은 체계적인 교수를 통해 습득한 지식을 적용해 볼 수 있다(Tunmer & Chapmen, 2002).

2) 이중언어접근법(bilingualeducation program)

청각장애학생의 문해 능력은 '넘지 못하는 10세의 벽'이라는 용어로 귀착된다. 그러나 청각장애학생 중 문해 능력이 청인학생의 표준 학력 수준에 도달한 집단도 있다. 그중 부모가 농인인 청각장애학생 집단을 예로 들 수 있다. 부모가 농인인 청각장애학생(DCDP)은 부모가 청인인 청각장애학생(DCHP)에 비해 원만한 의사소통을 하며, 이는 청각장애학생의 정서적 안정과 사고의 발달을 가져온다. DCHP의 문해 능력은 대개 초등학교 4학년 수준에 머물게 되나, DCDP는 정상적인 문해 능력을 보이면서 고등학교 3학년 표준 학력 수준에 도달한다(최성규, 2007).

DCDP는 소리가 없는 시각의 세계에서 모든 것을 경험하고 성장하였으며, DCHP는 청인 부모의 소리의 세계에서 제한적인 정보에 노출되었다. 즉 시각 문화와 청각 문화의 대별적 차이에서 접근하면, DCDP는 수어를 통한 원만한 의사소통과 사고의 발달에 기초한 정상적인 언어발달이 유도되었고, DCHP는 음성언어를 통한 의사소통에 어려움을 겪으면서 정서, 사고, 언어발달에 부정적인 또는 지체되는 환경에서 성장하였다. 이와 같은 결과로 DCHP의 문해 능력은 현저하게 지체된다(최성규, 1997: 2001: 2003; Paul & jackson, 1993). 여기서 교사들은 청각장애학생이 가정에서 사용하는 언어와, 청각장애학생이 알고 있는 것이 무엇인지를 파악한 후 적절하고 풍부한 경험을 제공하여야 한다.

또한 DCDP와 DCHP의 문해 능력 차이는 청각장애학생을 위한 새로운 언어지도 방법인 이중언어접근법이 태동되는 결과로 나타났다(최성규, 2007). 이중언어접근법은 수어를 모국어로 하고 국어를 외국어로 교육하는 언어교육 방법론이다. 즉 청각장애학생의 언어인 수어를 모국어로 인정하고, 음성언어와 문자언어를 제2외국어로 이해하는 것이다. 청인학생의 모국어는 국어이고, 외국어는 일반적으로 영어로 이해하는 것과 같은 맥락이다.

최성규(2007)는 우리나라 청각장애학생을 위한 이중언어접근법 모형을 제시하여 국어지도를 위한 지식 전달 체계를 구안하고자 하였다. 그에 따른 구성 절차 모형을 살펴보면 다음 [그림 10-3]과 같다.

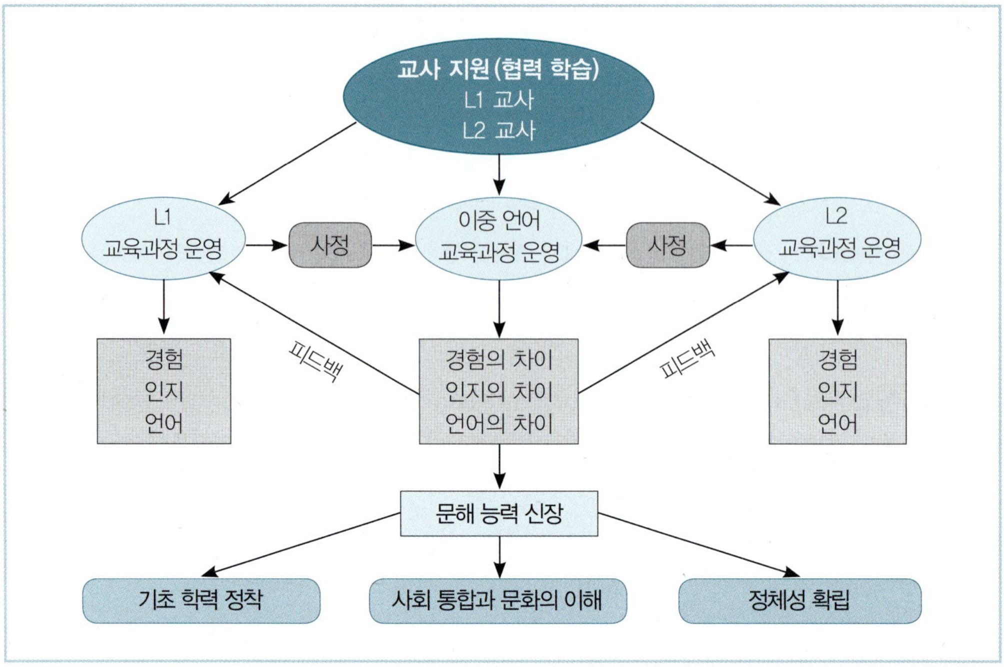

[그림 10-3] 청각장애학생을 위한 우리나라 이중언어접근법 모형

출처: 최성규(2007). p. 133.

최성규(2007)가 제시한 우리나라 청각장애학생을 위한 이중언어접근법 모형은 결과적으로 문해 능력 신장을 통해 기초 학력의 정착, 바람직한 사회 통합과 함께 상호 간의 문화를 수용하고 이해할 수 있으며, 나아가 정체성 확립에 긍정적인 영향을 제공한다는 것이다. 이와 같은 목적에 부합하는 모형을 개발하기 위하여 두 언어(모국어인 L1과 외국어인 L2)를 분리한다는 원칙 아래 L1교사와 L2교사에 의한 협력 교수로서의 교사 지원이 선행되어야 하고, L1과 L2 교육과정이 각각 운영되어야 한다. 두 언어의 교육과정은 각 언어가 공유하는 경험, 인지, 언어의 특성 등이 잘 나타날 수 있어야 한다. 그리고 L1과 L2에 의해 나타나는 수업 결과를 사정하여 각 언어에 대한 이해와 문제점을 보완하기 위하여 이중언어접근법의 프로그램에 적용한다. 이중언어접근법 프로그램은 또한 두 언어가 가지고 있는 공통점과 함께 경험의 차이, 인지의 차이, 그리고 언어의 차이에 기초한 내용을 교육하여 L1과 L2에 각각 피드백(Feedback)시킨다. 이와 같은 순환 절차를 통하여 L1과 L2 언어에 대한 사용과 사용법을 올바르게 이해하게 되고 나아가 두 언어의 특성을 동시에 이해할 수 있게 된다(최성규, 2007). 이를 바탕으로 청각장애학생의 문해 능력이 신장되고, 기초 학력이 향상된다. 또한 원활한 사회 통합과 상호 문화의 차이를 이해하고 적응함으로써, 청각장애학생은 정체성 혼란을 겪지 않게 된다.

Chapter 11

통합교육과 청각·중복장애

1 통합교육의 개념과 정의

2 통합교육의 패러다임 변화

3 통합교육의 효과와 교사 간 협력

4 청각장애학생의 통합교육

5 청각 · 중복장애의 이해

6 유형별 특성 및 진단 · 평가

7 청각 · 중복장애학생의 교육

학습목표

1. 통합교육의 개념과 정의를 이해할 수 있다.
2. 청각장애학생의 통합교육에 대하여 이해할 수 있다.
3. 청각·중복장애의 개념과 교육 방법을 알고 지도할 수 있다.

생각나누기

[도담중학교-세종누리학교 통합교육]

출처: http://www.sjsori.com

[헬렌 켈러, 청각·시각 중복장애]

출처: http://blog.naver.com

• 도담중학교-세종누리학교 통합교육

세종누리학교 한혜진 교사는 "우리 학생들이 통합교육을 하러 도담중학교에 갈 때마다 매우 즐거워하고 있고, 도담중학교 학생들도 친구처럼 대해 주어서 만족스럽다."며 "앞으로도 통합교육이 지속적으로 활성화됐으면 좋겠다."고 말했다.

• 헬렌 켈러, 청각·시각·언어 중복장애

헬렌 켈러는 위대한 스승 설리반 선생님을 만나 장애를 극복하고 미국의 사회 사업가로 일하면서 일생을 봉사하는 삶으로 헌신했다. 만약 스승 설리반의 혼신의 교육 지도가 없었다면 중복장애의 역경을 극복한 헬렌 켈러 또한 없었을 것이다.

"첫날에는 나를 가르쳐 준 설리반 선생님을 찾아가 그분의 얼굴을 보겠습니다."

– 헬렌 켈러 명언 '만약 내가 사흘간 볼 수 있다면' 중 –

• 통합교육의 빛과 그림자

통합교육? 함께 하지 않는 통합교육은 고민해야 할 것입니다.

통합교육은 소위 말하는 특수교육대상자(장애 학생)만을 위한 교육일까요?

통합교육은 이제 특수교육대상자의 일방향적 지원 관점과 조명에서 벗어나 양방향적 지원 관점의 구현으로 진정한 통합교육의 장을 실현해야 합니다.

즉, 서로의 특성과 다름의 차이를 이해함으로써 동등한 관계 속에서 거듭나야 한다는 것입니다(권순우 외, 2017).

네 잎 클로버

전선주

잔디밭을 걸으며
세 잎 클로버 무리를 만났습니다.

하지만 세 잎 클로버엔
눈길을 주지 않았습니다.

단지 그 무리 속에
네 잎 클로버가 있는지
살펴볼 뿐입니다.

일반적인 클로버가 아닌
돌연변이 네 잎 클로버에
애정을 주고 싶습니다.

소년 시절 네 잎 클로버가
행운을 준다는
의미가 생각나서가 아닙니다.

세 잎 클로버 속의 돌연변이는
몇만 분의 일이란
확률을 가진 귀한 존재입니다.

클로버 세계의
스타를 찾고 있습니다.
이 세상에도
네 잎 클로버의 모습들이
귀하게 여겨지길 바라면서

출처: 한국통합교육연구회(www.inclusion.co.kr).

통합교육은 법률에 규정한 특별한 교육적 서비스가 필요한 학생이 청인학생들과 함께 교육 현장에서 동등하게 교육받을 교육권을 보장해 주고 있다. 이는 이들이 학교를 졸업하고 나서 사회 구성원으로 우리와 함께 살아가야 하기 때문이다.

1 통합교육의 개념과 정의

1. 통합교육의 개념

통합은 우리 사회의 중요한 화두이고, 특히 특수교육에서는 미래 교육의 중요한 방향으로 생각된다. 특수교육 대상 학생을 둔 다수의 부모는 자녀를 일반학교에 보내어 통합교육을 받고자 하지만, 일반교육환경은 특수교육대상자들의 다양한 교육적 요구를 충족시켜 줄 수 있을 정도로 아직까지는 충분한 준비가 되어 있지 못한 실정이다. 통합교육은 학생이 장애를 가지고 있거나 그렇지 않거나 모든 학생이 같은 장소에서 함께 교육받아야 한다는 하나의 교육적 철학이다. 통합교육은 각 시대의 문화, 주된 교육 철학, 특수교육의 정책에 따라 변화되어 왔다.

통합은 교육 체제를 일반교육과 특수교육이라는 이중의 체제로 분리하는 과정에 문제를 제기한다. 이런 문제의 하나는 분리교육이 학생을 가르치는 것보다 학생의 결함에 집중하는 의학적 모형에 기초하고 있다는 것이다(Aniscow, Farrell & Tweddle, 2000). 반면 통합의 원리는 교수의 형태에 있다. 이는 신체적, 지적, 감각·운동적, 사회·정서적으로 장애를 지닌 학생을 포함하여 모든 학생을 차별하지 않고, 학생의 학습 곤란의 원인을 학생이 배치되어 있는 교육환경에 있다고 규정한다(Avramidis, Bayliss, & Burden, 2000).

분리교육이 아닌 통합교육은 일반교육과정에 특수교육대상자를 포함시키는 것이며, 일반학생들과 함께 생활하고 배움으로써 서로 이해하고, 편견을 줄이고, 상호 협조하여 공통체 의식을 함양하고자 하는 교육환경을 만드는 것이다.

특수교육에 있어서 특수교육대상자를 위한 교육 프로그램의 가장 중요한 것은 개개인의 특성과 잠재 능력을 배양하여 통합된 사회의 구성원으로 더불어 살아갈 때 독립적인 삶을 살 수 있도록 하는 것이라고 할 수 있다. 독립적으로 생활한다는 것은 정상적인 환경에서 적절하게 행동하고 적응하는 것을 의미한다.

이를 성취하기 위한 방법인 정상적인 교육환경에서의 통합교육은 교육적인 의미에서 뿐만 아니라, 장애인의 인간적인 권리 존중의 차원에서 그 중요성이 강조되고 있으며, 실제로 지난 20~30년간 통합교육의 혜택을 받는 학생의 수가 급속히 증가하고 있다.

그러나 우리나라의 통합교육은 아직 장소의 통합에 머물고 있다. 최근 들어 우리나라 통합교육의 문제점을 개선하고자 교육과정의 통합을 위해 일반교육과정에 장애학생을 위한 교육적 책무에 대한 규정을 삽입한 바 있다. 이를 계기로 우리나라에서도 좀 더 진전된 통합교육 모형이 자리를 잡아 가고 있다(공주대학교 특수교육연구소, 2016).

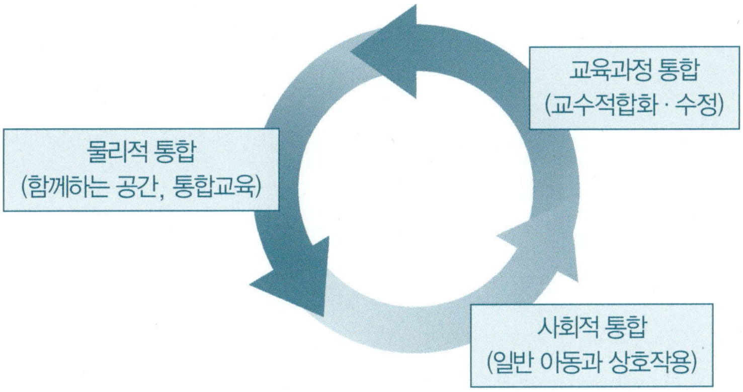

[그림 11-1] 통합교육의 모형

〈표 11-1〉 통합교육의 목표 및 내용

목 표	내 용
다양성의 인정 및 수용	• 개인 간의 차이를 인정, 수용, 존중 • 개인의 능력이 서로 다름에 대해 차별하지 않고 독특한 요구로 인정
교육의 평등성 추구	• 동일한 교육을 제공하는 것이 아닌 개인이 지닌 학습 능력과 요구에 적합한 교육 서비스를 제공
교육의 수월성 보장	• 수월성을 보장하는 것을 우수 학생 교육에 국한시키지 않고 개인의 잠재력을 최대화한다는 측면에서 이해하는 것이 필요 • 장애학생의 잠재력을 최대한 계발시켜 준다는 측면에서의 수월성 보장
공동체 사회의 구현	• 단 한 명의 구성원도 소외시키지 않고 각자 역할에 맞는 수행을 하며 집단으로 공동의 이익에 기여하고 조화를 이루며 더불어 살아가는 사회의 구현

출처: 한국통합교육학회(2009). p. 20-21.

2. 통합교육의 정의

1) 용어의 정의

통합교육에 대한 정의는 시대의 변화에 따라 점차 다르게 정의되어 왔다. 현재는 우리가 말하는 통합교육이란 완전 통합(inclusion)을 말하는 것이다.

통합교육을 의미하는 용어들을 보면 그동안 용어들이 생성되고 새로운 용어로 대치되어 사용되어 왔다. 특히 국내에서는 용어에 관한 충분한 논의가 없었는데, integration을 '통합교육', full integration, inclusion, full inclusion을 '완전 통합교육', inclusion을 '포함 교육' '포괄 교육' 혹은 '통합교육', full inclusion을 '완전 포함 교육' 그리고 full inclusive education을 '모든 학생을 위한 일원화된 교육공동체로서의 통합교육' 등으로 다양하게 번역하여 사용하여 왔다(한국통합교육학회, 2009).

그러나 통합의 과정적 측면에 거시적 안목으로 폭넓게 조망하여 정리하여 보면 '통합'과 '포함'이라는 두 가지의 의미로 요약할 수 있다. 두 용어가 내포하는 최종적이고 궁극적인 목표는 동일하다. 첫째, 통합이라는 의미의 통합으로, 선 분리 후 통합이다. 둘째, 포함이라는 의미의 통합으로, 선 포함 교육 시작 후 필요에 따른 분리가 이뤄진다.

다음의 [그림 11-2]는 '통합'과 '포함'이라는 의미에 대하여 서로 간략하게 비교하여 그림으로 표현한 것이다.

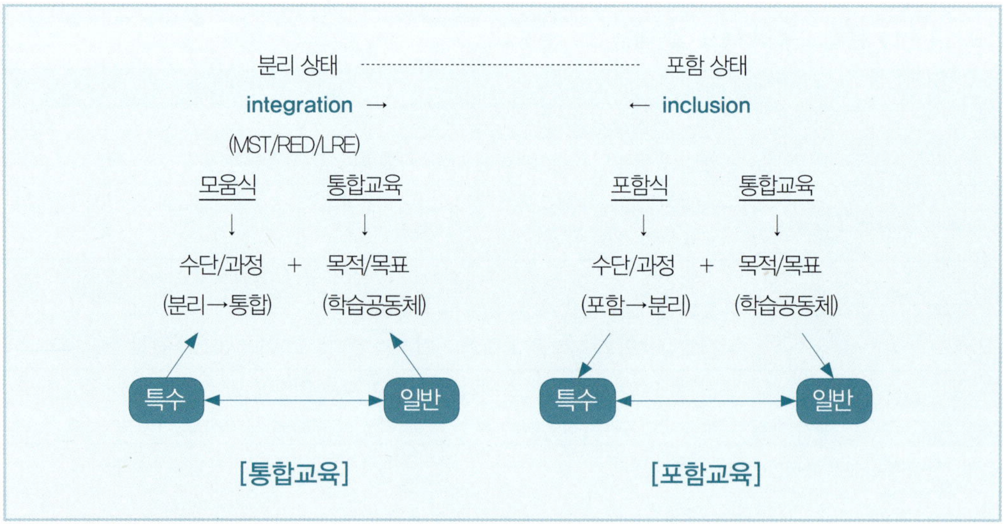

[그림 11-2] integration과 inclusion의 의미 비교도

출처: 한국통합교육학회(2009). p. 19.

2) 법적 정의

우리나라에서 통합교육에 대하여 법률적으로 정의한 것은 특수교육의 모체법이 되는 「특수교육진흥법」에서 시작되었으며, 「장애인 등에 대한 특수교육법」에서도 다음과 같이 통합교육의 정의를 내리고 있다.

▶「특수교육진흥법」 정의
통합교육이란 특수교육대상자의 정상적인 사회 적응 능력의 발달을 위하여 일반학교에서 특수교육대상자를 교육하거나 특수교육 기관의 재학생을 일반학교의 교육과정에 일시적으로 참여시켜 교육하는 것을 말한다.

▶「장애인 등에 대한 특수교육법」 정의
통합교육이란 특수교육대상자가 일반학교에서 장애 유형·장애 정도에 따라 차별받지 아니하고 또래와 함께 개개인의 교육적 요구에 적합한 교육을 받는 것을 말한다.

3) 학문적 정의

통합교육이 무엇인가에 대해서는 많은 전문가들에 의해 다양하게 정의되고 있지만, 대부분의 정의들은 모두 일반교육과정에 특수 학생을 포함시키는 것을 공통적인 핵심 내용으로 포함하고 있다.

- 통합교육은 다양한 교육적인 필요와 능력을 지닌 학생들이 함께 교육을 받는 프로그램으로서 그 특징은 특수교육 대상 학생과 일반학생이 사회적 활동이나 교수 활동에서 의미 있는 상호작용을 하는 것이다(조윤경 외, 2013).

즉, 통합교육은 특수교육대상자는 물론 모든 학생을 교육할 수 있는 체제가 구축된 환경에서 차별받지 않고 개개인의 독특하고 다양한 개별적 요구에 적합한 최상의 교육적 서비스를 제공하는 것을 의미한다.

2 통합교육의 패러다임 변화

통합교육의 역사는 문화적으로나 지역적 특성에 따라 약간의 차이가 있으나 유럽이나 미국의 경우 인권이나 시민권의 보장을 위한 오랜 시간을 거치면서 철학적·사회적·교육적·법적 패러다임의 이동으로 장애를 학생 개인의 결함으로 보아왔던 관점에서 벗어나 개인과 환경 사이에서 발생하는 여러 가지 요인의 상호작용으로 보는 관점으로 변화되면서 활발히 논의되었다.

장애학생에 대한 통합교육의 역사는 비교적 최근에 시작되었으며 전문가들이 통합교육 운동을 전개하고 그 실시를 강조한 것은 반세기에 불과하다. 그럼에도 불구하고 통합교육을 가속화한 여러 요인들로는 정상화 원리, 탈시설 수용화, 최소 제한 환경에서의 교육 의무화와 같은 법률 제정 주류화, 일반교육 주도 그리고 완전 통합이 있다(공주대학교 특수교육연구소, 2016).

1. 정상화 원리(normalization, 1900~1960년대)

스칸디나비아 반도에서 시작된 철학으로서 장애학생들은 비장애 또래들처럼 동일한 자유, 생활 선택, 상황 및 기회 등에 대한 권리를 가진 것으로 보아야 한다는 믿음에 기초한다. 이러한 정상화 원리의 움직임은 장애학생들에게 가능한 한 정상에 가까운 교육환경 및 생활 환경에서 교육받도록 해야 한다는 특수교육의 철학적 배경이 되었다.

2. 탈시설화(deinstitutionalization, 1950~1960년대)

지적장애인 등을 대규모 시설로부터 가족과 보다 작은 지역 사회의 시설로 이동시키려는 운동으로 광범위하게 수용하고자 하는 것이다. 탈시설 수용화를 주도하는 데 가장 큰 영향을 미친 요인은 1960년대의 많은 수용 시설이 적절한 교육 및 양육을 제공하지 못하였기 때문이다. 이러한 문제점에 근거하여 체계적인 계획과 적절한 지원을 통해서 점점 더 많은 장애인이 수용 시설을 벗어나 지역 사회 내에서 적응하고 살아가도록 지원하는 것이다.

3. 최소 제한 환경(least restrictive envirionment, 1970년대)

1975년 미국 「장애인교육법」에서 처음 명시된 용어로 장애학생을 또래의 비장애학생들로부터 최소한으로 분리시켜야 한다는 원리이다. 모든 학생들로 하여금 일반교육에 보편적으로 접근할 수 있게 하고 그들의 자유가 가장 적게 제한을 받으며 비장애 또래들과 상호작용할 수 있는 환경에서 교육을 받을 것을 요구한다.

4. 주류화(mainstreaming, 1980년대)

1980년대 새롭게 나타난 통합교육에 대한 개념은 주류화이다. 넓은 의미에서 주류화는 장애학생을 가능한 한 일반학생의 생활 흐름에 포함시키는 것을 의미한다(Tumbull & Tumbull, 1990). 이에 최소 제한 환경이라는 규정에 의해 장애학생들을 부분제나 전일제 특수학급에 배치되도록 해왔던 그 당시의 분위기에서 새롭게 등장한 주류화는 최소 제한 환경과 동일한 의미로 사용되기도 하였다.

5. 일반교육 주도(regular education initiative, 1980년대 중반)

will(1986)이 장애학생이 적절한 교육을 받기 위해서는 근본적으로 기존 학교 체제의 개혁이 필요하다고 주장하면서 시작되었다. 즉, 교육 체제부터 일반교육과 특수교육의 이중 교육 구조를 폐지하고 하나의 교육 체제로 통합해야 하며, 하나의 교육 체제는 학교로부터 장애학생들을 구별하고 특수교육 서비스 대상자인지 결정하는 데 많은 시간과 노력을 기울이는 대신 모든 학생에게 적절한 서비스를 제공하기 위해 많은 노력을 기울이게 된다는 것이다(Smith et al., 2004).

6. 완전 통합(full inclusion, 1990년대 중반)

통합교육(inclusion)은 일반교육 주도를 실현하기 위한 프로그램 모델을 지칭하는 용어(Smith et al., 2004)다. 완전 통합은 장애학생들을 장애의 유형과 정도에 관계없이 비장애 또래들과 일반학급에 배치하려는 원리와 실제를 의미한다. 일반교육 주도와 함께 장애학생에게 도움이 되는 점이 있기도 하지만 그 효과나 적용상의 문제점들이 제기되어 왔다. Kauffman과 Hallahan(2005)은 완전 통합이 모든 학생에게 효과적인 것은 아니며, 어떤 학생의 경우 분리되었을 때 더 나은 향상을 보일 수 있다고 하였다.

3 통합교육의 효과와 교사 간 협력

1. 통합교육의 효과

통합교육은 일반교육환경에서 특수교육 대상 학생과 일반학생 개개인의 교육적 요구에 긍정적인 결과를 줄 수 있는 교육적 목표를 가지고 접근해야 한다.

통합교육은 함께 통합된 일반학생의 사회성 발달에도 긍정적인 영향을 미치며, 편견과 차별이 없는 순수한 또래 관계 속에서 장애 그 자체를 자연스럽게 이해 할 수 있다.

(1) 통합교육이 특수교육 대상 학생에게 주는 효과

- ▶일반학생들과 정규 과정의 학교생활을 통하여 경험의 폭이 넓어진다.
- ▶다양한 교육적 경험을 제공하여 독립심과 자립심 형성에 긍정적 결과를 보인다.
- ▶학교생활의 교육과정에 따라 규칙적인 행동과 올바른 생활습관이 습득된다.
- ▶잠재되어 있는 능력 및 잔존 능력이 상호작용을 통하여 발달되는 기회가 된다.
- ▶일반학생의 행동을 보고 모방함으로써 발달의 촉진과 관찰 학습을 할 수 있다.

(2) 통합교육이 일반학생에게 주는 효과

- ▶특수교육 대상 학생과 함께하는 체험을 통해서 성인으로부터 얻은 부정적인 인식이 개선되는 기회가 된다.
- ▶자신과 다른 친구의 존재를 알게 되며, 나와는 다름을 자연스럽게 인식하게 된다.
- ▶특수교육 대상 학생을 가르쳐 주면서 자신의 지식을 보다 확실하게 할 수 있다.
- ▶특수교육 대상 학생을 배려하고 도와주는 마음으로 감정 이입 등의 사회적인 행동이 다양하게 향상된다.

(3) 통합교육이 교사에게 주는 효과

- ▶다양한 특성을 지닌 학생을 경험함으로써 교사로서 좀 더 관심을 가지며, 여러 영역의 장애에 대하여 학습하는 기회가 되고 교사 자신의 발전 기회가 된다.
- ▶모든 학급 학생에 대한 관찰력이 생기고 지도 교수방법의 능력이 향상된다.
- ▶일반교사와 특수교사 간의 협조가 강화되며, 이를 통하여 학생에 대한 특성을 잘 이해하고 특수교육적인 서비스의 교육적 지식 정보를 공유하게 된다.
- ▶장애를 극복하고 성장하는 학생에 감동하며, 교사로서의 긍지와 보람을 갖는다.

2. 일반교사와 특수교사의 협력

성공적인 통합교육은 교사 간의 의사소통과 지원, 서비스의 질에 달려 있다. 즉, 학생의 배치에 관한 결정부터 통합된 학생의 교수·학습의 계획, 실행, 적응, 다른 학생과의 상호작용 등 교육 전반에 걸쳐서 학생을 담당하는 두 교사 간의 협력은 매우 중요하다고 할 수 있다.

교사 간 공동 협력의 형태는 아래의 〈표 11-2〉와 같다.

〈표 11-2〉 교사 간 공동 협력의 형태

형 태	설 명	예 시
협력적 교환	교사 경력에 상관없이 새로운 정보나 지식을 자유롭게 교환한다.	특수교사와 일반교사가 통합된 장애학생의 학습 특성에 관해 정보를 교환한다.
협력적 모델링	경험이 많은 교사가 특정 교수 실제에 대해 동료 교사에게 시범 교수를 보인다.	특수교사가 일반교사에게 통합된 장애학생의 행동 문제 중재 방법을 시범 보인다.
협력적 코칭	경험이 많은 교사가 동료 교사에게 새로운 교수 전략이나 실제를 습득하고 적용할 수 있도록 피드백을 제공한다.	경험이 많은 특수교사가 신임 특수교사에게 개별화 교육 계획을 능숙하게 작성할 수 있도록 피드백을 제공하며 돕는다.
협력적 감독	경험이 많은 교사가 동료 교사의 교수 실제에 대해 평가적 피드백(evaluative feedvack)을 주어 교수가 향상되도록 돕는다.	주임 교사가 컴퓨터를 이용한 읽기 프로그램을 실시한 교사의 교수방법이 효과적이었는지에 대해 평가한다.
협력적 조언	경험이 적은 교사가 문제에 부딪힐 때마다 경험이 많은 교사가 조언을 하여 문제 해결을 돕는다.	신임 교사가 비협조적인 부모와의 관계, 교사의 탈진 상태(burn out) 및 동료 교사와의 갈등에 이르기까지 모든 문제에 대해 경험이 풍부한 교사에게서 조언을 받는다.

출처: 이미숙 외(2013). p. 240.

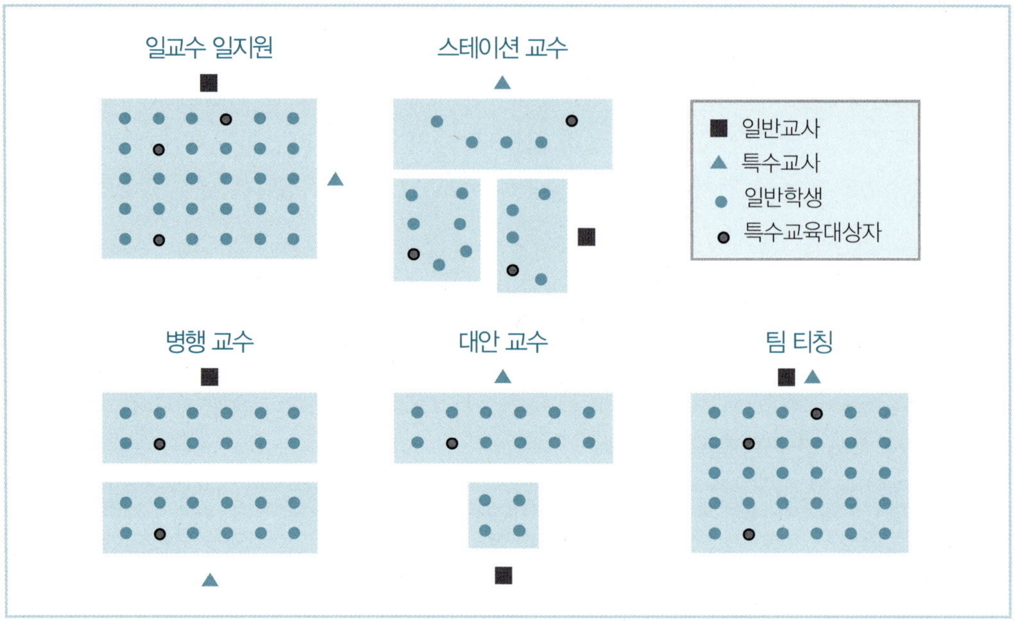

[그림 11-3] 일반교사와 특수교사 간 협력 모형

출처: 정대영(2011). p. 62.

▶ 일반교사와 특수교사의 협력 방안

- 교사 간 협력의 가장 두드러지는 저해 요소는 역할에 대한 이해 부족, 협력 체계의 미흡, 협력에 대한 평가와 지원 부족, 협력 기술에 관한 훈련 부족으로 나타나며, 많은 학생 수나 협력을 위한 시간 부족과 같은 실천적인 방해 요소, 협력 절차에 대한 불확실한 정의, 개념상의 장벽, 통합이나 상대 교사에 대한 부정적인 태도와 같은 개념적인 방해 요소가 있다.

- 일반교사와 특수교사가 서로 긍정적인 상호 관계를 구축할 수 있도록 조직적인 구조를 구축해야 하며, 교사들은 정보나 기술을 교환하는 능력, 문제를 해결하는 능력, 문제를 해결하는 기술, 일치된 의견으로 결론을 내고 합의하는 기술을 적절하게 사용하도록 훈련함으로써 교사 간 협력을 원활하게 수행할 수 있다(이소현, 황복선, 2000).

- 성공적인 특수교육대상자에 대한 통합교육 서비스는 교사 간의 의사소통과 지원, 서비스의 질에 달려 있다. 즉, 특수교육대상자 선정과 배치에 대한 결정부터 관련 서비스 전달 체계의 통합된 학생의 교수·학습의 계획, 실행, 적용, 다른 학생과의 상호작용 등 교육 전반에 걸쳐서 학생을 담당하는 두 교사 간의 협력은 특수교육의 목적을 달성하는데 매우 중요하다고 할 수 있다.

4 청각장애학생의 통합교육

1. 통합교육 수업 전략

청각장애학생이 통합된 교실에서 학습하는 것은 대부분 일반교사나 또래 학생들과의 상호작용에 의존한다. 이러한 상호작용은 청각장애학생의 잠재 능력이 교사나 또래 학생들과의 상호작용과 연결되었을 때 가장 성공적일 수 있다.

한국통합교육학회(2009)와 정동영 등(2012)이 제시한 협동 학습, 차별화 교수, 협력 교수에 대한 교수-학습 전략을 중심으로 살펴보고자 한다.

1) 협동 학습(cooperative learning)

협동 학습은 일반학급에서 청각장애학생을 가르치는데 일반 또래를 활용하는 방법으로, 일대일 개인 지도와 팀끼리의 경쟁 등을 조성하여 실시할 수 있다. 협동 학습의 주요 전략과 수업 때 고려할 사항은 다음의 〈표 11-3〉과 같다.

〈표 11-3〉 협동 학습의 주요 전략과 수업 때 고려할 사항

▶주요 전략
- 학습할 주제를 명확하게 기록한다.
- 학습을 시작하기 전에 학습 집단에 배정될 인원수를 결정한다.
- 학생들에게 과제와 긍정적인 상호 의존성 그리고 학습 활동에 관해 정확하게 설명한다.
- 교사는 집단의 협동 학습 효과를 관리하며, 질문에 대답하고 과제를 수행하는 기술을 가르치는 등 과제 보조를 제공해 주거나 학생들의 대인 관계 기술과 집단 활동 기술을 증가시키기 위해 중재를 한다.
- 학생들의 성취를 평가하고, 학생들이 각자 어떻게 서로 협력을 잘 했는지를 토론하도록 돕는다.

▶고려 사항
- 교사의 감독: 집단 활동의 규칙을 확립하기 위해 교사의 관리, 감독이 필요하다.
- 이질적 집단: 서로 다른 능력과 배경을 가진 학생들이 목표를 달성하기 위해서는 서로 협력하는 것을 배울 수 있도록 한다.
- 대면적 상호작용: 가까운 거리에서 시선을 마주보면서 말이나 몸짓으로 대화하도록 격려한다. 학생들은 하나의 소집단으로 서로 설명하거나 토론하고, 문제를 해결하고 과제를 완성한다.

2) 차별화 교수(differentiated instruction)

차별화 교수는 수업에 참여하는 다양한 학습자들의 특성을 준비도, 관심사 및 흥미, 학습 프로파일로 나누어 분석하고, 수업에서 각자의 특성에 맞는 여러 선택을 제공하여 개개인에게 적합하고 흥미로운 학습 경험을 제공하는 것이다.

학습 내용은 학생들이 무엇을 배울 것인가와 수업 후에 우리가 무엇을 성취하기를 원하는가에 관한 것이다. 학습 과정은 학생들이 학습 내용과 어떻게 상호작용하는가에 관련되는 것으로, 이러한 학습 상호작용은 부분적으로는 학생의 다양한 학습 선호도에 의해 결정될 것이다(예: 청각적인 학습자인가, 시각적인 학습인가, 구체물을 필요로 하는 학습자인가 등). 이러한 차별화 교수 학습 과정에 포함되는 것들은 〈표 11-4〉와 같다.

〈표 11-4〉 차별화 교수 학습 과정에 포함할 내용

절 차	포함할 내 용
학습 촉진화	• 학습할 내용, 선행 학습 내용과의 관련성, 학습할 내용의 중요성, 학습 후 할 수 있어야 하는 것 등을 설명하는 도입 활동
학습 활동	• 모델링, 리허설, 반복 합창, 내용과 관련된 동작, 교육적 게임과 같이 학생들을 위한 실제적 교수 활동 포함
집단 활동	• 개별과 집단 중심의 학습 활동 모두 학습 절차에 포함되도록 계획할 것

출처: 김자경, 김기주 역(2007). p. 18.

3) 협력 교수(cooperative instruction)

협력 교수는 통합교육 상태의 이질적인 학생 집단을 공동으로 교육하고 계획을 세우는 접근이다. 일반교사와 특수교육 관련 전문가들이 교육 계획, 교수, 평가에 직접적으로 참여하면서 상호작용적·역동적 관계를 형성하며, 동료 지원을 통한 지속적인 학급 운영에 초점을 맞춘다(Stoddard et al., 1996; Walther-Thomas, Bryant, & Land, 1996).

협력 교수의 다양한 접근은 다음과 같이 이루어질 수 있다.

- ▶한 교사가 한 집단을 교수, 다른 교사는 개별 점검 및 지도
- ▶두 교사가 두 집단에게 같은 내용 지도. 주로 소집단 활동 시 따로 지도하고 마치기 전에 함께 모여서 요약과 마무리(중요 내용 요약)
- ▶한 교사가 재교수, 다른 교사는 대안적 정보 교육
- ▶복수 집단: 두 교사가 관리/교수. 다양한 교육 내용도 가능함. 한 교사가 개인별 또는 소집단별 지도를 하고 다른 교사는 여러 집단 관리/감독

통합교육에서 협력 교수를 실시함으로써 얻을 수 있는 긍정적인 효과는 다음과 같다.

첫째, 협력 교수를 통해 학생들의 학문적·사회적 기술과 학생 스스로의 자존감이 향상된다. 둘째, 교사 대 학생의 비율이 줄어듦으로써 긍정적인 교수–학습 환경이 형성된다. 셋째, 협력 교수를 함으로써 교사들은 다양한 교수방법을 적용할 수 있다. 넷째, 협력적인 관계 구축을 통해 교실 내에 협력적인 분위기가 증진된다. 다섯째, 협력 교사들은 전문가로서의 성장, 개인적인 지원 그리고 동기 향상을 통해 직업에 대한 만족감이 높아진다(최승숙, 2007).

▶ 취학 전 조기 통합교육의 필요성에 대하여

청각장애학생에 대한 학교 통합교육이 효과적으로 성공하기 위해서는 취학 전 조기 통합교육을 실시하여 청각장애학생의 언어습득 및 의사소통 발달을 위한 생태학적 환경을 제공하도록 해야 한다. 이를 통하여 또래 청인학생과 다양한 장면에서 발생하는 자연스러운 사회적 경험을 통한 의사소통은 취학 후 연계되는 초 · 중등학교에서 실시되는 통합교육 장면에서 긍정적인 결과를 가지게 될 것이다. 김영익(2008)의 연구에서는 조기 통합교육을 받은 농인 부모를 둔 난청 유아가 또래 청인 유아와 동등하게 모든 교육의 참여 기회를 통하여 다양한 의사소통 수단으로 이중 언어(구어, 수어)를 습득하게 되었다고 한다. 이러한 결과는 유아의 전인적 발달인 의사소통 발달, 인지발달, 정서발달, 사회성 발달, 대 · 소근육 등의 긍정적인 상호작용을 통하여 또래 청인 유아들과 의사소통의 장면과 맥락에서 사용되는 언어사용에 향상이 있을 것이다.

2. 통합교육 수업 지원

청각장애학생이 학교 수업 참여에 있어서 자신이 가지고 있는 장애로 인하여 불이익을 당해서는 안 된다. 장애를 보상해 주거나 최소화할 수 있도록 도와주는 것이 무엇보다도 중요한데, 성공적인 통합교육을 위한 수업 지원에 대한 대표적인 방법은 다음과 같다(고은, 2017).

1) 교실 환경 개선

통합 교실은 몇 가지 물리적 조건을 충족해야 한다. 거기에는 학교 행정 및 조직상의 문제, 자리 배치와 학급 분위기 조성 등이 포함된다.

(1) 학급 규모

학급 규모가 크다는 것은 청각장애학생에게는 그만큼 불리한 요건이다. 따라서 학교장은 통합학급에 대해서는 학생 수를 줄여 주고, 업무 분할을 도입하여 교사의 부담을 덜어 주어야 한다.

(2) 교실 배치

교실은 전체적으로 밝고 동일한 조명 밝기를 유지하고, 칠판 앞쪽은 어둡지 않도록 한다. 눈부심을 방지하기 위해 조명은 학생의 등 뒤에 있는 것이 좋다. 모둠 수업을 할 경우 쉽게 책상 위치를 변형할 수 있는 구조가 좋으며, 의자는 쉽게 방향을 바꿀 수 있는 회전 의자로, 책상 배치는 반원이나 ㄴ자형 또는 [그림 11-4]와 같은 형태가 적절하다.

[그림 11-4] 통합교육의 바람직한 교실 환경

(3) 음향학적 조건

교실에서의 소음은 청각장애학생의 어음 청취력과 집중력을 현저하게 떨어뜨린다. 따라서 교실 내 소음을 줄이는 것은 무엇보다도 중요하다. 소음 제거에 효율적인 마감 자재를 사용하는 것이 좋다. 교실의 잔향은 0.45초를 초과해서는 안 되며, 의자나 책상 다리에는 소음용 덮개를 씌워 주는 것이 소음을 줄이는 데 효과적이다.

2) 교사의 언어

교사의 언어는 의사소통의 핵심이면서 수업의 질을 결정짓는 매우 중요한 요인이다. 성공적인 의사소통을 위해서는 비언어적 요소, 준언어적 요소, 그리고 언어적 요소를 잘 사용할 수 있어야 한다. 특히 청각장애학생에게 이 세 가지 요소는 상호작용뿐만 아니라 수업의 효율성을 위해서도 매우 중요하다.

(1) 잘 들어주기

청각장애학생의 말을 잘 들어주는 것은 학생에게 무엇을 질문하는 것보다도 더 중요한 의미를 갖는다. 교실에서 교사는 잘 경청하는 자세와 공감을 표현하는 것이 중요하다. 학생이 말을 하고 있는데 다른 쪽으로 시선을 돌리거나 다른 행동을 하게 되면 학생은 말하고자 하는 의욕이 상실되며 다른 학생들의 주의 집중도 산만해진다. 교사가 잘 듣는 것은 학습 의욕을 촉진시킬 뿐만 아니라 듣기 모델로 작용한다.

(2) 잘 말하기

교사의 말은 학생의 주의 집중을 충분히 이끌어 올 수 있어야 한다. 그러기 위해서는 말이 분명해야 하며 이해하기 쉬워야 한다. 교사가 사용하는 언어는 학생들의 모델이 될 뿐만 아니라 학생들 간에 서로 의사소통이 되지 않을 때 교사가 대신 학생의 말을 반복해 주거나 다른 말로 전달해 주는 통역사의 역할도 해야 한다.

3) 수업 방식

통합 수업을 하는 데 있어서 교사의 수업 방식은 매우 중요하다. 이때 청인학생과 청각장애학생 모두에게 긍정적이어야 하며 자칫 수업의 수준이 낮아지거나 시간 배분에서 균형을 잃어서는 안 된다. 청각장애학생의 통합 수업에 효율적으로 적용할 수 있는 수업 방식은 크게 세 가지로 요약할 수 있다. 첫째는 시각화이며, 둘째는 조직화 그리고 셋째는 차별화이다.

(1) 시각화

▶ 내용은 프로젝터를 활용하여 문자로 보여 준다. 동영상에는 자막을 넣어 준다.
▶ 새로운 어휘나, 주요 내용 혹은 읽어야 할 페이지 등은 칠판에 써 준다.
▶ 그림 카드나 문자 카드를 제시해 준다.
▶ 과제나 일정 등과 같은 중요한 내용은 칠판이나 메모를 활용한다.

(2) 조직화

▶ 순서화하고, 수업 목표와 수행 과제 등을 분명하게 한다.
▶ 집중력 등을 고려하여 과제 수행 단계를 적절하게 나누어 준다.
▶ 기본 원리를 이해하기 쉽게 제시하고, 주요 수업 내용은 교사와 함께 반복한다.

(3) 차별화

▶ 양적 질적으로 과제를 수정하고, 다른 학생들과 다른 수정된 자료를 준다.
▶ 부연 설명을 하거나, 친구와 협력할 수 있는 과제를 준다.

4) 청취 지원을 위한 보조 공학

청각장애학생이 통합교육의 환경에서 청인학생과의 관계 형성과 긍정적인 학업 성취를 위해서는 원활한 의사소통이 이루어져야 한다. 따라서 청각장애학생이 잘 들을 수 있도록 도와주는 보조 공학의 활용은 매우 중요하다고 할 수 있다. 보조 공학에는 보청기, FM 보청기, 인공와우, 보조 청취 장비(자막, 문자/골도전화기) 등이 있다.

▶FM 보청기

FM 보청기를 사용하는 이유는 주변 소음의 방해를 최대한 줄여 청취하기 위한 것이다. 보청기는 소음과 소리가 반사되는 교실 환경에서는 이득이 감소된다(Nelson, 2001). 따라서 교실과 같은 주변 소음이 많이 발생하는 환경에서는 FM 보청기를 사용하는 것이 좋다. 교사가 작은 마이크를 착용하고 말하면 소형 라디오와 같은 트랜스미터를 통해 학생이 귀에 착용하고 있는 보청기로 증폭된 음성이 전달된다.

3. 통합교육의 실제

1) 교수방법의 실천

청각장애학생을 일반학급에서 성공적으로 통합시키기 위해서는 청각장애학생 자신의 요건이 적절한 사회적 기술의 습득, 학습 능력, 언어 능력, 대인 관계 기술 등을 갖추어야 함은 물론 일반학교의 교사가 통합된 청각장애학생이 교육에 필요한 지식과 교수·학습 기술을 가지고 있어야 한다. 또한 일반학교에 통합된 학생의 교육에 필요한 교재·교구 학습 및 편의 시설을 갖추고 있어야 하는데, 이는 동료 학생 및 학부모들의 청각장애학생에 대한 깊은 이해 및 배려가 수반되어야 가능한 일이다(권순우, 2010).

청각장애학생의 성공적인 통합교육을 위한 조건은 교실 환경의 구성, 교사의 지원과 다음의 〈표 11-5〉와 같은 교수방법이 실천되어야 할 것이다.

〈표 11-5〉 청각장애학생의 통합교육을 위한 교수방법 시 고려 사항

• 가르치는 개념에 대해 명확하게 설명하고 시각적 예를 많이 사용한다. 용어를 일관되게 사용하는 것이 좋다. • 청각장애학생이 보청기나 인공와우를 항상 착용하도록 독려한다. • 청각장애학생이 교사의 말하는 내용을 독화하기가 가장 좋은 자리가 어딘지 학생과 상의하여 결정한다. • 시각적인 교수방법을 최대한 활용한다(게시판 사용, 사진, 그림, 도표, 컴퓨터 그래픽 등) • 중요한 단어나 새로운 단어는 칠판에 써 주고 수업 전에 미리 새로운 단어를 공부하도록 한다. • 비디오나 컴퓨터 동영상 자료를 볼 때 자막이 있는 것을 선택하거나, 지원해야 한다. • 청각장애학생이 수업 내용을 이해했는지 물어보고 확인한다. 항상 잘 이해하는 것이 아니며 교사에게 질문하는 것을 어렵게 생각하는 경우가 많기 때문이다. • 수업을 시작할 때 중요한 내용을 미리 요약하고, 마칠 때도 요점을 정리해 주는 것이 도움이 된다. • 완전한 문장으로 말해 준다. 문장 속에서 내용과 의미를 파악하기가 더 쉽기 때문이다. • 많은 청각장애학생이 지능의 결함 때문이 아니라 언어 능력의 문제 때문에 학업 성적이 떨어지므로 청각장애학생의 학업 성취를 유의하게 관찰한다.
• 전문가와 긴밀히 협조하여 일반학급 내에서 적절한 교육 경험을 하도록 한다.

출처: 이소현, 박은혜(2011). p. 320.

2) 교실 수행의 평가

청각장애학생의 듣기와 의사소통 문제를 돕기 위한 지원이 이루어졌다면 그에 대한 평가와 학생이 교실에서 어느 정도 수행하고 있는지에 대한 지원이 필요하다. 이러한 평가는 교실에서 학생이 어떤 방법으로 어느 정도 수행하고 있는지를 잘 관찰하는 것에서 시작된다. 〈표 11-6〉은 교사가 학생을 관찰할 때 고려해야 할 질문들이다(이필상 외, 2015).

〈표 11-6〉 청각장애학생의 통합 교실 관찰 시 고려 사항

<table>
<tr><th>대 상</th><th>요 소</th><th>내 용</th></tr>
<tr><td rowspan="4">아 동</td><td>활동 참여</td><td>• 학생이 토의 내용을 이해할 수 있는가?
• 학생이 토의 내용에 참여할 수 있는가?
• 학생이 자발적으로 대답을 할 수 있는가?
• 학생이 누가 이야기하고 있는가를 알 수 있는가?
• 학생이 활동을 따라갈 수 있는가?
• 학생이 지시에 따르거나 동료의 자료를 볼 수 있는가?</td></tr>
<tr><td>동료
상호작용
(언어 ·
사회적)</td><td>• 학생이 지목되었을 때 그 사실을 알고 있는가?
• 학생이 집단의 일부인가?
• 학생이 사회적 상호작용을 시도하는가?
• 동료들이 그러한 시도를 수용하는가?
• 이해하지 못할 때 학생은 어떻게 하는가?</td></tr>
<tr><td>학습 전략</td><td>• 학생이 내용을 회상하기 위해 되뇌이기를 하는가?
• 학생이 노트 필기를 하는가?
• 복습 시 이해하지 못한 부분이 있을 때 질문을 하는가?
• 학생이 도움을 요청하는가?</td></tr>
<tr><td>학생–교사
상호작용</td><td>• 교사가 말할 때 학생이 주목하는가?
• 학생이 적절한 방법으로 교사의 주의를 끌 수 있는가?
• 학생과 교사가 효과적으로 의사소통하는 방법을 가지고 있는가?
• 대화의 흐름이 끊어졌을 때 학생이 내용을 명확하게 하기 위한 전략을 사용하는가?</td></tr>
<tr><td>교 사</td><td>교사–학생
상호작용</td><td>• 교사가 학생을 자주 호명하는가?
• 학생이 질문할 수 있도록 격려하는가?
• 교사가 학생의 발화를 이해하는가?
• 교사의 기대가 학생의 기능적인 수준에 적절한가?
• 교사가 모든 학생에게 유사한 반응을 보이는가? 아니면 청각장애학생에게는 특별한 주의를 기울이는가?</td></tr>
</table>

출처: 이필상 외(2015). p. 284.

3) 통합교육 사례

특별한 교육적 서비스가 요구되는 학생에 대하여 장애 정도와 특성에 따라 학습 환경은 적절하게 조절되어야 한다. 청각장애학생들이 교실에서 학습하는 태도, 또래와의 상호작용 모습만 세밀하게 관찰하여도 이들에게 필요한 학습 환경을 구성하는데 유용한 정보를 얻을 수 있다.

▶사례

• 선영이는 20개월 쯤에 언어발달이 늦고, 소리 자극에 대한 반응이 없는 것을 의심하여 C병원에서 청력검사를 받은 결과, 고도 난청(좌 90dB, 우 100dB)의 청각장애로 판명받아 보청기를 착용한 후 주 3회 언어재활 치료를 받다가 5세 때에 부산 D병원에서 인공와우 시술(좌 35dB, 우 35dB)을 받았다. 7세 취학 전까지 창원 S언어치료실에서 언어 청능재활 치료를 받고 장애 통합 D어린이집을 다녔다.

• 취학 후 초등학교 일반학급에 입급되었고, 청각장애로 인한 언어 청능과 학교생활에 도움이 될 수 있는 특수교육대상자로서의 지원은 별다른 사항이 없었다. 일반학생과 동일하게 교과과정을 이수하였다. 다만 교실의 앞자리에 선생님의 목소리와 얼굴을 잘 볼 수 있는 자리에 앉혀 주는 배려로 수업 시간에 도움을 조금 받는 것이 전부였다. 초등학교 5학년 이후부터 학년이 올라갈수록 또래와의 관계 형성이 매우 어려워 고민하다가 인근 S 중학교 진학 후 학교생활에 적응을 하지 못하고 결국 1학년 2학기에 인근 C 특수학교로 전학을 갔다. 다행히 학교생활에 있어서 잘 적응하여 즐겁게 생활하였다.

• 그러나 3년 뒤 고등부 생활에서 학급생 7명 중 유일하게 의사소통을 하며 지내던 B라는 청각장애학생이 타 지역으로 전학을 가고 6명 중 5명이 지적장애학생이나 뇌병변장애학생으로 의사소통이 어려워 결국 경남에서 서울에 있는 S청각장애특수학교로 전학을 하여 고등학교를 졸업하였다. 대학교는 특수교육대상자 특별 전형으로 합격하여 현재 한국대학교 귀금속보석공예과에 재학 중이다.

5 청각 · 중복장애의 이해

1. 중복장애

1) 중복장애의 정의

중복이라는 것은 문자 그대로 어떠한 상태가 겹쳐져 있는 상태를 뜻한다. 그러나 중복장애(multiple disabilities)란 이러한 단순한 의미로서가 아니라 정의하기가 대단히 힘든 의미를 가지고 있다.

중복장애는 일반적으로 지적장애를 겸하는 경우가 가장 많으며, 중복장애학생의 대부분이 청각 · 시각 · 지체장애와 지적장애를 함께 지니고 있는 경우를 의미한다(김병하 외, 2007). 이는 일반적으로 한 가지의 장애를 가진 경우에 집중적이고 지속적인 지원이 요구되는 중도장애와, 한 가지 이상의 장애가 중복되어 있는 경우를 일컫게 되는데, 중복장애의 경우에도 교육적 조처가 복합적이며 단일장애에 비해 심각한 수준에 이르므로 중도·중복장애를 묶어서 분류하고 있다.

「장애인복지법」(2012)에서는 이를 나누어서 '장애 정도가 심하여 자립하기가 매우 곤란한 장애인'을 중증장애인으로, 중복장애는 장애 등급을 판정할 때 2종류 이상 장애가 중복되어 있는 경우로 정의하고 있다.

특수교육학 용어사전(2009)에서도 '중도·중복장애'를 하나의 범주로 간주하고 다음과 같이 정의하고 있다. 중도·중복장애는 '장애의 정도가 매우 심하고 장애가 두 가지 또는 그 이상 중복해 있는 경우이다. 중도·중복장애를 가지고 있는 대부분의 학생들은 중도의 지적장애를 나타내며, 운동장애, 의사소통장애, 시각 및 청각의 손상, 간질 발작과 같은 중복장애를 수반하고 특별하게 고안된 교육적, 사회적, 심리학적, 의학적 서비스를 필요로 한다.'라고 설명한다.

미국의 장애인교육법(IDEA, 2004)에서는 지적장애와 시각장애, 지적장애와 지체장애 혹은 청각장애와 다운증후군 등 여러 가지 장애가 겹쳐서 한 가지 장애에 대해서만 교육적 서비스를 제공하는 특수교육 프로그램으로는 교육적 요구를 충족할 수 없는 경우로 중복장애를 정의하고 있다. 단, 농(deaf)–맹(blind)은 중복장애에서 제외하여 다른 범주로 설명하고 있다.

2) 중복장애의 특성

특수교육대상자가 점차 확대되면서 경도와 중도·중복장애학생이 점차적으로 증가하고 있다. 중복장애학생의 일반적인 특성과 교육적 특성은 다음과 같다(유은정 외, 2013).

(1) 일반적 특성

중복장애를 가진 학생은 장애의 정도와 연령, 장애의 중복 유형 등에 따라 다양한 특성을 가진다. 일반적으로 보이는 공통적인 특성은 다음과 같다.

- ▶제한된 구어 및 의사소통 능력
- ▶보행의 어려움과 이동의 어려움
- ▶사용하지 않는 기술을 상실하는 경향
- ▶학습한 기술의 일반화 어려움
- ▶기초적인 신체적 이동의 어려움
- ▶감각 기능의 손상과 행동의 문제
- ▶사회적인 상호작용의 제한
- ▶주요한 일상생활에서 지원이 요구됨

(2) 교육적 특성

중도·중복장애학생의 교육적 특성을 살펴보면 학업 성취 가능성에 많은 제한점을 가지는 것이 사실이다. 그러나 중도·중복장애학생의 교육적 가능성에 대한 교육의 기회와 교육 형태가 주어진다면 부분 참여를 통해 사전에 계획하고 수정한 교육적 목표에 도달할 수 있다. 강성종(2008)은 중도·중복장애학생의 교육적 가능성에 대한 특성을 다음과 같이 제시하였다.

① 뇌의 신경계 손상이나 미분화에 따른 시·청각, 지적장애나 감각·운동 협응 등의 발달이 지체되고, 보고, 듣고, 느낀 정보의 수용이 열악하다.
② 신체 내의 기본적 조정 기능, 환경 변화에 대한 적응력의 미발달, 신체적·심리적 부적응을 일으키기 쉽다.
③ 기질적·기능적 장애에 의한 운동 기능의 장애나 발달 지체로 자세 유지, 이동, 수지 조작 등이 곤란하다.
④ 언어장애나 언어습득에 지체가 있고 의사소통이 극히 곤란하거나 제한적이다.
⑤ 정신적 구조의 미분화나 부분적 결함이 있고, 학습 능력에 심한 지체를 보이거나 흥미와 관심이 부족하다.
⑥ 새로운 경험을 획득하고자 하는 욕구가 부족하고, 획득한 지식·기능을 활용하거나 일반화하는 능력이 부족하다.

2. 청각·중복장애

청각장애학생의 교육에서 핵심적인 내용은 의사소통 지도와 학업 성취 능력의 극대화 그리고 독립적인 사회인으로 삶의 질 향상에 중점을 두게 된다. 청각장애라는 공통적 요소를 가진 학생들도 요구와 특성은 이질적이기 때문에 부모와 교사는 개별화된 계획을 수립하고 지원하여야 한다. 더욱이 청각장애와 또 다른 교육적 요구를 가진 청각·중복장애의 경우에는 복합적이며 부가적인 어려움이 따르게 된다.

1) 청각·중복장애의 정의

청각장애와 함께 다른 장애를 가진 경우를 청각·중복장애라고 말하며, 의료적인 면과 의사소통 그리고 성장 및 학습에 있어서 복합적인 어려움을 가지게 된다. 정인호(2009)는 청각·중복장애학생 교육 지원 방안의 연구에서 청각장애를 가지면서 동시에 청각장애 이외의 한 가지 이상 다른 장애를 수반하며 기존의 청각장애교육 혹은 다른 장애 영역의 교육 프로그램과 같은 단일 장애학생을 위한 교육 프로그램으로는 대처할 수 없는 교육적 요구를 갖고 있는 경우를 청각·중복장애로 정의하였다(유은정 외, 2013).

그러므로 난청이거나 농인 청각장애를 가지면서 다른 장애를 중복하여 교육적 요구가 청각장애와는 다른 학생들을 청각·중복장애로 정의한다. 단, 세부적인 중복장애 유형을 구체적으로 언급하는 경우에는 청각, 시각(혹은 지적장애, 자폐성장애 등) 중복장애로 기술하였다.

2) 청각·중복장애의 출현율과 원인

(1) 출현율

전체 학생 1,000명 중 1명의 비율로 70dB 이상의 청력손실을 가진 신생아가 태어나는 것으로 보고되면서 청각장애학생의 출현율은 대략 0.1% 정도로 간주되고 있다(Marschark, 2007). 그러나 후천적으로 진행성인 청각장애도 특수교육 대상으로 포함되고, 성인의 경우 청력을 잃게 되는 경우가 많으므로 전체 인구 중 10% 이상이 청각장애를 가지게 된다.

또한 특수교육 대상 학생 중 청각장애의 비율은 3.8%로 특수교육연차보고서(2017)에서 밝히고 있다. 청각장애학생 중 20~40%가 청각장애 이외의 또 다른 장애를 갖는다고 보고되고 있는데(정인호, 2009, 재인용) 2011년의 특수교육 실태 조사에 따르면 청각장애학생 중 20%가 중복장애를 가진 것으로 보고되었다.

(2) 원인

청각장애 원인의 50%는 대략 동일하나, 이 중 30%는 태내기의 문제와 연관되며, 세포거대바이러스(CMV; cytomegavirus), 풍진, 조산, 뇌수막염, 약물 복용 등이 포함된다. 또한 중추신경계의 문제는 지적장애나 학습장애 등과 관련될 수도 있다.

6 유형별 특성 및 진단·평가

국립특수교육원의 2011년 특수교육 실태 조사 자료에 의하면 청각·중복장애의 유형이 높은 장애는 건강장애(9.2%), 의사소통장애(7%), 시각장애(4%), 지적장애(3.7%), 지체장애(2.6%)의 순이었다. 청각·중복장애학생의 유형별 특성에 대한 내용은 다음과 같다(한국청각·언어장애교육학회, 2012).

1. 청각·지적장애

- ▶청각·중복장애 중 가장 많은 출현 빈도를 보이는 유형이다.
- ▶언어발달은 청인학생의 언어발달과는 언어 구조와 기능이 많이 다르고 발달 속도도 현저하게 느리고, 복잡한 어휘의 사용이 어렵다. 이러한 현상은 청각장애에 의한 것보다는 지적장애에 의한 영향이라고 볼 수 있다(Stoel-Gammon, 1997).
- ▶조기 발견 및 진단과 조기 중재가 필요하다.
- ▶청각적 정보의 제한성뿐만 아니라 주어진 정보를 효율적으로 처리하고 저장하는 능력에서 한계점을 동시에 가지고 있기 때문에 학습에 많은 어려움이 있다.
- ▶수어 언어나 보청기 등 청각적 보조 도구를 적극적으로 활용한 의사소통 훈련과 동시에 지적장애학생의 교육 방법으로 구체적 조작을 통한 개념을 지도해야 한다.

2. 청각·학습장애

- ▶ 중추신경계 장애와 같은 감각적 손상 외의 원인으로 청각장애학생이 학습장애를 동반한다(유은정 외, 2010).
- ▶ 현실적으로 청각·학습장애학생을 진단하기는 쉽지 않다. 학습장애의 개념이 유동적일 뿐만 아니라 청각장애학생의 지능은 정상 수준이지만 대부분 읽기나 쓰기에서 학습상의 어려움을 동반하기 때문이다.
- ▶ 단순 청각장애학생에 비해 청각·학습장애학생은 학습장애에 의한 기억의 문제나 시각적 인지의 문제, 주의력 문제, 열악한 조직화 기술, 지적 능력과 성취도 간의 심한 차이 등을 보일 수 있으므로, 특성을 고려한 중재 전략을 활용하여야 한다.

3. 청각·자폐성장애

- ▶ 진단 시 소리에 대한 반응 이상이 청력손실에 의한 것인지 아니면 자폐장애에 의한 것인지 정확한 진단이 필요하다.
- ▶ 자폐성장애학생이 보이는 전형적인 특성을 보일 수 있다(예: 상동 행동, 반향어, 특정 자극과 동일성에 대한 집착 등).
- ▶ 반향어의 경우 청각장애학생의 모국어로 반향어를 사용하는데 청각·자폐장애학생이 수어 언어를 모국어로 습득했다면 수어 언어로 반향어를 사용한다.

4. 청각·시각장애

- ▶ 청각과 시각장애를 모두 가지고 있는 상태로, 장애의 정도에 따라 맹 · 농, 맹·난청, 약시·농, 약시·난청과 같은 다양한 유형이 있다.
- ▶ 대부분의 경우 청각과 시각은 상호 보완적 역할이 어려운 감각 양식이므로 청각 혹은 시각 한쪽의 단일 장애와는 전혀 다른 교육적 접근과 재활이 필요하다.
- ▶ 청각·시각장애학생의 개인별 특성은 장애 정도, 장애 발생 연령, 의사소통 방법, 다른 장애의 유무, 기타 능력 수준에 의해 다르나, 공통적으로 의사소통과 정보 처리, 이동상의 문제가 있고 이로 인해 극도의 고립 상태나 욕구 불만 상태가 발생하기 쉽다.
- ▶ 청각·시각장애인의 의사소통 보장을 위한 방법은 다음의 〈표 11-7〉과 같다.

〈표 11-7〉 청각 · 시각장애인의 의사소통 방법

방 법	내 용
손 문자	맹 · 농인의 손바닥 등에 화자인 상대방의 손가락으로 문자를 적어 전달한다. 맹 · 농인의 손가락을 쥐고 문자를 적는 방법도 있다.
촉각 수어	잔존 시력이 있는 경우는 보일 수 있도록 최대한 눈앞 거리에 제시하고, 잔존 시력이 없는 경우는 수어의 움직임을 손으로 가볍게 만져 수어를 읽는 촉각 수어가 사용된다.
지문자	지문자를 제시하여 읽도록 하는 방법. 지문자 제시 방법은 수어와 같이 촉각 방식과 눈앞에 제시하는 방법이 있다.
필담	① 점자: 점자판, 일반적인 타자기(점자 용지), 속기용 점자 타자기(브리스터) ② 묵자: 보통 글자, 확대 문자
지점자	점자 타자기의 원리를 이용한 의사소통 기술
음성	보청기나 인공와우를 활용하거나 귓전에 전하는 방법
큐드 스피치	일반적인 큐사인을 사용하거나 알기 쉬운 큐사인을 고안

출처: 정인호(2009). p. 245.

5. 청각 · 중복장애 진단 및 평가

청각·중복장애학생 중재를 위한 진단 및 평가를 위해서는 학생의 현재 수행 수준과 생태학적 특성을 고려한 사정이 필요하다. 청력 평가를 위해서는 순음청력검사와 어음청력검사가 필요하지만 순음청력검사가 불가능한 경우에는 청성뇌간반응검사(ABR; Auditory Brainstem Response)와 같은 객관적인 검사가 필요한 경우도 있다. 청각장애 외에 중복된 장애를 진단 및 평가하기 위해서는 해당 장애를 평가하기 위한 평가 방법을 활용한다. 여기에는 시력 평가, 인지 평가, 언어 평가, 운동 평가, 대인 관계 평가 등이 포함된다(한국청각·언어장애교육학회, 2012).

정인호(2009)는 청각·중복장애학생의 개인별 능력, 가능성, 한계가 다르므로 대상 학생의 지도와 교육 프로그램을 실시하기 위해서는 대상 학생과 의사소통이 가능한 사람에 의한 정확한 평가가 선행되어야 한다고 하였다. 또한 경도의 청각·지적장애, 청각·학습장애, 청각·정서행동장애 등의 청각·중복장애는 각종 발달 검사의 결과와 함께 학교생활 및 일상생활에서 다음과 같은 내용의 관찰을 통해 각 학생의 청각·중복장애를 종합적으로 평가할 필요가 있다고 제안하였다.

1) 시각적 행동

책을 코앞에 대고 읽거나, 반대로 상당한 거리를 두고 읽거나 하는 이상 행동에 주의해야 한다. 시각적 문제는 생활상의 각종 경험을 제한할 수도 있으므로, 1년 전의 평가 자료 등과 비교하여 그 변화를 주의 깊게 관찰하여야 한다.

2) 청각적 행동

청력 수준의 변동은 학업 성적이나 경험 형성에 영향을 미친다. 잔존 청력의 활용, 적절한 의사소통 방법의 선정, 최적의 교육환경 선정 등을 위해 교사, 청능사, 언어재활사 등의 협력이 필요하다.

3) 지적 능력

지적 능력은 학생의 학업 성취도에 관한 중요한 자료를 제공한다. 예를 들면 청각·학습장애는 단일 청각장애에 비해 지능 검사의 그림 완성, 그림 배열, 계산 성적이 낮다. 또한 청각·지적장애도 단일 청각장애에 비하면 전반적으로 지능 검사 성적이 낮다.

4) 주시 행동

학습을 위해서는 학생의 주시력(attention span)뿐만 아니라 학생이 주시하는 활동이나 교재를 파악하는 것이 중요하다. 또한 학생이 가장 잘 주시할 수 있는 학습 환경에 관한 평가도 필요하다.

5) 지각 기능

경도의 청각·중복장애학생은 시지각, 청지각, 촉지각 등의 지각 기능에 문제가 있는 경우가 많으므로 과제에 대한 학생의 수행 과정을 조사할 필요가 있다.

6) 기억 과정

청각·학습장애학생 및 청각·지적장애학생은 정보를 유지하고 재생하는데 어려움이 있으므로 개개인의 기억 과정을 면밀히 평가할 필요가 있다. 단기 기억과 장기 기억의 비교, 정보를 보유하기 위한 기억 전략, 기억 모드, 재생 전략과 같은 기억 관련 요인을 표준화로 조사하여 그 학급의 편차를 검토하는 것도 평가의 한 방법이다.

7) 초인지 능력

초인지 능력은 일상생활 기능을 효율적으로 실행하는 문제 해결 능력, 과제를 예측하고 평가하는 자기 점검, 과제를 해결하기 위해 목표를 설정하고 계획을 수정하는 자기 통제, 정보를 구성하거나 재구성하는 능력, 학생이 사용하는 학습 전략 등에 대한 정확한 평가 능력을 의미한다. 청각·중복장애학생은 일반적으로 이러한 초인지 능력에 어려움이 있다.

8) 의사소통 기술

의사소통을 위해서는 소리를 청각을 통해 수용하는 청력과 언어를 이해하는 인지 능력이 필요하다. 특히 청각·중복장애학생의 경우, 인지 능력은 문맥 정보를 활용하여 잔존 청력과 독화에 의한 의사소통을 가능하게 하므로 청력의 손실을 보상할 수 있는 도구이다. 수어 언어는 인지 능력에 문제가 없고 시지각 기능과 운동 기능이 손상되지 않았을 경우 의사소통 도구로서 효과적으로 사용될 수 있다. 반면 청각·지적장애학생의 경우는 인지 능력의 제한으로 인해 완벽한 수어 언어에 의한 의사소통은 어려우므로, 사용 빈도가 높은 단어로 구성된 단어형 수어 체계가 필요하다. 또한 청각·중복장애학생 중 운동 기능을 보유한 학생의 경우는 언어를 획득하고 의사소통을 하기 위한 도구로서 수어 언어를 사용할 수 있다. 그러나 일반적으로 중도의 청각·중복장애 학생에게는 그림 문자 포인팅과 같은 대안적 방법이 보다 효과적이다.

9) 정서적 행동

학생의 학습상의 문제가 전형적인 정서적 문맥에 의한 것인지 혹은 지적장애 혹은 학습장애의 결과로서 나타나는 정서적 문제에 의한 것인지 구별하는 것은 힘들다. 따라서 이와 같은 문제에 대해서는 학생의 교육적 환경을 결정하기 위해 각 분야 전문가의 협력 체제에 의한 종합적인 평가가 필요하다. 평가 시 적절한 감정 표현이 가능한지, 연령에 맞는 생활 태도를 학습하였는지를 평가한다.

10) 학습 능력

청각·중복장애학생 중에는 학교생활에서 중요한 학습 능력에 문제를 보이는 학생들이 있다. 일반적으로 청각·중복장애학생은 단일 청각장애학생과 비교하면 학업 성적이 낮다. 학습 능력은 학습상의 문제가 모든 교과목에 나타나는지 혹은 특정 교과목에 편중되어 나타나는지를 평가하게 되며, 그 후 읽기(단어 인지, 이해력, 기술), 쓰기(문자, 단어, 이해력), 산수 능력을 평가한다.

7 청각 · 중복장애학생 교육

1. 교육과정 설계

청각·중복장애를 가진 학생들은 교육과 적응 행동 발달에 있어서 중복장애로 인하여 매우 다양하고도 독특한 개별적인 교육적 요구가 필요하기 때문에 교사는 이러한 점을 고려하여 지도에 관심을 가져야 할 것이다.

청각·중복장애학생을 위한 교육과정은 기능적이며 개별화되어야 한다. 그리고 교육과정의 설계는 가족과 학생의 요구에 적절한 학문 분야의 전문가로 구성되어야한다. 다음에 제시되는 개인 중심적 계획, 생태적 사정, 일반교육과정의 세 가지 접근법은 의미 있고 적절한 교육적 목적을 결정하는 방법을 제공해 주는데, 학생의 연령이나 기능적 수준에 구애받지 않는다(최성규 외, 2012).

1) 개인 중심적 계획

개별화 교육 프로그램의 한 과정으로(O'Brien & Lovett, 1992) 학생, 학생의 가족과 친구, 학생과 관련된 전문가들이 모두 포함되어 긍정적인 결과의 산출을 위한 지속적인 팀 구성회를 가진다. 회의 내용은 문서로 작성되어야 하고 학생이 좋아하는 것과 싫어하는 것, 일상적인 생활, 능력, 재능, 희망, 공포, 욕구 등을 의논한다. 또한 학생의 희망을 만들어 내야 하고 그 계획을 실현하기 위한 헌신이 포함되어야 한다.

2) 생태적 사정

학생의 수행 수준에 초점을 둔 전통적인 방법과 달리 생태적 사정은 학생이 현존하는 환경에 중점을 두고(Jones & Ross, 1988), 아래와 같은 네 가지 단계들이 요구된다.

① 학생이 기능적일 수 있는 하위 환경의 구성 목록을 작성한다. 예를 들면, 학교의 여러 장소(교실, 복도, 식당), 가정(거실, 방, 부엌), 공동체(식품점, 병원) 등이다.

② 각 하위 영역에서 일어날 수 있는 활동 목록을 작성한다. 예를 들어, 식당에서 메뉴 선택, 먹기, 계산하기, 사회적 행동 등이 포함된다.

③ 각 활동 영역에서 요구되는 기술을 서술한다. 예를 들어, 음식 값을 정확하게 지불하고 지갑을 주머니에 넣기 등이 있다.

④ 학습자를 위한 하위 환경과 활동을 넘어서서 우선되는 기술이 순위를 결정한다.

3) 일반교육과정의 적용

> 청각·중복장애학생을 지도하는 교사는 학생의 요구에 맞게 때로는 교육과정을 수정할 필요가 있다. 수정된 교육과정을 적용하기 위한 준비는 학생 개인의 세심한 사정(생태학적 접근 또는 개인 중심 계획 등)을 포함한다. 학생의 개별화 요구가 충족된 다음에 교사는 현재의 교육과정에서 수정된 부분을 검토할 수 있다.

2. 교육적 지원

다양하고도 독특한 특성을 지닌 청각·중복장애학생에 대한 효과적인 교육의 목적을 달성하기 위한 교육적 지원은 다음과 같다(유은정 외, 2013).

1) 교육 내용

중복장애학생이 가지는 특성을 청각·중복장애학생도 공통적으로 가지게 되나, 단일 장애의 학생도 개별적인 독특한 요구가 각기 다른 것과 마찬가지로 중복장애학생도 개개인에 따라 교육적 요구와 특성이 다양하다. 교육 목표와 내용을 구성하기 위해서는 앞서 설명한 바와 같이 청각장애학생들의 유형에 따라 가능한 한 적절한 사정을 하는 것이 중요하다. 이를 토대로 교육 내용을 구성하게 되는데, 청각·중복장애학생에게 특수하게 요구되는 것은 잔존 청력을 활용하는 치료 지원 서비스나 수어를 통한 의사소통 능력 향상 등이 해당된다.

2) 교육환경 배치

중복장애학생은 대부분 특수학교에 배치되는 경우가 많으며 간혹 기숙제 특수학교에 재학하기도 한다. 청각·중복장애학생도 청각장애만 가진 학생에 비해 특수학교에 다니는 경우가 많기는 하나 학습장애와 주의력결핍 과잉행동장애(ADHD)를 중복으로 가진 청각장애학생은 일반학교에 통합되는 경우가 많으므로 일반학급 교사도 청각장애와 청각·중복장애학생의 특성을 파악할 필요가 있다.

최근 우리나라의 특수학교에는 장애영역별이 아니라 근거리 중심의 장애학생과 학부모 선택으로 배치되고 있어 중복장애학생의 장애 유형에 맞는 특수학교나 프로그램은 없는 실정이다. 또한 특수교사 양성 과정에서도 장애영역별 전공이나 중복장애 전공에 관한 자격 과정이 없어 중복장애의 요구에 맞는 교사를 갖추고 있지는 않다. 그러나 일반적으로 특수학교에 근무하는 특수교사는 장애학생의 다양한 특성을 잘 이해하고 개별적 요구에 적합한 교육 내용과 방법을 습득하고 있기 때문에 특수학교를 선호하고 있다. 그러나 통합교육의 효과가 대인 관계 기술 함양과 의사소통 능력 증진에 가장 의미가 크다고 보고되고 있으니 청각·중복장애학생도 일반학교에 통합 배치하는 것도 고려해야 할 부분이다.

3) 교육 방법

장애학생의 교육에서 교육적 효과를 높일 수 있는 요소가 조기 발견 및 진단 그리고 조기 중재가 될 것이다. 그러므로 청각·중복장애학생 교육에서도 중복장애의 유형과 정도를 떠나서 조기 발견과 조기 중재가 강조된다.

청각·중복장애학생 진단 과정에서 언급된 바와 같이 팀 접근법(team approach)이 교육 방법에서도 필수적으로 중요하다. 팀 접근법의 유형과 장단점을 토대로 현실 가능한 방법을 선택하여 지속적으로 적용하는 것이 필요하다. 청각사, 이비인후과 의사, 언어재활사, 조기 중재 전문가, 임상 심리사, 물리 치료사, 작업 치료사, 심리 적응 지도사, 특수교사, 직업재활 교사 등과 같은 다양한 영역의 전문가들이 학생의 서비스 요구와 발달 주기에 따라 팀을 이루어 다음과 같이 교육을 실시하여야 한다.

- ▶수어를 의사소통 양식으로 선택하는 경우에는 성인 수어 모델과의 상호작용을 적극적으로 실시하여 가능한 한 정상 언어발달 환경과 유사하게 제공한다.
- ▶청각적 보조 도구를 적극적으로 활용할 수 있도록 청능재활 훈련을 실시한다.
- ▶인지적 발달이 지체되는 경우 감각 운동과 구체적 조작물을 통해 개념 학습을 반복 실시한다.
- ▶가능한 일상생활에서 활용할 수 있는 환경 중심으로 언어교육을 실시한다.
- ▶잔존 시력과 잔존 청력을 최대한 활용하여 지도한다.
- ▶시력이나 청력이 점진적으로 손실되는 경우를 대비하여, 적용 가능한 대체 수단에 대해 사전에 모색하고 지도한다.
- ▶촉지각 등을 활용하는 교재·교구를 적극적으로 활용한다.
- ▶상동 행동, 자해 행동 그리고 문제 행동 등에 대해 상담과 행동 치료 등을 실시한다.
- ▶학습에 어려움을 보이는 경우에는 학습장애학생에게 적용하는 전략들을 검토하여, 청각장애를 중복으로 가진 학생의 특성에 맞게 수정하여 적용한다.

결론적으로, 청각과 중복된 다른 장애 영역에 대한 교육 방법을 터득하고 현장에서 다양한 장애학생들의 지도를 경험한 특수교사가 개별화된 프로그램으로 지도하여야 청각·중복장애학생의 교육 효과를 극대화할 수 있다.

Chapter 12

청각장애학생의 전환교육

학습목표

1. 전환교육의 개념과 전환 지원 단계를 이해할 수 있다.
2. 청각장애학생의 전환교육을 이해할 수 있다.
3. 청각장애학교 전환교육의 문제점과 개선 방안을 이해할 수 있다.

생각나누기

• 특수학교 전공과 수업 모습

출처: M 특수학교(2018).

M 특수학교 고등부 졸업생들 대부분은 전공과에 재입학하는 경우가 많다. 일부 학생들은 고등부 졸업 후 대학에 진학하는 경우도 있고, 학생 본인과 졸업생의 부모가 전공과 입학을 원치 않을 경우는 개별적으로 취업하는 경우도 소수 있다. 2018년부터 전공과에 입학한 학생들은 2학년 1학기부터 취업 또는 대전직업능력개발원을 통해 위탁교육을 실시하고 있다.

1 전환교육

1. 전환교육의 개념

진로교육은 일반교육에서 사용되는 반면, 전환교육은 특수교육 분야에서 주로 사용되는 즉, 장애학생을 위한 진로교육이라고 할 수 있다

전환이란 한 가지 조건이나 장소로부터 다른 조건이나 장소로 변화해 가는 과정이다. 따라서 개인은 생애를 통해 이러한 전환의 다양한 형태를 경험하게 되며, 또 이와 같은 과정을 통해 발전해 간다. 지난 수 년 동안 학교는 학생들에게 지역 사회에서의 독립적이고도 효율적인 수행 능력, 그리고 직업 고용과 유지에 필요한 서비스와 기능들을 제공하는 것에 점차적인 노력을 기울여 왔다. 학교를 졸업하고도 목표를 성취하는데 어려움을 가진 장애학생을 위한 이러한 노력의 결과 '전환(transition)'이라는 용어가 사용되어져 왔다.

전환이라는 용어는 학교 혹은 기관 프로그램에서 성인 서비스와 완전한 지역 사회 참여로 순서적으로 이동해 가는 것을 묘사하기 위해 사용되었다. 이는 많은 장애학생이 성공적인 사회 구성원이 되는 데 필요한 기술을 갖추지 못한 채 고등학교를 졸업하는 실태에 대한 비판과 장애학생의 독립생활을 지원하려는 사회 분위기에서 비롯된 것이었다. 초기에는 학교 프로그램이 종료되고 성인기 생활의 시작이라는 맥락에서, 특히 고용으로의 전환(school–to–work)이라는 의미로 주로 사용되었지만 이후 전 생애적 관점을 취하게 됨에 따라서 고용뿐만 아니라 중등 이후 교육, 독립생활, 지역 사회 참여, 사회적 관계 및 대인 관계까지 포함하는 개념으로 변화하게 되었다(유은정 외, 2010).

전환교육이란 '학교생활에서 사회생활로 이동해 가는 학생들의 활동을 촉진시키기 위한 교육 결과 중심 모형으로서, 협력 체제를 통해 고안된 장애인을 돕고 총체적으로 지원하는 체계적인 교육 활동'이라고 할 수 있다.

미국 장애인교육법(IDEA, 2004)과 국립특수교육원(2009)의 전환교육의 정의는 다음과 같다.

▶ IDEA – 전환교육: 대학 교육, 직업 교육, 통합교육, 취업(지원 고용 포함), 평생 교육, 성인 서비스, 자립 생활, 지역 사회 활동에 참여하도록 도와주는 종합적인 교육 활동

▶ 국립특수교육원– 전환교육: 장애학생들이 학교생활을 마치고 성인 사회의 생활로 옮겨 가는 과정을 순조롭게 하기 위해 마련하는 교육 모형

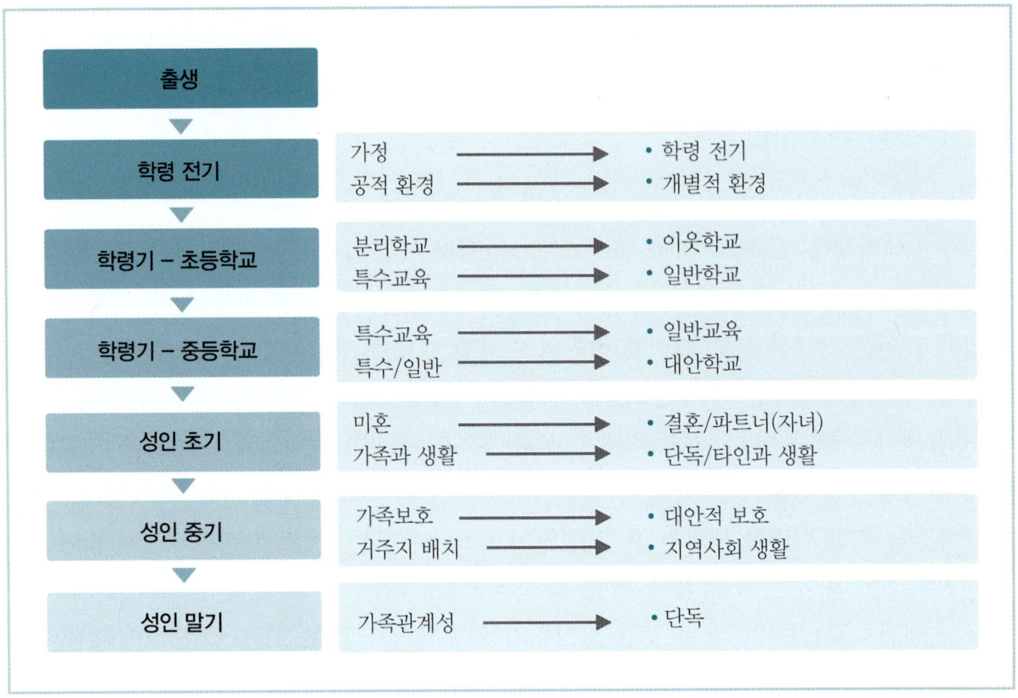

[그림 12-1] 수직적 수평적 전환

출처: 전헌선 외(2012). p. 372.

전환 과정은 장애청소년들이 학교 교육을 통하여 성공적으로 성인기 생활의 역할 영역으로 가는 길을 안내해 주는 폭넓은 체계로 인식되고 있다.

장애를 가진 어린이, 청소년, 성인들을 위한 직업의 개발은 수세기 동안 조금씩 발전되어 왔지만 전환의 개념은 1950년대부터 나타나기 시작했다. 수십 년 동안 교육자와 법률 입안자들은 청소년 발달기의 전반적인 체계 범위 내에서 직업 기술 교육의 중요성을 인식하였다. 많은 사람들은 장애청소년들이 학교로부터 고용과 성인 생활의 역할과 관련된 좀 더 개선된 전환의 효과성을 검증하기 위하여 노력하였다. 역사적으로 전환의 실행은 그것의 효과에 대한 경험적인 증거가 부족하였다.

1997년 이전의 미국 장애인교육법(IDEA)에서는 기본적으로 장애학생들에게 기회의 평등을 보장하는 한 가지 목적을 가지고 있었다. 다시 말해서 시민은 무상으로 적절한 공교육에 접근할 권리를 보장받았다. 그러나 1997년에는 IDEA의 목적이 단지 동등한 접근을 보장하는 것뿐만 아니라 학생들을 위한 두 가지 성과, 즉 독립생활과 경제적 자립 또는 고용의 개선을 목적으로 한다는 것으로 개정되었다. 전환 계획은 이러한 결과들을 성취하기 위한 핵심 전략으로 정의되었다.

학생들의 교육적인 진보를 위한 책무성에 대한 최근의 경향은 직업 기술 교육에서의 탈피라는 새로운 도전을 가져왔고, 중등학교를 넘어 이후 교육환경에서의 학습과 직업 교육 내용을 연계하려는 새로운 시도를 불러일으켰다.

직업 인식, 직업 선택, 성인으로서의 역할에 대한 적응, 생산적인 시민에 대한 사회적인 관심은 교육의 범위 내에서 새로운 하위 분야로 떠오르고 있다. 학교에서 성인기의 생활까지 이르는 전환은 자아개념, 동기, 개인의 발달에 있어서 변화를 의미하여 어려운 삶의 선택을 추구하는 청소년들에게 취약한 부분이기도 하다(Akos & Galassi, 2004). 이러한 변화는 머나먼 목적지를 향한 여정을 위해 부가적인 지원이나 준비가 필요한 장애청소년들에게 더욱 더 민감하게 작용한다. 이러한 여정을 준비하는 학생들을 돕기 위한 전문가들은 교육과 성인 서비스 기관, 고용 및 직업 훈련 기관, 재활 서비스, 일반 사업체, 중등학교 이후 교육 기관과의 연계를 주장하고 있다.

전환은 단계적이고 순차적인 계획과 서비스의 특별한 요구를 통합해야 한다. 오늘날 전환의 정의는 미국 연방 정부의 법률과 효율적인 실행 방안을 개발하고, 그 법률을 해석하는 전문가의 광범위한 노력에 바탕을 두고 있다. 미국의 연방 제도 시스템에서 법률의 해석은 주마다의 폭넓은 차이가 있기 때문에 전환 서비스는 국가 내의 지역마다 매우 다르게 인식될 수 있다(조인수 외, 2015).

2. 전환교육의 범위와 모형

1) 전환교육의 범위

전환교육의 성공을 위해 거시적 관점에서 다양한 범주의 포괄적인 내용과 역동적이고 생태학적으로 구성한 전환교육의 범위는 다음과 같다.

▶의사소통 증진	▶중등학교 이후 교육	▶지역 사회 참여
▶여가/동아리 활동	▶독립생활	▶평생 교육 증진
▶고용의 기회	▶일상생활	▶재정/수입/금전 관리
▶직업 훈련/진로	▶자기 관리/책임	▶관계성/사회적 기술
▶자기주장/자기 결정	▶직업 평가	▶수정/이동

전환이란 그 의미와 범위를 제시하는 학자들에 따라 차이가 있지만 대체로 고용에 초점을 둔 개념과 각 전환 과정에 초점을 둔 개념으로 크게 구분할 수 있다.

조인수(2015)에 의하면 Will은 "학교에서 직업 생활로의 전환은 고용에 이르는 일련의 광범위한 서비스와 경험을 포함하는 결과 중심의 과정이다. 전환은 학교의 고등학교 과정, 졸업 시점, 계속되는 졸업 이후 교육이나 성인 서비스를 포함하는 한 시기이다. 전환은 학교의 안전한 체제에서 성인 생활의 위험과 기회 간의 가교이다. 어떤 가교는 견고하고 안전한 기초가 필요하다. 학교에서 일과 성인 생활로의 전환은 중등학교에서 견실한 준비와 학교를 졸업하는 시점에서의 적절한 지원, 필요할 경우 성인 상황에서 안전한 기회와 서비스가 요구된다."고 하였다. 이러한 정의는 직업 중심 서비스를 강조하고 있지만 성인 생활의 다른 측면의 서비스까지를 그 범위에 포함해야 함을 시사한다고 할 수 있다.

즉, 전환교육은 주로 학생의 행동으로부터 지역 사회에서 나타나는 성인의 역할을 이행하도록 하는 지위의 변화로 취업, 중등 과정 이후의 교육 참가, 가정의 유지, 지역 사회의 적절한 참여, 만족스러운 대인 및 사회 관계 경험을 포함한다.

1990년에 개정된 미국 장애인교육법(IDEA)에서도 전환교육을 개개 학생의 요구와 결과 중심 과정으로 고안된 학생을 위한 교육 활동으로서 성인 교육, 성인 서비스, 독립생활 또는 사회 참여를 포함한 학교에서 사회로의 전환을 촉진시키고자 하는 것으로 명시하고 있다. 그리고 전환이란 용어는 전환 서비스, 전환 지원, 학교로부터 사회로의 전환, 성인 삶을 위한 전환이라는 용어들로 통용되는데 우리나라에서도 전환이라는 용어를 사용하기 이전에는 진로교육이 비슷한 의미로 사용되었다. 하지만 국립특수교육원에서 발간한 자료에서 전환교육이라는 용어를 사용한 후 이 용어가 주로 사용되고 있다(박희찬, 1999).

효과적인 전환교육의 기초로써의 중등 교육은 성인으로서 사회에 적절한 역할을 수행하며 가치를 부여할 수 있도록 필요한 기술들을 습득하고 취업이 가능할 수 있도록 준비시켜 주는 것이 되어야 한다. 전환교육의 관점에서 특수교육 프로그램은 기능 중심의 교과, 통합된 학교 환경 및 지역 사회에 기초한 서비스 전달 등을 고려하여 구성되어야 한다.

즉, 학생이 학교를 졸업한 후에 사회생활에 성공적으로 적응하기 위해서 교육과정이 적응에 필요한 기능을 습득할 수 있도록 교육해야 한다는 것이다. 이에 따라 특별한 교육적 필요가 있는 학생과 가족들은 학생이 졸업 후 어떻게 살아갈 것인가 하는 전환교육의 목표를 14세에 정하는 것이 바람직하다. 전환교육 목표가 정해지면 그 다음 단계로 개별화 교육과정 팀은 졸업 후 사회생활을 성공적으로 이끌기 위한 교육활동을 선택하고 발전시켜 나가야 한다(김형일 외, 2001).

개인의 사회성은 성인 생활의 만족도와 밀접한 관계를 갖고 있다. 그러나 장애학생들에게 있어 동료나 사회적인 인간관계는 어려움이 있으며 빈번하게 지적되는 문제점이다. 부적절한 사회성으로 고용주들로부터 해고당하는 일이 있음으로 문제 해결 능력, 의사 결정 능력, 장기 옹호 능력 등이 매우 중요하다고 할 수 있다. 이런 능력으로는 자아의식 성취, 자신감 획득, 사회적으로 책임감 있는 행동, 상호 유대 관계 유지, 문제 해결 능력 성취, 다른 사람들과의 적절한 대화 등이 포함되어 있다.

직업을 갖는다는 것은 성인 생활에 있어 필수적인 활동이다. 일반인에 비해 매우 낮은 장애인들의 취업률은 취업을 하고자 하는 장애학생들에게 보다 많은 관심과 취업 전 준비가 필요함을 시사하고 있다.

장애학생에 대한 훈련 활동은 실제로 그들이 살고 있는 지역 사회에서의 직업의 기회에 맞추어 이루어져야 한다. 따라서 학교 관계자는 지역 사회 내에서 가능한 직업의 종류와 그 직업을 성공적으로 수행하는데 요구되는 기술들을 계속적으로 평가하여야 한다. 이러한 평가에 바탕을 두어 학생 개개인의 개별화된 직업 교육이 마련될 수 있는 것이다. 기능 중심의 중등 교육 프로그램을 계획하기 위해서는 가르칠 직업 기술의 선정이 학교 당국의 편의나 기존에 설치된 시설, 혹은 기존의 통상적인 장애학생에 대한 교육관을 바탕으로 이루어져서는 안 될 것이다. 대신에 기능 중심의 교과는 지역 내의 취업 상황에서 실제로 요구되는 기술을 바탕으로 구성되어야 할 것이다.

우리나라 전환교육은 특수학교 내에 설치된 전공과의 운영과 관련지어 전개되기 시작하였다. 「장애인 등에 대한 특수교육법」에는 전환교육이 별도의 교육 영역으로 명시되어 있지 않다. 그러나 '진로 및 직업 교육'을 "특수교육대상자의 학교에서 사회 등으로의 원활한 이동을 위하여 관련 기관의 협력을 통해 직업재활 훈련 및 자립 생활 훈련 등을 실시하는 것"이라고 정의하여 전환의 의미를 담고 있음을 알 수 있다(김동일, 김언아, 2003).

전환의 의미를 학교에서 고용으로의 전환이라는 협의로 보는 것이 아니라 학교에서 성인 생활로의 전환이라는 관점을 취하는 경우, 전환교육은 어떤 한 교과를 통해 이루어질 수 있는 것이 아니다. 즉, 전환교육은 그 자체로 교육 활동을 구성하는 것은 아니지만 교육과정을 매개로 하여 이루어져야 하는 부분임에는 분명하다(정희섭, 2004).

2) 전환교육의 모형

전환교육의 여러 모형 중 대표적인 Kohler(1996)의 전환 프로그램 분류 모형과, Wehman, Kregel과 Barcus(1985)의 중등학교 직업 프로그램 모형에 대하여 간략히 [그림 12-2]와 [그림 12-3]을 통하여 살펴보고자 한다.

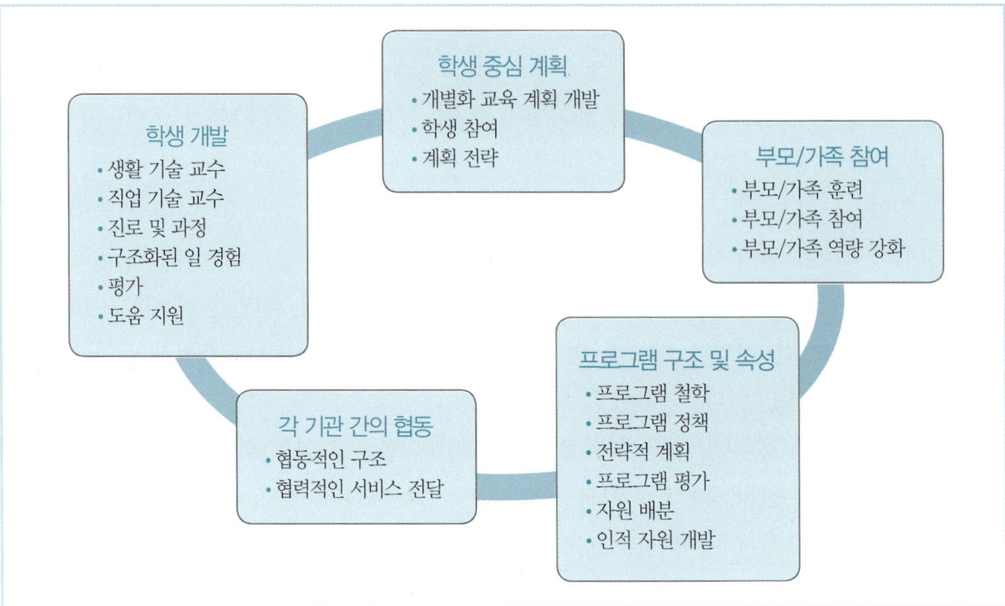

[그림 12-2] 전환 프로그램 분류 모형

출처: 김원경 외(2012). p. 150.

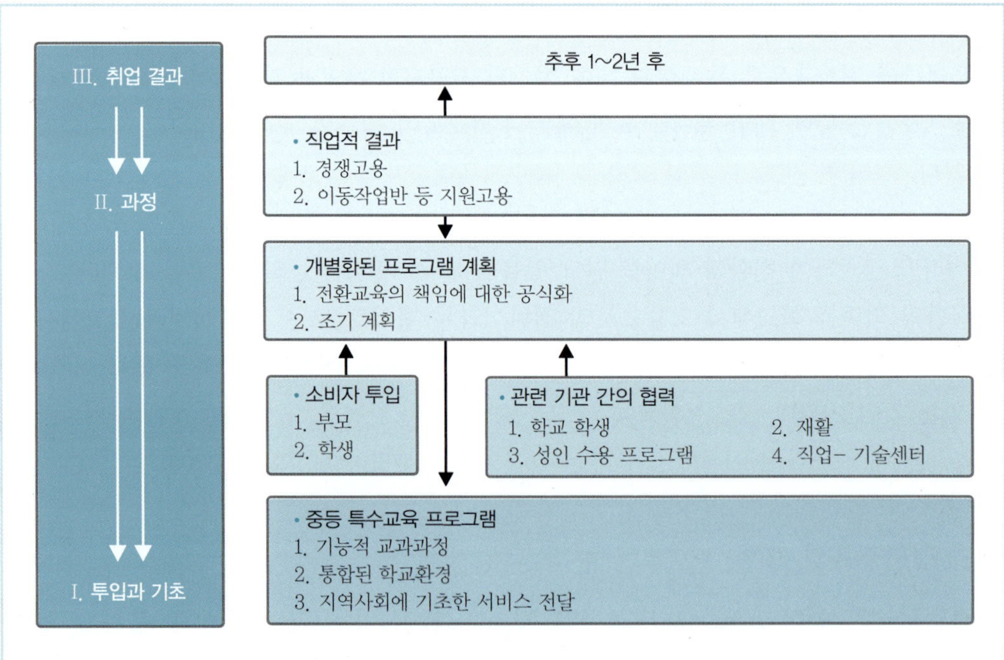

[그림 12-3] 중등학교 직업 프로그램 모형

출처: 전헌선 외(2012). p. 380.

2 장애학생의 전환 지원 단계

장애학생의 전환은 장애학생이 만족스러운 사회생활과 삶을 영위할 수 있도록 지원해 주는 것으로 이러한 지원은 시기나 상황에 따라 단계별로 접근되어야 하며, 각각의 단계들은 서로 연관성을 가지고 이루어져 있다.

전환교육은 학교뿐만 아니라 지역 사회 각 기관의 다양한 서비스를 포함하고 있으며, 일반적으로 전환사정, 전환교육 계획, 교육과 훈련, 배치, 추수지도의 과정으로 이루어져 있다(조인수, 2005). 이러한 단계는 오직 하나의 독특한 시점에서만 일어나는 분리된 교육과정으로 구성되지 않고 각 단계들은 서로 영향을 미치는 상호작용의 연속적 과정이며, 각 단계는 일정한 시점을 중심으로 반복적으로 일어나는 과정이다. 각각의 과정을 좀 더 구체적으로 살펴보면 다음과 같다.

1. 전환사정 단계

전환사정 단계는 전환교육 계획을 위한 평가의 단계라고 할 수 있다. Clark(1998)은 전환사정을 유아기에서 성인기까지 개인이 직면하는 모든 전환 단계마다 이루어지면서 장애를 가진 사람과 그 가족들이 만족할 만한 결과를 성취하기 위하여 전 생애에 걸쳐 지속적으로 필요한 정보를 얻고 조직하는 과정이라고 정의하였다. 조인수(2005)에 의하면 학생의 질적인 전환교육을 위해서는 학생이 장래에 원하는 환경들을 개발·제공하고, 그 환경에서 요구하는 기초 능력과 요건들을 검토해야 하는데 이러한 정보들을 수집하고 검토하는 과정들을 전환사정이라 하였다. 이러한 전환사정은 전환교육이 효과적으로 이루어지기 위한 가장 기초적인 과정이며, 전환교육을 위한 정확하고 포괄적인 정보를 편리하게 제공해 준다는 측면에서 매우 중요한 과정이다.

Flexer 등(2005)은 전환사정을 학생의 요구, 흥미, 선호에 가장 적합하고 학교 이후 성인 생활의 목표를 위한 가장 필요한 서비스와 환경을 선택하고 결정하는데 필요한 정보를 제공해 주는 것이라고 하였다. 이러한 주장을 통해 볼 때, 전환사정은 전환교육이 이루어지는데 있어서 가장 기초적인 단계이면서 학생에게 적절한 서비스와 교육이 이루어지도록 하는데 있어 가장 중요한 단계라고 할 수 있다. 제대로 된 전환사정이 선행되어야 전환교육 역시 효과적으로 실시될 수 있는 것이다. 왜냐하면 가정, 학교, 지역 사회에서 개인의 전반적인 자료를 지속적으로 수집하여 이를 통한 개별화 전환 계획을 성공적으로 수립하고, 수행되었을 때 고등학교 이후의 원만한 성인 생활을 기대할 수 있기 때문이다.

전환사정은 학생과 주위 관련자들이 학교 교육과정과 생활 계획의 항목을 현명하게 선택하기 위하여 필요한 것으로 학생의 장점, 한계, 동기에 대한 정보를 제공하고, 모든 전환 활동이 발생하는 곳에 기본적이고 구조적인 정보를 제공해 주는 역할을 한다. 즉 다양한 정보에 대한 정확한 사정이 있어야만 학생의 요구, 흥미, 선호에 가장 적합하고, 학교 이후 성인 생활의 목표를 위해 가장 필요한 서비스와 환경을 선택하고 결정할 수 있다(Flexer et al., 2005). 만약 효과적인 사정의 방법을 통하여 학생의 직업, 교육, 독립생활, 지역 사회 기능, 개인적·사회적 강점을 알아낼 수 있다면 이러한 정보들을 활용하여 전환의 시기에 적합한 전환 계획과 배치가 이루어 질 수 있는 것이다. 따라서 전환사정을 통하여 보다 적절하고 의미 있는 정보의 수집이 이루어진다면 장애를 가진 학생들이 학교를 졸업한 이후에 성인 생활, 직업, 다른 교육환경으로의 효과적인 전환 계획을 세울 수 있게 되고, 이는 개인의 삶의 질적 향상을 가져올 것이므로 정확한 전환사정은 매우 중요한 의미를 가진다고 할 수 있다.

또한 전환사정은 고용 이후와 지역 사회 참여, 일상생활, 여가 생활, 사회적 기술, 이동, 경제적 기술을 포함한 진로에 중점을 두고 확장되어 가야 한다. 그리고 효과적인 전환 계획을 위해서는 학생, 가족, 특수교사, 일반교사, 직업교사, 관련 서비스 제공자들, 그리고 학생의 성인기로의 전환에 참여하고 있는 다른 개인들도 사정 전략에 포함되어 있어야 한다(신현기 외, 2010).

학생들은 전환의 시기에 따라 각 단계마다의 성과와 목표가 다양하다. 학생들이 초등학교에서 중학교로 진학을 할 때, 중학교에서 고등학교로 진학을 할 때, 고등학교를 졸업한 후 성인 사회로 들어가는 시점에서의 목표와 성과는 다를 것이다. 예를 들어 학생들이 학교를 떠나 성인 사회에 들어갈 단계의 성과와 목표에 중점을 둔다면, 독립적인 생활, 개인적-사회적 적응, 고등학교 이후 교육과 훈련, 그리고 고용에 초점을 둘 수 있다(Clark & Kolstore, 1995). 그러므로 전환교육을 세분화하여 전환의 시기에 맞게 구체적인 생활 기술들을 목록화하고, 다양한 전환 과정이 될 수 있도록 학생에 대한 정보를 제공해 주는 것도 매우 중요하다. 배성직과 Clark(2004)은 이러한 정보를 제공해 주는 주체로 학생, 부모, 그리고 학교를 들고 있다. 학생 중심 정보는 학생의 요구, 필요, 흥미, 어려움 및 희망을 포함하고 가족 중심 정보는 가정 내 학생의 아동기 및 청소년기의 흥미, 요구, 성과, 환경을 포함한다. 학교 중심 정보는 학생의 수직 그리고 수평적 전환과 관련되어 있는 것으로 진급 및 진학, 가족 문제, 청소년기 문제 등에 관련된 정보를 수집한다.

이와 같이 전환사정이 효과적으로 이루어지기 위해 중요한 것은 전환사정을 세부적인 영역으로 나누어서 실시하는 것이다. 전환사정이 구체적인 영역별로 나누어져서 실행될 때 사정의 내용들도 좀 더 세부적일 것이고, 이러한 정보들은 학생 삶의 세부적인 계획을 세워 가는데 필수적인 조건이 될 수 있기 때문이다.

2. 전환교육 계획

전환교육 계획 작성은 학생 개인이 학교 시절에서부터 성인 생활로 나아가는 과정, 그리고 미래를 위한 계획을 세우는 것으로 작성 시에는 학생의 희망, 꿈, 욕구와 직업 선택 등을 고려해야 한다(조인수, 2009). 이때 중요한 것은 전환교육 계획이 개인 생활의 단 하나의 영역에만 집중되어서는 안 되며, 전체적인 삶의 영역들을 모두 고려해야 한다는 것이다.

전환교육 계획을 작성하는 것은 당사자의 일생을 결정하는 아주 중요한 과정이다. 왜냐하면 무엇이든 실행을 위해서는 계획이 선행되어야 하며, 인간은 각자의 계획을 실천하기 위해 노력하기 때문이다. 전환에 있어서도 예외는 아니다. 전환은 한번으로 끝나는 것이 아니라 여러 시기를 거쳐 이루어지며, 그 시기마다 환경의 변화도 이루어진다. 그때 자신이 속한 환경에 잘 적응하고, 다음 단계로 나아가기 위해서는 정확하고 적절한 계획이 중요한 역할을 하게 된다. 더욱이 장애학생의 경우 개별화된 전환 계획을 바르게 세우지 않으면 본인이 원하지 않는 모습으로 미래를 살아가게 될 수도 있다. 그러므로 각 개인이 성인이 되었을 때 만족할 만한 삶을 살기 위해서는 반드시 이러한 계획을 제대로 작성해야 할 필요가 있다.

1990년 미국 장애인교육법(IDEA)은 개별화 교육 프로그램 안에 전환 서비스에 대한 내용을 포함할 것을 요구하였다. 이러한 개별화 전환교육 계획안에는 학생들의 전환의 시기나 학교를 졸업한 이후에 가고 싶어 하는 환경으로의 이동을 촉진하는 활동들을 담고 있다.

그러나 우리나라의 경우를 살펴보면 개별화 전환교육 실행에 대한 법적인 구속력도 부족하고, 개별화 교육 계획안에 개별화 전환 계획이 제대로 포함되어 있는 경우도 드물다. 그리고 학생이 개별화 교육회의에 참석하는 경우도 거의 없다. 그러나 전환교육 계획 수립 팀이 내린 결정은 학생들의 학교 이후 생활에 절대적인 영향을 미치기 때문에 학생들을 능동적으로 의사 결정 과정에 참여시킬 필요가 있다는 것이다(조인수, 2005). 뿐만 아니라 장애학생들의 의존성을 줄이고 독립심과 자율성을 교육시키며, 자기 결정 및 자기주장 능력을 발달시키도록 하기 위해서는 학생들을 개별화 교육회의에 참석하도록 하는 것은 매우 중요하다. 그러나 대부분의 학생들은 그들이 가진 장애 때문에 자신의 미래에 관한 회의임에도 불구하고 배제당하고 있는 경우가 대부분이다. 일부 학생들은 의사 결정에 필요한 인지 능력이 부족하기 때문에 자신의 전환교육 계획 수립에 참여하기 힘들다. 그러나 인지 능력을 가지고 있는 학생이라도 의사 결정에 관한 충분한 지식을 가지고 있지 못하기 때문에 그 과정에서 배제되는 경우가 많다. 이러한 이유 때문에 우리나라의 교육 현장은 학생들 본인의 의지와 상관없이 개별화 교육 계획을 세워 나간다. 하지만 이러한 전환교육 계획은 아무런 의미가 없다. 그러므로 장애학생을 개별화 교육 회의에 반드시 참여시킬 필요가 있으며 전환 계획을 수립할 때 자신의 의지를 그 계획 속에 포함시킬 수 있도록 도와주어야 한다. 이를 위해 특수교육 교사 및 전문가들은 전환교육 계획 수립에 학생들을 능동적으로 참여시킬 수 있는 방법들을 적극적으로 찾아야 한다. 이를 위해 필요하다면 학생들이 자신의 흥미, 능력, 가치 등을 이해하고 직업 세계를 이해할 수 있도록 적절한 교육을 제공해야 하며, 학교 이후 생활과 주거 생활 선택권에 대해서도 알 수 있도록 해 주어야 한다(조인수, 2005).

3. 교육과 훈련

학생에 대한 개별화 전환 계획이 수립되면 수립된 목표를 달성할 수 있도록 훈련을 시작하게 된다. 학생의 요구에 적합한 전환교육 계획은 세워 놓았지만 그것을 달성하기 위한 조치가 제대로 이루어지지 않으면 개인은 효율적인 전환을 할 수 없다. 이렇듯 개인에게 초점을 맞추어 세워진 전환의 계획들을 달성하기 위해 실시하는 모든 교육, 서비스 조치의 과정들을 훈련이라 할 수 있다.

장애를 가진 학생이 계획된 목표들을 달성해 가기 위해서는 실질적인 훈련의 과정이 매우 중요하다. 효과적인 교육을 위해서는 학생의 전환과 관련된 모든 분야의 전문가들이 함께 노력해야 한다. 개별화 전환 계획을 작성할 때도 각 분야의 전문가들이 함께 힘을 모아야 하듯이 이 계획의 목표를 달성해 나가기 위해서도 모든 분야의 전문가들이 협력하여 학생을 지원해야 한다.

훈련의 가장 핵심적인 목표를 달성하기 위해서는 여러 목표들의 우선순위를 정해야 한다. 이것은 즉시 시행해야 할 것과 시간을 두고 장기간에 걸쳐 시행하여야 할 것으로 구분하여 시행하는 것이다(박석돈, 조주현, 2001). 예를 들어 조금 덜 중요하지만 당장 필요한 기능을 달성하기 위한 목표는 아주 중요하지만 장기간의 시간을 두고 훈련을 해야 달성할 수 있는 것보다 순위가 앞서서 훈련되어져야 한다.

4. 배치

개별화 전환교육 계획에 따른 훈련이 이루어지고 나면 적절한 환경에 학생을 배치해 주어야 한다. 장애학생을 위한 전환 과정의 최종 목표를 배치와 사후 서비스라고 볼 수도 있을 만큼 그들이 적절한 환경에 배치되는 것은 매우 중요한 일이라 하겠다. 이러한 배치는 크게 직업 배치와 주거 배치로 나누어 정리될 수 있다(조인수, 2005).

직업 배치는 장애학생을 적절한 직업에 배치시키는 전문적인 활동으로 궁극적으로 한 개인의 직업적 욕구와 능력들이 특정 직업의 요구 조건들과 일치하는 경우에 이루어진다. 그러므로 직업 배치를 담당하는 전환 담당자는 특정 직업이 요구하는 능력 가운데 학생의 능력들과 부합하는 것을 찾으려는 노력을 해야 한다. 이러한 노력을 통해서 전환 담당자는 장애학생들이 일반인들과 상호작용하고, 같은 직무를 가진 다른 사람들과 동일한 임금과 수당을 받을 수 있도록 최대한의 기회를 제공할 수 있는 직장에 그들을 배치할 수 있게 되는 것이다(조인수, 2009). 자신에게 가장 적합한 직업을 가지고 적합한 사후 서비스를 받음으로써 장애학생이 그 직업을 지속적으로 유지하는 것이 직업재활 과정의 최종 목표라고 해도 과언이 아니며, 따라서 배치는 전환교육 단계에서도 매우 중요한 과정이 아닐 수 없다(박석돈, 조주현, 2001). 전환 담당자는 직업을 가지게 되는 학생과 고용주 모두가 만족할 수 있도록 직업에 대한 충분한 조사를 실시할 필요가 있다. 또한 고용주에게도 장애학생에 대한 정확한 정보를 제시하고 그들이 알고 있는 지식 및 경험들을 충분히 제공해 주는 것이 중요하다.

이 뿐만 아니라 전환 담당자는 장애학생들이 수행할 수 있는 직업을 찾기 위해서 전화와 우편 조사를 활용하고, 지역 사회 고용주와 함께 직접 면접을 실시하기도 한다. 또한 지역 사회 사업과 상공회의소 및 여러 기관들과 연계하여 학생의 고용 가능성에 대한 정보를 제공하고 장래 고용주와의 만남을 주선하기도 한다(조인수, 2009).

다음으로 장애인의 주거 배치에 있어서 가장 중요한 기준은 본인들이 생활하는데 있어 적합하다고 생각하는 기준들을 갖추는 것이다. 장애를 가진 사람들을 위한 주거 배치 선택을 할 때에도 개인에게 적합한 최소 제한 주거 시설, 개인 생활을 정상화 할 수 있는 시설, 그리고 지역 사회의 지원을 증가시킬 수 있는 시설에 배치해야 한다. 가능한 한 장애인들을 일반인들과 통합할 수 있는 환경에 배치해야 한다고 생각하는 최소 제한 환경의 개념은 교육과 고용에 관해서 뿐만 아니라 주거 생활에도 적용된다. 1960년대와 1970년대에 장애를 가진 사람들을 수용 시설에 배치하는 것을 반대하는 운동이 시작되었고, 이때 최소 제한 환경이라는 개념이 생겨났다. 1973년 재활 법률안은 장애를 가진 사람에 대한 분리 종식을 요구했고, 불필요하게 분리된 서비스를 금했으며, 가장 통합적인 배경에서 제공되는 서비스를 요구하게 되었다. 최소 제한 환경의 원리를 적용하여 주거 생활을 선택하는 것에서 또 하나 중요한 사실은 주거 생활은 특별히 개별적으로 고려되어져야 한다는 것이다. 주거의 형태는 독립적으로 생활하는 것, 가족과 함께 생활하는 것, 관리 감독된 생활, 주거 보호 생활, 가족 생활 그리고 주간 보호 시설 등이 있는데 이런 여러 형태들 중에서 장애를 가진 사람의 개별성을 고려하여 배치하여야 한다는 것이다(조인수, 2005).

5. 추수지도

장애학생들이 학교를 떠나야 하는 시점에서 학교 환경으로부터 지역 사회로의 성공적인 전환을 할 수 있도록 적절한 지원을 해 주고 그들이 일생 동안 직면하게 될 환경과 상황에 대처하는데 필요한 지식과 기능을 준비할 수 있도록 지도하는 것을 추수지도라 할 수 있다(조인수, 2005). 추수지도는 학교를 졸업한 학생들이 학교 환경으로부터 지역 사회로의 성공적인 전환이 이루어지도록 하는데 있어 아주 중요한 서비스 중 하나이다. 적절한 추수지도가 이루어지지 않으면 직업을 가진 후에도 작업 환경에 적응하거나 지속적으로 직업을 유지하는데 많은 어려움이 있을 수 있다. 추수지도를 해 줄 수 있는 전문가를 통하여 회사 동료 간의 대인 관계나 일의 효율성 부분에 있어서 겪을 수 있는 어려움을 극복할 수 있는 교육과 서비스를 계속적으로 지원해 주어야 장애를 가진 이들이 직업을 계속적으로 유지해 나갈 수 있게 된다. 따라서 이들이 직장 생활에 잘 적응할 수 있도록 조정하며, 만족스러운 직장 생활을 경험하고 자립할 수 있도록 도울 수 있는 전문가 인력이 반드시 필요하다(박석돈, 조주현, 2001).

예를 들어 만약 장애학생이 직장에서의 부적응 문제로 직업 생활을 지속하지 못한다면 당사자뿐만 아니라 다음에 그 직장에서 일하기 원하는 다른 장애학생에게도 부정적인 영향을 미칠 수 있다. 고용주에게 있어 장애학생과 함께 일했던 경험과 그에 대한 이미지가 좋다면 그 고용주는 계속해서 장애학생들을 직장에 배치하고자 할 것이지만 그에 대한 이미지가 부정적이라면 고용주는 장애학생들을 작업장에 고용하려고 하지 않을 것이다. 그러므로 장애학생들이 학교를 졸업한 이후에 그들이 원하는 직장을 구하고, 이후에 독립적인 성인의 삶을 지속적으로 유지하며, 다른 장애학생들의 취업에도 긍정적인 영향을 미치기 위해서는 반드시 추수지도가 필요할 것이다(박원경, 2012).

3 청각장애학생의 전환교육

1. 청각장애학교 교육 계획에 포함될 내용

청각장애학생들이 학교에서 사회로 성공적으로 전환하기 위해 교육 계획은 다음과 같은 요소가 필요하다(Moores & Martin, 2006; 유은정 외, 2010, 재인용).

1) 장기적인 계획

전환에 대해서 배우는 것은 고등학교 과정에서만 이루어지는 것이 아니라 모든 학생에게 초등학교 과정부터 고등학교 과정까지 계속적으로 이루어지는 과정이 되어야 한다. 미국의 경우 16세부터 학생의 개별화 교육 계획에 필요한 전환 서비스에 대한 진술이 포함되어야 한다고 명시하고 있고, 우리나라에서도 「장애인 등에 대한 특수교육법」에서 중학교 이상의 과정에서 진로 및 직업 교육에 대하여 언급하고 있으나 진로 및 직업 교육에 대한 내용은 가능한 빨리 포함시키고 학령기가 끝날 때까지 지속될수록 더 좋은 결과를 얻게 될 것이다.

2) 장애 명칭보다는 진로에 대한 강조

청각장애라는 명칭을 의식하여 할 수 없는 것에 초점을 맞추기보다는 진로 전공 과목에 집중하는 것이 더 좋은 곳에 고용되는 결과를 산출할 수 있다.

3) 직업–기반(work–based) 학습

실제로 작업장에 나가서 직업 탐색, 직업 사정, 직업 관찰, 인턴십, 급여를 받는 일을 해 보는 것 모두가 직업–기반 학습이 된다.

학교–기반 활동은 직업 인식, 탐색, 그리고 학생들이 진로 전공을 선택하는 데서 학생을 돕기 위한 상담을 목표로 한다. 직업–기반 학습 활동은 직업 관찰, 현장 직무 훈련 및 직업 경험을 포함한다. 그리고 연계 활동은 고용주와 학생을 이어주는 것과 학생을 지역사회 서비스에 연결해 주는 것을 포함한다. 우리의 현실을 볼 때 학교–기반 활동에만 치우쳐 있지는 않은지 점검하고, 직업–기반 활동과 연계 활동을 활성화시키는 노력이 필요하다.

4) 지역 사회와의 연결

장애를 가진 학생도 궁극적으로는 학교를 졸업하고 지역 사회의 일원으로 살아가야 한다는 사실을 생각하여 이러한 점을 개선할 필요가 있다. 이를 위해 학교도 특별한 조직을 만들어 전환 서비스를 제공하려 하기보다는 전환 과정과 관련된 기관이나 조직을 하나의 협력팀으로 구성하는 방안을 마련해야 한다. 이러한 기관 간 협력은 자원, 정보, 기술의 공유를 통해서 환경의 복잡성과 불확실성에 유연하게 반응하고, 서비스를 필요로 하는 학생들에 대한 통합적 지원을 가능하게 한다(한국청각장애교육 100주년 기념사업회, 2009).

2. 전환교육 담당 교사의 역할

현대 사회가 복잡하게 분화되고 사람들의 삶의 질 및 욕구가 높아지면서 청각장애인의 직업 욕구도 청인과 같이 다양해졌다. 그러나 청각장애학생이 졸업 후에 선택하는 직업의 직종은 대부분이 단순 노무직에 편중되어 있고, 여러 가지 열악한 조건으로 인하여 전직이나 이직 현상이 두드러지는 등의 불안정한 고용 상태를 보이고 있다. 청각장애학생의 진로에 대한 부정적 요인의 일차적 원인은 청각장애학생의 청력손실에 따른 의사소통의 한계라고 볼 수 있으나, 학교 교육에서 중요성이 간과되고 있는 직업 진로교육과정의 취약점이 후천적 요인으로 작용할 수 있다. 즉, 현 청각장애 특수학교의 직업 진로교육은 청각장애학생 개인의 흥미, 적성, 능력 등을 고려하여 운영하기보다는 학교 내에 고착 개설되어 있는 몇 가지 직종에 획일적으로 배치하여 그 분야의 기술을 습득시키는데 초점을 맞추고 있다는 지적이 이를 대변하고 있다(박희정, 2006).

그러므로 Stewart와 Kluwin은 청각장애학생을 가르치는 교사들이 다음과 같은 역할을 해야 한다고 제안하고 있다(Stewart & Kluwin, 2001; 유은정 외, 2010, 재인용).

첫째, 의사소통 방법론, 언어적 고려 사항, 미래의 고용 능력과 같은 농학생들과 관련된 문제에 대한 전문가의 역할을 한다. 전환은 이러한 문제에 대한 지식이 부족하거나 농인의 직업 수행 능력에 대하여 의구심을 갖고 있는 고용주 혹은 사업가와 농학생들을 접촉하게 해 준다. 농학생의 교사는 농인이 작업을 수행하는 데 갖는 제한점이 청인들과 다르지 않으며 작업장에서 긍정적인 장점을 가지고 있음을 의식적으로 보여 주어야 한다.

둘째, 학생이 작업 경험 프로그램에 참여하기 위해 직장에서 제공해 줄 필요가 있는 조정 사항들, 특히 의사소통과 관련된 조정 사항들에 대하여 전환팀이 알게 만든다.

셋째, 필요하다면 자격을 갖춘 직업 코치를 선택하는 것을 돕는다. 여건이 된다면 순회교사가 직업 코치가 되어 줄 수도 있다.

넷째, 교실에서 직업 관련 어휘를 가르치거나 강화한다. 몇몇 학생들에게는 직업 경험과 관련된 전문적인 어휘를 배우는 것이 교과목 관련 단어들을 배우는 것만큼 중요하다. 실제로 전문적인 어휘를 배우는 것은 특별한 직업에 대한 학생의 장기적인 관심에 영향을 준다.

다섯째, 학생을 전환 계획 평가에 포함시킨다. 이러한 과정은 전환에 참여하는 농학생을 위해서만 중요한 것이 아니라 다른 학생을 위해 전환 계획을 향상시키는 데에도 중요하다.

3. 청각장애인의 직업적 특성

직업을 갖는 의미는 인간의 삶 그 자체를 대변하는 것이라 할 수 있다. 단순히 생계를 유지하기 위한 수단뿐만 아니라 사회적 역할의 분담과 자아실현의 기회를 확보하는 데에도 의의가 있을 것이다. 그러므로 자신의 적성이나 능력에 적합한 직종에 취업을 하는 것이 매우 중요하다. 청각장애인들도 인간으로서 존엄성을 유지할 수 있도록 하기 위해서는 스스로 자립할 수 있고 독립할 수 있어야 한다(권순우, 2009).

청각장애인은 청력손실로 인한 청력이 필요한 업무는 거의 불가능하며, 소리가 없는 세계 속에서 형성된 독특한 농문화의 차이로 인해 직업 적응상 여러 가지 문제를 야기시키고 있다. 이러한 직업적 특성은 다음과 같이 요약된다.

첫째, 음성언어를 사용하지 않고 직무만을 수행하는 단순 기능직이 주류를 이루고 있으며, 구체적 직업 유형에 있어 최근 청각장애인들의 취업 욕구가 기존의 의복 제조나 목재 가공, 공예품 생산 등의 생산직에서 컴퓨터 관련직, 전문 기술직, 미술 분야로 점차 확대되고 있으나 그동안 청각장애인들이 주로 취업했던 직종은 기계 조작, 조립, 봉제, 목공예 등의 단순 기능직이 대부분이었다(윤현경, 2011).

둘째, 임금과 근로 조건 등의 불만으로 이직률이 높다. 전체 장애인의 취업률에 비해 청각장애인의 취업률(84%)이 가장 높음에도 불구하고 근속 연수 1년 미만이 30.9%로 나타나고 있어 일반적으로 사업체에서 근무하는 많은 청각장애인들이 꾸준히 한 사업장에서 근무하지 못하고 이직을 하고 있는 현실이다(김소연, 정은희, 2007).

셋째, 청각장애인들은 시각이나 다른 장애 영역에 비해 상대적으로 직업 선택의 폭이 넓고, 취업 또한 용이한 것으로 알려지고 있다. 그 이유는 소리를 들을 수 없어 의사소통이 자유롭지 못하고 작업 지시의 수용 여부에 따른 우려 외에는 외형적으로 청인과 크게 구별되지 않으며, 작업 수행에 있어서 필수적인 요건인 이동이 자유롭고 양손의 협응이 원활하게 이루어진다는 데 있다. 그러나 작업 기능을 익히고 취업 후 직업 생활을 영위하기 위해서 청력의 손실과 이로 인한 의사소통의 장애는 직업 적응에 큰 문제가 되고 있다.

따라서 청각장애인의 취업에 제한이 되는 가장 중요한 사항은 타인과의 의사소통 능력이다. 청각장애인의 제한된 생활 경험과 작업 습관과 태도는 청각장애인의 취업 성공에 있어 매우 중요한 요소라 할 수 있다.

4. 청각장애학교 진로·직업 지도 사례

1) S 특수학교 사례

(1) 기본 방향

학생 개인의 신체 조건, 잠재 능력, 성격 등 개인적 조건과 사회적인 제반 여건을 고려하여 직업적 소양 계발을 위한 기초 기능 교육을 실시하고 올바른 직업인으로서의 건전한 품성과 기능을 향상시키도록 한다.

① 개인의 특성과 자질을 발굴·계발하는 계기로 삼는다.
② 관련 직업에 요구되는 기능을 습득하여 자립할 수 있게 한다.
③ 소정의 직업 기능과 직업 분야에 대한 기초적인 지식과 기술을 습득한다.
④ 관련 기관 및 기업체 방문을 통해 상급 학교 진학 및 사회 진출에 대비하여 간접 경험을 갖추도록 한다.

(2) 지도 방침

진로 상담과 함께 진로 선택에 필요한 다양한 검사 도구를 사용하여 개인의 적성을 정확히 파악한다.

① 진로를 결정함에 있어 학부모, 학생, 학교 간의 상호 협력 체제 속에서 합리적인 선택이 되도록 한다.
② 개별화된 기술 교육 프로그램을 적용하여 자신의 능력을 최대한 신장시킨다.
③ 미래 지향적인 기술 또는 진로 지도 방향을 모색한다.
④ 추수지도를 통해 직업인으로서 현장에 올바로 적응하도록 지속적으로 지도한다.

(3) 지도 내용

• 목공

① 목재의 종류와 특성, 장·단점을 알게 한다.
② 목공에 관한 기초 지식과 기술을 습득하게 한다.
③ 목공(가구 공예)과 일반 생활과의 관계를 이해한다.
④ 목재 가공 등 공구의 용도 및 기능 조작 등을 할 수 있도록 한다.
⑤ 실생활에 필요한 책꽂이, CD장, 탁자, 화분 받침 등을 직접 제작한다.

• 정보 컴퓨터

① 정보 통신 윤리를 알며 지키도록 지도한다.
② 직업 생활에서 필요로 하는 내용을 알게 한다.
③ 사회성 신장에 도움이 되는 방향으로 지도한다.
④ 필요한 정보를 검색하는 방법과 SNS 사용법을 안다.
⑤ 한글, 워드 프로세서, 파워 포인트, 엑셀 등의 프로그램 활용법을 익힌다.
⑥ 장차 상급 학교 진학 등을 통해 정보화 사회에서의 전문 인력으로 양성될 수 있도록 컴퓨터 관련 기초 기능을 함양시킨다.

• 바리스타

① 커피의 역사와 전파 경로를 이해한다.
② 커피의 원산지별 구분과 가공 방법을 안다.
③ 생두의 분류와 로스팅 과정을 이해한다.
④ 커피 머신기의 특성과 사용 방법을 익힌다.
⑤ 여러 가지 커피 추출 도구의 사용 방법을 익힌다.
⑥ 커피를 이용한 다양한 메뉴를 만드는 방법을 익힌다.
⑦ 손님 응대, 매장 정리, 재료 관리 등 판매 실무를 익힌다.

• 상업 미술

① 산업 미술의 이해와 기능을 알게 한다.
② 미술과 관련된 직업의 종류와 그 특징을 이해하도록 한다.
③ 시각 디자인에 대한 올바른 문화적 기능을 인식하도록 한다.
④ 우리의 전통 문화를 현대적 감각의 독창적인 디자인으로 발전하도록 한다.

⑤ 디자인의 다양한 영역 확장을 통하여 생활 속에 표현된 시각 디자인을 이해하고, 그 기능을 익혀 사용 목적에 맞는 안목과 재미있는 아이디어를 창출할 수 있게 한다.

• 진로와 직업

① 진로의 개념, 진로와 직업의 의미를 알게 한다.
② 자신의 적성과 흥미, 성격, 가치관, 신체적 조건과 환경을 이해하도록 한다.
③ 다양한 직업의 종류를 알게 한다.
④ 합리적인 진로 계획을 세울 수 있도록 한다.
⑤ 취업 준비를 위한 이력서, 자기 소개서 작성법, 면접 방법을 알게 한다.
⑥ 직업에 대한 태도와 윤리, 인간관계, 근로와 노사 관계, 평생 학습의 의미를 이해한다.

(4) 세부 추진 계획

시 기	업무 추진 계획	대 상	담당자
	• 직업 기술반 편성 및 운영	고2, 3 학생	
	• 대학 진학을 위한 수험생 지도	고3 학생	
	• 진로 적성, 인성 검사 등 각종 검사 실시	초·중·고등학생	
	• 체험 학습	초·중·고등학생	
연중	• 학생 및 학부모 진로 상담	중·고등학생	업무 관련 담당 교사
	• 장애인 직업능력개발원과 연계한 맞춤 교육	고3 학생	
	• 취업체 방문 및 면접	고3 학생	
	• 기능대회 참가 및 훈련	선발 학생	
	• 졸업생 추수지도	졸업생	
3월	• 기술교육반 편성 • 취업생 추수지도	고2, 3 학생 졸업생	부장
4월	• 적성 검사 인성 검사 및 진로 상담 • 체험 학습 및 진학생 추수지도	중2, 고1 중·고등학생	부장 담임 교사
5월	• 직무 체험 학습 및 견학	초등학생	부장 담임 교사

시 기	업무 추진 계획	대 상	담당자
6월	• 충북장애인 기능경기대회 참가	선발 학생	기술 담당 교사 부장, 담임
9월	• 장애인 직업능력개발원 맞춤 교육	고3 학생	부장
10월	• 직무 체험 학습 및 견학 • 각종 채용 박람회 참가	고등부 고3 학생	부장 기술 담당 교사
11월	• 대학수학능력시험 • 고3 취업 업체 현장 실습	고3 중 · 고등학생	진학 담당 교사 부장
12월	• 고3 취업 업체 현장 실습	고3 학생	부장

출처: 충주성심학교(2018). 2018학년도 교육과정 운영 계획.

2) M 특수학교 사례

(1) 교육 목적

직업 교육을 통하여 학생들의 근로 의식과 직장인으로서의 기본 자질을 향상시킨다. 또한 자신의 적성과 능력에 맞게 직업을 선택하고, 직업적 자질을 체계적으로 준비함으로써 사회에서 당당하게 자립할 수 있는 능력을 기르도록 한다.

(2) 지도 방침

① 다양한 현장 업무 경험을 통하여 실기 중심의 직업 교육을 경험할 수 있다.

② 직업 교육 유관 기관과 협력을 확대하여 직업 교육의 전문성을 향상시킨다.

③ 직장 내 의사소통 교육, 직업 윤리 교육, 여가 생활 교육 등 사회생활에 필요한 직업 교육에 중점을 둔다.

④ 학부모 진로 상담의 날 운영과 졸업생 초청 간담회를 통해 진로 선택에 대한 상담과 다양한 직업 정보를 공유하도록 한다.

(3) 세부 추진 계획

시 기	업무 추진 계획
연중	• 진로 직업 교육 관련 협력 및 교육 – 중·고등학교 교사, 전공과 교사와 협력하여 진로 직업 교육 연계함 – 유관 기관과 연계하여 진로 직업 교육이 효율적으로 이루어지도록 함 – 본교 실정에 맞는 진로 직업 교육 모색
3월	• 특수 진로 직업 교육 연구회 공모 신청 • 진로 직업 현장 체험 계획
7월	• 학부모 초청 진로 및 취업 설명회 – 졸업 후 진로에 대한 안내 – 자녀의 진로에 대한 협의 – 유관 기관 협력 체제 안내 및 소개
9월~10월	• 신입생 전형(전공과) – 공지 및 접수 – 전형 실시
11월	• 전시회 • 졸업생 초청 강연
12월	• 교육과정 편성 및 협의

출처: 메아리학교(2018). 2018학년도 교육과정 운영 계획.

5. 청각장애학교 직업 교육과정의 문제점과 개선 방안

1) 뷰티디자인

직업교과의 한 영역으로 뷰티디자인을 실시하고 있는 학교는 많지 않다. 청각장애학생들에게는 지금까지 경험해 보지 못한 직업의 세계를 몸소 체험할 수 있는 좋은 경험의 기회가 된다. 또한 사회로 진출해 관련 직종으로 취업을 하지 않더라도 메이크업 및 헤어디자인, 네일 아트, 피부 관리 등의 교육을 통해 자기 자신을 가꾸고 자신의 모습을 아름답게 표현할 수 있다는 데 그 이점이 있다.

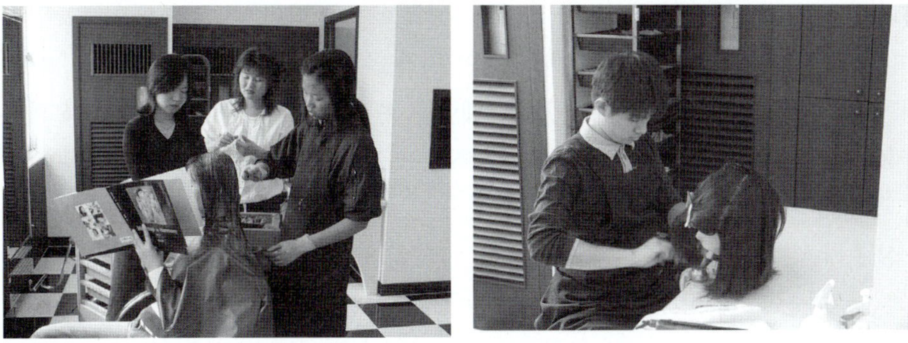

[그림 12-4] 헤어디자인 실습실 내부

2) 제과·제빵

현재 다수의 특수학교에서 제과·제빵 직종을 선택하여 교육하고 있다. 특수학교의 제과·제빵 교육은 시설뿐만 아니라 교육적인 면에서 일반 실업계 고등학교의 교육과정과 비교해도 손색이 없으며, 특히 직업 교육 활동 시간을 통해 다양한 종류의 과자와 빵을 직접 만들어 학교 교사, 복지원 직원 및 인근 주민들에게 저렴한 가격으로 직접 판매해 봄으로써 제작에서 판매까지 일반 제과점에서 이루어지는 전 과정을 경험해 볼 수 있다.

[그림 12-5] 제과·제빵 실습 장면

현재 청각장애학교에서 실시하고 있는 직업 교육과정과 실제 취업하고 있는 직업군과의 차이가 너무 크다. 대부분의 청각장애학교에서 나름대로 지역 사회 특성이나 현실성을 고려하여 신속하게 청각장애학생들이 선호하는 직종인 제과·제빵이나 컴퓨터 관련 부서, 이·미용(뷰티디자인) 등의 부서를 신설하여 운영하고 있지만 실제로는 전자 계통이나 이미 자리를 잡은 다른 쪽의 직업군을 선호하여 취업하고 있다는 데 문제가 있다.

따라서 이 문제를 해결하기 위하여 몇몇의 청각장애학교에서는 외부 기관에 직업 지도를 위탁하여 기술 교육을 받을 수 있도록 대안을 제시하고 있다. 예를 들면 서울의 한 특수학교에서는 서울시에서 실시하는 장애인 취업 프로그램을 활용하여 3개월 동안 오전에는 학교에서 수업을 받고, 오후에는 특정 회사에 직접 가서 기술 교육을 받을 수 있는 있도록 실습을 하고 있으며, 특수학교를 졸업한 후 청음회관, 일산식업능력개발센터, 장애인고용촉진공단 등에 재교육 차원에서 입소하여 취업하는 경우도 있다.

한 특수학교에서도 대전직업능력개발센터와 협약식을 맺어 전공과 2학년 1학기부터 대전직업능력개발센터에 연결시켜 주어 실제 취업과 연계가 될 수 있도록 직업 교육을 실시하고 있다.

대전직업능력개발센터에서 운영하는 교육과정을 살펴보면 크게 일반 교육과정과 맞춤 교육과정으로 나눌 수 있다. 일반 교육과정은 1년이 교육 기간이며, 1년 동안 전자 관련 쪽으로 기술 교육을 하는 중에 수시로 관련 업체에서 의뢰가 오면 연결시켜 주는 시스템이고, 맞춤 교육과정은 특정 취업 업체와 이미 취업 약속을 보장받고, 그 회사의 기술 라인을 중점적으로 3개월 이내에 기술을 익혀 회사에서 원하는 정도의 기술이 습득되었다고 판단되면 바로 취업이 이루어지는 속성 과정이다.

이와 같이 학생들이 선호하는 직종이나 취업과 밀접한 관계가 있는 직종의 직업 교육을 특수학교에서 실시하기 어려울 경우 몇몇 학교에서 실시하고 있는 것처럼 외부 기관에 의뢰하여 직업 교육을 실시하는 것도 대안적인 방법이 될 것이다.

4 청각장애학교 전환교육의 문제점과 개선 방안

지금까지 청각장애학교에서 청각장애학생을 위하여 전환교육이 어떻게 이루어져 왔는지를 알아보았다. 이를 바탕으로 향후 청각장애학교에서 어떠한 방향으로 전환교육이 이루어져야 하는지에 대해 언급하고자 한다.

1. 청각장애학생을 포함한 전환교육 계획 수립

청각장애학생의 전환교육에 관한 계획을 세우는데 학생 자신의 선택권에 대한 중요성을 언급하지 않을 수 없다(Garay, 2003). 전환교육 계획 수립 시 학생을 포함시키는 방법은 여러 가지가 있을 수 있다.

미국의 경우 개별화 교육 계획 회의에 장애학생을 포함시키도록 하고 있지만 우리나라의 현실에 맞지 않다면 그 외 개별 및 집단 상담, 부모 면담, 수업 및 생활 태도 관찰 등을 통해서 학생의 연구 사항을 반영할 수 있다. 그러나 현실적으로 청각장애학교에 근무하고 있는 교사들은 한 학기에 1~2회 혹은 매월 1회 정도 진로 상담을 하는데 그치고 있어 청각장애학생의 의견이 얼마나 반영될 수 있는지 의문을 갖게 한다.

부모 면담은 학생의 특성 및 요구 사항을 파악하기 위한 것이기도 하지만 장애학생의 진로 및 직업 교육을 하는 데 중요하게 작용한다. 고용 결과를 결정짓는 가장 중요한 요소는 작업 경험이나 훈련이 아니라 가족의 영향이기 때문에 매우 필요한 부분이다(Sitlington & Clark, 2006).

2. 졸업생에 대한 추수지도 활동 강화

청각장애인 특수학교의 전환교육을 효율적으로 수행하기 위한 조건으로 전환교육 프로그램은 개인과 지역 사회의 요구에 바탕을 두고 짜여져야 하며, 직업 지도는 모든 학생들이 수용 가능하도록 하고, 전환교육 프로그램을 이수한 학생들에게 지속적인 추수지도 활동을 강화하여야 한다.

3. 언어교육의 강화

청각장애학생들의 의사소통 능력을 최대한 향상시킬 수 있도록 언어교육이 강화되어야 한다. 언어교육은 특정 의사소통 방법만을 강조할 것이 아니라 청각장애학생들의 자유로운 선택에 따라 다양한 방법으로 의사소통을 할 수 있도록 지도되어야 한다.

4. 직업교과의 다양화

청각장애학교에서 실시하는 직업교과 중 가장 개설 빈도가 높은 것은 컴퓨터, 도예, 제과·제빵 순이었으며, 그 외 목공예, 상업 미술, 양재, 공예 등의 순이다(김소연, 정은희, 2007). 이러한 결과는 청각장애학교에서 직업교과목을 선정할 때 학교 시설 및 기자재를 고려하여 학교장과 직업 지도 교사들이 결정을 하거나 선택 교육과정의 직업 교육과정과 시·도 교육청의 편성 지침에 따른 것이다. 그러므로 청각장애학생의 요구 및 시대적 변화를 반영하면서 실질적으로 취업에 유리한 교과목으로 직업교과를 다양화하는 것이 필요하다(유은정 외, 2010).

5. 직업교과목 전담 교사 배치

청각장애학교에서 직업교과를 담당하는 교사들은 대부분 특수교사(교과) 자격증 소지자이며, 특수교사(직업) 자격증을 소지한 교사는 소수에 불과하다. 이는 청각장애학생이 취업에 관하여 가장 큰 문제로 생각하는 전문적인 작업 기술 습득 문제로 이어진다. 그러므로 직업 전문 교사를 확보할 수 있는 방안이 수립되어야 한다(김소연, 정은희, 2007).

6. 관련 기관과 연계된 전환교육 프로그램 실시

직업 교육은 많은 실습 경험을 통해 훌륭한 기능인이 탄생하게 되며, 그들은 사회의 일원으로서 훌륭하게 자기의 삶을 살아갈 수 있어야 한다. 그러나 청각장애학교 직업 교육의 현실은 사회의 요구와 너무나 많은 차이가 나거나 취업과 무관한 기능을 교육하고 있어 전환교육이 유명무실해지는 원인이 되고 있다. 이러한 이유로 현재 몇몇의 청각장애학교에서 시도하고 있는 방법처럼 청각장애학생들이 선호하는 직종이나 취업과 밀접한 관계가 있는 직종의 직업 교육을 외부 기관에 의뢰 및 위탁하여 직업 교육을 실시하는 것도 대안적인 방법으로 고려해 보아야 한다.

성공적인 전환은 학교의 노력만으로 정착되는 것은 아니다. 지원 정도의 차이는 있을 수 있지만 결국은 모든 지원 주체들의 협력이 전제되어야 한다. 즉, 학교 지원과 함께 정부의 지원과 법적 제정, 그리고 지역 사회 산업체가 청각장애학생을 위한 전환 기회를 제공하고, 안정된 직업 유지와 더불어 만족할만한 삶을 추구할 수 있도록 협력해야 하는 것이다. 이는 21세기의 파트너십으로 이해되기도 하고, 함께 살아가는 사회 구성원으로서의 기본 자세이기도 하다. 특히 최근의 공리주의는 개인의 희생보다는 사회 또는 집단의 양보를 우선적으로 요구하는 정책으로 이해된다(Michael Sandel, 2011). 따라서 청각장애학생을 위한 전환은 하나의 연결 선상에서 전 생애에 걸쳐 체계적으로 이루어져야 하며, 학생의 요구에 맞는 다양한 주체들이 협력하여 지원이 이루어질 때 바람직한 결과를 기대할 수 있을 것이다(박원경, 2012).

부록

임용 출제 범위의 중요 내용 정리

- 본 교재 서술 내용 중심으로 -

1 2010~2025년 초 · 중등 청각장애영역별 출제 문항

2 임용 출제 범위와 관련된 중요 내용 (본 교재 서술 내용 중심으로)

1 2010~2025년 초·중등 청각장애영역별 출제 문항

<table>
<tr><th colspan="2">연 도
영 역</th><th>2018년</th><th>2017년</th><th>2016년</th><th>2015년</th><th>2014년</th></tr>
<tr><td colspan="2">1장
청각장애 정의 및 분류</td><td>◈초등
청각장애 유형 구분에 따른 보장구</td><td></td><td>◈초등
전음성 청각장애 판단 이유</td><td></td><td>◈초등
혼합성 청각장애 청력검사 (주파수)</td></tr>
<tr><td colspan="2">2장
청각기관의 구조와 생리</td><td></td><td></td><td></td><td></td><td></td></tr>
<tr><td rowspan="6">3장
청각장애
진단검사</td><td>순음 청력검사</td><td rowspan="6">⊙중등
순음청력검사 청력도의 해석 이유 설명,
청력도를 보고 듣기 곤란한 한국어 음소 1개 작성,
청력도 해석에 따른 청각장애학생 회복 지원 전략 작성</td><td rowspan="6">◈초등
Ling 5개음 검사
⊙중등
순음청력검사 주파수,
최소 가청 역치,
전음성과 감각신경성 난청의 어음 명료도 차이</td><td rowspan="6">◈초등
순음청력검사와 어음청력검사 결과 비교,
어음 명료도 검사 실시 이유,
청력검사 특징</td><td rowspan="6">⊙중등
순음청력검사 차폐 실시 이유</td><td rowspan="6">⊙중등
기도 순음 청력검사의 특징, 검사 주파수</td></tr>
<tr><td>어음 청력검사</td></tr>
<tr><td>중이검사</td></tr>
<tr><td>뇌간유발 반응검사</td></tr>
<tr><td>이음향 방사검사</td></tr>
<tr><td>Ling 5개음</td></tr>
<tr><td colspan="2">5장
보청기와 인공와우</td><td>◈초등
크로스 보청기 작동 원리</td><td>◈초등
청취 환경</td><td></td><td></td><td></td></tr>
<tr><td rowspan="6">6장
청각장애
학생 특성
~
11장
청각·중복
장애</td><td>청능훈련, 구어지도</td><td rowspan="6">◈초등
최소 대립쌍 지도 이유,
최소 대립쌍 수어소 변화 수어의 의미 구별 이유
⊙중등
지문자 한글 자·모음 작성
◈초등
농인 부모를 둔 청각장애학생 학교에서의 2Bi 접근의 지원 방법</td><td rowspan="6">◈초등
알파벳 지문자</td><td rowspan="6">◈초등
지문자와 수형
⊙중등
통합교육 지원 사항
⊙중등
청능훈련 단계,
초분절적 의미</td><td rowspan="6">◈초등
청능 기술 (청각 기술)
◈초등
말 추적법
◈초등
독화 시 유의 점
⊙중등
수어-해석,
자의성, 도상성
⊙중등
손가락 점자,
촉수어 (촉지문자)</td><td rowspan="6">◈초등
지문자와 수형</td></tr>
<tr><td>독화지도, 수어지도</td></tr>
<tr><td>지문자, 큐드 스피치</td></tr>
<tr><td>토탈커뮤니 케이션, 2Bi 접근</td></tr>
<tr><td>통합교육</td></tr>
<tr><td>청각·중복 장애학생 의사소통 지도</td></tr>
</table>

<table>
<tr><th colspan="2">연 도 / 영 역</th><th>2013년</th><th>2012년</th><th>2011년</th><th>2010년</th><th>2009년</th></tr>
<tr><td colspan="2">1장
청각장애 정의 및 분류</td><td></td><td></td><td>◈초등
전음성
청각장애,
감각신경성
청각장애</td><td>◈초등
선천성
청각장애
교수방법,
비유 언어</td><td>⊙중등
감각신경성
특징,
보청기 착용
효과</td></tr>
<tr><td colspan="2">2장
청각기관의 구조와 생리</td><td></td><td>⊙중등
청각장애의
이해</td><td></td><td></td><td></td></tr>
<tr><td rowspan="6">3장
청각장애
진단검사</td><td>순음
청력검사</td><td rowspan="6">◈초등
불쾌 음량 역치
(불쾌 역치,
어음 불쾌 역치)</td><td rowspan="6">⊙중등
뇌간유발
반응검사,
5개음 검사,
순음청력검사</td><td rowspan="6">⊙중등
임피던스
검사, 어음
청력검사,
뇌간유발
반응검사
⊙중등
감성 청각장애
결과
– 5개음 검사,
특성, 청능훈
련</td><td rowspan="6">⊙중등
어음 청취
역치 검사
(어음 수용
역치 검사)
⊙중등
순음청력
검사 특성
– 인공와우,
전음성
청각장애,
5개음 검사</td><td rowspan="6"></td></tr>
<tr><td>어음
청력검사</td></tr>
<tr><td>중이검사</td></tr>
<tr><td>뇌간유발
반응검사</td></tr>
<tr><td>이음향
방사검사</td></tr>
<tr><td>Ling 5개음</td></tr>
<tr><td colspan="2">5장
보청기와 인공와우</td><td>◈초등
FM 보청기
◈초등
인공와우 유의점</td><td>⊙중등
주의 사항,
대상자,
교육 자료</td><td>⊙중등
보청기,
인공와우
옳은 설명</td><td></td><td></td></tr>
<tr><td rowspan="6">6장
청각장애
학생 특성
~
11장
청각 · 중복
장애</td><td>청능훈련,
구어지도</td><td rowspan="6"></td><td rowspan="6">⊙중등
지숫자와
지문자</td><td rowspan="6">◈초등
지숫자</td><td rowspan="6"></td><td rowspan="6">◈초등
수향, 수어
옳은 설명</td></tr>
<tr><td>독화지도,
수어지도</td></tr>
<tr><td>지문자,
큐드 스피치</td></tr>
<tr><td>토탈커뮤니
케이션,
2Bi접근</td></tr>
<tr><td>통합교육</td></tr>
<tr><td>청각 · 중복
장애학생
의사소통
지도</td></tr>
</table>

2 임용 출제 범위와 관련된 중요 내용(본 교재 서술 내용 중심으로)

Chapter 01 청각장애학생 교육의 개관

1. 청각장애의 정의 및 분류

1) 청각장애의 정의: 「장애인 등에 대한 특수교육법」

- 청각장애: 청력손실이 심하여 보청기를 착용해도 청각을 통한 의사소통이 불가능 또는 곤란한 상태이거나, 청력이 남아 있어도 보청기를 착용해야 청각을 통한 의사소통이 가능하여 청각에 의한 교육적 성취가 어려운 사람

2) 청각경로

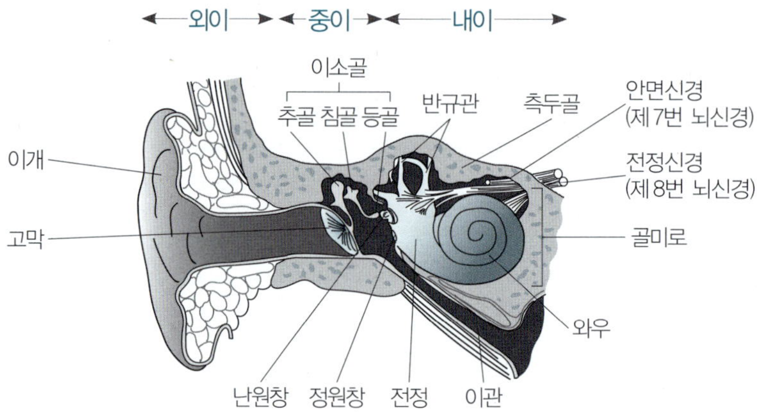

(1) 기도 경로: 소리 → 이개(귓바퀴) → 외이 → 중이 → 내이 → 중추청신경

(2) 골도 경로: 소리 → 두개골(bone) → 내이 → 중추청신경

> ▶전음성 난청: 외이나 중이의 문제로 발생(청력손실이 심하지 않은 경우: 보청기 사용)
> ▶감각신경성 난청: 내이나 청신경 손상으로 발생
> (청력손실 경도부터 최고도까지 다양: 인공와우 시술 또는 청성뇌간 이식술)
> ▶혼합성 난청: 전음성 난청과 감각신경성 난청이 혼합된 경우(보청기 사용 또는 인공와우 시술)

Chapter 02 청각기관의 구조와 생리

1. 청각기관의 구조

1) **외이:** 외부의 소리를 모아서 중이로 전달하는 기능을 한다.

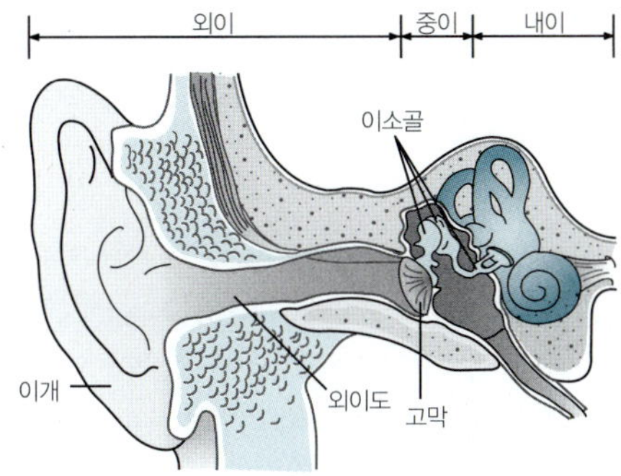

2) **중이:** 외이에서 전달된 소리를 고막의 진동으로 증폭시켜 공기 중의 음파를 내이의 림프액으로 전달하는 기능을 한다.

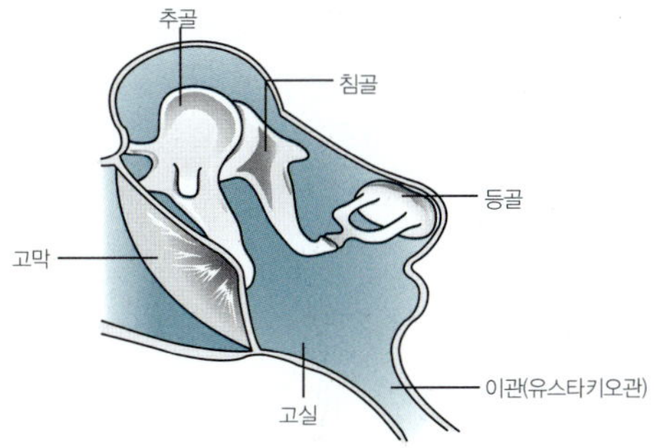

3) **내이:** 중이의 기계적인 에너지를 전기적인 에너지로 변환하는 역할을 한다.

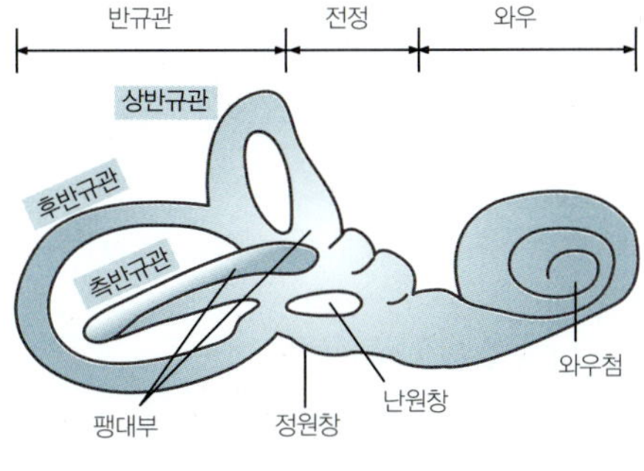

2. 청각기관의 기능

• 외이의 기능

▶보호 기능
▶청소 기능
▶음향학적으로 필터의 역할 수행
▶소리의 분별 또는 위치 분별에 중요한 역할

• 중이의 기능

▶고막의 면적과 등골발판 면적의 비에 의한 압축 효과로 소리 압력 증가
▶고막의 원추형 모양, 추골과 침골의 지렛대 효과로 소리 에너지 증폭
▶이내근(고막 장근, 등골근): 외부의 소음으로부터 중이와 내이를 보호
▶이관: 고막의 전·후 공기 압력 동일하게 유지, 조직의 신진대사 공기 공급, 중이 분비물 배출

• 내이의 기능

▶중이의 기계적인 반응을 전기 신호로 전환하여 청신경 또는 뇌로 전달하는 역할
▶내이에 있는 림프액의 파동으로 유모세포가 반응하여 소리를 청신경으로 전달
▶세반고리관과 전정은 중력에 대한 신체의 균형 위치 지각으로 평형 감각 조절

Chapter 03 청각장애 진단검사

• 대상자에 따른 청력검사 종류

주관적 검사법	객관적 검사법
• 순음청력검사 • 어음청력검사 • 음차검사와 Ling 5개음 검사	• 중이검사 • 뇌간유발반응검사 • 이음향방사검사

※ 어음청력검사: 어음 수용 역치(청취), 어음 변별치(명료도), 어음 탐지 역치, 쾌적 역치, 불쾌 역치, 어음 가청 범위
※ Ling 5개음 검사: [i], [u], [a], [ʃ], [s], 첨가음 [m]

1. 진단검사

<table>
<tr><td rowspan="2">청력 범위</td><td>주파수</td><td>16(20)~20,000Hz, 말소리 민감(500~4,000Hz)</td></tr>
<tr><td>음압</td><td>0~140dB, 100dB 내외(불쾌 역치)/ 130dB(HL)(최대 역치)</td></tr>
<tr><td rowspan="3">검사 방법</td><td>목적</td><td>선별검사, 진단검사</td></tr>
<tr><td>대상자 반응</td><td>객관적 검사, 주관적 검사</td></tr>
<tr><td>대상자</td><td>유아~성인(유아: 행동관찰검사, 유희청력검사, 조작적청력검사)</td></tr>
</table>

<table>
<tr><td rowspan="2">선별 검사</td><td>개관</td><td colspan="2">청각장애 여부 개괄적인 검사</td></tr>
<tr><td>방법</td><td>• 신생아청각선별검사
• 유아청력검사
• 유희청력검사
• 속삭임검사
• 시계검사
• 조작적조건화청력검사</td><td>• 음차검사
<table><tr><td>시바바흐</td><td>유양돌기 골도 정상과 비교</td></tr><tr><td>린네</td><td>기도와 골도 비교</td></tr><tr><td>베버</td><td>전음, 감음 이마 중앙</td></tr><tr><td>빙</td><td>폐색효과 유무</td></tr></table></td></tr>
</table>

<table>
<tr><td rowspan="9">진단 검사</td><td rowspan="8">대상자 반응</td><td rowspan="3">객관적 검사</td><td colspan="2">중이</td><td>중이검사(인피던스검사)</td></tr>
<tr><td colspan="2">내이(와우)</td><td>이음향방사검사
미세 전위 변화 관찰</td></tr>
<tr><td colspan="2">대뇌 피질</td><td>청성유발전위검사 중 뇌간 반응 파형 비교</td></tr>
<tr><td rowspan="5">주관적 검사</td><td>순음</td><td>청력 검사</td><td>기도검사
골도검사
청력도(반대 청취, 차폐, 청력손실의 해석)</td></tr>
<tr><td rowspan="4">어음</td><td rowspan="3">어음 청력 검사</td><td><table><tr><td>어음 수용 역치(청취) SRT</td><td>단어(강강격 이음절어)</td></tr><tr><td>어음 변별치(명료도)</td><td>단음절</td></tr><tr><td>어음 탐지 역치 SDT</td><td>문장</td></tr><tr><td>어음 쾌적 역치</td><td>담화문</td></tr><tr><td>어음 불쾌 역치</td><td>담화문</td></tr></table></td></tr>
<tr></tr>
<tr></tr>
<tr><td>5개음 검사</td><td>스피치 바나나(=CLEAR 영역)</td></tr>
<tr><td colspan="5">⇒ 청력손실 정도와 유형 파악(진단, 예방, 치료 및 재활 기본 자료 제공)
최종 목적은 청력을 나타내는 청각적 자극에 대한 반응 능력 높이기</td></tr>
</table>

2. 순음청력검사

<table>
<tr><td rowspan="5">기도
검사</td><td>준비
및
결정</td><td colspan="3">잘 들리는 귀부터 검사
세 번 들려주었을 때 두 번 들은 수준</td></tr>
<tr><td rowspan="4">소리
조절</td><td colspan="2" rowspan="2">주파수(Hz)
조절</td><td>1,000–2,000–4,000–8,000–1,000–500–250–125</td></tr>
<tr><td>1000–500–250–125–1,000–2,000–4,000–8,000</td></tr>
<tr><td rowspan="2">강도(dB)
조절</td><td>상승법</td><td>예상 역치 이하에서 상승(낮은 강도부터)</td></tr>
<tr><td>하강법</td><td>예상 역치 이상에서 하강(높은 강도부터)</td></tr>
<tr><td>골도
검사</td><td colspan="4">250 – 4,000Hz 검사
항상 차폐
70dB까지 강도 측정(너무 세면 손상)</td></tr>
</table>

<table>
<tr><td rowspan="6">청
력
도</td><td>알 수
있는
것</td><td colspan="3">기도와 골도 손실정도, 평균청력 수준, 청각장애 부위(감각, 전음)
청력형, 반대 청취 여부</td></tr>
<tr><td rowspan="5">기타</td><td>반대
청취</td><td colspan="2">• 반대 청취가 생기는 경우
1) 양쪽 귀 청력 차가 심하게 나는 경우
2) 나쁜 쪽 귀에 들려준 검사 음을 골도를 통해 좋은 쪽 귀에서 듣는 경우</td></tr>
<tr><td>양이 간
감쇠 현상
(이간
감약)</td><td colspan="2">한쪽 귀에 입력된 소리를 반대쪽 귀가 듣는 과정에서 일어나는 강도 손실</td></tr>
<tr><td rowspan="3">차폐</td><td>정의</td><td>좋은 쪽 귀에서 들을 수 없도록 잡음을 들려주는 것</td></tr>
<tr><td>방법</td><td>차폐음을 좋은 쪽 귀에 흘려 줌(순음 차폐, 백색 잡음 등)</td></tr>
<tr><td>사용
시기</td><td>• 양쪽 귀 기도청력 40dB 이상 차이가 나타나는 경우
→ 좋은 쪽 귀에 차폐
• 골도검사 시 항상 차폐</td></tr>
</table>

<table>
<tr><td rowspan="8">청력도</td><td rowspan="4">해석</td><td>기호</td><td colspan="2">
<table>
<tr><th></th><th>오른쪽(빨강)</th><th>왼쪽(파랑)</th></tr>
<tr><td>기도</td><td>O</td><td>X</td></tr>
<tr><td>기도 차폐</td><td>△</td><td>□</td></tr>
</table>
<table>
<tr><td>골도</td><td>〈</td><td>〉</td></tr>
<tr><td>골도 차폐</td><td>[</td><td>]</td></tr>
<tr><td>무반응</td><td colspan="2">골도(수직 화살표)
기도(대각선 화살표)</td></tr>
</table>
• 기도 청력역치는 직선으로 연결하되 골도 청력역치는 직선으로 연결하지 않는다.
• 기도 검사를 먼저 실시한다.
(기도 → 골도 → 기도 차폐 → 골도 차폐 순)
</td></tr>
<tr><td rowspan="3">평균 청력 수준 산출 방법</td><td>3분법</td><td>a+b+c/3 (a=500, b=1,000, c=2,000, d=4,000Hz)</td></tr>
<tr><td>4분법</td><td>a+2b+c/4</td></tr>
<tr><td>6분법</td><td>a+2b+2c+d/6</td></tr>
<tr><td rowspan="3">청각 장애 유형별 청력도</td><td>전음성</td><td colspan="2">청력손실은 최대 70dB을 넘지 않는다.
기도 손실 〉 골도 정상</td></tr>
<tr><td>감각 신경성</td><td colspan="2">다양한 손실, 기도 손실 = 골도 손실</td></tr>
<tr><td>혼합성</td><td colspan="2">기도 손실 〉 골도 손실</td></tr>
<tr><td>청력형 (1장 참조)</td><td colspan="3">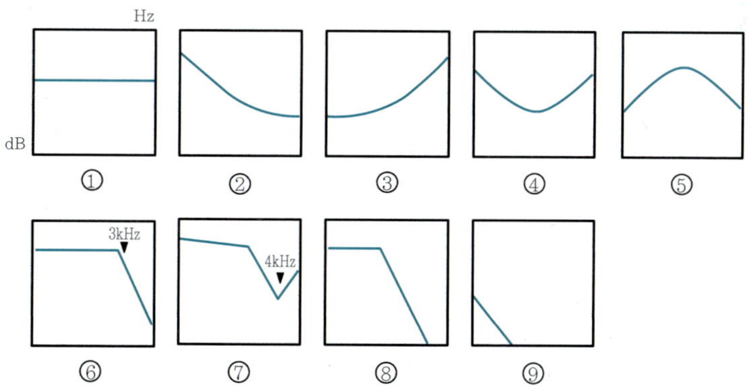
</td></tr>
</table>

3. 어음청력검사

개요	말소리 청력역치 확립, 역치상 이해 능력 평가	
검사 방법	어음 수용 역치(청취) (SRT)	• 어음의 개괄적 청취 능력 고려(말소리를 듣고 정확히 따라 해야 함) • 일상생활 대화 능력 알기 위해 활용 • 강강격 이음절어(단어) – 같은 강세를 가진 음절어 • 50% 명료도 가장 잘 듣는 수준(최소 수준)
	어음 변별치 (어음 명료도)	• 어음 변별 능력 알기 위함 • 보청기 조절 및 청능훈련 자료 활용, 의사소통 곤란도 알 수 있음 • 어음 변별치 45dB에서 50% 이하라면 법적 보호 필요(장복법) • 단어 목록: 단음절어 50개 • 감각신경성 난청인 미로성(와우 문제), 후미로성(대뇌 피질 문제) 구분 가능 • 50% 명료도 가장 잘 듣는 수준 청취
		• 40dB까지는 정상 • 어음 명료도 60dB 100% 명료하면 전음성 장애로 추정 ⇒ 증폭해서 100% 명료도라면 전음성 • 후미로성(청신경)은 증폭해도 명료도 감소 또는 변화 없음 ⇒ 소리가 들리더라도 말소리로 인식하기 어려움 (보청기는 물론 인공와우 수술도 효과 떨어짐)
	어음 탐지 역치 (SDT)	• 말소리의 존재(말소리인지 아닌지) 탐지 관심 • 말소리 탐지 수준 알기 위해 사용 • 문장(비교적 흥미 없는 자료)
	어음 쾌적 역치	• 가장 편안하게 청취할 수 있는 정도 • 보청기 증폭도 결정 위해 사용 • 담화문
	어음 불쾌 역치	• 청력 범위의 한계선 알기 위해 사용 • 보청기 조절, 청각훈련 시 최대 증폭 결정 • 담화문
	어음 가청 범위	• 진단과 재활에 중요한 자료
장점 및 단점	장점	• 체계적이며 명확하고, 양쪽 귀 각각을 평가 • 다양한 보청기 효과 평가
	단점	• 일반화 어려움 • 모든 청각장애인 적용의 어려움

4. 청능훈련을 위한 말 지각 검사(7장 참조)

1) KNISE-DASP의 하위 검사별 평가 내용

① Ling 6개음 검사	② 자 · 모음 검사	③ 단어 패턴 · 인지 검사	④ 단어 인지 검사
⑤ 문장 인지 검사	⑥ 문장 이해 검사	⑦ 문장 기억 · 순서화 검사	⑧ 이야기 이해 검사

2) 말 지각 발달 단계에 따른 검사 도구

말 지각 발달 단계	자극 단위	검사 도구
음소의 탐지, 변별 및 확인	음소	• KNISE-DASP(Ling 6개음 검사) • KNISE-DASP(자 · 모음 검사)
말소리의 패턴 인지 불가능 (No pattern perception) ↓ 패턴 인지 가능 (Pattern perception) ↓	단어	• KNISE-DASP(단어 패턴 · 인지 검사)
Closed-Set : 몇몇의 단어인지 (Some word recognition) ↓ Closed-Set : 지속적인 단어인지 (Consistent word recongnition) ↓ Open-Set : 지속적인 단어인지 (Consistent word recongnition) ↓	단어	• KNISE-DASP(단어 인지 검사)
문장 이해 (Unedrstanding details in sentesces) ↓	문장	• KNISE-DASP(문장 인지 검사) • KNISE-DASP(문장 이해 검사) • KNISE-DASP(문장 기억 · 순서화 검사)
이야기 이해 (Unedrstanding connected speech) ↓	이야기	• KNISE-DASP(이야기 이해 검사)
다양한 듣기 상황에서 말소리 이해 (Understanding connected speech in various listening situation)		

5. Ling의 5개음 검사

<table>
<tr><td>개 요</td><td>• 5개음 주파수와 강도 기준으로 선정, 어음 청취력 간편하게 진단</td></tr>
<tr><td>결과 활용</td><td>• 어음 청취력 진단, 보청기 작동 판별, 청력 특성 적합성 활용 등
• 청력도에 의한 예측(평균청력, 부위별 청각장애, 청력형, 반대 청취 여부)</td></tr>
<tr><td>5개음
검사 적용
및
검사 방법
(본교재
3장 참조)</td><td>• 청력도에 의한 예측(평균청력, 부위별 청각장애, 청력형, 반대 청취 여부 등)
• 5개음 검사에 의한 예측: ee[i], oo[u], ah[a], sh[ʃ], ss[s]
• Ling의 6개음 검사 위해 [m]을 추가 할 수 있음(이유: 감각신경성 난청 학생의 경우 고주파수 음역보다 저주파수 음역을 더 잘 들을 수 있기 때문, 250～6,000Hz, 30～60dB)

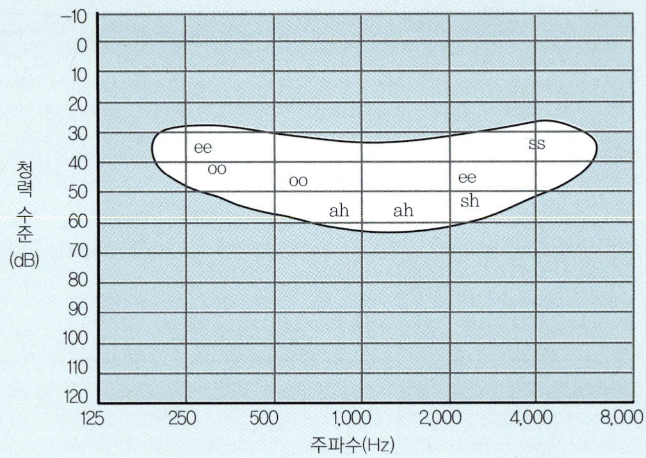
</td></tr>
</table>

6. 청력도 해석

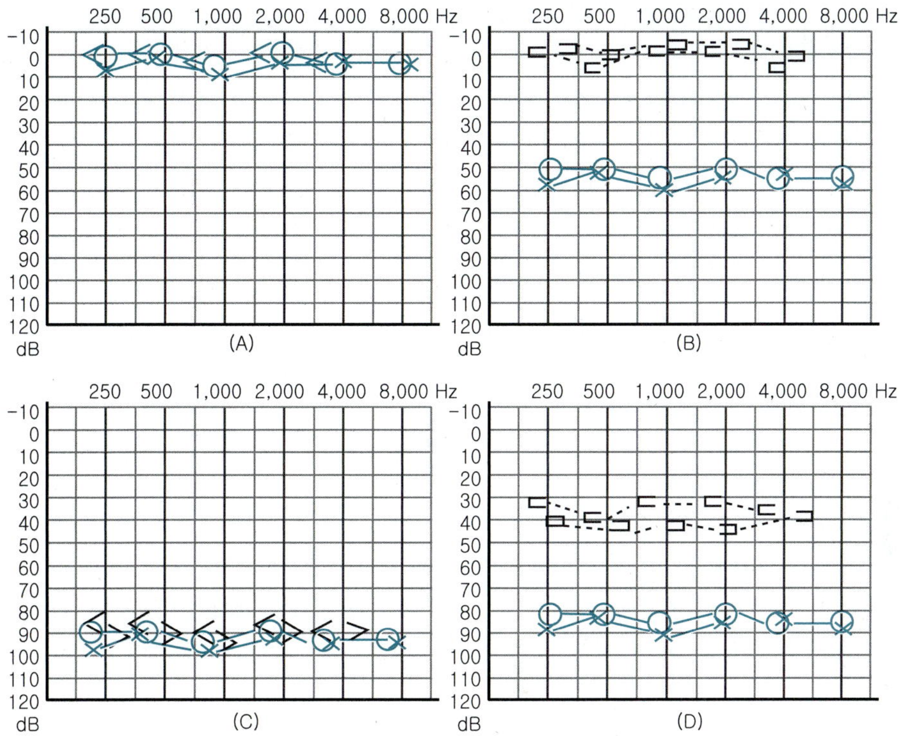

(A) 정상 청력, (B) 전음성 난청, (C) 감각신경성 난청, (D) 혼합성 난청

출처: 한국청각학교수협의회(2017). p. 96.

Chapter 04 중추청각처리장애

1. 정의

중추청각처리장애란 청각중추신경계와 지각 기능의 장애를 말하며, 청각처리장애로 부르기도 한다. 중추청각신경계의 청각정보에 대한 처리 능력 결함으로 소리의 방향 및 측분별, 청각변별, 청각정보의 시간적 양상, 경쟁 음향 신호에 대한 청각적 수행력, 불명료한 음향 신호에 대한 청각적 수행력 중 한 가지 이상에서 결함을 보이는 경우로 정의된다.

2. 청각중추 손상 부위와 기능

부 위	기 능
와우핵	동 측 듣기와 반대 측 듣기의 문제, 방향 정위 및 양이 통합의 어려움
상올리브핵	음원 확인 및 변별의 어려움
외측융대	배경 소음에서 듣기, 음원 확인의 어려움
하구/내측슬상체	청각 주의 집중, 청각 처리 속도 조절, 청각정보 선별의 어려움
헤셀회(1차 청각피질)	소리 패턴 지각 및 처리의 어려움
베르니케 영역	말소리 지각의 어려움

3. 중추청각처리장애 학생의 중재

1) 청각통합훈련

청각통합훈련은 청각 과민, 말소리 변별에 어려움을 갖는 언어장애, 자폐증과 다양한 심리 질환을 가지고 있는 대상자들을 위해 개발한 치료법이다. 두 가지 측면에서의 훈련 방법으로 '듣기 훈련'은 높은 주파수와 낮은 주파수를 모두 잘 듣게 하는 방법이다.

2) 청지각훈련

청지각훈련은 들리는 소리가 무엇인지를 아는 것으로 소리를 지각한다는 의미이다. 읽기와 언어처리에 어려움을 가진 대상자들에게 종합적인 음운 인식과 청각언어처리 프로그램으로 소리 인식, 조용한 상황과 소음 상황에서 소리 변별, 글자와 소리 연합, 배경 소음 유무에 따른 복잡한 지시 이해, 음과 단어 기억, 읽기, 철자 및 이해를 강화하는 항목들로 구성 된다.

▶ Ⅰ 단계 – 청각적 자극에 주의 집중하기

▶ Ⅱ 단계 – 말소리 지각하기

▶ Ⅲ 단계 – 말소리 분리 및 합성하기

3) 교실 환경 수정 : 교실 내 음향적인 청취 환경이 최적화 되도록 잔향과 소음 감소

4) 증폭기의 사용: 소음이 있는 교실 환경에서는 듣는데 많은 어려움을 가지므로 수업 시 목표가 되는 말은 증폭시켜 들을 수 있도록 한다(개인 FM 보청기 사용).

Chapter 05 보청기와 인공와우

1. FM 보청기와 특성

FM 보청기는 개인보다 집단과 같은 교실 수업에서 많이 사용되고 있다. FM 보청기는 FM 송신기, FM 수신기, 청각 보조 기기 등 세 부분으로 구성되어 있으며 다음과 같은 특징이 있다.

• FM 보청기의 특징

① 학교 교육용으로 적합하다.
② 무선 송신으로 음원이 멀어짐에 따른 소리의 크기 감쇠 현상이 없다.
③ 아동의 청각 특성에 적합하지 않을 때에는 증폭된 음의 명료성이 다른 보청기에 비해 떨어질 수 있다.
④ 고감도-저주파 음만을 들을 수 있는 아동에게 보청기보다 효과적일 수 있다.

2. 인공와우의 구성과 기능

인공와우(CI; Cochlear Implant)는 내이의 와우에 병리적 현상을 보이는 감각신경성 난청인 학생의 와우에 전극을 삽입하여 청신경을 직접적으로 자극함으로써 소리를 잘 듣게 해주는 보장구이다. 다음 그림은 인공와우의 소리 전달 경로이다.

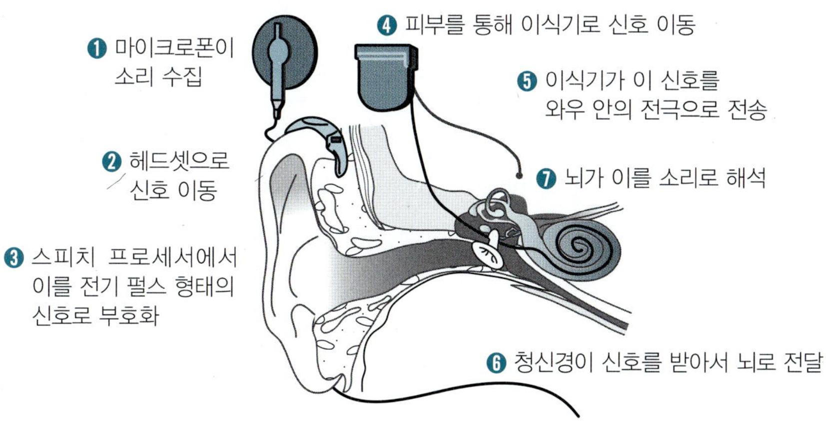

• 인공와우의 구성과 기능

구 성	명 칭	기 능
외부 장치	송화기	주변의 소리를 감지하여 어음처리기로 보낸다.
	어음처리기	입력된 소리를 프로그램에 따라 전기 신호로 변환시킨다.
	송신기 (헤드셋)	측두골에 위치한 송신기(헤드셋)는 자석과의 접촉을 통해 내부장치와 연결되어 있다.
내부 장치	수신기	수신기에 전달된 신호는 달팽이관 내 삽입된 전극으로 전달된다.
	전극	신호에 알맞은 전극이 청신경을 자극한다.

Chapter 06 청각장애학생의 특성

- **어휘 능력:** 난청의 경우 2년, 농학생의 경우는 4~5년 정도 지체된다. 형용사와 부사와 같은 추상적인 의미를 내포하는 어휘 습득에 어려움을 보인다.

- **읽기 능력:** 전반적인 읽기 이해 능력은 4~5학년 정도의 수준을 나타낸다. 특히, 문법, 비유적·은유적 표현, 문맥 이해 등에서 어려움이 나타난다.

- **쓰기 능력:** 문법의 규칙 습득에 전반적인 어려움을 보인다. 자기중심적 표현과 배경 내용을 알 수 있는 묘사에 부족함이 나타난다. 특히, 조사 사용에 어려움이 많다. 문장을 구성할 때 단문장 형식으로 아주 짧게 표현하는 경향이 있다.

- **수학 능력:** 수학 능력은 다른 학습 능력에 비하여 가장 높은 성취 수준을 보인다. 초등학교 고학년에서 중학교 저학년 수준까지 이른다.

- **인지 능력:** 청각장애학생의 지적 능력은 대체로 동작성 검사에서 청인학생과 별 차이가 없고, 언어성 검사에서 현저한 차이가 나타나지만, 지능 검사 도구에서 언어성 요인이 적절히 통제된다면 이들의 점수는 정상적인 분포를 이룰 것이다.

Chapter 07 구어지도

1. 청능훈련 : 청각 활용 능력 향상

1) 듣기 능력의 단계

탐지 ▶ 변별 ▶ 패터닝 ▶ 확인 ▶ 이해

• 청각 기술 수준 : 음의 인식 – 음의 변별 – 음의 확인 – 음의 이해

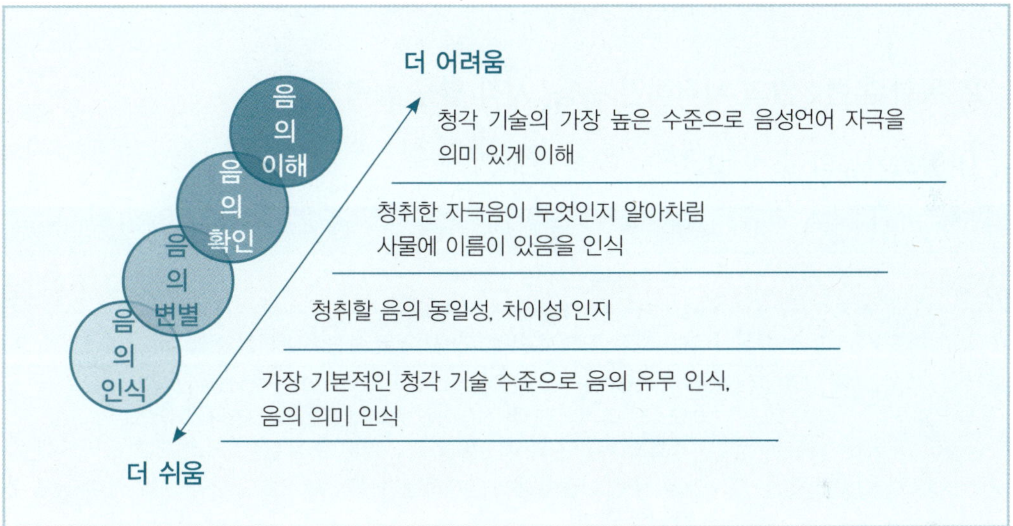

출처: 김영욱(2007). p. 134.

2) 과제의 난이도: 환경 요소, 자극 요소, 상황적 맥락, 활동 방법

3) 활동의 방법: 형식적, 비형식적

4) 자극 단위의 접근: 분석적 접근, 종합적 접근, 절충적 접근

※ 화용적: 실제 대화 시 필요한 정보를 얻기 위해 변인 통제 훈련 강조

5) 청능훈련 프로그램

프로그램	내용
어버(Erber) 프로그램	• 청능 능력이 높은 아동의 대화법(준구조화법) • 청력 수준에 따라 접근 • 일상생활 중심 강조
DALS II 프로그램	• 성공적 듣기 위한 발달적 접근 • 위계성, 듣기 성취 과정 개별적 지도
SKI-HI 프로그램	• 발달 단계에 맞는 교육 • 부모와 학생이 함께 활동
SPICE	• 매우 형식적인 교수법 • 학생의 나이와 관심, 과제의 난이도를 고려해 지도

2. 독화 훈련 : 말의 시각적인 수용, 시각 활용 능력 향상

1) 독화기능의 구성 요소

상황 요인	구성 요소	내용
독화자 요인	지각 능력	• 시지각: 말소리의 인식 능력 • 지각 속도: 말 요소의 지각 속도 • 주변 지각: 입에 초점을 두면서 얼굴 표정이나 환경의 맥락
	종합 능력	• 지각 종결: 단어나 어구의 일부분으로 전체적인 형태를 인식 – 요소와 조직의 분류, 전체적인 형태의 잠정적인 인식 – 추측에 의한 조직: 사고를 통해 누락된 요소 보충 • 개념 종결: 전달 내용을 인식하는 능력 – 개념의 연상, – 추측 종결: 사고에 의한 보충, 전달 내용의 인식
	융통성	• 지각 종결: 시각 기억, 추상적 · 귀납적 추리, 리듬을 통한 수정 • 개념 종결: 언어적 · 귀납적 추리, 사회적 인식을 통한 개념 종결의 수정
화자 요인	대화시 유의 사항	• 자연스럽게 과장되지 않은 얼굴 표정과 조음기관으로 대화 • 청각을 최대한 이용할 수 있도록 교사의 말소리 크기와 속도를 조절
환경 요인	조명, 속도, 거리, 화자 확인	• 독화 시 적정 조도는 대략 400~700룩스(Lux) • 화자가 해를 등지고 말을 하면 독화 시 눈부심이 발생하기 때문에 피해야 하며, 입 모양이 잘 보이는 밝은 곳이 좋음 • 말의 속도는 조금 느리게, 거리는 2~3m 정도 유지 • 여러 사람이 말하는 상황에서는 화자가 누구인지 독화가 어려울 수 있으므로 화자는 손을 들어 알려 줌

2) 독화지도의 한계점

▶말소리의 가시도가 낮다.
▶입 모양이 같게 보이는 말이 많다.
▶정상적인 말은 속도가 빠르다.
▶전이효과가 많이 작용한다.
▶조음운동에는 개인차가 있다.
▶환경에서 오는 제약이 많다.

3) 독화지도 방법

(1) 전통적 지도법

① 종합적 지도법: 단어부터 시작하여 문장, 문단의 순으로 지도
② 분석적 지도법: 음운 단위부터 시작하여 음절, 단어, 구, 문장, 문단 순으로 지도

(2) 활동적 지도법

① 비형식적 지도법: 일상생활에서 맥락을 통한 학생과의 상호작용을 통하여 지도
② 형식적 지도법: 구조화된 독화지도 프로그램 적용으로 지도

(3) 감각적 지도법

① 단감각: 주로 시각 기능에 의존하여 지도
② 다감각: 청각과 촉각도 함께 활용하여 다감각 지원을 통한 지도

(4) 총체적 지도법: 종합적 접근법, 의사소통 맥락의 실생활 속에서 지도

(5) 말 추적법: 화자의 말을 듣고 그대로 다시 따라 말하는 것으로, 화자의 내용을 이해하는 것에 중점을 두고 지도

(6) 큐드 스피치: 독화의 한계점을 보완하고 독화 이외에 음성언어의 보조 수단으로 보다 정확하게 청각적 메시지를 시각적으로 전달하는 지도

3. 발성·발어 훈련

> 사람의 음성은 폐에서 나온 공기를 성대로 보내고, 성대의 진동으로 만들어진 후 원음은 인두강, 구강, 비강, 그리고 입술강에서의 공명을 통해 비로써 확대된 말이 된다. 이러한 음성 산출의 매커니즘 이해를 통하여 발성 감각 훈련을 한다.
> ▶발성 훈련: 호흡 훈련→ 조음기관 훈련→ 시각 훈련 → 촉각 훈련 → 청능훈련
> ▶말(specch) 산출 과정: 호흡 → 발성 → 공명 → 조음

4. 토탈 커뮤니케이션(T·C), 이중 언어·이중 문화 접근(2Bi)

토탈 커뮤니케이션은 청각장애학생과 의사소통할 때 구화법만을 사용한다면, 청력손실이 고도 이상의 청각장애학생은 청각과 말로 정보를 받아들이는 데 한계가 있다. 이러한 의사소통의 어려움을 덜어주기 위해 개인의 의사소통 요구에 초점을 맞추어 청각, 구화, 수어, 지문자, 쓰기 등의 모든 의사소통 양식을 활용하는 것이다.

1) 수어

인류의 삶 속에 중요한 역할을 하고 있는 언어에는 음성언어만 있는 것이 아니다. 바로 농인들이 제1언어로 사용하는 시각-청각 채널의 수어도 있다. 하지만 음성언어를 사용하는 주류 사회 속에서 농인들의 언어인 수어의 중요성이 간과되어 왔던 것은 사실이다. 그러나 이제는 「한국수화언어법」이 제정(2016년 2월 3일)되어 수어의 위상이 한국어와 동등하게 인정받게 되었으므로 청각장애를 가진 학생들을 교육할 때 그들의 언어인 수어를 이해하고 수어를 활용하여 교육하는 것은 매우 당연한 일이 되었다.

(1) 수어의 언어적 특성

특 성	내 용	예 시
기호성	언어의 내용(의미)을 외면적 형식(기호)으로 나타내는 것	학생, 있다
자의성	말뜻(사물)과 말소리(명칭)의 관계가 자의적인 것	사랑, love
사회성	한 사회의 공통 의사소통 수단과 규칙	한국수어, 수어 문법
역사성	시대가 변함에 따라 변화하고 소명되는 것	옛 수어와 현재의 수어
규칙성	언어의 규칙 즉, 문법	한국수어 문법
창조성	언어의 예술	수어 시, 수어 만담 등

(2) 수어의 독특한 특성

① 도상성: 그림 그리 듯 표현되는 언어
같은 문화에서의 도상성과 타 문화 간의 도상성
② 동시성: 선조적이지 않고 동시에 나타나는 언어
음운적 동시성, 통사적 동시성, 의미적 동시성
③ 가역성: 반의어의 표현이 반대 동작으로 나타나는 언어
예) 낮과 밤
④ 문법표지: 비수지신호(표정과 몸짓), 공간 활용 및 역할 전환, 일치 동사

(3) 수어의 언어 구조

① 음운론

수어 음소	설 명	최소 대립쌍
수형	수어의 모양	예쁘다/어렵다
수동	수어의 움직임	걱정/위험
수위	수어의 위치	닭/바보
수향	손 또는 손바닥의 방향	고맙다/하지마
비수지신호	얼굴 표정 및 몸짓	귀엽다/아깝다

② 형태론: 자립 형태소, 수사포합어, 지문자어
③ 통사론: 공간 활용, 방향의 움직임, 역할 전환, 비수지신호
④ 의미론: 분류사, 도상성, 비수지신호, 문맥의 파악

2) 지화

지화는 지문자를 손 모양으로 사용하여 시각적으로 구어의 철자와 동일한 형태로 만든 것이며, 수어를 보충하는 것으로 많이 사용되고 있다. 수어를 할 때 음성언어와 함께 사용되기도 한다(권요한 외, 2010).

• 지화(지문자): 자음과 모음

자음

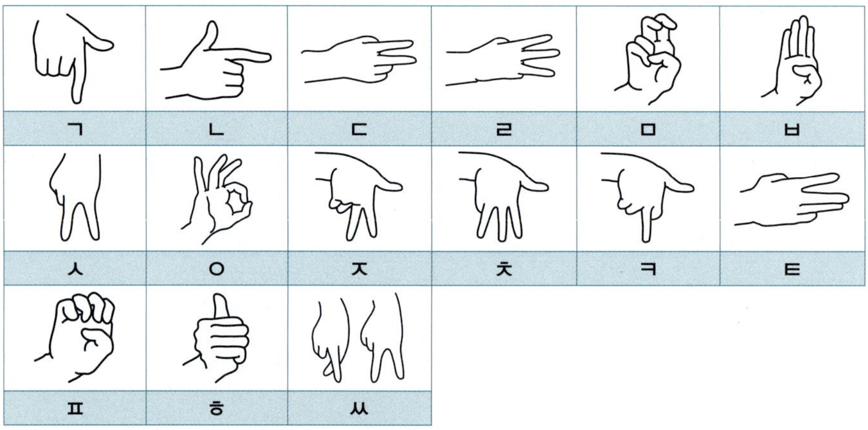

모음

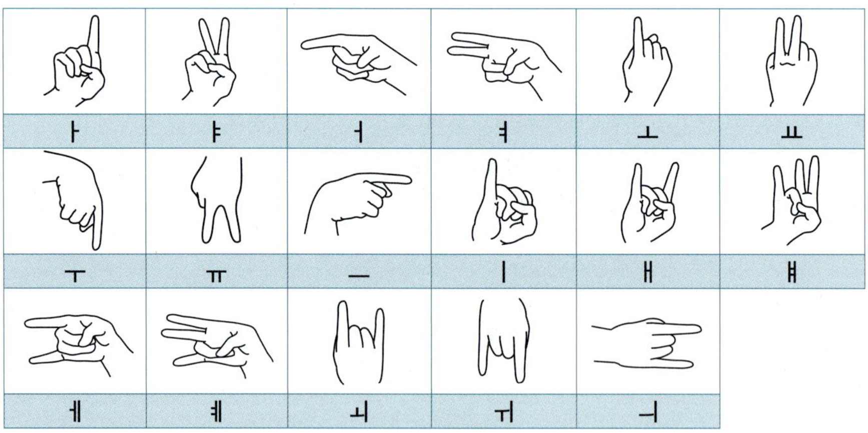

출처: 김칠관(1998).

Chapter 09 청각장애학생의 읽기 및 쓰기지도

1. 읽기지도

1) 단어 재인 지도

형태 분석 : 문자의 시각적 특징이나 단서에 근거해 단어를 인식하는 활동

↓

음소 분석 : 단어를 구성하고 있는 문자소(grapheme)와 음소(phoneme)의 대응 관계 분석을 통해 단어를 재인하는 활동

↓

음절 분석 : 단어를 구성하고 있는 각 음절에 해당되는 소리를 분석적으로 지각함으로써 전체 단어를 재인하는 활동

↓

문맥 분석 : 문맥에 있어서 전·후 단어나 의미에 의존해서 생소한 단어를 해독하는 활동

↓

일견 읽기 : 단어에 대한 의식적인 음소나 음절 분석을 하지 않으면서 즉각적으로 단어를 재인하는 활동

2) 읽기지도 전략

① 시연: 원본대로 베끼기, 밑줄 긋기 강조, 형광펜을 이용한 표시하기 등

② 정교화: 요약하기, 글 의미 서술하기, 추론하기, 노트 정리하기

③ 조직화: 글의 전체적인 의미와 배경을 위계화하여 정리하기

④ 이해 점검: 자기 점검, 자기 질문하기, 학습 목표에 대한 성취도 평가해 보기

⑤ 동기 유발: 흥미로운 주제로 학습된 무기력 회복, 학습에 대한 자기 효능감 증진

⑥ 배경 지식: 일상생활에서 경험한 지식, 자신의 인지 도식에서 새로운 동화와 조절

⑦ 전·후 문맥: 텍스트의 전체적인 의미를 전달하는 중요 사건과 핵심 내용을 이해

⑧ 다시 점검하기: 전체적인 텍스트의 전달 의미를 다시 한번 읽어 보고 점검하기

⑨ 앞서 보기: 핵심 내용 앞부분 미리 훑어 보기

⑩ 다시 읽기: ①~⑨의 단계까지 전체적인 글의 내용이 이해가 되지 않을 때

3) 지도 방법

(1) 구조적인-발음 중심 지도법: 발음 중심 지도법은 설명과 지시, 그리고 반복적인 훈련 등을 핵심으로 하는 교사 중심적 성격을 가진 직접적 형태의 언어 수업 방식이다. 문자 기호를 음성 기호로 옮기도록 하는 것이고, 학생은 읽기로부터 의미를 획득하기 전에 읽기의 하위 기술을 학습해야 한다.

(2) 비구조적인-의미 중심 지도법: 의미 중심 지도법은 언어 경험적 방법, 하향식 이론 등의 용어와 같은 의미로 사용되며, 읽기·쓰기지도를 학습자의 언어 경험에 근거하여 학습하는 의미 중심의 비구조적인 언어지도 방법이다.

(3) 텍스트 상세화 지도법

청각장애학생들은 교과 내용을 처음 접할 때부터 읽기 능력과 배경 지식이 충분히 갖추어지지 않은 경우가 많아서 내용의 이해를 돕기 위한 수정 기준을 만들어 단어나 문장 또는 문단의 이해에 어려움을 가지지 않도록 지도하는 방법이다.

2. 쓰기지도

1) 철자 쓰기지도

(1) 문자 쓰기지도 전략

▶보고 쓰기	▶교사의 모델링	▶특징 관찰	▶기억하여 쓰기
▶자기 언어 피드백	▶반복하여 쓰기	▶연상 기억	▶초인지 전략
▶자신의 글 수정	▶글 피드백	▶동기 유발 주제	▶시각적 기억 전략

(2) 문자 표현지도 전략

▶대뇌 정보 처리 접근: 경험한 지식의 연상을 통한 배경 지식의 통합 접근
▶의미 집단 형성을 통한 접근: 동의어, 다의어, 대립어, 추상어, 관용적 표현언어
▶문법 쓰기에 기초한 다양한 문형 지도 교수법: 시각적인 자료를 제시한 삽화

2) 쓰기지도 기초 전략

▶ 학생들에게 계획하기, 수정하기, 편집하기 전략을 지도
▶ 읽기 내용에 대한 요약하기 전략과 절차를 가르침
▶ 학생들이 쓰기를 하면서 달성해야 할 목표를 구체적으로 명시하여 설정
▶ 학생들의 글쓰기 도구로 워드 프로세서를 사용하도록 지도
▶ 복잡한 문장 쓰는 방법은 점진적으로 복잡한 문장으로 나아가도록 지도
▶ 학생들에게 문장 결합을 지도할 때 교사는 시각적인 장면을 제시하여 지도
▶ 학생들에게 쓰기를 지도할 때 각 쓰기 유형의 모범적인 글을 예시
▶ 탐구를 통해 쓰기 기능을 기를 수 있도록 설계된 쓰기 활동에 학생들 참여시키기
▶ 학생들이 초고를 쓰기 전에 아이디어를 모으고 조직하는 것을 돕는 활동하기
▶ 학생들에게 쓰기를 지도할 때 각 쓰기 유형의 모범적인 글을 예시
예시된 모범적인 글은 학생들을 스스로 분석하게 하고, 교사는 학생들이 그 글이 포함하고 있는 주요 요소들을 모방하도록 격려한다.

3) 과정 중심 쓰기지도

계획하기 → 생성하기 → 조직하기 → 표현하기 → 수정하기 → 조정하기

4) 스마트 환경 쓰기지도

스마트 기기를 활용한 쓰기는 인터넷 접속을 통하여 언제든 내용 생성 전략을 사용할 수 있기 때문에 학생들에게 풍부한 자료를 제공하여 글을 쓰는 데 필요한 다양한 자료에 매우 손쉽게 접근할 수 있게 한다.

Chapter 11 통합교육과 청각·중복장애

1. 청각장애학생의 통합교육을 위한 교수방법 시 고려 사항

- ▶가르치는 개념에 대해 명확하게 설명하고 시각적 예를 많이 사용한다. 용어를 일관되게 사용하는 것이 좋다.
- ▶청각장애학생이 보청기나 인공와우를 항상 착용하도록 독려한다.
- ▶청각장애학생이 교사의 말하는 내용을 독화하기가 가장 좋은 자리가 어딘지 학생과 상의하여 결정한다.
- ▶시각적 교수방법(게시판 사용, 사진, 그림, 도표, 컴퓨터 그래픽 등)을 최대한 활용한다.
- ▶중요한 단어나 새로운 단어는 칠판에 써 주고 수업 전에 미리 새로운 단어를 공부하도록 한다.
- ▶비디오나 컴퓨터 동영상 자료를 볼 때 자막이 있는 것을 선택, 지원해야 한다.
- ▶청각장애학생이 수업 내용을 이해했는지 물어보고 확인한다. 항상 잘 이해하는 것이 아니며 교사에게 질문하는 것을 어렵게 생각하는 경우가 많기 때문이다.
- ▶수업을 시작할 때 중요한 내용을 미리 요약하고, 마칠 때에도 요점을 정리해 주는 것이 도움이 된다.
- ▶완전한 문장으로 말해 준다. 문장 속에서 내용과 의미를 파악하기가 어렵기 때문이다.
- ▶많은 청각장애학생이 지능의 결함 때문이 아니라 언어 능력의 문제 때문에 학업 성적이 떨어지므로 청각장애학생의 학업 성취를 유의하여 관찰한다.
- ▶전문가와 긴밀히 협조하여 일반학급 내에서 적절한 교육 경험을 하도록 한다.

2. 청각·중복장애학생의 지도 방법

청각·중복장애학생의 지도 방법은 우선 중복장애로 인하여 팀 접근법이 교육 방법에 필수적으로 매우 중요하다. 따라서 팀 접근법의 유형과 장단점을 토대로 현실적으로 가능한 방법을 선택하여 지속적으로 적용하는 것이 필요하다.

- ▶수어를 의사소통 양식으로 선택하는 경우에는 성인 수어 모델과의 상호작용을 적극적으로 실시하여 가능한 정상 언어발달 환경과 유사하게 제공한다.
- ▶청각적 보조 도구를 적극적으로 활용할 수 있도록 청능재활 훈련을 실시한다.
- ▶인지적 발달이 지체되는 경우 감각 운동과 구체적인 조작물을 통해 개념 학습을 반복적으로 실시한다.
- ▶가능한 일상생활에서 활용할 수 있는 환경 중심으로 언어교육을 실시한다.
- ▶잔존 시력과 잔존 청력을 최대한 활용하여 지도한다.
- ▶시력이나 청력이 점진적으로 손실되는 경우를 대비하여, 적용 가능한 대체 수단에 대해 사전에 모색하고 지도한다.
- ▶촉지각 등을 활용하는 교재·교구를 적극적으로 활용한다.
- ▶상동 행동, 자해 행동 그리고 문제 행동 등에 대해 상담과 행동 치료 등을 실시한다.
- ▶학습에 어려움을 보이는 경우에는 학습장애학생에게 적용하는 전략들을 검토하여, 청각장애를 중복으로 가진 학생의 특성에 맞게 수정하여 적용한다.

Chapter 12 청각장애학생의 전환교육

1. 전환교육의 정의

전환교육이란 '학교생활에서 사회생활로 이동해 가는 학생들의 활동을 촉진시키기 위한 교육 결과 중심 모형으로 협력 체제를 통해 고안된 장애인을 돕고 총체적으로 지원하는 체계적인 교육 활동'이라고 할 수 있다.

2. 전환교육의 단계

- ▶전환사정: 전환교육 계획을 위한 평가의 단계
- ▶전환교육: 학생 개인이 학교 시절에서부터 성인 생활로 나아가는 과정, 그리고 미래를 위한 계획을 세우는 단계
- ▶교육 훈련: 학생에 대한 개별화 전환 계획이 수립되면 수립된 목표를 달성할 수 있도록 훈련을 시작하는 단계
- ▶배치: 개별화 전환교육 계획에 따른 훈련이 끝나면 적절한 환경에 학생을 배치해 주는 단계
- ▶추수지도: 장애학생들이 학교를 떠나야 하는 시점에서 학교 환경으로부터 지역 사회로의 성공적인 전환을 할 수 있도록 지원을 해 주고 일생 동안 직면하게 될 환경과 상황에 대처하는데 필요한 지식과 기능을 준비하도록 하는 단계

찾아보기

ㅅ

ㅇ

ㅈ

ㅊ

ㅋ

ㅌ

ㅍ

ㅎ

로마자

번호

참고문헌

가은아(2011). 쓰기발달의 양상과 특성 연구. 한국교원대학교 대학원 박사학위논문.

강범모(2017). 언어: 풀어쓴 언어학 개론. 서울: 한국문화사.

강봉균, 감경윤, 권오주, 김경태, 김대수, 김선정, 김인범, 김종남, 민철기, 박병운, 박중진, 백자현, 서민아(2009). 신경과학: 뇌의 탐구. 서울: 바이오메디북.

강성종(2008). 중도 · 중복장애학생의 학교교육 목표설정에 관한 연구. 중복지체부자유아연구, 51(3), 119-142.

강위영, 정대영(2001). 학습장애아동 교육. 서울: 형설출판사.

경신청각언어연구소 대구울산전문센터(http://ksarc.co.kr)

고도홍(2017). 언어기관의 해부와 생리. 서울: 학지사.

고은(2017). 청각장애아교육. 서울: 학지사.

고은, 권주석, 조홍중, 최혜승, 이태수(2012). (예비교사를 위한) 특수아동의 이해. 전남: 전남대학교 출판부.

공주대학교 특수교육연구소(2016). 특수교육의 이해. 경기: 양서원.

곽정란(2010). 인공와우를 둘러싼 부모의 선택에 대한 질적 연구. 특수교육저널: 이론과 실천, 11(2), 251-279.

교육부(2020). 특수교육연차보고서. 세종: 교육부 특수교육정책과.

교육부(2021). 특수교육연차보고서. 세종: 교육부 특수교육정책과.

교육부(2022). 2022 개정 특수교육 교육과정. 세종: 교육부.

교육부(2022). 2022 개정 특수교육 교육과정. 세종: 교육부.

교육부(2022). 특수교육연차보고서. 세종: 교육부 특수교육정책과.

교육부(2023). 특수교육연차보고서. 세종: 교육부 특수교육정책과.

교육부(2024). 특수교육연차보고서. 세종: 교육부 특수교육정책과.

국립특수교육원(2001). 특수교육 요구학생 출현율 조사연구. 경기: 국립특수교육원.

국립특수교육원(2009). 특수교육학용어사전. 서울: 도서출판 하우.

권명옥(2002). 청각통합훈련이 자폐성 아동의 언어, 사회성 및 인지발달에 미치는 효과. 대구대학교 대학원 박사학위논문.

권순우(2004). 청각장애 학생의 어휘력 향상을 위한 교수-학습 전략 탐색-청각장애대학생의 경험에 기초하여. 언어치료연구, 13(4), 1-21.

권순우(2005). 청각장애 학교교육과정 재구조화에 대한 질적 사례 연구. 대구대학교 대학원 박사학위논문.

권순우(2009). 청각장애학교 직업 교육 운영에 대한 사례 연구. 언어치료연구, 18(3), 191-212.

권순우(2010). 통합교육환경에서 청각장애학생의 학교생활 적응에 대한 질적연구. 언어치료연구, 19(3), 133-153.

권순우, 김병하(2004). 농학교 졸업 후 청각장애인의 직업 적응 정도와 근로조건에 대한 연구-울산지역 H회사 사례를 중심으로. 특수교육저널: 이론과 실천, 5(1), 229-251.

권순우, 김영익, 정은, 팽재숙(2017). 특수교육학개론. 서울: 창지사.

권순황(2014). 청각장애학생 공통 교육과정 운영에 관한 연구. 한국청각·언어장애교육연구, 5(2), 1-19.

권순황(2016). 교육과정 변천에 따른 청각장애 교육과정 적합성 고찰. 한국청각·언어장애교육연구, 7(2), 1-21.

권요한(2013). 청각장애학생의 학업성취 관련 요인 분석. 특수아동교육연구, 15(3), 1-22.

권유정(2007). 디지털 보청기 성능 검사 및 피팅과 방향성에 관한 연구. 조선대학교 대학원 석사학위논문.

권재일(2016). 언어학사 강의. 서울: ㈜박이정.

김경진(2001). 청각장애 학생의 언어지도와 수화교육의 탐색. 특수교육 교육과정 연구, 2, 247-264.

김경진, 강창욱, 손영애, 조혜선(2002). 청각장애학교 국어과 교육프로그램 개발 기초연구. 경기: 국립특수교육원.

김규상, 김진숙, 김형종, 방정화, 이경원, 이재희, 이정학, 이호기, 이효정, 임덕환, 장현숙, 조수진, 최철희, 한우재(2014). 청각학 개론. 서울: 학지사.

김문정, 진수림, 석동일(2006). 전음성 청각장애아동과 인공와우 착용 청각장애아동의 어음변별력과 어음 명료도에 관한 연구. 언어치료연구, 15(2), 45-57.

김방한(2013). 언어학의 이해. 서울: 믿음사.

김병하(2007). 한국 농교육의 정체성 위기: 현상과 과제. 특수교육저널: 이론과 실천, 8(3), 465-489.

김병하(2009). 농문화와 농학: 그 현상과 과제, 세계장애인문화예술 운동의 의미. 형태와 전망 학술제 주제발표, 51-70.

김병하(2010). 한국 농교육의과제와 문제점. 학교교육연구, 5(2), 169-180.

김병하(2012). 특수교육의 역사와 철학. 경북: 대구대학교출판부.

김병하, 김욱희, 권순우(2005). 청각장애 학생에게 있어서 읽기의 의미와 가정에서의 지원활동. 특수아동교육연구, 7(1), 337-357.

김병하, 석동일, 원영조, 이규식(2007). 청각장애아 교육. 경북: 대구대학교출판부.

김삼섭, 강미애, 강민채, 김기룡, 김성연, 김수진, 김원석, 김정현, 김진경, 김재왕, 김치훈, 나경은, 서동수, 서보순, 서선진, 서은경, 송지숙, 유경미, 유진선, 이미현, 이서옥, 이원미, 이정욱, 임용재, 정유진, 정은정, 최명진, 최미점, 최상배, 홍경훈(2016). 장애영유아 양육 길라잡이-청각장애, 4. 국립특수교육원.

김선애(2008). 청각장애아동 통합교육의 실태와 문제점 및 개선방안에 대한 질적 연구. 대구대학교 특수교육대학원 석사학위논문.

김소연, 정은희(2007). 청각장애학교 직업 교육과 사회취업과의 효율적 연계 방안. 특수교육저널: 이론과 실천, 8(1), 189-214.

김수진(1998). 인공와우 이식 성인의 청각 및 언어재활에 관한 종단적 사례연구. 대구대학교 대학원 박사학위논문.

김수진(2012). 청각장애아동 교육. 서울: 학지사.

김승국, 김영욱, 황도순, 정인호(2007). 청각장애아동 교육. 서울: 교육과학사.

김영욱(2014). 청각장애아동 교육의 이해. 서울: 학지사.

김영욱, 김원경, 박화문, 석동일, 이해균, 윤점룡, 정재권, 정정진, 조인수(2009). 특수교육학. 서울: 교육과학사.

김영욱, 김지숙, 김선영, 이윤선, 이현정(2013). 청각장애 초등학생의 철자쓰기 특성 분석. 특수교육, 12(3), 43-60.

김영욱, 원성옥, 김지숙, 이윤선(2006). 청각장애아동의 은유 이해. 특수교육재활과학연구, 45(2), 257-272.

김영익(2008). 조기통합 및 이중 언어 환경 난청유아의 언어습득에 관한 종단연구. 고신대학교 보건대학원 석사학위논문.

김영익(2012). 삽화 구성을 통한 관용어 읽기지도가 청각장애학생의 관용어 이해와 쓰기에 미치는 효과. 위덕대학교 대학원 박사학위논문.

김영익, 권순복, 권순우, 팽재숙(2018). 증강현실 기반의 언어중재가 자폐성장애 아동의 언어습득과 주의 집중에 미치는 효과. 특수교육재활과학연구, 57(2), 148-174.

김영태(1994). 구어-언어진단검사. 대구: 한국언어치료학회.

김영태(2014). 아동언어장애의 진단 및 치료. 서울: 학지사.

김영태, 심현섭, 김수진(2012). 조음음운장애-아동의 말소리장애. 서울: 박학사.

김용세(2009). 인공와우 이식 청소년과 가청 청소년의 쓰기에서의 조사 사용 비교. 이화여자대학교 대학원 석사학위논문.

김원경, 신진숙, 박현옥, 김용욱, 김미숙, 윤광보, 김경화, 김정현, 강창욱, 박정식, 김정연, 곽승철, 한홍석, 박미혜, 변찬석, 홍종관(2012). 최신특수교육학개론. 경기: 양서원.

김유경(2008). 청각처리장애 위험군 아동이 언어적 청각처리 특징에 관한 연구. 대구대학교 일반대학원 박사학위논문.

김일명, 김원경, 조홍중, 허승준, 추연구, 윤치연, 박중휘, 이필상, 문장원, 서은정, 유은정, 김자경, 이근민, 김미숙, 김종인, 이신동(2013). 최신특수교육학. 서울: 학지사.

김자경, 김기주 역(2007). 학습장애학생을 위한 차별화 교수법. 서울: 시그마프레스.

김재춘, 부재율, 소경희, 채선희(2005). 교육과정과 교육평가. 서울: 교육과학사.

김정권, 김병하(2002). 사진으로 보는 한국 특수교육의 역사. 서울: 도서출판 특수교육.

김지숙, 허일(2004). 읽기이해 능력에 따른 청각장애아동이 추론 실패 특성분석. 언어치료연구, 13(4), 79-92.

김진동, 박미혜, 신은영, 장선아, 조소현, 최참도, 허명진(2015). 언어치료인과 청각학도를 위한 청각학개론. 서울: 시그마프레스.

김진식(1990). 청각장애아동의 언어발달. 단국대학교 대학원 석사학위논문.

김칠관(1998). 한국수화어원연구. 인천: 인천성동학교.

김칠관(1999). 한국의 농교육과 수화-농학교 교육과정의 변천을 중심으로. 수화연구, 2, 65-78.

김칠관(2010). 한국수화언어학입문. 나사렛대학교 재활과학대학원 국제수화통역학과 미간행 교재.

김칠관, 윤병천(2011). 응용언어학 개론. 경기: 양서원.

김형일, 김경진, 김은주, 김종무, 김주영, 류문화, 박경숙, 이유훈, 정동영(2001). 장애학생 전환 과정 지원방안 연구. 경기: 국립특수교육원.

김호정(2011). 텍스트 상세화가 청각장애아동의 내용교과 텍스트 읽기 이해에 미치는 효과. 단국대학교 대학원 박사학위논문.

노명완, 박영목, 박인기, 이관규, 최인자, 이형래, 박수자, 정혜승, 최미숙, 심영택, 옥현진, 정현선, 윤준채, 이성영, 이동영, 이경화, 손영애, 이순영, 이충우, 이천희, 김재봉, 박정진, 박태호, 김라연, 신명선, 서유경, 조병영, 이재승, 박영민, 이정숙, 김선민, 이수진, 서수현, 주세형, 오택환, 김지연(2008). 문식성교육 연구. 서울: 한국문화사.

노자운, 김민지.(2016. 11. 29.). 입만 벙긋했는데 자막 척척… 10년 경력자 압도한 독화AI 개발에 한국인 대학생 참여 화제. 조선일보.

대한이비인후과학회편(2009). 이비인후과학 기초 · 이과. 서울: 일조각.

대한청각학회(2017). 청각검사지침. 서울: 학지사.

메아리학교(2018). 2018학년도 교육과정 운영 계획. 울산: 메아리학교.

민병란(2007). 인공와우아동을 위한 교사용 지침서 개발 연구. 충남: 국립특수교육원.

박석돈, 조주현(2001). 직업재활과정에서의 사후지도 연구방법에 관한 이론적 고찰. 직업재활연구, 11(1), 157-177.

박승희 역(2003). 마서즈 비느어드 섬 사람들은 수화로 말한다. 경기: 한길사.

박영목(2008). 작문 교육론. 서울: 도서출판 역락.

박영민(2014). 스마트 교육환경에 따른 쓰기지도 방법의 전환. 국어교육학연구, 49(1), 51-76.

박원경(2012). 청각장애학생의 전환관련 요인 및 특성 분석. 대구대학교 대학원 박사학위논문.

박주희(2013). 신문활용교육 프로그램이 청각장애아동의 쓰기 능력에 미치는 영향. 창원대학교 대학원 석사학위논문.

박재현(2018). 다큐멘터리 영화 '한국농역사'. 데프미디어.

박희정(2006). 청각장애학교 직업교과교육과정 운영에 대한 질적 연구. 대구대학교 교육대학원 석사학위논문.

박희찬(1999). 전환교육의 이론과 적용 방안. 제44회 전국 특수교육연수회, 267-286.

배성직, Gary Clark(2004). 우리나라 전환교육 평가 연구들의 경향과 과제. 특수교육저널: 이론과 실천, 5(3), 265-284.

배형일(2010). 청각장애학생의 독서능력 신장 전략 및 지원 연구. 대구대학교 대학원 박사학위논문.

삼성서울병원(www.samsunghospital.com)

서울대학교 교육연구소(1995). 교육학용어사전. 서울: 하우동설.

석동일(2007). 총체적 언어접근법의 이념적 및 실천적 본질 탐구. 한국언어치료학회, 16(1), 1-19.

석동일, 박상희, 허승덕, 이규식, 신혜정, 박희정, 이상희, 김수진(2010). 청각학 개론. 경북: 대구대학교출판부.

손일수(1989). 일기에 나타난 청각장애학생의 문장분석. 난청과 언어장애, 12(1), 49-65.

송혜경(2009). 균형 있는 문해 프로그램이 청각장애아동의 문법형태소 사용 능력에 미치는 영향. 대구대학교 대학원 박사학위논문.

신종호, 김동민, 김정섭, 김종백, 도승이, 김지현, 서영석 공역(2006). 교육심리학. 서울: 학지사.

송준만, 유호순(2011). 특수교육학개론. 경기: 교문사.

신지영(2000). 말소리의 이해. 서울: 한국문화사.

신현기, 김희규, 박정식, 유애란, 유장순, 정동영, 채희태, 최혜승 역(2010). 장애 중등학생을 위한 전환교육(3판). 서울: 박학사.

신현정, 김비아 역(2015). 마이어스의 심리학. 서울: 시그마프레스.

심현섭, 김영태, 김진숙, 김향희, 배소영(2010). 의사소통장애의 이해. 서울: 학지사.

안희영(2005). 최신 임상이비인후과학. 서울: 군자출판사.

오세진(2015). 보청기개론. 서울: 시그마프레스.

우훈영, 김주태, 권대형(1995). 정상성인에서의 청성 뇌간 유발반응검사에 관한 연구. 인제의학, 16(2), 231-239.

유봉현(2010). 과정 중심의 논증문 쓰기지도 방법 연구. 경상대학교 대학원 박사학위논문.

유은정, 백무진, 안성우, 최상배, 최영숙, 서중현, 이광렬, 서유경(2010). 청각장애아동교육 이론과 교과지도. 서울: 학지사.

유은정, 백무진, 안성우, 최상배, 최영숙, 서중현, 이광렬, 서유경(2010). 청각장애아동의 이해와 교과교육. 서울: 학지사.

유은정, 백무진, 안성우, 최상배, 서중현, 이괄렬, 서유경, 허민정(2013). 청각장애아동교육 이론과 교과지도. 서울: 학지사.

유정희(2006). 독서지도가 청각장애 중학생의 읽기 · 쓰기 능력에 미치는 효과. 창원대학교 교육대학원 석사학위논문.

윤미선(2004). 청각장애인과 건청인의 말속도와 쉼 특성 비교. 언어청각장애연구, 9(1), 15-29.

윤미선(2011). 와우이식 청각장애인을 위한 듣기연습. 서울: 군자출판사.

윤미선, 이윤경, 심현섭(2000). 청각장애아동의 말명료도에 영향을 미치는 화자 요인. 언어청각장애연구, 5(2), 144-158.

윤민호, 장현숙(2014). 중추청각처리장애 선별도구로서의 Fisher's 청각행동문제 체크리스트(FAPC)와 청각행동 특성척도(SAB)의 비교 연구. 재활복지, 18(4), 257-277.

윤삼호, 김의수(2009). 장애의 이해. 서울: 한국장애인인권포럼.

윤현경(2011). 미용 교육이 청각장애학생 직업 교육으로서의 가능성 연구. 건국대학교 교육대학원 석사학위논문.

이규식, 국미경, 김종현, 김수진, 유은정, 권요한, 강수균, 석동일, 박미혜, 김시영, 권순황, 정은희, 이필상(2004). 청각장애아 교육. 서울: 학지사.

이규식, 석동일, 국미경, 강창욱, 이상희, 박상희, 윤미선, 신혜정, 박미혜(2006). 청각장애아동 언어지도와 치료방법. 경북: 대구대학교출판부.

이미숙, 구신실, 노진아, 박경옥, 서선진(2013). 특수교육학개론. 서울: 학지사.

이상흔, 박미혜, 이달희, 허명진(2006). 아동청능재활. 경기: 양서원.

이상희(2006). 청각장애아동의 어휘발달에 관한 연구의 동향. 순천향 인문과학논총, 17, 151-168.

이소현, 박은혜(2011). 특수아동지도. 서울: 학지사.

이소현, 황복선(2000). 통합교육을 위한 특수교사-일반교사 간 협력 모형: 구조적 측면을 중심으로. 특수교육연구, 7, 67-87.

이유경, 최성규(2009). 인공와우 수술에 대한 청각장애 성인의 의식 조사. 특수아동교육연구, 11(4), 439-462.

이정학, 이경원(2005). 내부로스와 외부크로스보청기의 착용효과 비교. 대한청각학회지, 4(2), 163-169.

이정학, 조수진, 김진숙, 장현숙, 임덕환, 이경원, 김형종(2010). 어음청각검사. 서울: 학지사.

이준우, 남기현(2014). 한국 수어학 개론. 경기: 나남.

이지영(2000). 심도 감각신경성 청각장애아동의 자음지각 및 자음 산출 연구. 이화여자대학교 대학원 석사학위논문.

이지윤, 강은희, 이옥분(2016). 학령기 청각장애아동의 단어명료도 및 말 자연스러움 특성 연구. 언어치료연구, 25(4), 273-282.

이춘호(2014). 청각장애아동의 특징을 고려한 청능훈련 기능성게임 개발과 효과성 연구, 중앙대학교 첨단영상대학원 박사학위논문.

이필상, 권순황, 김수진, 김시형, 박미혜, 박선희, 정은희(2016). 청각장애아동교육의 이해. 서울: 학지사.

이한선(2007). 전문가에 의한 청각장애교육 교사의 수행능력 평가 분석. 대구대학교 대학원. 박사학위논문.

임장현, 박은혜(2012). ADS인을 위한 스마트 교육미디어로서의 앱 개발 및 연구현황 분석. 자폐성장애연구, 12(1), 93-117.

임천택(2005), 초등학생의 설명 텍스트에 나타난 쓰기발달 특성 연구. 청람어문교육, 32(1), 123-151.

장윤명(2006). 국운 윤백원의 특수교육업적 연구. 단국대학교 특수교육대학원 석사학위논문.

장지희(1996). 청각장애 학생의 읽기 하위기능의 특성 분석. 대구대학교 대학원 석사학위논문.

장진석 역(2007). 미국 농사회 변천사. 서울: 교육교학사.

전헌선, 윤치연, 공나영, 김성화, 도명애, 박순길, 서석진, 서영란, 송호준, 양경애, 이수진, 이정남, 최성욱(2012). 특수교육학개론. 경기: 양서원.

정동영, 김미선, 김주영, 김희규, 남윤석, 오세웅, 이숙정, 이옥인, 이유훈, 이필상, 이효상, 전보성, 최하영(2012). 장애학생 통합교육론. 경기: 교육과학사.

정순우(2013). 서당의 사회사. 서울: 태학사.

정인호(2009). 청각중복장애 학생 교육지원방안. 한국청각장애교육 100주년 기념 국제학술대회, 237-257.

정종우, 안중호(2005). 중추청각처리장애. Korean Journal of Otolaryngology, 48, 696-700.

정창권(2011). 역사 속 장애인은 어떻게 살았을까. 경기: (주)글 항아리.

정창권, 윤종선, 방귀희, 김언지(2014). 한국장애인사. 서울: 도서출판 솟대.

조인수(1999). 발달지체인의 직업지도. 경북: 대구대학교출판부.

조인수(2000). 장애인의 전환교육. 경북: 대구대학교출판부.

조인수(2005). 전환교육. 경북: 대구대학교출판부.

조인수(2009). 전환사정. 경북: 대구대학교출판부.

조인수, 김경애, 김보영, 김연희, 김영학, 김은자, 김재천, 김지수, 김지우, 김희정, 류현주, 박영근, 박은희, 박정식, 송명주, 송정선, 양재원, 유정희, 윤형진, 이윤미, 이응훈, 이한얼, 이현옥, 이현주, 전보성, 정성민, 정희섭, 조병균, 조분래, 최명미, 최문화, 최은희, 한창욱(2015). 전환(교육 · 서비스). 대구: 명성사.

조희은(2006). 청각장애아동의 다의어 이해와 유형 분석. 단국대학교 대학원 석사학위논문.

주영미(2001). 학령에 따른 쓰기 능력 발달에 대한 연구: 분석적 평가를 통한 양적 측면을 중심으로. 한양대학교 대학원 석사학위논문.

천경록(1999). 읽기 장애의 개념과 지도 방향. 한국어문교육, 8(1), 261-294.

청음난청연구소(sori79.com)

최성규(2001). 장애아동 언어지도. 대구: 한국언어치료학회.

최성규(2005). 삽화를 이용한 대체사고전략이 청각장애아동의 쓰기에 미치는 효과. 언어치료연구, 14(1), 149-161.

최성규(2007). 우리나라 청각장애아동의 문해능력 신장을 위한 이중언어접근법의 모형개발. 특수교육연구, 14(1), 111-141.

최성규, 김지원(2015). 농부모를 둔 청각장애대학생의 생애사 연구. 특수교육재활과학연구, 54(1), 295-317.

최성규, 성학기(2003). 청각장애아동과 건청아동의 학년별 문자 이해력 비교 분석. 특수교육저널: 이론과 실천, 12(4), 221-239.

최성규, 허명진, 박찬희, 김정규, 박찬영, 김미희, 박은주, 송혜경, 이수연, 이정우, 정승희, 주미영, 박비주, 신지현(2015). 쉽게 풀어가는 청각학과 언어. 서울: 양서원.

최성규, 허명진, 송혜경, 김미희, 김태임(2012). 청각장애학생의 교수학습방법. 서울: 시그마프레스.

최승숙(2007). 협력교수를 통한 장애 유아 지원체계 개발 방안. 유아특수교육연구, 7(3), 29-52.

최영주(1990). 청각장애 학생의 독해력 분석. 대구대학교 대학원 석사학위논문.

최정원, 이영호(2006). 학습치료 프로그램. 서울: 학지사.

충주성심학교(2018). 2018학년도 교육과정 운영 계획. 충북: 충주성심학교.

타임라이프 북스(1990). 소리와 청각. 서울: 한국일보타임-라이프.

한국교육과정평가원(2025). 한국교육과정평가원 자료마당 기출문제. 충북 진천.

한국농아인협회(2016). 한국농아인협회 70년사. 서울: 알래스카인디고(주).

한국청각 · 언어장애교육학회(2012). 청각장애아동교육. 경기: 양서원.

한국청각장애교육 100주년 기념사업회(2009). 한국청각장애교육 100년사. 서울: 성광문화사.

한국청각학교수협의회(2017). 청각학 개론. 서울: 학지사.

한국통합교육연구회(www.inclusion.co.kr)

한국통합교육학회(2009). 통합교육. 서울: 학지사.

한국특수교육연구회(2009). 최신 특수아동의 이해. 경기: 양서원.

한국특수교육학회(2008). 특수교육대상자 개념 및 선별 기준. 충남: 한국특수교육학회.

함께걸음(www.cowalknews.co.kr)

허민정, 김리석(2010). 인공와우이식 아동의 학교수행력. *특수교육저널: 이론과 실천*, 11(3), 305-337.

허승덕(2015). *청각학*. 서울: 박학사.

허승덕(2016). *청각학개론*. 서울: 박학사.

홍성은(2013). 한국수화 일치 동사의 상호-구조. *제15회 한국수화학회 학술대회*, 69-87.

황도순(1994). 농학생의 의사소통 방법이 적응 행동에 미치는 영향에 관한 연구. *공주사대논문집(사회과학부)*, 375-388.

Abbas, P. J., & Miller, C. A.(1998). Physiology of the auditory system. In Cummings, C. W. et al. (Eds.), *Otolaryngology-Head and Neck Surgery*(3rd ed.). St. Louis: Mosby-Year Book Inc., pp. 2831-2874.

Adunka, O., & Kiefer, J.(2005). Wie Funtioniert der Sprachprozessor von Cochlea-Implantaten?. *Laryngo-Rhino-Otol*, *84*, 841-850.

Akos, P., & Galassi, J. P. (2004). Gender and race as variables in psychosocial adjwstment to middle and high school. *The Journal of Educational Research*, *98*(2), 102-108.

Allum J. H. J., Greisiger R. Straubhaar S., & Carpenter M. G(2000). Auditory perception and speech identification in children with cochlear implants tested with the EARS protocol. *British Journal of Audiology*, *34*, 293-303.

American Speech-Language-Hearing Association (ASHA). (2005a). *Central auditory processing disorder*. Rockville Pike, MD: ASHA.

American Speech-Language-Hearing Association (ASHA). (2005b). *Central auditory processing disorder-The role of the audiologist*. American Speech-Language-Hearing Association. Retrieved from www.asha.org/members/deskref-journals/deskref/default.

American Academy of Audiology (AAA). (2010). *American academy of audiology clinical practice guidelines: guidelines for the diagnosis, treatment and management of children and adults with central auditory processing disorder*. Retrieved frim www.audiology.org/resources/documentlibrary/documents/capdguidelines.

Aniscow, M., Farrell, P., & Tweddle, D. (2000). Developing policies for inclusive education. *International Journal of Inclusive Education*, *4*(3), 211-229.

Avramidis, E., Bayliss, P., & Burden, R. (2000). Student teacher attitudes towards the inclusion of children with special educational needs in the ordinary school. *Teacher and Teacher Education*, *16*(2), 277-293.

Bamiou, D. E., Musiek, F. E., & Luxon, l. M. (2001). Etiology and clinical presentations of auditory processing disorders-A review. *Archives of Disease in Childhood*, *85*, 361-365.

Bates, B. A.(1995). Guide to physical examination and history taking. (6th ed.) *Philadelphia: JB Lippincott Co. 181*(2). 523-524.

Bear, M. F., Connors, B. W., & Paradiso, M. A.(2001). *Neuroscience exploring the brain*. Lippincott Williams & Wilkins.

Becker, J., & Varelas, M.(2001). Piaget's early theory of the role of language in intellectual development: A comment on DeVries's account of Piaget's social theory. *Educational Researcher*, *306*(6), 22-23.

Bereiter, C.(1980). Development in writing. In L. W. Gregg & E. R. Steinberg (Eds.) *Cognitive Processes in Writing*(pp. 73–93). Hillsdale: Erlbaum.

Blachman, B., Ball, E., Black, R., & Range, D. (2000). Road to the code: *A phonological awareness program for young children*. Baltimore, MD: Brookes.

Brady, S., Fowler, A., Stone, B., & Winbury, N. (1994). Training phonological awareness: A study with inner–city kindergarten children. *Annals of Dyslexia*, *44*, 26–59.

Byrnes, J.(2001). *Cognitive development and learning* (2nd ed.). Boston: Allyn & Bacon.

Carney, A. E.(1986). Understanding speech intelligibility in the hearing impaired. *Topics in Language Development*, *6*(3), 47–59.

Center for Assessment and Demographic Studies. (1991). *Stanford achievement test, eight edition: Hearing-Impaired norms booklet*. Washinton, DC: Gallaudet Research Institute, Gallaudet University.

Clack, G. M., & Kolstoe, O. P. (1995). *Career development and transition education for adolescents with disabilities*(2rd ed). Boston: Allyn & Bacon.

Clark, G. (1998). *Assessment for transition planning*. Austin, TX: PRO–ED.

Cooper Jr, J. C., & Gates, G. A. (1991). Hearing in the elderly –The framingham cohort, 1983–1985: Part II. Prevalence of central auditory processing disorders. *Ear and bearing*, *12*(5), 304–311.

Dallos, P.(1988). Cochlear neurobiology: Revolutionary developments. *ASHA*, *30*, 50–56.

Davis, H.(1983). An active process in cochlear mechanics. *Hearing Research*, *9*, 79–90.

Deaf websites(www.deafwebsites.com)

Donczik, J. (1998). *Lese-Rechtschreibschwäche (LRS)-Ein Überblick Über Ursachen*. Diagnosik und Therapie. Pad 4.

Ferrand, C. T.(2007). *Speech science: An integrated approach to theory and clinical practice*(2nd ed.). Boston, MA: Allyn & Bacon.

Fettiplace, R.(1992). The role of calcium in hair cell transduction. *Soc Gen Physiol Ser*, *47*, 343–356.

Fisher, L. (1976). Fisher's auditory problems checklist. *Bemidji*, MN: Life Products.

Flexer, R., Simmons, T., Luft, P., & Baer, R. (2005). *Transition planning for secondary student with disabilities* (2nd ed.). Upper Saddle River, NJ: Merrill.

Fligor, B.(2004). The assessment of hearing and middle ear function in children. In: Bluestone C. D., Simons, J. P., Healy, G. B., editors. Bluestone and Stool's Pediatric Otolaryngology (5th ed.). *People's Medical Publishing House*. 325–34.

Garat, S. V. (2003). Listening to the voices of deaf students: Essential Transition Issues. *Council for Exceptional Children*, *35*(4), 44–48.

Garber, A., & Nervin, M. E(2012). *Getting started with auditory skill*. Retrieved from http://www.audiologyonline.com/articles/getting–started–with–auditory–skills–7034.

Garstecki, D(1983). Auditory, visual and combined auditory–visual speech perception in young and elderly adults. *Journal of the Academy of Rehabilitative Audiology*, *16*, 221–233.

Gallaudet Research Institute(2008). *Regional and national summary report of data from the 2007-2008 annual survey of deaf and hard of hearing children and youth*. Washington, DC: DRI, Gallaudet University.

Gillon, G. T. (2002). Follow–up study investigating benefits of phonological awareness intervention for children with spoken language impairment. *International Journal of Language and Communication disorders, 37*, 381–400.

Golding, M., Carter, N., Mitchell, P., & Hood, L. J. (2004). Prevalence of central auditory processing (CAP) abnormality in an older Australian population: The blue mountains hearing study. *Journal of the American Academy of Audiology, 15*(9), 633–642.

Goodman, K.(1986). *What's whole in whole language?* Portsmouth, NH: Heinemann.

Gough, P. & Tunmer, W.(1986). Decoding reading, and reading disability. *Remedial and Special Education, 7*(1), 6–10.

Gstoettner W., Hamzavi J., Egelierler B. & Baumgartner W. D(2000). Speech perception performance in prelingually deaf children with cochlear implants. *Acta Otolaryngeal, 120*.

Hamzavi J., Baumgartner W. D., Egelierler B., Franz P., Schenk B. & Gstoettner W(2000). Follow up of cochlear implanted handicapped children, *International Journal of Pediatric Otorhinolaryngology, 56*.

Heter, G., Knightly, C., & Steinberg. A. (2002). Hearing sound and silences. In M. Batshaw(Ed.). *Children with disabilities*(5th ed.). Baltimore: Brookes.

Heward. W. L. (2003). *Exceptional children: An introduction to special education*(7th ed.). NJ: Merrill.

Higham, J., Wegmann, J., & Woods, J.(1999). Visual and verbal metaphors among children with typical language and disorders. *Journal of Communication Disorders, 32*, 25–35.

http://blog.naver.com/ksstarkey

http://www.audiology.kr

https://www.mirror.co.uk

Johnson, D., Caccamise, E., Rothblum, A., Hamilton, L., & Howard, M(1981). Identification and follow–up of visual impairments in hearing–impaired populations. *American Annals of the Deaf, 126*, 321–360.

Jones, T. W., & Ross, P. A.(1998). Inclusion strategies for deaf students with special needs. *Endeavor, 37*(1), 2–22.

Kauffman, J. M., & Hallahan, D. P(2005). *Special education: What it is and why we need it*. Boston: Allyn & Bacon.

Keith, J.(2003). *Acoustic and auditory phonetics* (2nd ed.). Boston, MA: Blackwell publishing.

Keith, R. (2000). *SCAN-C: Test for auditory processing disorders in children-revised*. San Antonio, TX: The Psychological Corporation.

Kohler, P.(1996). *Taxonomy for transition programming: Linking research and practice*. Champaign, IL: Transition Research Institute, University of Illinois at Champaign–Urbana.

KSIS 국가통계포털(http://kosis.kr)

Kyle, J.(1980). *Reading development of deaf children. Journal of Research in Reading, 3*, 86–97.

Lass, N. J., & Woodford, C. M.(2007). *Hearing science fundamentals*. St. Louis: Mosby Elsevier.

Lauer, N. (2001). *Zentral-auditive Verarbeitungsstorungen im Kindesalter*. Thieme–Berlag, Stuttgart.

Ling, D.(1976). *Speech and the hearing impaired child: theory and practice*. Washington D. C.: A. G. Bell Association for the Deaf.

Ling, D.(1989). *Foundation of spoken language on hearing impaired*. Alexander Graham Bell Association for the Deaf and of Hearing.

Marschark, M.(2007). *Raising and Educating a Deaf Child, A Comprehensive Guide to the Choices, Controversies, and Decisions Faced by Parents and Educators*. Oxford University Press Inc.

Marschark, M., Lang, H. G., & Albertini, J. A(2002). *Educating deaf students*. Oxford, NY.

Martin, F. N.(2002). *Introduction to audiology* (8th ed.). MA: Allyn & Bacon.

Maxwell, M. M.(1986). Beginning reading and deaf childern. *American annals of the deaf*, 14-20.

McKeough, A., Palmer, J., Jarvey, M., & Bird, S.(2007). Best narrative writing practices when teaching from a developmental framework. In S. Graham, C. A. MacAuthur, & J. Fitzgerald (Eds.) *Best practices in writing instruction*(pp. 50-73). New York, NY: Guilford Press.

McLean, J. E., & Snyder-McLean, L. K(1978). A *transactional approach to early language training*. Columbus: Charles E. Merrill Publishing.

Metz, D. E., Samsar, V. J., Sciavetti, N. & Sitler, R. W.(1985). Acoustic dimension of hearing impaired speaker's intelligibility. *Journal of Speech and Hearing Research*, *28*, 345-355.

Michael Sandel(2011). 정의란 무엇인가. 서울: 김영사.

Miller, M. R.(2004a, June). Family issues related to language, literacy, and high stakes testing. *Keynote address presented at the Intermountain Special Study Institute on Deafness*. Idaho State University, Pocatello.

Moog, J. S., Bildenstein, J., & Davidson, L. (1995). Speech perception instructional curriculum and evaluation (SPICE). *St Louis: Central Institute for the Deaf*, *221*.

Moores, D.(2006). Print literacy: The acquisition of reading and writing skills. In D. moores & D. Martin(Eds.), *Deaf learners: Developments in curriculum and instruction*(pp.41-55). Washinton, DC: Gallaudet University Press.

Moores, D. F.(1987). *Education the deaf: Psychology, Principles and practice*. Boston: Houghton-Mifflin Company.

Moores, D. F. (1996). *Educating the deaf: Psychology, principles and practices*. Boston, MA:Houghtion Mifflin.

Moores, D. F.(2001). *Education the deaf: Psychlogles, and practices*(5th ed.) (pp. 162-184). Boston: Houghton Mifflin Company.

Moores, D. F., & Martin, D. S. (Eds.) (2006). *Deaf Learners: Developments in Curriculum and Instruction*. Gallaudet University Press.

Moya, L. A.(2006). *Manual of voice treatment: Pediatrics through geriatrics*(3rd ed.). New York: Thomson Delmar Learning.

Nelson, P.(2001). The changing demand for improved acoustics in our schools. *Volta Review*, *101*(5), 23-32.

Nippold, M. A., & Fey, S. H.(1983). Metaphoric understanding in preadolescent having a history of language acquisition difficulties. *Language, Speech, and Hearing Services in Schools*, *14*, 171-180.

Noffsinger, D., Martinez, C. D., & Wilson, R. H. (1994). Dichotic listening to speech. Background and preliminary data for digits, sentences, and nonsense syllables. *Journal of American Academy Audiology*, *5*, 248-254.

O'Brien, J., & Lovett, H.(1992). Finding a way toward everyday lives: The contribution of person centered planning. Harrisburg, PA: Pennsylvania office of Mental Retardation.

Osberger M. J., Soli S. & Harr-Heise von der(1997). Comparative study of English and German-speaking children with the Clarion cochlear implant, *The American Journal of Otology*, *18*, 164-165.

Parkhust, B. G. & Levitt, H.(1978). The effect of selected prosodic errors on the intelligibility of deaf speech. *Journal of Communication Disorders*, *11*, 249-256.

Paul, P.(1984). The comprehension of multimeaning words from selected frequency levels by deaf and hearing subjects. In C. M. King & S. P. Quigley(Eds.), *Reading and deafness*(pp.57-58). San Diego: College Hill Press.

Paul, P. V.(2001). *Language and Deafness* (3rd Edition), San diego, CA: Singular.

Penner, M. J., & Zhang, T.(1997). Prevalence of spontaneous otoacoustic emissions in adults revisited. *Hear Res*, *103*, 28-34.

Pickles, J. O.(1988). A*n introduction to the physiology of hearing*. New York: Academic Press.

Rosowski, J. J.(2010). External and middle ear function. In P. A. Fuchs (Ed.), *The Oxford Handbook of Auditory Science: The Ear*(pp. 49-91). New York: Oxford University.

Ross, M(2011). *Is auditory training effective in improving listening skills?* Retrieved from http://www.hearingresearch.org/ross/aural_rehabilitation/is_auditory_training_effective_in_improving_listening_skills.php.

Santi, P. A., & Mancini, P.(2004). Cochlear anatomy and central auditory pathways. In Cummings, C. & W. et al. (Eds.), *Otolaryngology-Head and Neck Surgery*(4rd ed.). St. Louis: Mosby-Year Book Inc., pp. 3373-3401.

Saussure, F. de(1972). Tllio de Mauro (éd), *Cours de Linguistique Générale*, (Paris) payot.

Schow, R. L., Chermak, G. D., Seikel, J. A., Brockett, J. E., & Witaker, M, M. (2006). *Multiple auditory processing assessment*. Louis, Mo: Auditec.

Shanks, J., & Shohet, J.(2009). Tympanometry in clinical practice. In J. Katz, L, Medwetsky, R. Burkard, & L. Hood (Eds.), *Handbook of Clinical Audiology* (6th ed., pp. 157-188). Philadelphia: Lippincott, Williams & Wilkins.

Sitlington, P. L., & Clark, g. M. (2006). *Transition Education and Services*(4th Edition). Boston: Allyn & Bacon.

Smith. T., Polloway, E., Patton, J. R., & Dowdy. C. A.(2004). *Teaching students with special needs: In inclusive setting*(4th ed). Boston: Pearson Education, Inc.

Smoski, W., J., Brunt, M. A., & Tannahill, J. C. (1992). Listening characteristics of children with central auditory processing disorders. *Language, Speech, and Hearing Services in Schools*, *23*, 145.

Stewart, D. A., & Kluwin, T. N. (2001). *Teaching Deaf and Hard of Hearing Students: Contents, Strategies, and Curriculum*. Allyn7 Bacon.

Stoddard, K., Hewitt, M., O'Connor, D., Beckner, J., Elder, M., Laporta, C., & Poth, J.(1996). Inclusive practices through teacher research. *Remedial and Special Education*, *17*(4), 237-244.

Sweetow, R. W., & Henderson-Sabes, J(2004). The case for LACE: Listening and auditory communication enhancement training. *The Hearing Journal, 57*(3), 2–40.

Troia, G. A.(2012). 쓰기지도 및 쓰기 평가의 방법(박영민 옮김). 서울: 시그마프레스.

Tunmer, W. E., & Chapman, J. W.(2002). The relation of beginning readers' reported word identification strategies to reading achievement, reading–related skills, and academic self–perceptions. *Reading and Writing, 15*, 341–358.

Turnbull, A. P., & Turnbull, Ⅲ, H. R.,(1990). *Families, professionals, and exceptionality: A special partnership*(2nd ed). New York: Macmillan Publishing Company.

Tye–Murray, N.(1992). Articulatory organizational strategies and the roles of auditory information. *Volta Review, 94*, 243–260.

Tye–Murray, N.(2004). *Foundations of aural rehabilitation: children, adults, and their family members*(2nd ed.). Clifton Park, NY: Delmar Learning.

Tye–Murray, N.(2009). *Foundation of aural rehabilitation: children, adults, and their family members*. NY: Delmar.

Yacullo, W. S.(2009). Chapter 6. Clinical masking. In J. Katz, L. Medwetsky, Burkard, & L. Hood (Eds), *Handbook of Clinical Audiology* (6th ed.). Baltimore: Lippincott Williams & Wilkins.

Yoshinaga, C. L., & Snyder, L.(1985). From and meaning in the written language of hearing–impairment children. *Volta Review, 87*, 75–90.

Yoshinaga–Itano, C(1988). Speechreading instruction for children [Monograph]. In C. L. DeFilippo & D. G. Sims(Eds.), New reflection on speechreading. *The Volta Review, 30*(5), 241–254.

Wasowicz, J. (1996). *Cognitive concepts Earobics*. Retrieved from http://www.earobics.com.

Watkins, S. & Clark, T. C(1993). *SKI-HI Resource manual: Familiy-centered. home-based programming for infants, toddlers, and preschool-aged children hearing impairment*. Logan: Downs.

Wehman, P., Kregel, J. & Barcus, M.(1985). From school to work: A vacational transition model for handicapped student. *Exceptional Children, 52*(1), pp.25–37.

Wetherby, A. M., Prizant, B. M.(1989). The expression of commuicative intent : Assessment issues. *Seminars in Seech and Language, 10*, 77–91.

Wilbur.(1987). Reading and Writing, In J. Cleve(Eds.), *Gallaudet encylopedia of deaf people and deafness*, NY: McGraw–Hill.

Will, M.(1986). Educating children with learning problems: A shared responsibility. *Exceptional Children, 52*(5), 411–415.

Wood, D., Wood, H., Howarth, P.(1983). Mathematical abilities of deaf school leavers'. *British Journal of Developmental Psychology 1*, 67–73.

Wood, D., Wood, H., Griffith, A., & Howarth, P.(1986). *Teaching and Talking with deaf children*. New York : Wiley.

Wright, B, A., & Zhang, Y. A.(2006). review of learning with normal and altered sound–localization cues in human adults. *Int J Audiol. 45*(1), S92–8.

저자소개

》 권순우

약력 대구대학교 특수교육학과 문학박사
대구대학교 특수교육대학원 특수교육학석사
前) 위덕대학교 특수교육학부 교수
現) 한국특수교육문제연구소 소장
現) 대구대학교 특수교육과 학과장

저서 의사소통장애학생교육(2판)(공저: 창지사, 2024)
특수교육학개론(3판)(공저: 창지사, 2024)
특수아상담 및 가족지원(공저: 창지사, 2023) 등 다수

》 권순복

약력 부산대학교 의공학전공 공학박사
대구대학교 언어치료전공 이학석사
前) (사)한국언어치료학회장/부산대학교병원 이비인후과 언어치료사
現) 부산대학교 인문대학 언어정보학과 교수/인지과학전공 주임교수

저서 후두음성언어의학Ⅰ,Ⅱ: 발성의 이해와 음성치료(2판)(공저: 범문에듀케이션, 2016)
음성장애 이론과 실제(공역: 박학사, 2014) 등 다수

》 김영익

약력 위덕대학교 특수교육전공 교육학박사
창원대학교 특수교육학과 청각·언어장애전공 교육학석사
고신대학교 언어치료전공 보건학석사
前) 고신대학교 보건대학원 언어치료전공 겸임교수
現) 대구대학교 특수교육과, 영남대학교 교육학과 겸임교수
現) 창원대학교 특수교육과, 마산대학교 유아특수보육과, 언어치료과 강사
現) 한국발달재활협회 이사

저서 의사소통장애학생교육(2판)(공저: 창지사, 2024)
특수교육학개론(3판)(공저: 창지사, 2024)
특수아상담 및 가족지원(공저: 창지사, 2023) 등 다수

» 유정은

약력 대구대학교 언어치료학과 박사과정
나사렛대학교 재활복지대 국제수화통역학석사
現) 대구대학교 장애학생지원센터 장애학생학습전문도우미 수어 통역사
TBC 대구방송국 대경뉴스 뉴스수어 통역사
대구사이버대학교 수어지도 강의

저서 수어가 꽃피는 행복한 학교(초급)(공저: 대구대학교출판부, 2016)
수어가 꽃피는 행복한 학교(중급)(공저: 대구대학교출판부, 2016)

» 팽재숙

약력 위덕대학교 특수교육전공 교육학박사
위덕대학교 특수교육전공 교육학석사
前) 장애전문어린이집 팀장/대구상록학교(대안학교) 교감
現) 한국재활교육협회 전임강사
現) 위덕대학교 특수교육학부 산학협력 전문교수, 마산대학교 유아특수보육과 강사
現) 솔빛언어심리연구소장

저서 의사소통장애학생교육(2판)(공저: 창지사, 2024)
특수교육학개론(3판)(공저: 창지사, 2024)
특수아상담 및 가족지원(공저: 창지사, 2023) 등 다수

» 허세영

약력 대구대학교 특수교육학과 언어·청각장애교육전공 박사과정
대구대학교 특수교육대학원 특수교육학석사
前) 대구용산중학교 특수학급 특수교사
現) 대구세명학교 특수교사

논문 정신지체학교에서 농교사의 교직수행에 대한 질적 연구(2013)

2판)

청각장애학생 교육

초판 1쇄 발행 2018년 9월 7일
2판 1쇄 발행 2025년 2월 25일

지 은 이 | 권순우 · 권순복 · 김영익 · 유정은 · 팽재숙 · 허세영
펴 낸 이 | 김기섭
편 집 인 | 이윤희 · 이혜란
펴 낸 곳 | 창지사 www.changjisa.com
08589 서울시 금천구 가산디지털 1로 83 파트너스타워 1차 9층
전화 (02)719-2211~3
팩스 (02)701-9386
등 록 | 1977년 4월 28일 · 제1-421호

ISBN 978-89-426-1925-2 (93370)

값 26,000원